MENTALES TRAINING FÜR PILOTEN

STRESSFREI UND SICHER FLIEGEN

Rainer Krumm

Motor buch Verlag

Einbandgestaltung: Frank Zähringer

Bildnachweis: Stefan Mast / DHV, Oliver Barthelmes / DHV, Charly Jöst / DHV, Martin Scheel / azoom.ch, Petra Rückert, Steffen Hertling, Thomas Ulrich, Rainer Krumm, Andre Bussmann, Uli Schwenk, Michael Zistler / Sascha Fromm, Manfred Ruhmer, Andrea Fenzau-Lehmann, Tobias Loh-ner

ISBN 978-3-613-04306-0

2. Auflage 2025

Sie finden uns im Internet unter www.motorbuch-verlag.de

Lektorat: Alexander Burden
Innengestaltung: WS – WerbeService Linke, 76185 Karlsruhe
Druck und Bindung: Graspo CZ, 76302 Zlin
Printed in Czech Republic

Inhalt

Abbildungsverzeichnis

Mentales Training wird intensiver, wenn man die Gedanken verschriftlicht, machen Sie sich daher immer wieder Notizen zu Ihren Gedanken.

Vorwort von Uli Schwenk

Rainer Krumm kann man zu seinem Buch „Mentales Training für Piloten" nur herzlich gratulieren. Es ist eine leicht verständliche Aufarbeitung der ganzen Thematik des Mentalen Trainings, die uns Piloten betrifft – und zwar für alle Kategorien, Motorflug - und motorloser Flug. Der Beitrag zu mehr Sicherheit in der Fliegerei.

Als 12jähriger Junge fiel mir das Büchlein mit Wolf Hirths 12 Geboten für Segelflieger in die Hände und ich habe es damals begeistert durchgelesen. Es ist mir heute noch Richtschnur im Leben, für Beruf und Fliegerei. Wolf Hirth hat dies wohl bereits in den 30 er Jahren des letzten Jahrhunderts formuliert!
Besonders das 8. Gebot hat mich sehr beeindruckt: „Du sollst dem reinen Element der Luft auch einen reinen Menschen anbieten. Er muss, wenn er in sein Flugzeug steigt, körperlich, geistig und seelisch in Form sein".

Gerade im dreidimensionalen Raum wird sehr schnell erlebbar, dass es drei unterschiedliche Faktoren gibt, die den Menschen beeinflussen: den Körper, den Geist, die Seele.
Welche Faktoren nun den Einzelnen mehr bestimmen, gilt es für sich selbst herauszufinden. Jedoch belegen es die Befragungen durch Rainer Krumm bei Nationalteams, dass ein „ungeordneter" Geist und was jemandem auf der Seele liegt, mehr den Erfolg oder auch den Misserfolg beeinflusst, als es den meisten Piloten bewusst ist.

Hanna Reitsch beschreibt in Ihrem Buch, wie sie abends während ihrer Ausbildung zum Segelflieger vor dem Schlafen gehen im Bett sitzt und mit dem Kochlöffel als Knüppel die Flüge des vorangegangenen Tages nachfliegt.
Dieses Nachfliegen eines Schulstarts verlan-

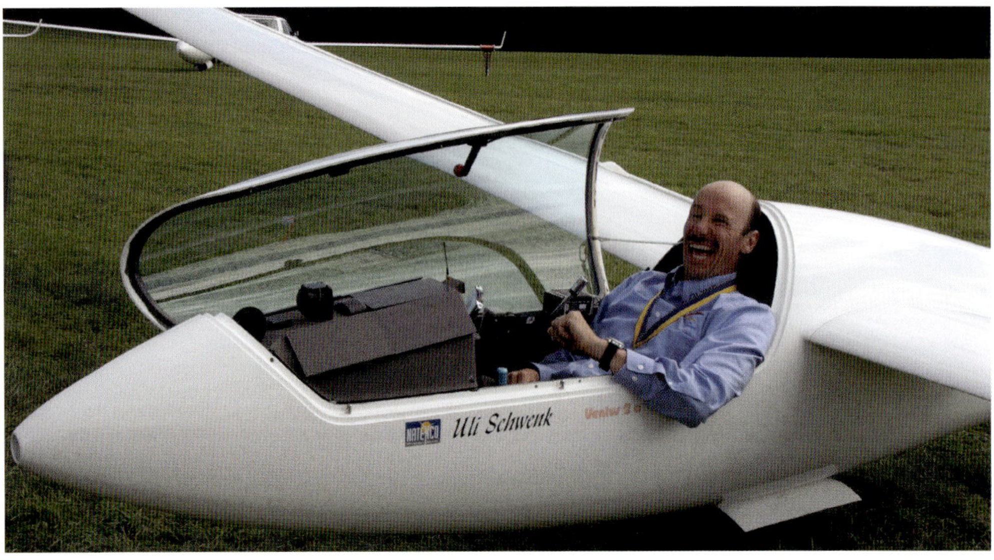

ge ich von meinen Flugschülern schon während des Flugtages, bzw. nach einem Schulstart. Die Schüler „fliegen" anschließend ihren Flug nochmals nach, auch unter der Woche bis zum nächsten Flug-Wochenende. Die Ergebnisse sind hervorragend, der Fortschritt der Schüler ist auffallend gut.

Peter Lackner, Segelflug - Vizeweltmeister in Rieti, verhalf mir zum Deutschen Meister 1992, weil er mir im Training sagte: „Klapp vor deinem Geist einen Spiegel mit dem Instrumentenbrett auf und schau dich an. Bist du angespannt oder locker und fröhlich? Entspann dich so: Nimm selbst beim Kurbeln kurz die Füße von den Pedalen und schüttle deine Hand aus, dann wirst du wieder locker!"

Hans Werner Grosse, der berühmte Segelflug - Weltrekordler, sagte erst vor wenigen Jahren zu mir: „Weißt Du Uli, am meisten freut mich, dass ihr jüngeren Piloten das mit dem Mentalen Training ernst nehmt, mich hat man in den 60er Jahren noch ausgelacht, wenn ich zur An- und Entspannung Yoga anwendete."

Für mich waren bisher die Berührungspunkte mit mentalen Themen rein zufällig, weil ich wunderbare Menschen (Helmut Grix, Otto Schäuble, Klaus Holighaus, Peter Lackner, Rainer Kemmler, Reiner Rose und Hans-Werner Grosse) persönlich kennen lernen durfte und die mir teils bewusst oder unbewusst eine gehörige Portion Mentales Training in der Praxis verabreichten.

Mit diesem Buch braucht es keine Zufälle mehr. Es wird das Handbuch für den Luftsport, das man wie ein Flugbuch immer dabei haben wird, um nachzulesen, wie man den Tag angehen kann und wie man mit den Erlebnissen des Tages umzugehen hat!

Uli Schwenk

Segelflug Europameister und Vize-Weltmeister

Vorwort des Autors

Jedes Buch hat seine Geschichte. Die Geschichte dieses Buches fängt mit einem persönlichen Erlebnis an. Im Rahmen einer Gleitschirmausbildung bemerkte ich, wie ein Flugschüler einen Flug hervorragend und präzise flog, Start und Landung klappten einwandfrei. Beim nächsten Flug flog derselbe Flugschüler „hirnlos" bei denselben Bedingungen, sowohl Start als auch Landung waren nicht von Ruhm gekürt. Der Kopf fliegt mit! Schnell wurde mir die Beziehung zwischen Kopf/Gehirn und den Flugresultaten klar, und ich begann, meine berufliche Erfahrung aus dem Managementtraining und Coaching in den Flugsport zu transferieren. Im Management wird Coaching und Mentales Training häufig eingesetzt, um Situationen im Tagesgeschäft besser und souveräner meistern zu können. So schrieb ich für ein Fachmagazin der Drachen- und Gleitschirmsszene einen dreiteiligen Artikel zum Thema „Selbstcoaching". Darin wird beschrieben, wie man sich selbst coachen kann, um erfolgreicher zu fliegen – unabhängig vom Ziel, welches sich ein Pilot steckt.

Diesen Artikel las unter anderem Lukas Etz, langjähriger Team-Chef der Deutschen Drachenflieger Nationalmannschaft und erfolgreicher Wettkampfpilot, und kontaktierte mich. Er bat mich, für die Nationalmannschaft einen Workshop zum Mentalen Training durchzuführen. Er war sich sicher, dieses Thema würde seine Piloten „weiterbringen". Im Rahmen dieses Trainings hatte ich die Gelegenheit mit der gesamten Liga und der Nationalmannschaft zu arbeiten und gleichzeitig eine Untersuchung über die Erfolgsfaktoren im Flugsport durchzuführen. Diese Untersuchungsergebnisse finden Sie ebenfalls in meinem Buch.

Die Resonanz war sehr interessant. Die wirklich erfolgreichen Piloten hatten großes Interesse an dem Thema. Die weniger erfolgreichen Piloten suchten die Erklärungen eher in materiellen Dingen und gaben vor, dass das Abschneiden in Wettbewerben hauptsächlich vom geflogenen Material abhängt. Alle siegreichen Piloten suchten meist Erklärungen in mentalen Aspekten. Im Rahmen der Junior-Challenge, einem erfolgreichen Nachwuchsförderprojekt des Deutschen Hängegleiterverbandes, konnte ich diese Untersuchung wiederholen. Diese Ergebnisse – auch im Vergleich zur Nationalmannschaft, finden Sie ebenso in diesem Buch.

Ferner hatte ich die Gelegenheit mit der Nationalmannschaft der Gleitschirmflieger und Teamchef Stefan Mast zu arbeiten. Bemerkenswert ist, dass die mit am interessiertesten Piloten Achim Joos und Oliver Rössel in den folgenden Jahren jeweils den Gesamt-Weltcup gewannen.

Auch das Arbeiten mit der Damen Segelflugnationalmannschaft im Vorfeld der Weltmeisterschaft zeigten mir auf, wie wichtig das psychologische Element bei der Fliegerei ist. Egal, welchen Flugsport Sie betreiben, ob Drachenfliegen, Segelfliegen, Ballonfahren, Gleitschirmfliegen, Ultraleichtfliegen oder PPL – jeder Pilot kann von Mentalem Training profitieren.

Danken möchte ich allen, die mich auf dem Wege zu diesem Buch inspirierten, bestätigten und ermutigten, und natürlich allen, von denen ich so viel lernen durfte!

Rainer Krumm

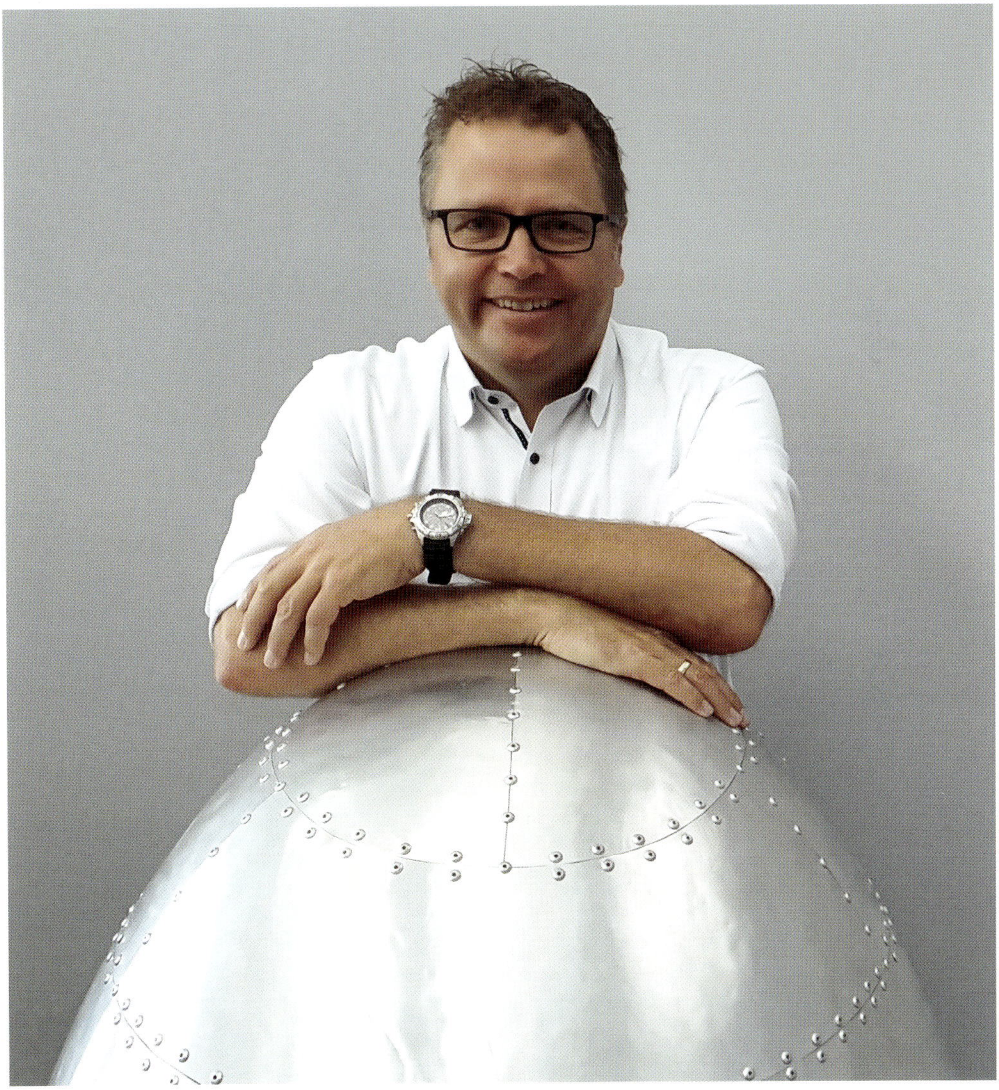

Kontakt:
info@rainerkrumm.de
www.rainerkrumm.de
www.mentalpilot.de

1. Startvorbereitungen: Die Einleitung – „read before flight!“

„Nachdem ihr das Fliegen versucht habt,
werdet ihr zum Himmel aufschauen,
wenn ihr auf der Erde geht,
weil ihr dort wart und dorthin zurückkehren wollt.“

Leonardo da Vinci

Der Kopf fliegt mit! Entscheidungen werden im Kopf getroffen, ob bewusst oder unbewusst. Im Flugsport ist in kurzer Zeit eine unzählige Abfolge von Entscheidungen notwendig. Wetterbeobachtungen, Flugverkehr, geographische Aspekte, das eigene Fluggerät sind nur einige Aspekte, die in die Entscheidungsfindung einfließen. Zahlreiche Entscheidungen trifft ein Pilot - vor, während und nach dem Flug.

Das Aufschreiben der Gedanken und Reflexionen ist eine Schlüsselthematik im Mentalen Training, um mehr Nachhaltigkeit und Ernsthaftigkeit zu erlangen. Sie kennen vielleicht den Effekt vom Spickzettelschreiben in der Schulzeit oder der geschriebene, aber vergessene Einkaufszettel. Man konnte sich meist genau an das erinnern, was man zuvor auf den Spickzettel oder auf den Einkaufszettel geschrieben hatte – das Unterbewusstsein und die Merkfähigkeit steigt durch die Intensität des Schreibens. Überblättern Sie daher nicht die Übungsteile des Buches, sondern nutzen Sie diese eigene Ressource zu Ihrem fliegerischen Weiterkommen.

Was macht einen guten Piloten aus?

Dass er in der Weltrangliste recht weit vorne ist? Oder, dass er Kunstflug durchführt? Oder dass er keinen fliegbaren Tag verpasst? Nein. Vielmehr kommt es auf das Vermögen des Piloten an, seine eigene Leistungsfähigkeit einzuschätzen, und seine Flugvorhaben entsprechend anzupassen. Je nachdem, was ihm am Fliegen wichtig und wertvoll erscheint, werden ihm diese Entscheidungen im Ergebnis auch eine gute Platzierung einbringen, oder ihn schnell neue Acrofiguren erlernen lassen, oder ihn immer mit einem Gefühl von Freude und Zufriedenheit nach Hause kommen lassen. Gute oder schlechte Piloten machen nicht die Anzahl der Medaillen bei Wettbewerben aus, sondern vielmehr das konsequente Nutzen des eigenen Potenzials, gepaart mit den eigenen Zielen. Sich bewusst sein, warum man fliegt und was (ob) man etwas erreichen will. Dieses Erreichen muss nicht ein Erfolg im Wettbewerb sein. Erfolg kann auch ein sicheres Beherrschen des Fluggerätes sein.

Dabei spielt das Mentale Training eine zentrale Rolle, um das selbst gesteckte Ziel zu erreichen. Dazu dient dieses Buch als Leitfaden und Orientierung. Der Leser ist dazu aufgefordert, die zahlreich enthaltenen Übungen durchzuführen, die ihm einen leichteren Zugang zum Mentalen Training ermöglichen sollen.
In jedem Kapitel sind Beispiele sehr erfolgreicher Piloten beschrieben, die ebenfalls stark auf die mentalen Aspekte des Flugsports achten. Dies erleichtert die Umsetzung in die eigene fliegerische Praxis und zeigt die fliegerische Relevanz dieses Themas.

Wenn Sie sich vorstellen, dass Sie im hohen Alter auf ihr bisheriges Leben als Pilot und Flieger zurückblicken, auf welche persönlichen Erfolge und Erlebnisse wären Sie dann stolz? Woran würden Sie denken?
An gewonnene Wettkämpfe? An weite Streckenflüge? An den ersten Alleinflug? An unvergessliche Landschaften aus der Luft? An Momente mit Fliegerfreunden? An mutige Entscheidungen? An ...?
Persönliche Leistungen und persönlicher Erfolg lassen sich nur individuell bewerten. Manches, was wir heute in unserem fliegerischen Leben machen bekommt in der langfristigen Perspektive eine andere Bedeutung. Was für den einen Piloten ein Erfolg ist, ist für den anderen selbstverständlich oder für einen weiteren sogar eine Schwäche.

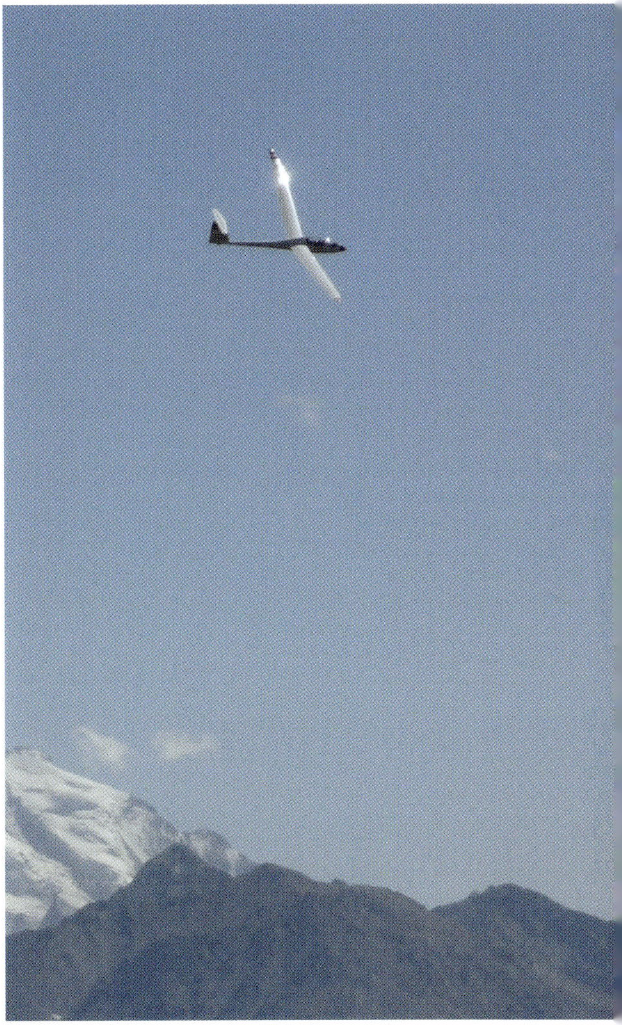

Was macht einen guten Piloten aus? (Foto: Rainer Krumm)

Bitte schreiben Sie hier Ihre persönliche Definition von fliegerischem Erfolg nieder:

Den Start des Buches bildet das Kapitel, warum Mentales Training für Piloten notwendig und hilfreich ist. Die Motivation und Motive des Piloten stellen regelrecht die Thermik des Fliegens dar. Daraufhin werden mentale Modelle erläutert und auf die mentalen Herausforderungen im Flugsport bezogen und welchen Einfluss die eigene Werte und die Werteentwicklung auf den Flugsport haben. Ein zentrales Kapitel ist das Themengebiet „Bewusstsein, Verantwortung und Selbstmotivation, in dem auf die Grundlagen des selbst initiierten Trainings und Coachings eingegangen wird, mit zahlreichen Übungen für Piloten.

Die Entscheidungen, die (im Kopf) getroffen werden, kommen im darauffolgenden Kapitel unter die fliegerische Lupe. Sie bilden neben dem Glauben an die eigene Leistungsfähigkeit die Grundsteine für das Mentale Training von Handlungsabläufen. Die Struktur des klassischen Mentalen Trainings wird erläutert und mit Beispielen des Flugsports kombiniert. Wenn Leistungsfähigkeit und die Herausforderungen zusammenkommen und sich ein Glückszustand einstellt, dann spricht man von einem Flow-Erlebnis, das ebenso näher betrachtet wird.

Mentales Training wird von erfolgreichen Wettbewerbspiloten genutzt, um erfolgreicher Fliegen zu können. Vom Autor durchgeführte Untersuchungen bei national und international erfolgreichen Piloten und Nachwuchspiloten erläutern in einem weiteren Kapitel, worauf es beim Wettbewerbssport aus mentaler Sicht ankommt. Angst, Stress und bei Wettbewerbspiloten auch der Erfolgsdruck gehören unmittelbar zum fliegerischen Leben dazu. In speziellen Kapiteln werden die Auslöser dieser Phänomene erklärt und Lösungen diskutiert, die für Piloten leicht anwendbar sind – Übung macht den Meister. Entspannung und aktive Erholung (auch geistig) sind für das Mentale Training essenziell. Spezielle Entspannungstechniken für Piloten werden dargestellt und mit Praxisbeispielen verdeutlicht.

Wer handelt begeht auch Fehler – bewusst oder unbewusst, so auch in der Fliegerei. Piloten machen Fehler, manche davon bemerken sie sofort, manche erst später, manche aber auch gar nicht, weil sie nochmals glimpflich ausgehen. Das Lernen aus diesen Fehlern und das Reflektieren von Flugsituationen sind zentrale Aspekte des Mentalen Trainings, um die eigene Leistung zu optimieren und damit auch Stress- und Angstsituationen in Zukunft zu vermeiden. Ausführlich dazu in Kapitel über „Aus Fehlern lernen".

Das Innere Team zeigt auf, wie man mit inneren Stimmen, Bedürfnissen umgehen kann, um seine volle Konzentration und Entscheidungsfähigkeit während des Fliegens abrufen kann – und was passiert, wenn das innere Team verrücktspielt und streitet. Dieses Kapitel ist zentral für die Flugsicherheit.

Manche kurzen Abschnitte mögen dem einen oder anderen Leser etwas ‚psychologisch' erscheinen. Für viele Leser ist es wichtig auch die fachlichen Hintergründe für Übungen und Mechanismen zu verstehen, daher wurde auf diese Aspekte nicht verzichtet.

Das Buch ist bewusst so aufgebaut, dass der Leser auch hin- und herfliegen bzw. -lesen kann. Die Kapitel sind inhaltlich auch allein zu verstehen, im Gesamtkonzept Mentales Training jedoch eng verbunden. Die empfohlene Flugroute ist daher die gedruckte Reihenfolge.

Ready for take off? – Make your mind fly!

2. Warum Mentales Training für Piloten?

Der Begriff „mental" ist spätestens seit Boris Beckers Tennis in aller Munde, doch viele können den Begriff nicht weiter definieren. Um Mentales Training auf die Fliegerei zu transferieren und einzusetzen, muss zunächst der Begriff als solches geklärt werden.

Ursprung „Mentales Training“

Ursprünglich kommt der Begriff „Mentales Training" aus der Sportpsychologie und beschreibt eine nicht-körperliche Trainingsmethode zur Leistungsverbesserung von Athleten. Man versteht darunter ein planmäßig wiederholtes, intensives Vorstellen oder Wahrnehmen von einzuübenden Bewegungsabläufen, ohne diese dabei jedoch praktisch auszuüben. Das Mentale Training hat sich aber gerade in weniger körperlichen Sportarten, wie dem Flugsport, gezielt auf kognitive Abläufe spezialisiert. Bereits 1873 hat der englische Physiologe William H. Carpenter die Gesetzmäßigkeit entdeckt, dass die Wahrnehmung oder Vorstellung von Bewegungen zu nachweisbaren muskulären Reaktionen und Bewegungsimpulsen führt, wodurch diese unwillkürlich, ansatz- oder teilweise ausgeführt werden.[1]
Die Sportpsychologie befindet sich interessanterweise noch hauptsächlich in der Hand der Sportwissenschaft und nicht in der Hand der Psychologie. Hier besteht noch Handlungs- und Kooperationsbedarf, um weitere Fortschritte zu erzielen.

Definition „Mentales Training“

> *„Mentales Training ist das planmäßige wiederholte, systematische, bewusste und kontrollierte Optimieren von Vorstellungen seines Eigenzustandes, seiner Handlungen und/oder seines Weges ohne gleichzeitige praktische Ausführung“*[2]

In dieser Definition steckt viel Information.

- *„Planmäßig wiederholte"* impliziert eine durchdachte und absichtliche Beschäftigung mit dem Mentalen Training, was in regelmäßigen Abständen stattfindet.
- *„Systematische"* weist auf eine in sich logisch aufgebaute Trainingsform hin, also keine Willkürlichkeit.
- *„Bewusst"* heißt im Gegensatz zu unbewusst, dass mein Geist sich aktuell und wissentlich mit dem Thema beschäftigt.
- *„Kontrolliertes Optimieren"* steht für eine Positivierung der Verhaltensweise in einem vorgegebenen Maße.
- *„Eigenzustand"* verdeutlicht, dass es sich bei Mentalem Training nicht nur um Abläufe und Handlungen dreht, sondern auch um Gefühlszustände und Verfassungen des Sportlers. Speziell Stresssituationen sind hiervon betroffen. Sicherlich kennen Sie Eigenzustände, in denen man sich sicher und stark fühlt, aber auch Eigenzustände, in denen man sich unsicher und schwach fühlt. An einem Tag kurbelt man jeden

Thermikbart konzentriert bis zur Wolkenbasis, beim nächsten Flug findet man keinen Thermikbart oder ist nicht in der Lage konzentriert die Thermik zu zentrieren.

- „*Handlungen*" umfassen neben den klassischen Bewegungsabläufen des Sports auch Reiz-Reaktions-Mechanismen, also Handlungen, die man unbewusst auf einen gewissen Reiz hin ausübt, ohne darüber nachzudenken. Im Luftsport sind dies beispielsweise Eingriffe in die Steuerung/Lenkung des Fluggerätes beim Einfliegen in unerwartete Turbulenzen. Durch Mentales Training werden die Handlungsabläufe trainiert, also gedanklich durchgegangen, um sie dann in der Praxis schneller abrufen zu können. Beim Acrofliegen gehen die Piloten die Flugfiguren intensiv und detailliert im Mentalen Training durch, bevor sie sich in die Luft begeben und die Flugfigur zum erstem mal ausprobieren.
- „*Seines Weges*" – auch die Streckenplanung, also die Flugstrecke, kann gedanklich vorbereitet werden, um im Flug bereits auf Schlüsselsituationen der Navigation vorbereitet zu sein. Oder auch Schlüsselstellen, wie das schwierige Überqueren eines Bergrückens, bei welchem Turbulenzen zu erwarten sind. Wenn ich darauf vorbereitet bin, habe ich mehr Gehirnkapazität für andere Überlegungen frei. Im normalen Straßenverkehr ist dies selbstverständlich. Wer ohne Navigationssystem in eine fremde Stadt muss und eine Anfahrtsskizze besitzt wird diese sicherlich im Vorfeld der Fahrt kurz anschauen, um vorbereitet zu sein. Sie kennen die Fernsehaufnahmen von Skirennläufern, die vor dem Starthaus alle Bewegungen mit geschlossen Augen nochmals nachvollziehen. Untersuchungen ergaben, dass Weltklassefahrer diese mentalen Skirennen bis auf wenige Hundertstelsekunden im Kopf abbilden können. Sie versetzen sich intensiv in die Situation, gehen dabei die gesamte Rennstrecke durch und führen die Bewegungen entsprechend aus. In den letzten Jahren nutzen Acropiloten diese Art des Mentalen Trainings zunehmend, um gerade bei Synchron-Flügen die Abstimmung vor dem Start zu optimieren. Insbesondere die thermikarme Zeit im Winter nutzen erfolgreiche Streckenflieger zum Studium von Landkarten und der Analyse von geflogenen Strecken, um neue Wege für die kommende Saison zu entwickeln.

Salopp formuliert geht es beim Mentalen Training um geistiges Trockenüben oder um nichts anderes als „die Begünstigung einer Bewegungsdurchführung durch die vorherige Vorstellung eben dieser Bewegung."[3]

Zur Abgrenzung seien noch die anderen wichtigen Bereiche der Sportpsychologie genannt. So zeigt beispielsweise das Tiroler Modell der Sportpsychologie folgende Verteilung der drei Hauptthemenpunkte auf:

- „Bei 73% der Athleten standen die Persönlichkeitsberatung, psychosoziale und subklinische Fragestellungen im Vordergrund.
- Bei 16% wurden in erster Linie die grundlegenden mentalen Trainingstechniken zur Bewegungs- und Zustandsregulation vermittelt.
- Bei 11% mussten psychopathologischen Problemstellungen behandelt werden."[4]

In diesem Buch liegt jedoch der klare Fokus auf dem Mentalen Training.

Zahlreiche wissenschaftliche Untersuchungen[5] belegen die Effektivität von Mentalem Training. Die Ergebnisse belegen aber auch, dass Mentales Training für erfahrene Sportler effektiver ist, als für Unerfahrene. So ist Mentales Training für den Könner sehr nützlich, wohingegen der Anfänger – extrem gesehen – gar nicht weiß, was er mental trainieren soll. Ebenso ist in rein motorischen Sportarten das motorische/körperliche Training natürlich unersetzlich. In kognitiven Sportarten – und zu diesen Sportarten zählt sicherlich jede Art von Flugsport - erweist sich Mentales Training als besonders effektiv. Speziell im Vergleich zu motorischen Sportarten. Dies wird deutlich, wenn man sich einen Ruderer vorstellt, der sicherlich im Wettkampf eine mentale Stärke benötigt, für ihn ist die Kraft und Kraftausdauer, sowie der Bewegungsablauf aber essenziell. Der Pilot, der sein Fluggerät steuert, ist dagegen eher ein Kopf-Sportler, auch wenn die körperliche Fitness den Erfolg beim Flugsport mit prägt.

Die Psychoneuromuskuläre Theorie (also der Zusammenhang von Gehirnaktivitäten und Muskeln) besagt, dass die Muskeln, die an der Ausführung der vorgestellten Bewegung beteiligt wären, während des Mentalen Trainings innerviert werden. Dadurch entsteht in den Muskeln kienästhetisches Feedback, das genutzt werden kann, die Bewegungsausführung in Zukunft zu optimieren.

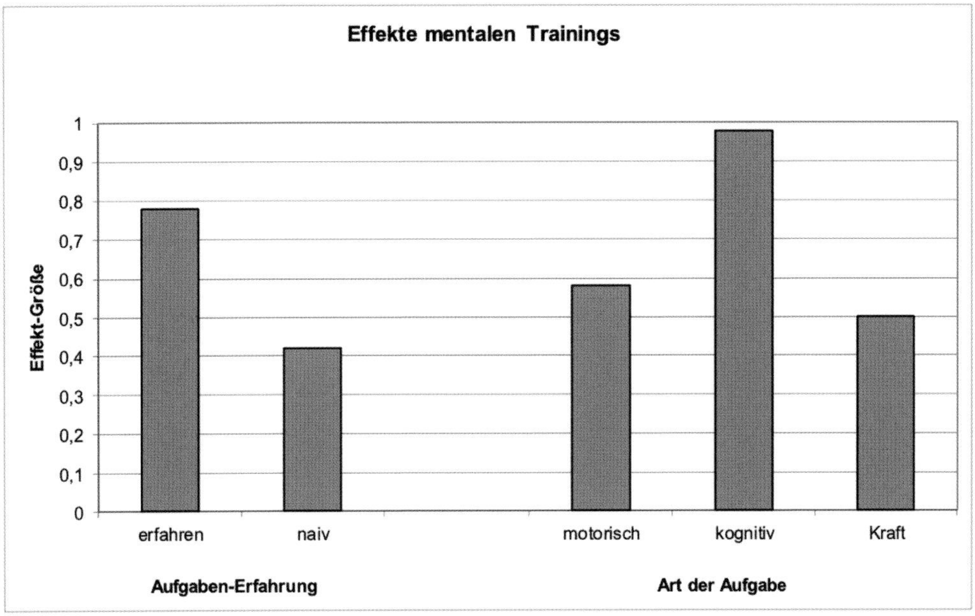

Abbildung 1: Effekte Mentalen Trainings[6]

Durch eine Beeinflussung psychischer Leistungsfaktoren soll die Befindlichkeit des Piloten in Hinblick auf eine optimale Leistungsfähigkeit verbessert werden.

Bewegungen und Bewegungshandlungen beruhen auf Bewegungsvorstellungen bzw. Handlungsplänen, die wiederum von der jeweiligen emotionalen Befindlichkeit des Piloten, seinen Motiven und Einstellungen, seinen kognitiven (vernunftmäßigen) Voraussetzungen und intellektuellen Fähigkeiten bestimmt werden.

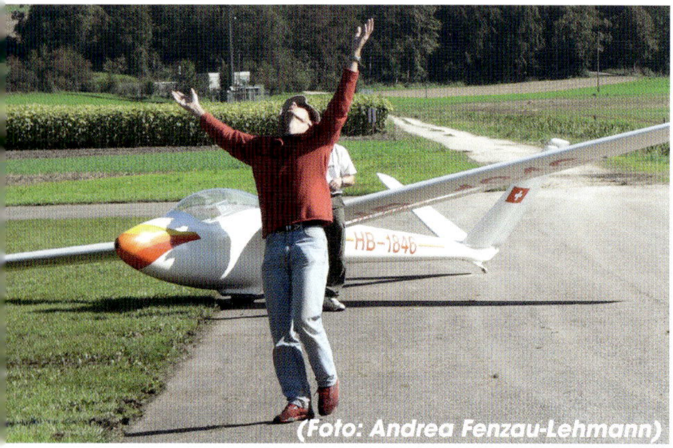

(Foto: Andrea Fenzau-Lehmann)

Ablauf der Bewegungssteuerung

Wie funktioniert denn nun die Bewegungssteuerung, wie entstehen Bewegungen und wie werden sie ausgelöst? Wie elementar jede einzelne Bewegung mit unseren mentalen Gedankenprozessen zusammenhängt beschreibt Martin et al. zwar etwas psychologisch, aber sehr präzise:

„Der Entschluss zur Bewegung entsteht in den Assoziationsfeldern des Großhirns. Er enthält die Information, welche Körperteile die Bewegung ausführen sollen. Dieser Entschluss wird in den so genannten motorischen Feldern (Motorcortex) geleitet, die für alle Muskelpartien spezielle Nervenzellen besitzen. Diese Nervenzellen erteilen den für die Bewegung benötigten Bein-, Fuß-, Arm-, Handmuskeln usw. den Befehl Kraft zu bilden. Allein aufgrund dieser Befehle würde die Bewegung jedoch nur sehr grob und unzureichend koordiniert ablaufen, wobei die Ungenauigkeit durch die antreibenden Impulse aus dem Zwischenhirn – ein Teil des Antriebs- und Empfindungshirns (Thalamus) – noch verstärkt wird. Gleichzeitig läuft der Rohbefehl auch über die Querverbindungen in das Kleinhirn. Dort sind für alle geübten Bewegungen Programme gespeichert, die Informationen zur Feinkoordinierung der Muskelarbeit enthalten. Auf der Grundlage dieser Bewegungs(-Fertigkeits-)programme dämpft das Kleinhirn, dass die Nervenzellen der motorischen Felder nur Befehle abgeben, die genau der vorgesehenen Bewegung entsprechen. Ein so durch das Kleinhirn modellierter Befehl läuft über das Rückenmark zu den Muskeln der beteiligten Glieder und bewirkt schließlich, dass die Muskeln wohl abgestimmt – eben koordiniert – Kraft bilden."[7]

Der Flugsimulator in der kommerziellen und militärischen Flugausbildung ist ein perfektes und präzises Beispiel dafür, wie Bewegungsabläufe mental und körperlich so lange trainiert werden, bis sie nahezu zu 100% perfekt beherrscht werden. Durch das fortwährende Konditionieren (Abspeichern von Lerninhalten und Bewegungen) werden im Langzeitgedächtnis Handlungsprozesse intuitiv, vernetzt und in absoluter Präzision mit einem speziellen Auslösungsmechanismus verbunden. Damit wird es möglich, diese trainierten Handlungen sehr schnell auszuführen, ohne lange nachdenken zu müssen.

So war es für den Austrian Airlines Piloten der Fokker 70 auf Grund von Triebswerkstörungen am 5. Januar 2003 auch machbar, im Münchner Umland eine perfekte Notlandung durchzuführen. In einem Interview meinte er souverän, für solche Fälle sei er ja schließlich ausgebildet. Experten sprachen von einer Meisterleistung.

Innere Stärke lässt sich trainieren: Sie macht Heldentaten wie die sensationelle Airbus-Notlandung des Flugkapitäns Chesley Sullenberger[8] auf dem Hudson River 2009 erst möglich. Als der 57-jährige seinen Airbus mit zwei ausgefallenen Triebwerken und 155 Menschen an Bord beinahe kaltschnäuzig auf dem Hudson River in New York notlandete, sprach alle Welt von einem Wunder. Er hatte nach eigener Aussage 208 Sekunden Zeit zwischen Triebwerksausfall und Landung auf dem Hudson River. Aus psychologischer und mentaler Perspektive war aber vor allem eines passiert: Hier führte jemand vor, wie er, obgleich aus der Routine gekippt, punktgenau das zu leisten imstande war, was er jahrzehntelang trainiert hatte. Nach der Notlandung im Hudson wurde er gefeiert wie ein Held. Er selbst sah sich eher als Pilot, der das tat, was er jahrelang trainiert hatte.

Mentales Training ist für den Heidelberger Sportpsychologen Hans Eberspächer der Schlüssel zu einem solchen „Wunder". Denn allein die Vorstellung einer Bewegung oder Handlung aktiviere dieselben Hirnareale wie die Bewegung oder die Handlung selbst, sagt er. „Das lässt sich hirnphysiologisch im Kernspin nachweisen. Deshalb kann man im mentalen Bereich auch massiv arbeiten." Spitzensportler trainieren folglich immer, auch in Verletzungspausen: mental. Denn das Problem, im Training perfekt, aber im Wettkampf miserabel zu sein, ist in der Regel ein mentales. Auch Piloten spielen Ernstfälle regelmäßig gedanklich durch. Patienten, die nach einer Hüft- oder Kniegelenkoperation neu gehen lernen müssen, können dies schneller, wenn sie die neue Bewegung vorher im Kopf geübt haben. „Wir probieren das jetzt auch mit Schlaganfallpatienten", berichtet Eberspächer.
„Ein großer Vorteil bei Situationen, die mental vorher trainiert wurden, ist das Gefühl, plötzlich viel mehr Zeit zur Verfügung zu haben", berichtet ein Flugkapitän der Lufthansa. „Die Erfahrung hat gezeigt, dass es sich empfiehlt, Flugsituationen nach dem Konzept des Mentalen Trainings aufzuarbeiten und zu trainieren." In seinem Pilotenkoffer führt er stets ein kleines Heft mit, in dem „Kochrezepte" für alle möglichen abnormalen Situationen aufgelistet sind. Während der einstündigen S-Bahnfahrt zum Flughafen schlägt der Pilot jeweils eine Seite auf. Da steht dann zum Beispiel „Ausfall des Landeklappensystems". „Ich klappe mein Heft wieder zu, versuche, mich mental in die 737 zu setzen, und stelle mir nun vor, wie eben bei diesem Flug das Problem „Ausfall des Landeklappensystems" zu bewältigen ist." Interessanterweise berichtet der Pilot, werde bei dem mentalen Durchspielen nur eines einzigen Problems diejenige Gehirnregion aktiviert, in der sein gesamtes fliegerisches Wissen gespeichert sei. Selbst wenn nun also auf dem Flug ein anderes Problem auftrete, sei er dafür „besser gewappnet".

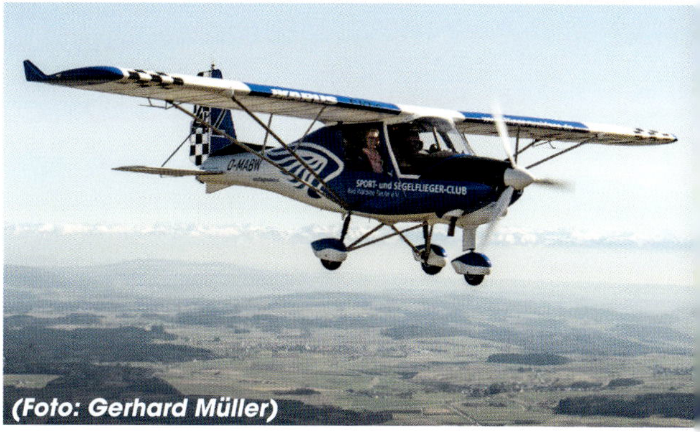

(Foto: Gerhard Müller)

Kaum eine Freizeitbeschäftigung ist so intensiv im Erleben und in der Wahrnehmung von Nicht-Fliegern als das Fliegen. Gleitschirmkonstrukteur und Fluglehrer Michael Nesler lebt regelrecht vom und fürs Fliegen. Er beschreibt die Sehnsucht und Begeisterung als Belohnung und regelrechte Bewusstseinserweiterung: „(...) Fliegen mit allen Sinnen, kombiniert mit Gefühlen wie Angst, Euphorie, Zweifel, Wut und was einen noch alles so in der Luft überfällt. Kaum ein Sport bietet einem die Möglichkeit, so viel über sich selbst zu lernen wie (...) Fliegen. Wer sich dessen bewusst wird, hat beim Fliegen die Chance seine Sinne zu schulen. Er wird auch im Alltag die Welt anders wahrnehmen als vorher und nicht selten sein ganzes Leben ändern müssen – oder wollen?"[9]

Auch im Hobbyflugsport, wie dem Drachen- und Gleitschirmfliegen können Notsituationen sowohl körperlich trainiert werden als auch mental. Das viel belächelte Rettungsschirmwerfen in einer Sporthalle ist quasi der Flugsimulator für Notsituationen beim Gleitschirmfliegen. Wer den Notschirm schon einmal unter Pendelbedingungen gefunden

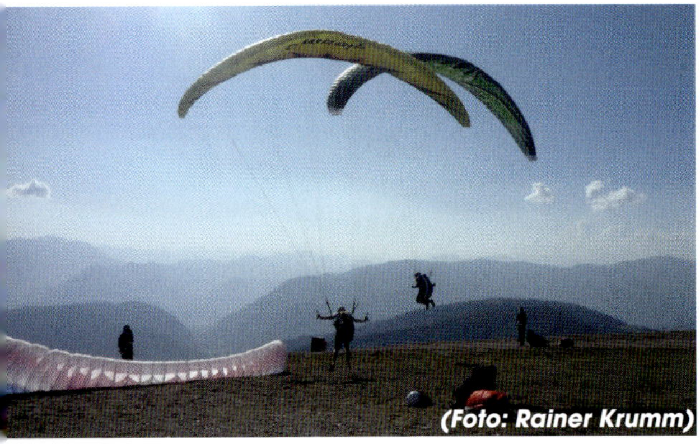
(Foto: Rainer Krumm)

und geworfen hat und dies regelmäßig trainiert, wird deutlich weniger mentale und körperliche Blockaden haben, wenn am Tag X der wirkliche Notschirmwurf notwendig wird. Und dann kann er Leben retten.
Das bedeutet für die mentale Seite des Flugsports, dass man besser, sicherer, entspannter und erfolgreicher fliegen kann, wenn man seine Bewegungsabläufe präzise, sicher und gut abrufbar mental trainiert hat. So kann jeder Pilot sein Potenzial besser ausschöpfen.

Potenzial für alle Piloten

„Das Ziel des Mentalen Trainings ist es, sich in einen psychologischen Zustand zu versetzen, der es ermöglicht, unter allen denkbaren Bedingungen die eigenen realistischen Leistungsmöglichkeiten zu entfalten.“[10]
Im Mentalen Training für Piloten steckt also sehr viel Potenzial, um seine Leistungsfähigkeit zu steigern, den Genuss an der Fliegerei zu erhöhen und natürlich letztlich auch die Sicherheit zu verbessern, die im Flugsport ja eine besonders große Rolle spielt.

Mentales Training wird häufig als wirkungslos oder albern abgetan. Damit verbauen sich die Sportler aber große Chancen, ihren Sport besser ausüben zu können.
Den Begriff „besser“ muss jeder für sich definieren. Für den Einen ist „besser“ sicherer zu fliegen, für den Zweiten ist „besser“ mit mehr Freude und Spaß beim Fliegen verbunden, für den Dritten ist „besser“ erfolgreicher im Wettkampf zu sein und für Andere ist es vielleicht „besser“ im Sinne von Ausgleich zum Alltag finden, oder einfach nur, die Sicht auf die Natur und Landschaft zu genießen.

Es gibt viele talentierte Piloten, doch nur wenige nutzen ihr wirkliches Potenzial. Was ist der Unterschied zwischen Potenzial und Talent? Lance Armstrong, der mehrfache Tour de France-Sieger, sagte in einem Interview, dass Jan Ullrich zwar mehr Talent als er besitze, Armstrong selbst aber aus seinem Talent mehr Potenzial mache. Potenzial ist daher die Ausschöpfung oder die Nutzung der gegebenen Fähigkeiten oder Fertigkeiten. So hat der eine Pilot vielleicht ein glückliches Händchen bei der Landeeinteilung, andere konzentrieren sich dafür mehr, planen die Handlungen besser und ziehen die Landung bewusst durch und haben so erfolgreichere Landungen. In den Wettkämpfen – gerade auf internationalem Niveau – fliegen die TOP 30 Piloten alle sehr gut. Je höher ein Pilot in der Weltrangliste steigt, umso wichtiger wird die Mentale Stärke. Es kommt darauf an, ob er in der gegebenen Wettkampfsituation und unter den vorherrschenden Rahmenbedingungen seine Leistung abrufen kann oder nicht. Gerade der Umgang mit Erfolgsdruck lässt sich optimieren, egal ob dieser vom Teamchef, den Medien, dem Sponsor, von Freunden oder gar von sich selbst kommt.

Daher nutzen Sie Ihr Potential, egal ob im Wettkampf, beim Fliegen „just for fun“ oder weshalb auch immer Sie fliegen.

3. Motive und Motivation für's Fliegen

„At the end of the day it does not matter who was highest or who flew the furthest. What matters is that you go home having had a great flight, with a big smile on your face and a head full of beautiful views and a fantastic feeling inside, because that is what our flying is all about."

Rob Whittall

(Drachen- & Gleitschirmweltmeister)

Warum ist es wichtig zu wissen, was man tut und warum man etwas tut?

Weltrekordhalter Steve Fossett ist bei seiner Motivation sehr klar: „Mit einem Ballon die Welt zu umrunden wäre ein Meilenstein. Hat man dies erreicht, wird es bestimmt jemand besser oder schneller schaffen, aber nur ein Mensch kann es als Erster tun. Es würde mir sehr viel bedeuten, in die Luftfahrtgeschichte einzugehen."[11] Je klarer ein Pilot sich seiner Motivation ist, desto leichter wird er sich tun, besser zu fliegen und Risiken zu minimieren – um so seine Motivation weiter erhalten zu können.

Nur wenn man sich selbst im Klaren ist, warum man etwas tut und dabei auch wirklich ehrlich zu sich selbst ist, kann man sich und sein Verhalten verändern. Die Beweggründe/ Motive für Verhaltensveränderungen oder für neue Flugtechniken sind wichtig, um sich selbst im Klaren zu sein und um den Weg zum gesetzten Ziel schneller finden zu können und diesen dann auch konsistent zu gehen bzw. zu fliegen.

Acro-Fluglehrer Michael Nesler macht dies am riskanten Flugmanöver der Bodenspirale im Gleitschirmfliegen deutlich: „Die Bodenspirale zu erlernen, ohne sich dabei zu verletzen, ist ein Unternehmen, welches viel Geduld, ein übermäßiges Maß an Selbstanalyse, Systematik und Bescheidenheit verlangt. Gerade Bescheidenheit und Geduld sind oft nicht vorhanden, denn die meisten lernen die Bodenspirale für die Zuschauer und nicht der Grenzverschiebung willen."[12]

Gezielte Reflexionen unterstützen den Bewusstseinsprozess und damit die persönliche Weiterentwicklung. Visualisierungen oder schriftliche Reflexionen helfen, die fliegerische Erfahrung und die fliegerischen Ambitionen besser zu verstehen und besser gestalten zu können. Daher ist auch das Führen eines Flugbuches für die eigene Weiterentwicklung neben der luftrechtlichen Notwendigkeit, sehr wichtig. Durch das Eintragen des vergangenen Fluges und der dazugehörigen Daten und Bemerkungen setzt man sich automatisch nochmals mit dem Flug auseinander. Für Rückbetrachtungen sind daher Flugbücher auch eine sehr gute Quelle. Im Zeitalter von GPS und anderen digitalen Möglichkeiten sind hier inzwischen kaum mehr Grenzen zur Dokumentation gesetzt.

Torsten Hahne, mehrfacher Deutscher Meister im Streckenfliegen, meint: „Im Allgemeinen ist der Pilot beim Streckenfliegen die entscheidende Größe. Erfahrung, Kreativität, Durchhaltewillen, Motivation, Lernfähigkeit und meteorologische Kenntnisse sind die entscheidenden Faktoren."[13] – und genau darum geht es in diesem Buch. Den Faktor Piloten weiterzuentwickeln.

Warum begeben sich Menschen in die Lüfte, warum gehen wir die damit durchaus verbundenen Risiken ein? Was bewegt (lateinisch movere = bewegen, in Bewegung setzen) uns eigentlich, Luftsport auszuüben?

- ***Motive*** im Sport sind Bereitschaften, sich in situationsüberdauernder, zeitlich überdauernder und persönlichkeitsspezifischer Weise in Situationen zielgerichtet zu verhalten.
- ***Motivationen*** im Sport sind die aktuellen kognitiven (Erwartungen, Bewertungen) und emotionalen (Hoffnungen, Befürchtungen, Freude, Enttäuschung) Prozesse vor, während und nach dem Sporttreiben.

So unterschiedlich die Menschen sind, so unterschiedlich ist auch bei Piloten der Beweggrund, Flugsport auszuüben. Warum ist es wichtig zu wissen, was die Beweggründe für die Ausübung von Luftsport ist? Reicht es nicht völlig aus, es einfach toll zu finden und zu genießen?
Das Wissen darum bringt viele Vorteile. Sie können gezielter die positiven Aspekte genießen und auskosten. Sie können die eigentlichen Motive besser verfolgen und gleichzeitig Bereiche ausschließen, die Ihnen nicht wichtig sind. Die Sportpsychologie zählt ca. 30 verschiedene Motive auf, die auch für Piloten zur Reflexion hilfreich sind. So hören beispielsweise einige Piloten mit dem Wettkampffliegen wieder auf, weil sie merken, dass ihnen das Naturerlebnis und die Unbekümmertheit dabei verloren ging, die ihnen aber wichtig war.

Übung:
Überlegen Sie beim Durchlesen der 30 Motive bitte immer genau, ob dies auch für Sie in Ihrer Flugsportart ein Motiv ist:

Auf das Fliegen selbst bezogene und in erster Linie ich-bezogene Motive:	
1. Bewegung, körperliche Aktivität, Funktionslust	„Es macht Spaß, sich in der Luft zu bewegen"
2. Freude an bestimmten sportspezifischen Bewegungsformen	„Es ist herrlich in der Thermik zu kreisen und den Wind im Gesicht zu spüren"; „Ich liebe den Moment des Abhebens"
3. Ästhetische Erfahrungen	„Das Einssein mit der Natur ist traumhaft"; „Das vogelgleiche und lautlose Fliegen ist unvergleichbar"
4. Bewegungsempfinden, kienästhetische Erfahrungen	„Toll, so in der Luft getragen zu werden"; „Die Rückmeldung der Luftbewegungen in mein Gurtzeug sind unvergleichlich"

5. Selbsterfahrung, Selbsterkenntnis	„Beim Fliegen bin ich ganz ich selbst"; „Beim Fliegen finde ich zu mir und meiner inneren Ruhe"
6. Askese, körperliche Herausforderung, Selbstüberwindung	„Ich schaffe den Streckenflug"; „Ich mag das Gefühl, eine neue Flugfigur immer besser zu beherrschen."
7. Spiel	„Das Spielen im Wind macht mir am meisten Spaß"
8. Risiko, Abenteuer	„Speziell das Risiko, das Ungewisse am Streckenflug reizt mich";
Auf das Fliegen selbst bezogene Motive im sozialen Kontext	
9. Soziale Interaktion	„Mit meinen Fliegerkameraden zum Fliegen zu gehen, ist für mich wichtig"; „Das Fliegen mit anderen ist mein Sport!"
Auf das Ergebnis des Fliegens bezogene und in erster Linie ich-bezogene Motive	
10. Leistung als Selbstbestätigung und sachbezogener Erfolg	„Es freut mich, wenn ich den Thermikbart auskurbeln kann"; „Es reizt mich, mein Fluggerät zu beherrschen"
11. Leistung als Selbstbestätigung und subjektbezogener Erfolg	„Ich möchte diese Saison zum ersten Mal über 100 km weit fliegen"; „Ich möchte dieses Jahr zum ersten Mal eine Alpenüberquerung machen"
12. Leistung als Selbstbestätigung und sozialbezogener Erfolg	„Meinen Fliegerkameraden habe ich es aber heute gezeigt, wer der Beste ist"; „Ich möchte bei der Landesmeisterschaft mindestens in die erste Hälfte der Platzierungen kommen"
Auf das Ergebnis des Fliegens bezogene Motive im sozialen Kontext	
13. Leistung als Präsentation	„Hoffentlich haben sie mich gefilmt"; „Hoffentlich haben das viele gesehen"
14. Leistung als Fremdbestätigung und soziale Anerkennung	„Da staunt Ihr, was?"; „Da werden die Clubfreunde aber schauen, wenn sie diesen Streckenflug sehen!"
15. Leistung als Prestige	„Noch ein gutes FAI-Dreieck und ich habe diese Jahr den XC-Cup gewonnen."; „Zur Auswahl zu gehören, ist schon ein tolles Gefühl"; „Dass ich mich für die German Open qualifiziert habe freut mich riesig"
16. Leistung als Dominanz und Macht	„Als Fluglehrer kann ich viel Einfluss auf die Flugsicherheit ausüben"; „Solange ich Startleiter bin, startet mir hier kein Chaot!"; „Als Windenfahrer sind die anderen auf mich angewiesen"

Auf das Fliegen als Mittel für weitere Zwecke bezogene und ich-bezogene Motive	
17. Gesundheit	„Frische Luft hat mir der Arzt verschrieben"; „Seit ich viel in den Bergen bin, fühle ich mich viel wohler!"
18. Fitness, körperliche Tüchtigkeit	„Das Streckenfliegen ist zwar anstrengend, aber das hält mich auch ein bisschen fit"
19. Aussehen, Eitelkeit	„Seit ich den neuen Flügel habe, habe ich richtige Muskeln bekommen"; „Am Landeplatz schauen sie immer schon, wer fliegt denn den neuen Flügel?"
20. Entspannung, Zerstreuung, Abwechslung	„Nach einem Flugtag ist der ganze Alltagsstress vergessen"; „Ein bisschen in der Gegend herumfliegen entspannt herrlich!"
21. Kompensation (Ausgleich)	„Beim Fliegen kann ich meine Wut am besten auslassen!"; „Nach der monotonen Arbeit in der Woche freue ich mich auf das spannende Fliegen am Wochenende!"
22. Naturerlebnis	„Der frische Wind um die Nase ist ein Traum!"; „Das Fliegen mit Greifvögeln in einem Thermikbart ist einfach unbeschreiblich schön!"; „Wenn die Frühjahrsthermik am Flügel rupft, springt mein Herz auch höher!"
23. Freizeitgestaltung	„Fliegen ist eine sinnvolle Freizeitbeschäftigung"
24. Materielle Gewinne	„Die bei den Wettkämpfen zu gewinnenden Preise und Prämien sind auch nicht zu verachten"; „Die Sponsorengelder reichen, um meine Grundlebenshaltungskosten zu sichern."
25. Reisen	„Das Reisen mit dem Gleitschirm hat noch einmal ein ganz anderes Erlebnis in die Reiserei gebracht." „Ich konnte durch das Fliegen schon viele spannende Länder bereisen."
Auf das Fliegen als Mittel für weitere Zwecke bezogene Motive im sozialen Kontext	
26. Kontakt, Anschluss	„Übers Fliegen habe ich schon so viele nette Leute kennen gelernt"
27. Geselligkeit, Kameradschaft	„Es geht doch nichts über ein Landebier mit anderen Piloten"
28. Aggression	„Beim Fliegen kann ich mich richtig abreagieren!"; „Von dem neuen Hochleistungsflügel lass ich mir nicht den Schneid abkaufen!"

29. Sozialer Aufstieg	„Schon als kleiner Junge träumte ich vom Fliegen und von der Nationalmannschaft"
30. Ideologie	„Mit meinen Leistungen im Fliegen kann ich für gute Presse für unseren Sport sorgen."; „Mit meinen Aktionen kann ich für unseren Sport werben"

Abbildung 2: Sportpsychologische Motive[14] - bezogen auf das Fliegen

Sicherlich haben Sie bei einigen Beschreibungen der Motive innerlich stark zugestimmt, andere trafen vielleicht nicht auf Sie zu. Fassen Sie in der nachfolgenden Übung für sich nochmals Ihre Motive und Beweggründe zusammen.

Übung: (- warum fliege ich?)

Warum fliege ich?	
Was macht den Reiz für mich am Fliegen aus?	
Was ist mein Ziel beim Fliegen?	
Was ist meine Definition von „besser"? - Was möchte ich optimieren?	

Eine Umfrage[15] unter mehr als 1.200 Gleitschirmfliegern im Jahre 1998 ergab interessante Ergebnisse. Der weitaus größte Teil der Piloten betreibt die Fliegerei als faszinierendes Freizeitvergnügen. Nur 15% betreiben den Sport als leistungsorientierte Herausforderung. Thermikfliegen, Hang-Soaren und ruhige Gleitflüge am Hausberg ist für die meisten Piloten das Haupterlebnis. Streckenfliegen liegt nach wie vor in der Gunst der wettbewerbsorientierten Piloten vor dem Kunstflug. Der Kunstflug wird jedoch durch neue Fluggeräte und damit neuen fliegbaren Flugfiguren derzeit immer beliebter. Die Geschlechterverteilung zeigt, dass Männer eher einen sportlichen Aspekt beim Flugsport sehen, während Frauen tendenziell eher aus Genuss fliegen. Der Traum vom vogelgleichen Fliegen ist aber nach wie vor für die meisten Piloten die Hauptmotivation.

4. Der Pilot und die mentalen Modelle

„Man muss die Erde unter sich spüren, um sich selbst zu erkennen."
Charles Lindbergh (1902 - 1974)

Repräsentations-systeme

Repräsentationssysteme sind das Betriebssystem oder die Sprache des Gehirns. Was passiert im Kopf, bevor ein Pilot/Mensch reagiert. Repräsentationssysteme sind für die oft versteckt laufenden Prozesse verantwortlich. Ein vereinfachtes ABC-Modell macht dies deutlich:

„A beschreibt die auslösende Situation (ein auslösendes Ereignis oder eine auslösende Erfahrung, interner oder externer Art). (...)
B umfasst alle Gedanken über A bzw. das innere Selbstgespräch des Menschen in der Situation A (...)
C umfasst die emotionalen und Verhaltenskonsequenzen, die aus B folgen (wobei auch körperliche Reaktionen eingeschlossen sind)."[16]

Für den Flugsport ist dieses Modell leicht zu transferieren. ‚A' beschreibt Flugsituationen, ‚B' beschreibt Erfahrungen und Handlungsabläufe, über die ein Pilot verfügt und ‚C' sind die Reaktionen, die durch die Verknüpfung von A mit B ausgelöst werden. Diese Reaktionen können Empfindungen wie Stress sein oder unbewusste Steuerfunktionen, die durch diese Situation ausgelöst wurden. Gut trainierte Gleitschirmflieger reagieren intuitiv auf Geräusche aus dem Gleitschirmsegel, ohne zu sehen, was konkret vorliegt. D.h. diese schnelle Reaktion kann lebensrettende Sekunden sparen, oder auch einfach nur sehr hilfreich sein, um Thermik konsequent auskurbeln zu können.

Dieser Repräsentationssysteme sollte sich ein mental trainierter Pilot bewusst sein, um Abläufe, Reaktionen und unterbewusste Handlungen besser verstehen und trainieren zu können. Nur wer seine Abläufe in den Repräsentationssystemen kennt, kann steuern und gegensteuern. Die Repräsentationssysteme werden über die fünf Sinne Sehen, Hören, Fühlen, Riechen und Schmecken gespeist. So ist es für trainierte und bewusste Piloten möglich, viele auch noch so kleine Eindrücke aufzunehmen und zu verarbeiten. So berichten viele Gleitschirmflieger, dass sie im Sommer oft die Thermik riechen können, andere spüren Thermik über das Gurtzeug noch bevor das Variometer ausschlägt. Nur wenn ein Pilot diese Sinne geschärft und diese Eindrücke mit Handlungsabläufen und Reaktionen gekoppelt hat, kann er schnell handeln und präzise fliegen.

Um das mentale System des Menschen und Piloten zu verstehen, eignet sich das Modell der psycho-logischen Ebenen des amerikanischen Psychologen Robert Dilts. Es bildet die inneren Vorgehensweisen und Zusammenhänge ab, die mit Hilfe des Mentalen Trainings im Flugsport verändert, beeinflusst und optimiert werden.

Glaubenssätze und psycho-logische Ebenen nach Dilts

Glaubenssätze oder Überzeugungen sind eine starke Kraft, die auf unser Verhalten wirkt. Eine Volksweisheit besagt, dass jemand, der glaubt, dass er etwas zu leisten im Stande ist, dazu auch in der Lage ist, während jemand der glaubt, dass er etwas nicht könne, dies auch nicht kann. Robert Dilts definiert Glaubenssätze als Verallgemeinerungen über die Beziehung zwischen Erfahrungen.[17] D.h. sowohl positive als auch negative Erfahrungen prägen die mentalen Modelle und beeinflussen Handlungen beim Fliegen. Die Zusammenhänge von Glaubensätzen und den daraus resultierenden Verhaltensweisen werden in der Abbildung der logischen Ebenen klar.

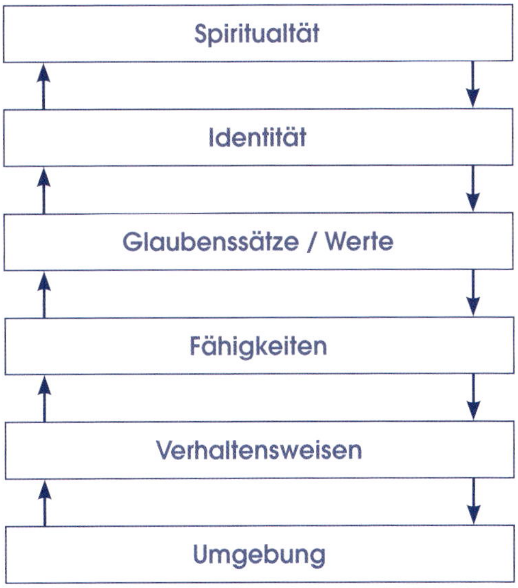

Abbildung 3: Ausrichtung der logischen Ebenen

Die Ebenen bedingen und beeinflussen sich wechselseitig. Zunächst werden die Ebenen allgemein beschrieben, um sie dann auf den Flugsport zu übertragen.

Beschreibung der psycho-logischen Ebenen

Die Ebene der Spiritualität ist häufig schwer zu greifen oder zu verstehen. Dahinter verbirgt sich die geistige Zugehörigkeit, das Gedankengut über die Stellung und Interpretation der Welt. So kann beispielsweise die Überzeugung, dass Fliegen eine wichtige Errungenschaft ist, ein Teil der Spiritualität sein. Die nachfolgende Ebene wird schon greifbarer. Die Identität steht für die Zugehörigkeit zu einer Gruppe. Die allgemeine Identität im Sinne von „Wer bin ich?" oder zu wem gehöre ich. Etliche Piloten fühlen sich als Piloten mit Leib und Seele. In der Identität könnten aber auch die Begriffe „Familienvater, Fußballer, Schlosser, Weinfreund, Tierliebhaber", oder politische Ausrichtungen stehen. Einige Piloten zeigen ihre Identität auch auf den Kofferräumen ihrer Autos in Form von Aufklebern mit Segelfliegern oder Gleitschirmen. Die aus der Identität resultierenden Glaubenssätze zeigen an, was die Person über die Welt glaubt oder was ihre Werte sind. Werte motivieren uns und legen die Basis für unsere Handlungen und Beurteilungen. Diese Glaubenssätze und Werte prägen die eigenen Fähigkeiten. Optimistisches Denken, positive Glaubenssätze ermöglichen Fähigkeiten, negative Glaubenssätze blockieren hingegen Fähigkeiten. Das Sprichwort: „Ob Du glaubst, Du schaffst es, oder ob du glaubst, Du schaffst es nicht – Du hast immer Recht." unterstreicht dies deutlich. Gerade im Flugsport sind diese positiven und bejahenden Glaubenssätze sehr wichtig, um das Potential voll entfalten zu können. Diese Fähigkeiten wirken sich konsequenter Weise direkt auf die Verhaltensweisen aus – auf die unmittelbaren Reaktionen (oder auch Nicht-Reaktionen). Ausgehend von den Verhaltensweisen spiegelt sich die Umgebung auch hier wider. Wo halte ich mich auf, mit wem umgebe ich

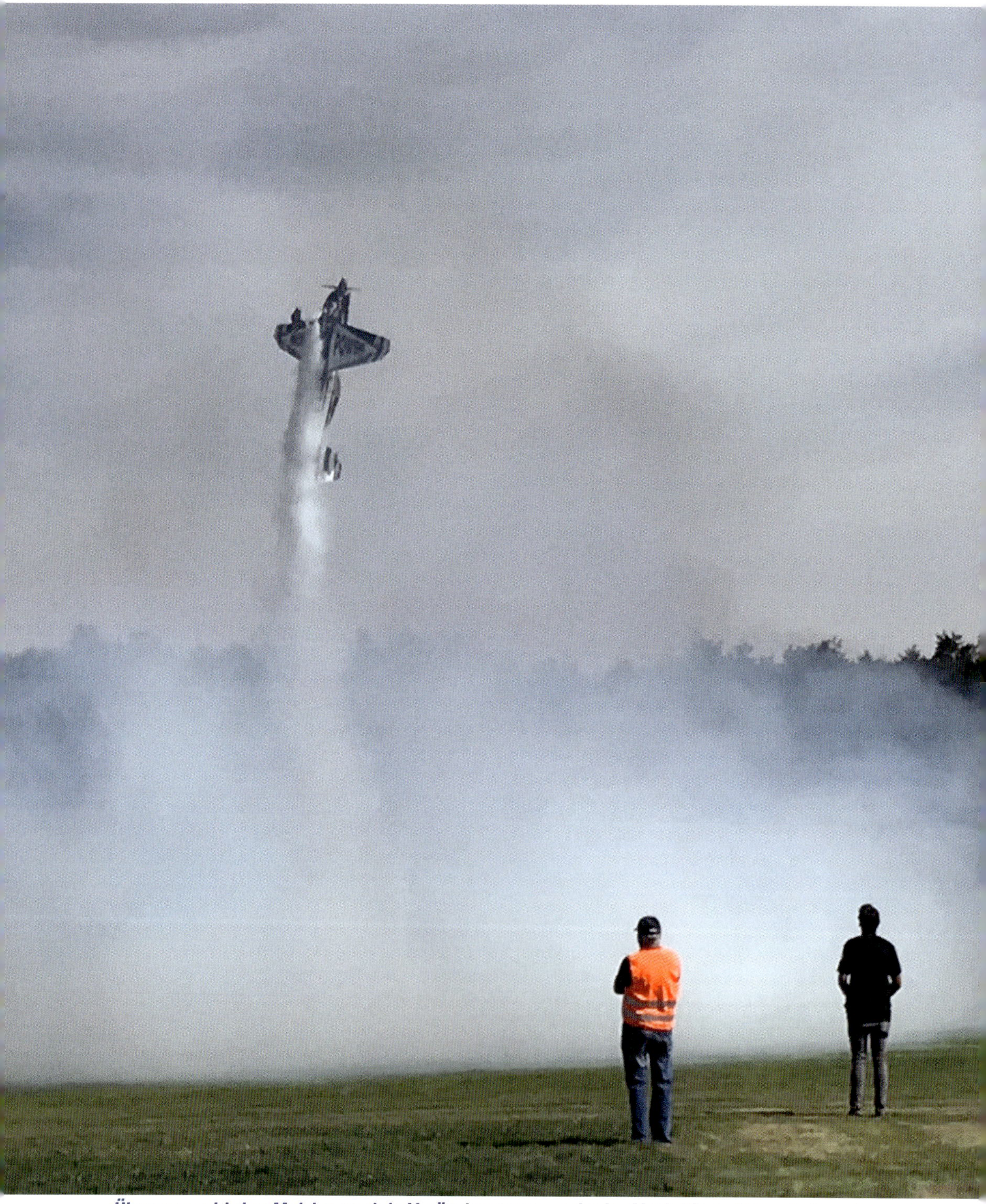

Übung macht den Meister auch in Veränderungen – oder im Modellflug. (Foto: Rainer Krumm)

mich, was tue ich wo? Die Rückkopplung einzelner Ebenen nach oben und unten ist sehr wichtig. Die Veränderungsprozesse gehen jedoch sehr langsam. Glaubenssätze lassen sich nicht von heute auf morgen verändern, es bedarf intensiver und langfristiger Übung und Veränderung.

Die psycho-logischen Ebenen im Flugsport

Die Spiritualität im Flugsport ist schwer zu beschreiben. Hier geht es um die Überzeugung, dass Fliegen wichtig und bereichernd ist. Die Identität ist die Zugehörigkeit zur Flugkategorie. Beispielsweise als Privat-Pilot oder als Segelflieger. Ebenso denkbar ist Weltcup-Pilot oder Hobby-Hausberg-Flieger. Ein Flugschüler, der gerade seine Ausbildung beginnt, wird in seiner Zugehörigkeit noch nicht den Begriff Pilot oder Flieger integrieren. Leidenschaftliche Piloten tun dies aber. Ein wichtiger Bestandteil ihrer Identität ist das Fliegen. Diese Identität wirkt sich dann auf viele Lebensbereiche aus. Ihre Freizeitgestaltung, ggf. ihre Berufswahl, ihre Kleidung und natürlich die Gesprächsthemen, die sie beschäftigen. Die Glaubensätze, die sich daraus ableiten und die dahinterstehenden Werte sind daher häufig mit dem Fliegen verbunden. Hohe Werte wie Freiheit und Unabhängigkeit lassen Weltklassepiloten oft ihre berufliche Zukunft in den Hintergrund treten, um sich voll und ganz der Fliegerei zu verschreiben. Im Lager der Drachen- und Gleitschirmflieger gibt es dazu zahlreiche Beispiele. Der Gleitschirmflieger Oliver Rössel hängte seine Zahntechniker-Laufbahn an den Nagel, um Gleitschirmprofi zu werden und zog von Köln nach Oberstdorf. 2004 gewann er den Gesamt-Weltcup. Sie genießen die Unabhängigkeit und akzeptieren auch die damit verbunden monetären Nachteile. Diese volle Akzeptanz ist aber auch notwendig, um ihre Fähigkeiten ganz entfalten zu können und das Potenzial ausschöpfen zu können.

Glaubenssätze leiten sich aus den Werten des Menschen ab. Werte sind immaterielle Begriffe, die den Menschen/Piloten dazu bewegen etwas zu tun oder eben nicht zu tun. So hören einige Piloten mit der Fliegerei auf, sobald familiäre Verpflichtung in ihr Leben treten, oder ihre Verantwortung im Beruf sehr groß wird. Ihr Glaubensatz ‚Fliegen ist mit lebensbedrohenden Risiken verbunden' wird übermächtig. Da Werte und Glaubensätze eine sehr persönliche und individuelle Angelegenheit sind, sind hier Ratschläge von außen wenig angebracht – vielmehr lassen sich Gespräche führen, um die Gewissheit über die eigenen Glaubensätze herauszuarbeiten. Glaubenssätze sind eng mit Fähigkeiten verbunden. Glaubt ein Pilot, thermische Bedingungen beherrschen zu können, wird er souveräner durch die Thermik kreisen, als ein Pilot, der vielleicht die gleichen Grundfähigkeiten besitzt, aber Angst vor Thermik hat. Er kann seine Fähigkeiten nicht mobilisieren. Fähigkeiten, die ein Pilot besitzt und an die er glaubt, führen ihn zu Verhaltensweisen. So kann ein Acropilot, der gelernt hat, Figuren zu fliegen und an seine Fähigkeiten glaubt, diese Figur auch fliegen. Seine Verhaltensweisen können sich voll entfalten. Sobald Unklarheiten und Unsicherheiten aufkommen, reduzieren sich die zur Verfügung stehenden Fähigkeiten. In Wettbewerbssituationen fliegen Weltklassepiloten plötzlich weit unter ihrem normalen Potential, weil sie sich unsicher fühlen oder weil sie mit dem Druck, der auf ihnen lastet, nicht zu Recht kommen. Die mentale Seite des Sports kommt zum Vorschein.

Typische Piloten-Glaubenssätze im negativen Sinne sind:

- „Das 100 km Dreieck schaffe ich nie!"
- „Dieses Fluggerät werde ich nie beherrschen!"

- „Nur Piloten, die in den Alpen aufgewachsen sind werden jemals die Talwindsysteme verstehen können."

Besser sind Glaubenssätze wie:

- „Heute schaffe ich mein erstes 100 km Dreieck!"
- „Mit viel Training werde ich dieses Fluggerät erfolgreich fliegen können!"
- „Intensives Studium von meteorologischen Besonderheiten lassen auch mich als Flachländer die Talwindsysteme in den Alpen verstehen!"

Die Umgebung stellt die unterste Ebene dar. Im Flugsport sind dies beispielsweise Fluggebiete oder Fliegerklubs. Je nach Fähigkeiten und Verhaltensweisen sind Umgebungen Ausprägungen bis hoch zur Identität. So fliegen Anfängerpiloten meist in ihren Heimatrevieren, während erfahrene Piloten neue, herausfordernde Fluggebiete suchen. Das Wallis scheuen viele Piloten aufgrund der starken thermischen Verhältnisse - andere suchen es gerade deshalb auf. Streckenpiloten suchen je nach Ihrer Erfahrung und ihrem Glauben an ihre Fähigkeiten neue Routen oder bleiben in den Gebieten, die sie gut kennen und wo sie Außenlandmöglichkeiten kennen.

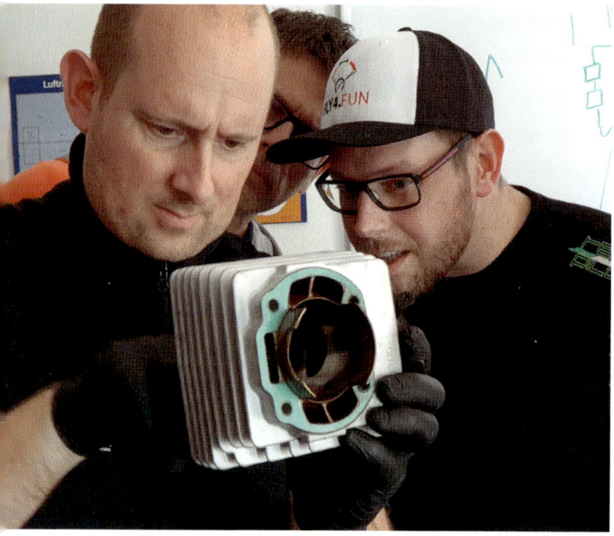

Zum Mentalen Training gehört auch das Befassen mit der Technik, wie hier im empfehlenswerten „Schrauberkurs" der Flugschule ToToFly. (Foto: Rainer Krumm)

Der Francoitaliener Angelo D'Arrigo, der zahlreiche Weltbestleistungen im Ultraleicht und Drachenflug aufstellte und große Popularität durch seine Projekte mit Greif- und Zugvögeln erhielt, beschreibt seine Motivation und Leidenschaft, aus der seine Identität und Zugehörigkeit gut zu erkennen ist:

„Aus welchem geheimnisvollen Grund widmet sich ein Wettkampfsportler im Segel- und Motorflug, der überall auf der Welt Meisterschaften gewonnen und Rekorde gebrochen hat, der Aufzucht eines Greifvogels? Die Antwort ist einfach. Das Fliegen ist meine Leidenschaft, die ich zu meinem Beruf gemacht habe. Vor allem aber ist und bleibt das Fliegen mein Lebensinhalt. Der Segelflug, das Gleiten ohne Motorantrieb, verleiht mir ein Gefühl der körperlichen und geistigen Freiheit, die Zeit und Raum umfasst."[18]

Jedem Piloten kann nur dringend empfohlen werden, sich mit seinen persönlichen psycho-logischen Ebenen zu beschäftigen und diese zu hinterfragen - zunächst allgemein auf die Person, dann auf die Ausübung des Flugsports.

Betinho Schmitz, brasilianischer Weltklassedrachenflieger, fing an Bücher zu mentalen Aspekten zu lesen, als er merkte, wie gestresst er war und er den Wunsch verspürte, sich besser kontrollieren zu können. Er las viele Bücher über neurolinguistisches Programmieren, um zu erfahren, wie das Gehirn funktioniert. Dies half ihm, sich richtig zu motivieren und seine Ziele erfolgreich zu erreichen. Er notierte sich als Leitsätze positive Begriffe auf seine Basis (Steuer) wie „Always high, always ahead".[19]

Übung: Die psycho-logischen Ebenen

Spiritualität	
➢ *Zu wem fühle ich mich zugehörig?*	
➢ *Welche spirituellen, geistigen Dinge sind mir wichtig?*	
Identität	
➢ *Wer bin ich?*	
➢ *Welche Rollen habe ich inne?*	
Glaubensätze/Werte	
➢ *Was ist mir wichtig?*	
➢ *Was motiviert mich?*	
➢ *Was glaube ich über...? (z.B. das Fliegen, meine Fähigkeiten, andere Piloten, etc.).*	
Fähigkeiten	
➢ *Welche Fähigkeiten besitze ich?*	
➢ *Was kann ich besonders gut?*	
➢ *Welche Fähigkeiten werde ich noch ausbauen und festigen?*	
Verhaltensweisen	
➢ *Was werde ich tun?*	
➢ *Was tue ich?*	
➢ *Womit beschäftige ich mich?*	
Umgebung	
➢ *Wo halte ich mich auf?*	
➢ *Wo und mit wem fliege ich?*	
➢ *Mit wem umgebe ich mich?*	

5. Werte im Flugsport

Gastartikel von Sportpsychologin Dr. Stefanie Raaf

Werte / Wertesysteme im Sport

– Ein Erfolgsgarant / Erfolgsmotor –

Werte und Werteorientierung spielen im Sport eine elementare Rolle, um erfolgreich zu sein und das Zusammenspiel optimal zu arrangieren. Werte bestimmen und beeinflussen unseren Mindset – und der ist vor allem im Spitzensport entscheidend.

Im Sport stehen das Gewinnen und damit der Erfolg an allererster Stelle. Dabei ist es egal ob wir den Spitzensport oder den Breitensport, Einzelsportler oder ganze Teams betrachten.

Doch von was hängt Erfolg ab? Was bedingt den Erfolg?

Einfach nur Talent zu haben und die richtigen Fähigkeiten und Fertigkeiten zu haben reicht nicht aus. Das hat der langjährige italienische Fußball Nationaltorwart Gianluigi Buffon im Laufe seiner Karriere erkannt. *„Als junger Kerl dachte ich, dass ich die Welt erobern kann. Was ich nicht wusste war, was man alles dazu benötigt. Einfach nur ein richtig guter Keeper zu sein und Talent zu haben, reicht nicht aus. So eine Karriere ist die richtige Mischung aus einer ganzen Reihe an Zutaten: Leidenschaft, Charakter, Trainingsbesessenheit, Glück, Leidensfähigkeit, um nur einige zu nennen." (Gianluigi Buffon)*

Buffons Erfolgsrezept lässt sich mit Sicherheit durch die Zutat *Werte* ergänzen.

Werden die unterschiedlichen Ebenen der Sportlerförderung und Sportlerentwicklung betrachtet dann ist der innerste Kern die **Person**. Denn hier sind z.B. die Charaktereigenschaften, Bedürfnisse, Motive und Werte des Sportlers angesiedelt. In der zweiten Schale, die von Sportpsychologe Christan Luthardt auch als **Profi**-Ebene bezeichnet wird, sind Gewohnheiten wie z.B. Hohe Fokussierung im Training, Zusätzliches Training usw. zu finden, heißt hier kann Verhalten wahrgenommen werden. In der äußeren Schale ist die **Sportler**entwicklung mit ihren Fähigkeiten & Fertigkeiten angesiedelt.

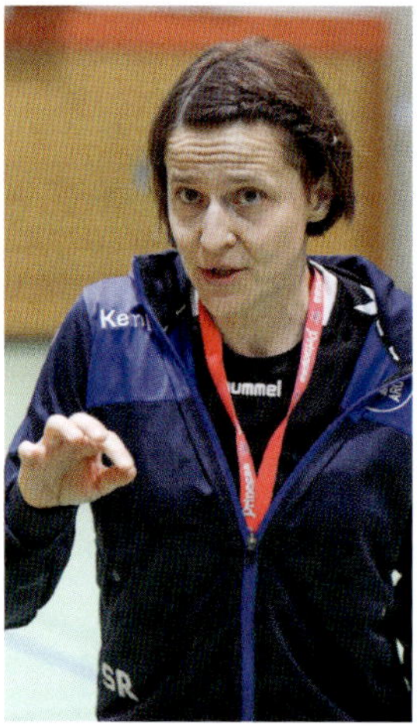

Dr. Stefanie Raaf, Trainerin und Sportpsychologin M.Sc. (Foto: Alexander Hoth)

Werte stellen bei dieser Betrachtungsweise einen entscheidenden Erfolgsfaktor in der Sportlerkarriere dar. Sie gehören zum innersten Kern.

Um langfristig erfolgreich zu sein, ist es somit wichtig, diesen innersten Kern (Werte, Motive, etc.) nicht nur gut zu kennen, sondern auch reflektieren zu können. Wenn ich beispielsweise weiß, dass ich einen hohen blauen Anteil (nach dem 9 Levels Modell) habe, dann habe ich Klarheit darüber, dass mir Regelkonformität und Struktur wichtig sind. In einem chaotischen und turbulenten Umfeld komme ich dann weniger gut zurecht.

Die Wertesysteme spielen eine zentrale Rolle aber nicht nur beim Sportler selbst, sondern auch bezogen auf die ganze Gruppe (Team) und den Verein (Organisation).

Aktuell legen Trainer und Vereine bei der Weiterentwicklung und Förderung von Sportlern, jedoch noch keinen großen Fokus auf die Erhebung der Wertesysteme und deren Reflexion. Warum aber kann genau dieser Punkt eine wichtige Stellschraube für den Erfolg sein? Weshalb kann der Umgang mit Werten den Unterschied machen?

Werte bestimmen sämtliches Sportlerverhalten. Werte sagen uns, was richtig oder was falsch ist und stellen somit das Fundament für Be-Wertungen dar. Sie geben uns im Sport Richtlinien, sogenannte Leitplanken, innerhalb derer wir uns bewegen können. Was in meinem Vereinsumfeld ist wichtig, worauf wird Wert gelegt, was ist nicht so wichtig, worauf wird weniger Wert gelegt?

Welche Themen sind vielleicht akzeptiert, welche hingegen nicht.

Sie sind somit eine große Orientierungshilfe in der Welt eines Sportlers. Wenn das eigene Wertesystem zum Umfeld z.B. dem Verein passt, gibt es weniger Reibungspunkte und wir fühlen uns glücklich und sind erfolgreicher. Unerfüllte Werte machen uns jedoch unglücklich und erfolglos. Wer somit die eigenen Werte (wie ticke ich) in seinem Umfeld leben kann (wie tickt der Verein), ist langfristig erfolgreicher. Es kommt somit auf die Passung der Werte (Person – Umfeld) an.

Zusätzlich ist die Motivation im Sport ein großer Erfolgsgarant. Werte sind auch diesbezüglich unsere Antreiber. Sportler, die genau wissen was sie antreibt, handeln unbewusst richtig.

Wer sein Wertesystem kennt, kann die folgenden Fragen für sich beantworten:

- Welcher Sport passt zu mir?
- Welches Umfeld passt zu mir (Team / Verein)?
- Was sind meine Antreiber?
- Warum ecke ich immer wieder in meinem Umfeld an (Teamkollegen, Trainer, Funktionäre, etc.)?

Haben Sportler auf diese Fragen (auf dieser Ebene) Antworten für sich selbst (Selbstreflexion) und Erkenntnisse darüber, wie die Mitglieder mit denen sie zusammenspielen und das System, in dem sie sich befinden, ticken, dann ist es für den Sportler einfacher, seine Visionen und Ziele tatsächlich zu verwirklichen bzw. seine Potentiale zu entfalten. Denn wenn Individuen sich auf Augenhöhe begegnen, das heißt Verständnis füreinander entwickeln, wer wie tickt, können sie eine gemeinsame Vision entwickeln und vor allem eine stabile und tragfähige Basis miteinander geteilter Werte entwickeln.

Erst unter diesen Bedingungen wird menschliche Vielfältigkeit zu einem Gewinn für alle. Um diesen Zustand zu erreichen, spielt die werteorientierte Kommunikation eine entscheidende Rolle. Wie muss ich beispielsweise mein Gegenüber ansprechen, dass es mich versteht? Dazu muss ich wiederrum die Wertesystem meines Gegenübers kennen.

Nicht nur die Unternehmenswelt, sondern auch die Sportwelt, wird immer schnelllebiger und ist ständigen Veränderungen unterworfen. Innerhalb kürzester Zeit muss auf Veränderungen reagiert werden. Doch auf welcher Grundlage basiert dies? Der Analyse der Werte kann in Zukunft diesbezüglich eine große Bedeutung zukommen. Blicken wir z.B. auf die Fußballbundesliga, wo sich das Trainerkarussell immer schneller dreht. Trainer wechseln zu einem neuen Verein, sind aber in ihrem neuen Umfeld nicht erfolgreich. Hat sich der Verein Gedanken über den inneren Kern gemacht? Wie gehen wir im Fliegerverein mit der sich verändernden Gesellschaft um? Welche Erwartungen und Wünsche bringen Piloten heute mit, wenn Sie einen Fliegerverein suchen? Welcher Trainer/Fluglehrer passt denn überhaupt zu unserer Vereinskultur, zu unseren Spielern/Piloten? Welches Wertesystem muss der Neue mitbringen?

Auf der anderen Seite, kann auch der Trainer den Check machen, welches Angebot er annimmt. Dazu muss er jedoch seine Werte ganz genau kennen und mit den Werten des neuen Vereins abgleichen. Wenn er sich für einen neuen Verein entschieden hat, ist es dienlich, sich folgende Fragen zu stellen:

- Auf welche Gepflogenheiten muss ich bei Amtsantritt achten?
- Wer prägt das neue System?
- Wie muss ich mit den Entscheidungsträgern kommunizieren, so dass ich sie auf ihrem Level abholen kann.

Mit der Erkenntnis der unterschiedlichen Wertesysteme (Person – Umfeld), ist die Chance größer, die richtige Entscheidung für alle Beteiligten zu treffen und nachhaltig glücklich zu werden. Es entsteht sozusagen für alle eine win-win-Situation.
Das 9-Levels-System kann Antworten auf all diese Fragen geben, um bereits im Voraus zu entscheiden, ob man eine sogenannte Sportlerehe eingeht. Es ist somit ein Analyse-Instrument, vor allem auch für den Spitzensport - nicht nur um schnelle Entscheidungen nachhaltig und kurzfristig unterstützen zu können, sondern auch um eine höhere Erfolgsquote bei Entscheidungen zu erzielen. Das 9-Levels-System ist ein Analysetool um Wertesysteme von Einzelsportlern, Teams und Vereinen schnell und einfach messbar zu machen; mit dem Ziel, Werte verstehbar zu machen, ein gemeinsames Wertesystem zu entwickeln und um im besten Fall eine gemeinsame Passung zu erzielen.

Denn *wenn es passt*, steht dem Erfolg nichts mehr im Wege!

Als Trainerin nutze ich die 9 Levels z.B., um Spielerinnen individuell ansprechen zu können. Somit erreiche ich die einzelnen Spielerinnen auf Ihrer Wertebene, was eine hohe Wertschätzung zur Folge hat. Bei der Ansprache meiner Mannschaft kann ich somit ganz gezielt die verschiedenen Werteausprägung meiner Spielerinnen integrieren – was die Erfolgswahrscheinlichkeit steigert.

Dr. Stefanie Raaf, Trainerin und Sportpsychologin M.Sc.

Was sind Werte?

Wir alle haben bestimmte Werte, die unser Denken und Handeln bestimmen, ohne, dass wir uns dessen bewusst sind. Werte sagen uns, ob etwas gut oder schlecht ist, ob wir etwas akzeptieren oder ablehnen, was uns antreibt und was uns unglücklich macht. Werte geben uns Orientierung und Halt. So wichtig Werte in unserem Leben sind, so schwer sind sie greifbar. Betrachtet man die Bedeutung des Begriffs im Deutschen näher, entsteht die Frage, was uns etwas wert und damit wichtig ist. Die lateinische Definition ‚Valere' drückt aus, gesund zu sein, stark zu sein – aber genauso etwas wert zu sein, etwas gelten, Einfluss zu haben. Wert beinhaltet also etwas für den Menschen Kraftvolles.
Begrifflichkeiten wie Respekt, Schutz, Einklang, Impulsivität, Klarheit, Status, Empathie oder Toleranz und viele andere mehr fallen unter den Begriff Werte. Jeder Mensch hat nicht nur ganz individuelle Werte, sondern auch unterschiedliche Rangfolgen der einzelnen Werte. Für den einen bedeutet „Einklang" beispielsweise, Job und Privatleben harmonisch unter einen Hut zu bekommen. Für den anderen besteht bereits Einklang, wenn er seine gesteckten Ziele erreicht hat – auch wenn andere dadurch den Kürzeren gezogen haben.
Im Flugsport ist ein Bewusstsein über die eigenen Werte sowohl für die Sicherheit als auch für den (zu definierenden) Erfolg wichtig, sowie im Umgang mit Passagieren oder anderen Fliegern im Verein oder in der Luft. Es macht Sinn, sich als Pilot mit den eigenen Werten zu beschäftigen, um das eigene Denken und Handeln besser zu verstehen.

Flugsport prägt auch die Werte

Die Lebensumstände, Erfahrungen und natürlich das menschliche wie soziale Umfeld prägen die eigenen Werte. Was hat sich bewährt – was hat sich als gut herausgestellt – das prägt die Werte.

Der Sport- und Segelfliegerclub Bad Waldsee-Reute e.V. beschreibt beispielsweise in seiner Informationsbroschüre zum Segelfliegen:

Segelfliegen fördert...

Verantwortung!

Es fordert von einem Flugschüler eine Menge an Verantwortungsbewusstsein, wenn er ohne Fluglehrer fliegen darf und ihm dabei ein Segelflugzeug von nicht geringem Wert anvertraut wird. Die Ausbildung führt auf dieses Verantwortungsbewusstsein hin.

Teamgeist!

Segelfliegen ist ein Gemeinschaftssport! Man benötigt die Hilfe der Anderen, um in die Luft zu kommen und man muss sich auf die Anderen verlassen können. Ohne ein gutes Miteinander ist die Ausübung unseres Sports nicht möglich.

Konzentration!

Bessere Schulische Leistung durch Segelfliegen? Na klar! Fliegen erfordert ein hohes Maß an Konzentration. Wird diese geschult, kann man besser dem Unterricht folgen und besser selbstständig arbeiten, was die Noten merklich verbessert.

Handwerkliches Geschick und technisches Verständnis!

Durch unseren umfangreichen Gerätepark und die jährliche Wartung der Flugzeuge in unserer Werkstatt, erwirbt der Flugschüler ganz nebenbei jede Menge an hilfreichem Wissen. Übrigens, Segelfliegen ist eine ganze Menge angewandte Physik.

Die ersten beiden Begriffe „Verantwortung und Teamgeist" sind klassische Werte, die Begriffe „Konzentration und handwerkliches Geschick" hingegen sind Fähigkeiten. Eine kleine aber feine Unterscheidung. Werte beeinflussen jedoch auch die Fähigkeiten.

Um Werte und deren Entwicklungen gut verstehen zu können ist das Werte-Entwicklungsmodell der 9 Levels of value systems (www.9levels.de) sehr hilfreich. Mit diesem Modell haben bereits die Damen Nationalmannschaft der Segelfliegerinnen, der Jugendkader des BWLV sowie die Flugschule Freiraum von Weltcupsieger Achim Joos gearbeitet.

Das Modell der 9 Levels basiert auf den Erkenntnissen von Professor Clare W. Graves und seiner über 20-jährigen Forschungsarbeit. Graves' Theorie beschreibt in verschiedenen Perspektiven, wie Menschen, Systeme und Organisationen - basierend auf ihrem biopsychosozialen System - die Welt betrachten und danach denken und handeln. Das Modell der 9 Levels of Value Systems ist nun die Weiterentwicklung des Graves'schen Modells.

Das Modell der 9 Levels of Value Systems[20] hilft, sich selbst und andere besser zu verstehen. Das Modell unterteilt sich in 9 Ebenen – sog. Levels – auf denen sich der Mensch von seiner Geburt an immer weiter auf den nächst höheren Level bewegt, auf dem bestimmte Wertevorstellungen vorherrschen, die das Denken, Fühlen und Handeln auf dieser Ebene bestimmen.

Ausflug in die Welt der 9 Levels

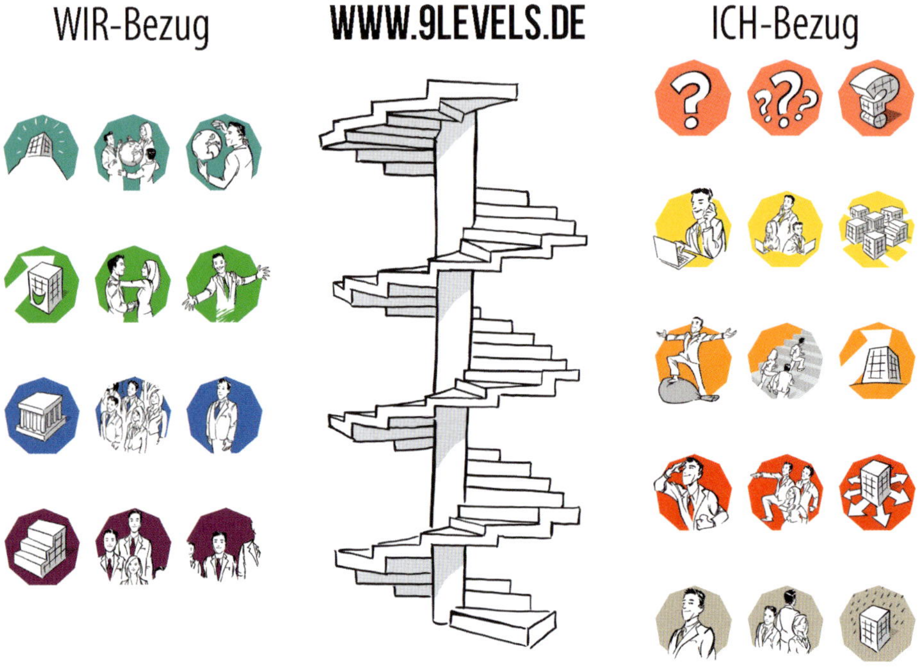

Modell der 9 Levels of Value Systems

Befindet sich der Mensch auf der Seite des WIR-Bezugs, ist es für ihn primär wichtig, dass es seiner Gruppe oder der Organisation gut geht. Er selbst sieht sich darin erst an zweiter Stelle und ist bereit, sich für die Gemeinschaft einzusetzen. Befindet sich der Mensch auf der Seite des ICH-Bezugs, steht er sich selbst am nächsten. Er ist sehr stark auf sich selbst fokussiert und denkt primär an sein eigenes Wohl. Seine Interessen haben Vorrang und er arbeitet ständig daran, die Umwelt sich anzupassen.

Jeder Mensch ist so, wie er ist und hat auch das Recht, so zu sein – es gibt kein richtig oder falsch. Es gibt auch kein „je höher desto besser", sondern vielmehr geht es darum, sich der Werte bewusst zu sein, um dann zu entscheiden, was für mich und meine Flugsituationen am besten passt. So macht es einen Unterschied aus, ob man stets alleine fliegt und völlig unabhängig von anderen ist, oder ob man im Segelflieger Passagiere mitnimmt und auch noch auf einen Schlepppiloten und Flugleiter angewiesen ist. Der Kontext ist hier klar anders.

Werte spielen im Vereinsleben natürlich auch eine sehr große Rolle – wie ist die Kultur im Verein? Wie gehen die Mitglieder miteinander um? Kulturen basieren immer auf den gelebten Werten. Der Flugplatz Uelzen hat seine Werte und Leitlinien auf der Homepage (https://www.flugplatz-uelzen.de/leitlinien) veröffentlicht, und man kann beim Lesen schon gut vermuten, wie der Umgang ist und wie der Flugplatz „tickt".

Die Wertelevel im Einzelnen

Vorab: jeder Mensch ist eine Mischung aus verschiedenen Ebenen, jedoch entstehen die Ebenen nacheinander, ein Überspringen geht nicht.

Beige

Der Mensch im 1.Level befindet sich in der fundamentalsten Stufe des Lebens und des Bewusstseins. Er lebt in kleinen Gruppen oder Verbänden, die einen gewissen Schutz geben und zur Sicherung seiner Grundbedürfnisse wie Nahrung, Wasser, Wärme und Fortpflanzung dienen. Beige ist instinktgesteuert und handelt intuitiv. Die Urangst, der Verlust der überlebenswichtigen Kräfte, begleitet ihn. In der Wirtschaft kämpft dieser Level ums ökonomische Überleben. Im Flugsport spielt dieser Level keine Rolle.

Purpur

Der Mensch im 2. Level sieht sich als Mitglied einer Gemeinschaft, eines Clans, eines Tribes, mit dem Patriarchen, dem Häuptling, als Führer. Der Clan bietet Schutz, Sicherheit und Zugehörigkeit. Alles läuft nach einem Regelwerk, das festgelegt - meist nicht festgeschrieben - ist, das aber auch nicht hinterfragt wird. Aufopferung und Gehorsam werden vorausgesetzt. Bei Purpur ist das Bewusstsein magisch-mystisch. Traditionen und Brauchtum werden gepflegt - ebenso hat Aberglaube seinen Platz. Im Wirtschaftsumfeld sind hier häufig patriarchalische Familienunternehmen zu finden, die wenig funktionale Strukturen aufweisen. In Vereinen findet man sehr häufig solche Strukturen, die von langjährigen Mitgliedern gesteuert werden, was oft zu Konflikten mit Mitgliedern führt, die andere Werteebenen haben. Willkürliche Entscheidungsfreiheiten werden hier genutzt, zwar zum Wohle des Vereins, aber ggf. auch ohne Mandat. Traditionen oder Rituale wie nach dem ersten Alleinflug gehören auch in dieses Level.

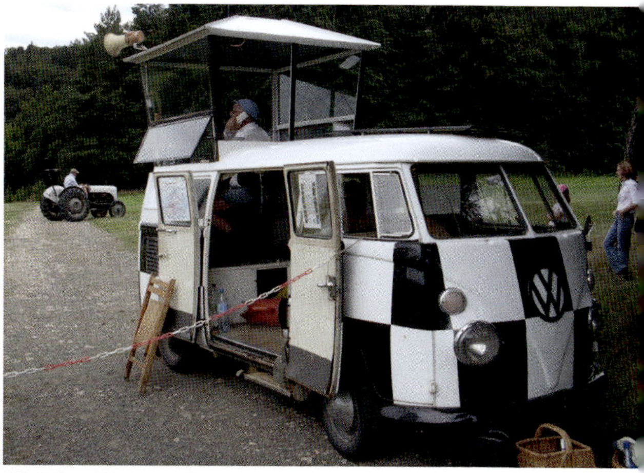

Welche Werte sollte ein Flugleiter haben? (Foto: Rainer Krumm)

Werte dieses Levels sind zum Beispiel:

- Gehorsam
- Geborgenheit
- Tradition
- Zugehörigkeit
- Schutz
- Opferbereitschaft
- Bindung
- Rituale und Aberglaube
- Weitergabe von Überlieferungen

Beispiel: Ein Segelflieger, der sich auf einen Streckenflug vorbereitete, präparierte die Anhängerkupplung an seinem Auto. Auf die Frage eines Fliegerkollegen, ob er mit einer Außenlandung rechne, um dann den Anhänger an die Anhängerkupplung zu hängen, erwiderte dieser, dass dies schlichter Aberglaube sei, denn immer, wenn er dies tue, würde er wieder zum Ausgangsflugplatz zurückkehren. Aberglaube, Rituale spielen auch heute in der Fliegerei eine große Rolle.

Beispiel: Beim sogenannten Hexentreffen der Segelfliegerinnen wird mit Lagerfeuer und Aufnahmeritualen die weibliche Segelfliegerei regelrecht zelebriert.

Beispiel:
In Fliegervereinen und an Flugplätzen gibt es oft altgediente Strukturen, Gründungsväter, Ehrenmitglieder und Personen, die sich sehr um den Verein verdient gemacht haben. Dabei erlebt man oft eine Art des Patriarchentums, das neuen Mitgliedern aufstößt oder diese zumindest irritiert. Wer langfristig in solchen Vereinen Fuß fassen will, tut sich leichter, wenn er diese purpurnen (und systemrelevanten) Personen auch in ihrem Purpur bedient und ihnen so begegnet. Wertschätzung für die Verdienste sind für diese Personen wichtig, sowie auch das Interesse an den alten Geschichten. Auch wenn diese vielleicht heute aus der eigenen Sicht keine Rolle spielen. Gerade in Vereinen ist die Werteorientierung im Umgang mit verschiedenen Vereinsmitgliedern wichtig, um ein gemeinsames und für alle erfüllendes Flieger-Vereinsleben zu ermöglichen.

Beispiel: Den Fluggeräten werden liebevolle Namen gegeben.

Rot

Der Mensch im 3. Level sieht sich als Eroberer und Herrscher von neuen Gebieten. Das Streben nach Macht, Unabhängigkeit und Ansehen zeichnet ihn aus. Die Ressourcen werden zum eigenen Vorteil genutzt, im Zweifelsfall ohne Rücksicht auf Verluste. Rot kann schnell die Initiative ergreifen und oft kraftvoll und innovativ wirken. Regeln und Gesetze kennt und will er nicht. Im Flugsport werden hier Sicherheitsregeln gerne ignoriert oder auch Grenzen verschoben. Der Stärkere setzt sich durch. Eroberungsmärkte oder harte Strukturvertriebe sind hier zu nennen. Es wird auf den eigenen Vorteil gezielt – ohne Rücksicht. Der rote Pilot will gerne auffallen und toll dastehen. Daher sind auffällige und auch provozierende Fluggeräte oder Lackierungen gerne genommen. Ein Interesse am „Wild West Fliegen" kommt auf, die eine oder andere Sicherheitsbestimmung wird gerne ignoriert und man schmückt sich durchaus mit diesen Heldentaten.

- Ehre
- Ansehen (Hochachtung, Respekt, Angst)
- Stärke
- Impulsivität
- Dominanz
- Durchsetzungsvermögen
- Gewinnen um jeden Preis
- Bewunderung der eigenen Person
- Aggression
- Tapferkeit
- Persönlicher Erfolg

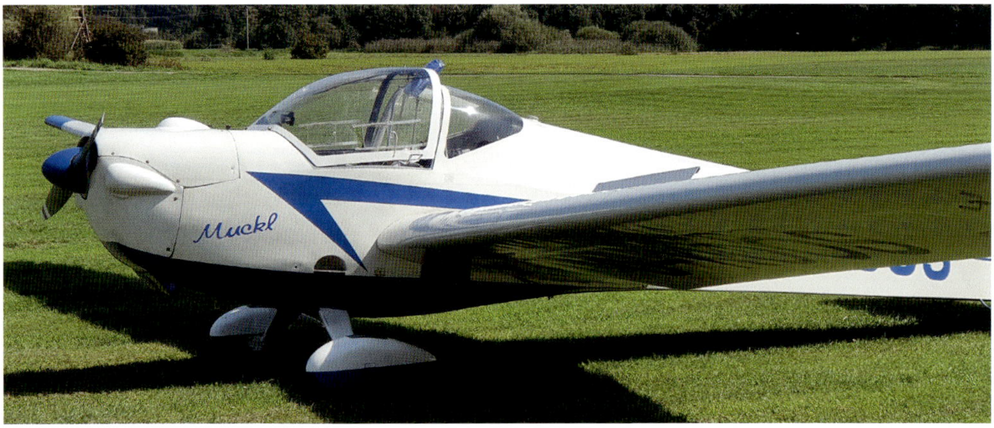

Beispiel: Den Fluggeräten werden liebevolle Namen gegeben. (Foto: Rainer Krumm)

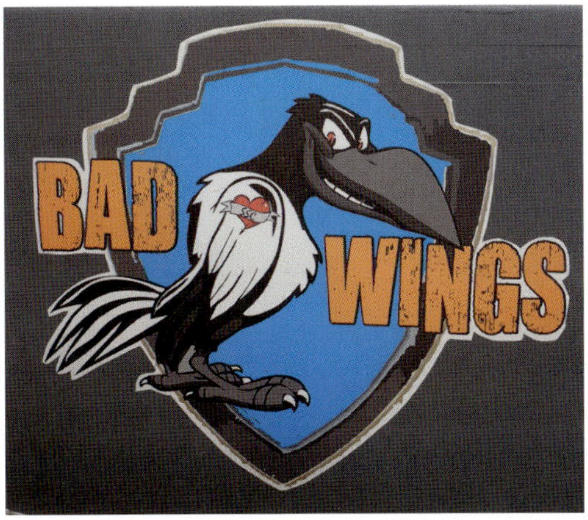

Beispiel: aggressive Logos auf Flugzeugen. (Foto: Rainer Krumm)

- Unabhängigkeit
- Selbstvertrauen
- Gegenwartbezogenes, ego-zentrisches Denken

Beispiel: Im Luftsport ist sehr viel reguliert und aus Sicherheitsaspekten ist dies auch in den meisten Fällen extrem sinnvoll. Rot taucht im Flugsport oft auf, wenn es darum geht Grenzen zu verschieben, neue Flugfiguren zu testen. Gerade in der Gleitschirm-Acro-Szene ist viel rot zu erleben, Regeln werden ignoriert, man will ein toller Hecht sein und geht sehr hohe Risiken ein. Risikofreudige Basejumper fallen in einigen Aktionen in dieses Wertelevel.

Beispiel: Ein Pilot brüstet sich damit unter einer Hochspannungsleitung mit einer PPL-Maschine durchgeflogen zu sein. Seine roten Fliegerkumpels klopfen ihm auf die Schulter und fragen, wo genau das war und planen ggf. das gleiche zu tun. Ein blauer Kollege rügt den Flieger und mahnt ihn das Luftrecht einzuhalten und so etwas nie wieder zu tun.

Blau

Der Mensch im 4. Level sucht nach Regeln und Gesetzen und sieht sich als Teil eines Ordnungssystems. Dieses zeigt klare Strukturen und Zuständigkeiten auf, nach denen gelebt und gehandelt wird. Gerechtigkeit ist ein hohes Gut und wird vorausgesetzt. Loyalität wird belohnt. Blau zeichnet ein hohes Maß an Pflichtbewusstsein und Disziplin aus. Die Identität wird über das Kollektiv gewonnen. Hierarchien werden betont, Stellenbeschreibungen sind bedeutsam und Regeln sowie Strukturen finden Einzug. In der Luftfahrt spielt dieser Level eine sehr große Rolle, speziell wenn es um das Luftrecht und Zulassungsverfahren geht – eben in sehr sicherheitsrelevanten Themen. Die Funkdisziplin und das Einhalten von Luftraumstrukturen und die Disziplin am und über dem Flugplatz sind hier sehr wichtig. Diese sehr blaue Gesetzmäßigkeiten sind natürlich hilfreich, weil sie Sicherheit garantieren, können natürlich auch zu Überregulierungen und Unflexibilitäten führen. Vorgeschriebene Wartungszyklen der Fluggerätehersteller sind sicherheitsrelevant und fallen auch in das blaue Level.

Werte dieses Levels sind zum Beispiel:

- Qualität
- Stabilität
- Ordnung
- Klarheit
- Sicherheit
- Rang / Status
- Pflicht
- Recht und Gesetz
- Disziplin
- Gerechtigkeit
- Halten an Hierarchien
- Titel
- Kontrolle
- Zuverlässigkeit

Beispiel:
Am 11. Dezember 2019 hatte eine Dornier 328 mit 19 Passagieren und drei Crewmitgliedern nach dem Start in Friedrichhafen bemerkt, dass es eine starke Erschütterung am Fahrwerk gab. Die Crew reagierte blau-planmäßig führte alle sicherheitsrelevanten Checks durch, nahm unverzüglich

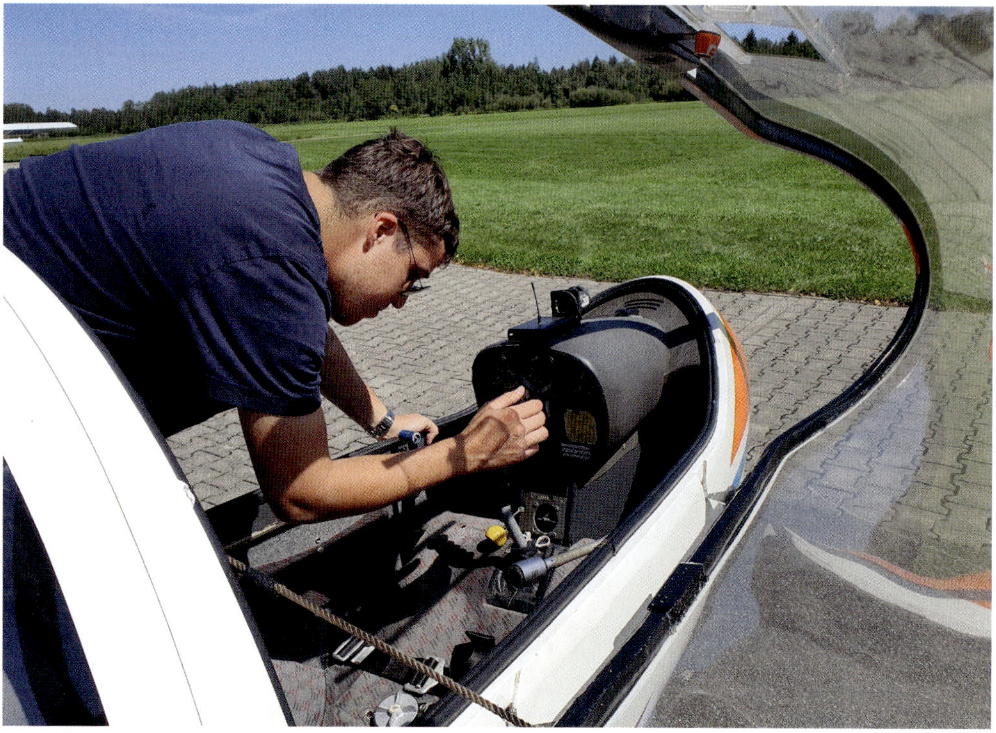

Sorgfältige Vorflugchecks sollten im Sinne der Flugsicherheit und des eigenen Interesses einen großen Stellenwert haben. (Foto: Rainer Krumm)

Kontakt mit dem Tower auf und die Sicherheitskette funktionierte hervorragend. Der Pilot flog eine lange Warteschleife, bis am Boden alle Sicherheitskräfte von den Einsatzkräften startklar waren, um im Falle eines Zwischenfalls bei der Landung sofort eingreifen zu können. Der Pilot informierte sachlich und beruhigend die Passagiere.[21]

Beispiel: Nahezu alle regelmäßigen Verpflichtungen fallen unter den blauen Level wie Vorflugchecks, das Nutzen von Checklisten, Jahresnachprüfungen, medizinische Flugtauglichkeitszeugnisse, Zulassungsvorschriften, Flugfunkzeugnisse. Häufig weiß man diese Dinge erst zu schätzen, wenn es zu Beinaheunfällen kommt.

Beispiel: Die Jahresnachprüfungen, welche laut Luftfahrtrecht zwingend vorgeschrieben werden, sollten aus Sicherheitsgründen planmäßig von ausgebildeten Fachexperten gemacht werden. Wenn ein Mangel an BLAU vorliegt, kann es schnell zu sehr kritischen und lebensgefährlichen Situationen kommen. Bei der Notlandung, die ein Pilot mit dem Flugzeug Typs HB 207Alfa von HB Flugtechnik in der Nähe von Aargau am 24. August 2016 machen musste, kam bei der Unfallanalyse laut aerokurier heraus, dass eine Sechskantschraube zu stark angezogen wurde und dadurch gebrochen ist. „Bei der Suche nach der Ursache für den Ausfall des modifizierten VW-Motors nehmen die Ermittler der schweizerischen Sicherheits-untersuchungsstelle (SUST) die ganze Antriebseinheit der HB 207 unter die Lupe. Dabei zeigt sich, dass ein Wartungsfehler zu einer Art Kettenreaktion unter der Motorhaube geführt hat. Die untere Sechskantschraube SKS3 des Propellerträgers ist rechtwinklig zur Längsachse abgebrochen. Die Anordnung der Bruchlinien deutet auf einen Ermüdungsbruch hin. Direkt neben der Sechskantschraube weist auch die Querstrebe des Propellerträgers entlang der Schweißnaht eine Bruchstelle auf. Eine rasterelektronenmikroskopische Untersuchung zeigt auch hier einen Ermüdungsbruch. Ebenso ist das Gewinde des hinteren Wellenträgers aufgrund extremen Verschleißes gebrochen. Bei Wartungsarbeiten waren offenbar die beiden oberen Sechskantschrauben des Propellerträgers, SKS1 und SKS2, mehrmals stark nachgezogen worden. Die Ermittler der SUST finden an den Auflageflächen am Motorblock deutliche Druckstellen der nachgezogenen Schrauben. Der Propellerträger war durch diesen Wartungsfehler über längere Zeit einer Wechselbelastung ausgesetzt. Die Befestigungspunkte wurden infolgedessen weit über ihre Dauerfestigkeit belastet. Das Nachziehen der Sechskantschrauben setzte den Propellerträger einer zusätzlichen Spannung aus und verdrehte ihn leicht. Dadurch veränderte sich die Ausrichtung der gesamten Propellerwelle und auch die der beiden Antriebszahnriemen zueinander. Die Folge: Zusätzlich zu den Ermüdungsbrüchen liefen die Riemen heiß und erreichten dabei Temperaturen bis zu 175 Grad Celsius. Unter dieser Belastung rissen sie schließlich ab, und der Propeller drehte bei sprunghaft ansteigender Motordrehzahl im Leerlauf weiter."

Orange

Der Mensch im 5. Level hat stets den eigenen Erfolg im Fokus, mit dem Ziel, seinen Wohlstand zu erhalten und zu mehren. Er hat viel Energie und ist zielstrebig. Dabei hat er den Blick auf das Ganze. Sein Erfolg geht nicht zwangsläufig auf Kosten der anderen. Die Weiterentwicklung mit einer klaren Zielorientierung und ständiger, rasanter Leistungssteigerung zeichnet ihn aus. Er ist rastlos. Prozesorientierung und Zielvereinbarungen prägen die Zusammenarbeit. Piloten auf diesem Level wollen sich weiterentwickeln, suchen den Wettbewerb und nehmen an Vergleichsfliegen teil. Die orangenen Konstrukteure und Testpiloten suchen die Machbarkeit der Technik und wollen Grenzen der Leistungsfähigkeit weiterentwickeln. Diese Leistungssteigerungen und das Verhalten in Wettbewerbssituationen sind aber wohlüberlegt und vergleichsweise sicher - ein roter Wettbewerbspilot geht Risiken ein, die tendenziell zur Kategorie Harakiri zählen.

Werte dieses Levels sind zum Beispiel:

- Karriereorientierung
- Produktivität
- Unternehmerisches Denken
- Persönlicher Erfolg und Gesamterfolg
- Leistung
- Prestige (Statussymbole)
- Gewinnorientierung
- Ergebnisorientierung
- Wertschöpfung
- Akzeptanz
- Wohlstand
- Wettbewerb

Beispiel: Wenn Leistungsorientierung und Machbarkeit im Vordergrund stehen, so sind die orangenen Wertesysteme oft im Vordergrund. Wettkämpfe, Leistungsvergleiche sind klassische Beispiele. Die Nachwuchsarbeit im Kader, um die jungen Flieger auf Wettkämpfe vorzubereiten sind ebenso orangene Einrichtungen, bei denen die Betreuer und Trainer achtgeben müssen, dass nicht ein rotes Harakiri-Fliegen stattfindet, sondern ein orangenes leistungsorientiertes, aber sicherheitsbewusstes Fliegen.

Beispiel: Der Sprung aus der Stratosphäre am 14. Oktober 2012 von Fallschirmspringer Felix Baumgartner war ein typisches Beispiel, wie mit viel Sicherheitsaufwand und wissenschaftlicher Absicherung (und gigantischer Werbemaschinerie) diese neue Höchstmarke von 38.969,4 m erreicht wurde. Es wurde versucht, orange die Grenzen zu verschieben, aber eben mit blauer Sicherheit.

Grün

Der Mensch im 6. Level sieht Erfolg als das Ergebnis der richtigen Team-Konfiguration. Sein Denken ist auf Zielerreichung aus – dies aber kombiniert mit Teamdenken, gemeinsamem Handeln und Konsensbildung. Das Ziel ist die langfristige gemeinsame Erfolgssicherung. Begegnungen, Personen und Beziehungen sind ihm wichtiger als die Sache. Er befindet sich im ständigen Dialog mit seiner Umgebung. Im Vergleich zu Blau und Orange denkt Grün weniger absolut, sondern wägt verschiedene Meinungen ab. Partizipation und Einbeziehung sind wichtige Begriffe in der Zusammenarbeit. Das grüne Miteinander wird gerade in Flugdisziplinen zum Tragen kommen, wenn die Ausübung des Flugsports nicht alleine machbar ist. So sind beim Segelfliegen meist viele Personen im wechselseitigen Unterstützen, damit ein Pilot in die Luft kommt. So bedarf es hier neben dem Piloten den Windenführer/ Schlepppilot, Starthelfer, ggf. Rückholer etc. Wer hier kein Teamplayer ist wird in der Segelfliegerbranche schnell aussortiert.

- Verantwortung für den anderen
- Harmonie
- Konsens
- Wertschätzung
- Fairness
- Anpassung
- Toleranz
- Weltoffenheit
- Gemeinsamkeit / Gemeinschaft
- Langfristige Erfolgssicherung
- Partizipation

Beispiel: Selbst in Wettbewerben, bei denen jeder einzelne Pilot gewinnen will, hat es sich bewährt in Teams trotzdem sich über Funk auszutauschen und sich wechselseitig Tipps zu Wind, Wetter und Taktik zu geben. Die Zielorientierung wird auf dem grünen Level durch den Austausch untereinander erhöht. Beim Workshop (siehe extra Bericht dazu) mit der Damennationalmannschaft der deutschen Segelfliegerinnen betonten die Pilotinnen immer wieder wie wichtig dieses Miteinander ist, um selbst erfolgreich zu sein.

Beispiel: Stefan Mast hat als damaliger Teamchef der Nationalmannschaft der Gleitschirmflieger das Debriefing nach Wettkampf-Durchgängen eingeführt, um ein gemeinsames Lernen und gemeinsames besser werden zu ermöglichen. So wachsen

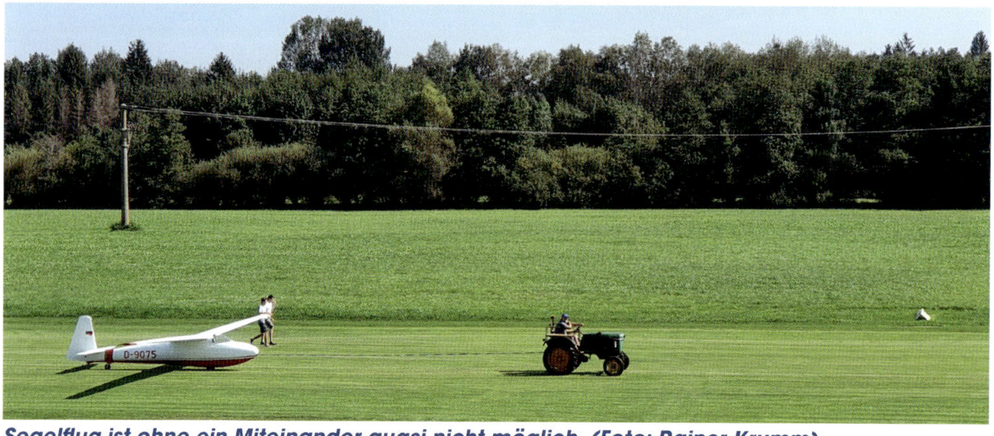

Segelflug ist ohne ein Miteinander quasi nicht möglich. (Foto: Rainer Krumm)

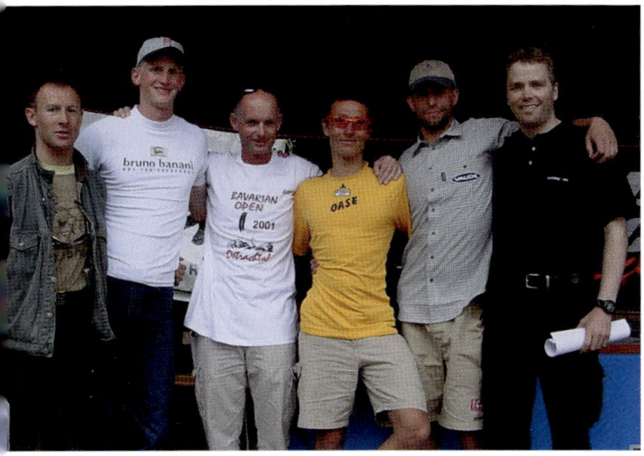

Deutsche Gleitschirmnationalmannschaft mit Stefan Mast und Rainer Krumm. (Foto: Rainer Krumm)

alle im Team gemeinsam und fliegen besser und erfolgreicher.

Der erste und der zweite Rang

Die Levels 1 bis 6 bilden die Levels des ersten Rangs. Diese ersten sechs Levels reagieren auf Mangelbedürfnisse der eigenen Lebenswelt. Sie sind sozusagen in ihrer Sichtweise auf die Dinge „gefangen" – sehen also nicht in mehreren Perspektiven. Diese Eigenschaft entsteht erst ab dem zweiten Rang. Ab hier wiederholen sich die Levels, die sich allerdings auf die Sinnhaftigkeit und Sinnbedürfnisse fokussieren. Das ist eine entscheidende Komponente, die auf diesem höheren Rang dazu kommt: Hier werden demnach der Sinn und die Relevanz der vorherigen Levels erkannt und die Komplexität nimmt erkennbar zu.

Gelb

Der Mensch im 7. Level ist als Erster in der Lage, die Vorzüge der vorhergehenden Levels zu erkennen, zu nutzen und zu kombinieren. Es entsteht der zweite Rang: Die bisherigen Levels haben die Welt und das Verständnis zur Welt nur aus ihrer Perspektive als richtig angesehen. Die Multiperspektivität war ihnen verschlossen. Bei Gelb liegt der Fokus auf Wissensvermehrung, Flexibilität, Kompetenz und Unabhängigkeit. Materieller Besitz, Macht und Status sind zweitrangig. Er denkt multiperspektivisch und systemisch mit großem Abstraktionsvermögen. Netzwerken und wechselnde Kooperationen sind an der Tagesordnung. Rang und Status sind nicht wichtig, er ist auf Kompetenz und Wissen fokussiert. Gelb ist das Beige des zweiten Rangs.

Werte dieses Levels sind zum Beispiel:

- Persönliche Entwicklung
- Autonomie
- Wissen
- Kreativität
- Individualität
- Selbstreflexion
- Lebendiges Wachstum
- Vernetzung
- Eigenverantwortung
- Lebenslanges Lernen

Beispiel: Ein Pilot mit einer hohen Ausprägung auf Gelb hält die blauen Vorschriften der Luftfahrt ein, ohne sie als heiliges Buch zu verehren, kommt mit den patriarchischen Ansichten der Ehrenmitglieder auf dem Flugplatz zurecht ohne sich darüber aufregen zu müssen, auch wenn er nicht immer ihrer Meinung ist. Gelbe Piloten versuchen, die verschiedenen Perspektiven und Mindsets zu respektieren und miteinander zu verbinden ohne dabei missionarisch sein zu müssen.

Türkis

Der Mensch im 8. Level hat Nachhaltigkeit und Ganzheitlichkeit als richtungsweisende Maxime seines Handelns. Türkis denkt holistisch-global, ökologisch und intuitiv. Er konzentriert sich auf das Wohlergehen der Welt und richtet sein Leben und Arbeiten danach aus. Durch seine altruistische Haltung kann er sowohl Beobachter als auch Gestalter sein. Türkis ist der Purpurne des zweiten Rangs.

Werte dieses Levels sind zum Beispiel:

- Verantwortung für die Zukunft des Lebens
- Systemisches Handeln
- Nachhaltigkeit
- Netzwerkintelligenz
- Globale Aussöhnung
- Spirituelles Bewusstsein
- Orientierung an der Natur
- Zum Wohle der Menschheit
- Selbstorganisation lebender Systeme

Beispiel: Das Thema Nachhaltigkeit wird in der Fliegerei immer wichtiger. Neue Antriebstechnologien und Lärmschutzinnovationen könnte man hier anführen, wenn sie aus wirklichen ökologischen Aspekten gemacht werden.

Beispiel: Das Waldrappen-Projekt könnte ein Beispiel dafür sein, bei dem Waldrappen der Weg zu den südlichen Überwinterungsgebieten durch die Begleitung eines Motorschirms gezeigt wurde.

Koralle

Der Mensch im 9. Level ist der Rote im zweiten Rang. Er ist Ich-bezogen und lebt mit dem Wissen, dass es keine Grenzen gibt, die nicht durch menschliches Tun und Sein erzeugt werden. Durch und durch mit Liebe und Respekt zu allen lebenden Wesen erfüllt, wird er durch sein Charisma die Menschen motivieren, neue Wege zu gehen und Grenzen zu überschreiten. Koralle spielt in der Fliegerszene noch keine Rolle.

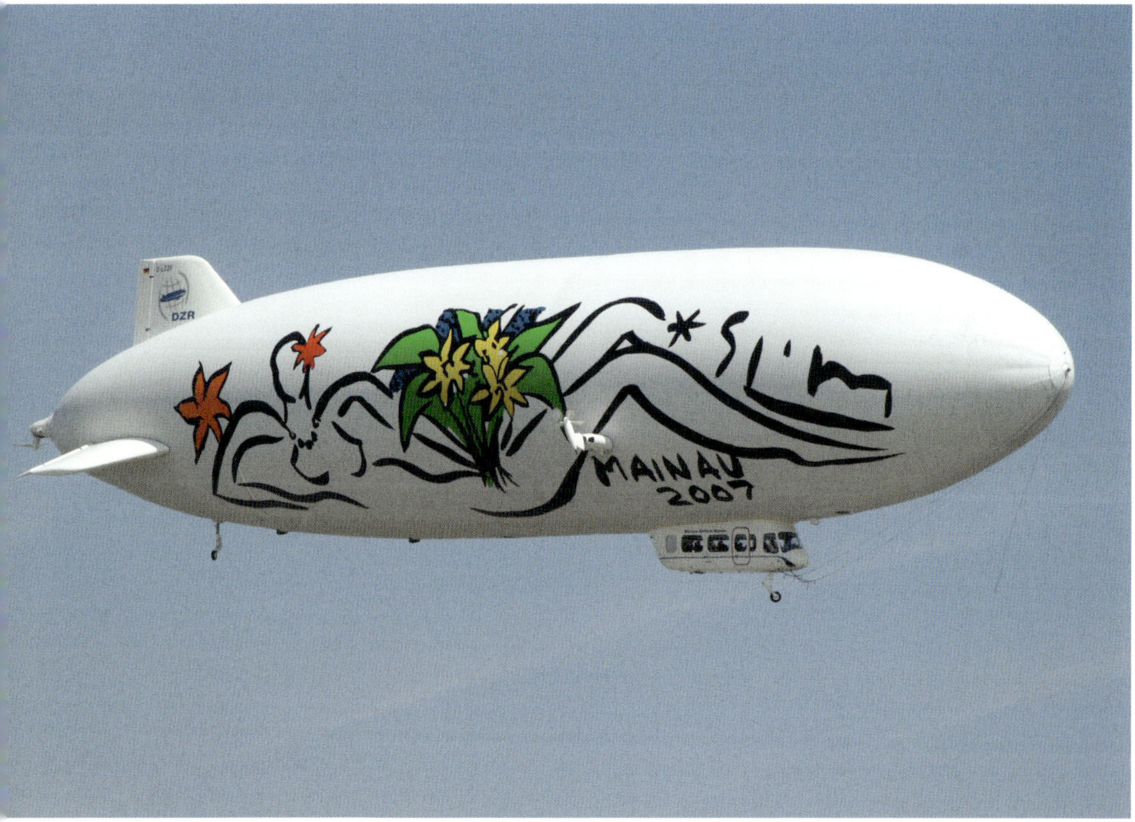

Luftige Begegnungen brauchen Abstand und Sicherheit. (Foto: Rainer Krumm)

Thermik für die Wertesysteme: Ein Bericht über die mentale Vorbereitung auf die Weltmeisterschaft

Wie kann Mann/Frau sich optimal auf eine Weltmeisterschaft vorbereiten, wenn das Ziel ist, sowohl in der Einzel- als auch in der Teamwertung möglichst erfolgreich abzuschneiden? Welche mentalen Aspekte spielen hier eine Rolle, wie wirken sich die Wertesysteme einzelner Pilotinnen auf deren Verhalten und das Agieren in der Gruppe aus?

Um Antworten auf diese Fragen zu erhalten, organisierte Dörte Starsinski, Sprecherin der Deutschen Nationalmannschaft der Segelfliegerinnen, einen Workshop mit Managementtrainer Rainer Krumm am 3. März 2013 in Frankfurt.

Das Ziel des Workshops war es, Klarheit über die Bedeutung mentaler Prozesse und Wertesysteme zu erhalten, um sich daraufhin noch präziser und zielgerichteter auf die WM im französischen Issodoun 2013 vorzubereiten.

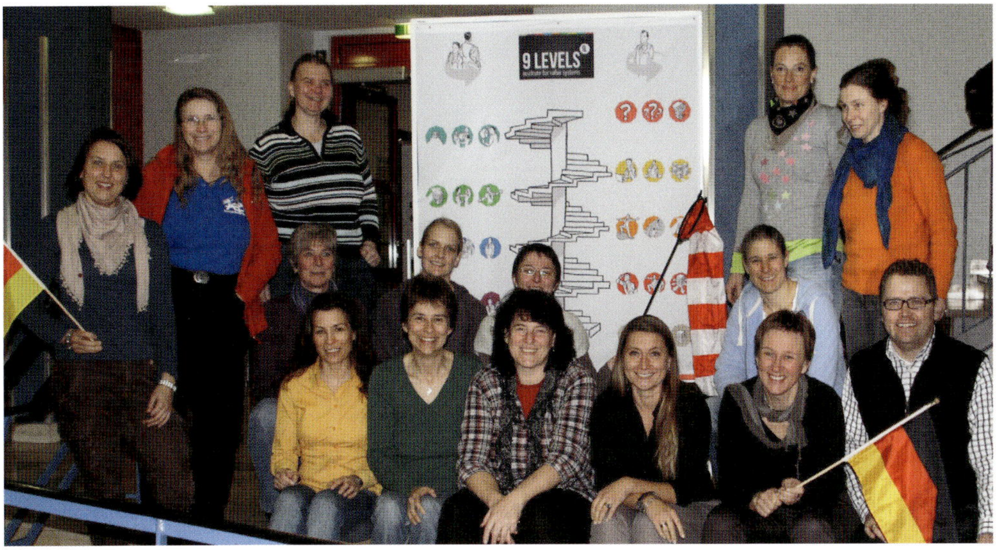

Die Deutsche Nationalmannschaft der Damen im Segelflug. (Foto: Rainer Krumm)

Als zentrales Modell dazu diente das „9 Levels of Value Systems", ein wissenschaftlich valides und in der Wirtschaft erprobtes Modell zur Messung von Wertesystemen bei Personen (*Personal Value System*), Gruppen (*Group Value System*) und Organisationen (*Organisation Value System*). Dabei kann sowohl der IST-Zustand erfasst werden als auch ein anzustrebendes SOLL. Im Fall der Segelfliegerinnen machte eine Kombination beider Möglichkeiten Sinn.

Die Teilnehmerinnen erhielten im Vorfeld des Workshops die Aufgabe, drei 9 Levels-Fragebögen online auszufüllen, die verschiedenen Perspektiven beinhalteten:

- Wie bin ich als Segelfliegerin im Wettkampf?
  (*Personal – IST*)
- Wie sollte ich sein als Segelfliegerin im Wettkampf, wenn ich Weltmeisterin werden will?
  (*Personal – SOLL*)

- Wie müssen wir als Gruppe funktionieren, wenn wir sehr erfolgreich sein möchten? (*Group - SOLL*)

Das auf den ersten Blick recht komplexe Modell erklärt sich bei genauerer Betrachtung sehr schnell und einfach. Jeder Level des dynamischen Modells stellt eine eigene Entwicklungsstufe dar. Das jeweilige Wertesystem bestimmt die Denk- und Verhaltensweisen. So braucht eine Segelfliegerin bei einer Weltmeisterschaft sicherlich ein anderes Wertesystem als ein Kick-Boxer im Ring. Die Notwendigkeit für Veränderung ist immer dann gegeben, wenn sich die Herausforderungen der Lebenswelt nicht mehr auf der momentanen Entwicklungsstufe bewältigen lassen. Denn komplexere Probleme erfordern komplexere Denkstrukturen und Lösungen.
Christine Grote, Weltmeisterin in der Clubklasse, über 9 Levels:

„Das Seminar hat mein Leben definitiv bunter gemacht. Die verschiedenen Ebenen der 9 Levels und ihre Farben machen mir mein Wertesystem klarer/greifbarer und zum Teil auch erst erkennbar. Und wie sagt ein altes deutschen Sprichwort: „Erkenntnis ist der erste Schritt zur Besserung." Klar, jeder weitere Schritt bedeutet Arbeit an sich selbst, aber nach vielen anderen Ansätzen finde ich in den Inhalten des Workshops mal wieder etwas, das zu mir persönlich passt und mich sicherlich weiterkommen lässt. Und wer weiß, vielleicht bringt die Auseinandersetzung mit 9 Levels und den inneren Teams auch die Chance erstmalig mit anderen Konzepten, wie z.B. Drehbüchern weiter zu kommen."

Wie lassen sich diese Ebenen der Wertesysteme des Modells auf die Segelfliegerwelt übertragen? Der unterste Level (Beige) spielt keine wirkliche Rolle, hier geht es nur um die Existenzsicherung. Bei Purpur werden Rituale gelebt (Stichwort: „Aufnahme in den Hexenbund"), Brauchtumspflege, Aberglaube im Flugsport sowie starke Verwurzelung in der Heimat. Der Rote Segelflieger zieht sein Ding durch, handelt impulsiv, will der tollste sein und ist dabei wenig rücksichtsvoll. Bei Blau kommen Regeln, Strukturen, Qualitätssicherung und auch die Vereinsmeierei hinzu. Alles ist top organisiert und strikt geregelt; in der negativen Ausprägung überreguliert. Orange ist zielorientiert, glaubt an die Machbarkeit der Technik, ist regelrecht getrieben und will stets mehr erreichen. Bei Grün kommt der wirkliche TEAM-Gedanke zum Vorschein, man erkennt, dass man mit der Zielorientierung von Orange gemeinsam noch mehr erreichen kann. Langfristige Erfolgssicherung, Dialog und menschliche Beziehungen sind dem grünen Segelflieger wichtig. Während Orange vielleicht die eine oder andere Information nicht an die Teamkollegen weiterfunkt, ist dies für Grün selbstverständlich. Rot würde ggf. bewusst Fehlinformationen funken, um einen persönlichen Vorteil zu erfliegen und den anderen zu schaden. Bei Gelb kommt eine Multiperspektivität hinzu, die den vorherigen Levels verborgen ist. Die Verknüpfung von Wissen, der ständige Wissenszuwachs, die Flexibilität und Unabhängigkeit sind ebenso wichtig wie systemisches Denken, Abstraktionsvermögen, Netzwerken und wechselnde Kooperationen.
Wie diese Wertesysteme bei den Pilotinnen verteilt sind und wie diese verteilt sein sollten, um erfolgreich zu sein, wurde anhand der Befragung mit 9 Levels überprüft.
Sue Kussbach, die ihren dritten WM-Titel erflog, erklärte: „Neugierig bin ich beim 9 Levels System geworden. Ich werde diesen Aspekt bei meiner WM-Vorbereitung mit einbeziehen."

Die Ergebnisse der Befragungen zeigten eine sehr klare Relevanz der grünen und gelben Levels in den Hauptausprägungen, gekoppelt mit einer blauen Zuverlässigkeit und perfekten Organisation im gesamten Trupp. Im Workshop wurde dann erarbeitet, was dies konkret während einer WM für das gesamte Team als Gruppe und für jeden Einzelnen bedeutet. Ein zentraler Punkt war dabei die Fokussierung auf die Wertesysteme bei der WM und auch, wie Einflüsse aus anderen Lebensbereichen (beruflich, privat etc.) während dieser Zeit gesteuert und ausgeblendet werden können.
Conny Schaich, Vize-Weltmeisterin in der Standard-Klasse, kommentierte den Workshop wie folgt:

„Es ist für mich für die kommenden WM-Flüge sehr wertvoll, die 9 Levels kennengelernt zu haben. Es hilft dabei, die eigenen Verhaltensmuster und auch die der Teampartner oder Trainer zu verstehen und einzuordnen. Mit dieser Grundlage möchte ich versuchen, vor der WM Ansatzpunkte herauszuarbeiten, die mir bei einem erfolgreichen Abschneiden helfen können."

Im Nachklang des Workshops wurde durch die Teambetreuerin Gaby Haberkern die Nationalmannschaft der Herren befragt. Interessant war, hierbei zu sehen, dass sich die Wertesysteme anders formieren und die Herren teilweise andere Schwerpunkte legen.

PERSONAL VALUE SYSTEM – IST (KUMULIERT) SEGELFLUG NATIONALMANNSCHAFT DAMEN

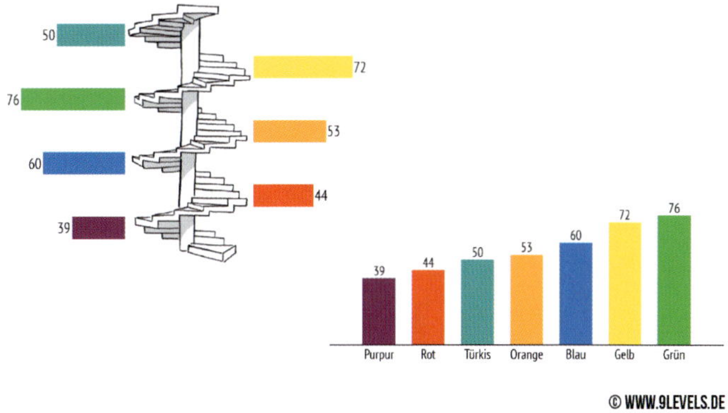

PERSONAL VALUE SYSTEM – SOLL (KUMULIERT) SEGELFLUG NATIONALMANNSCHAFT DAMEN

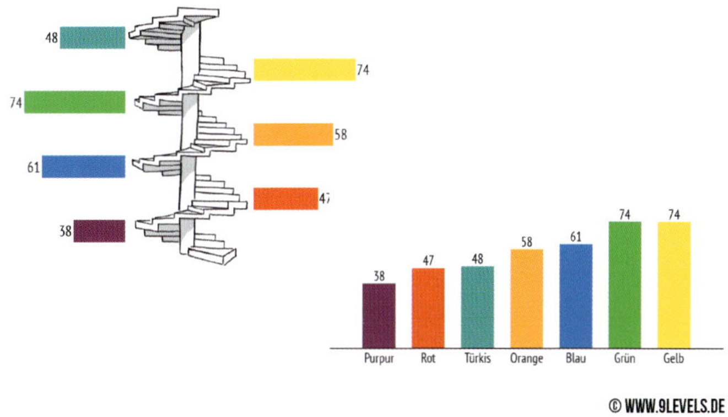

GROUP VALUE SYSTEM – SOLL SEGELFLUG NATIONALMANNSCHAFT DAMEN

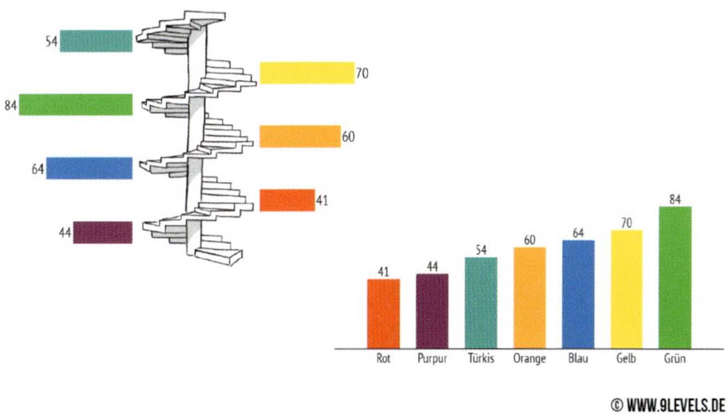

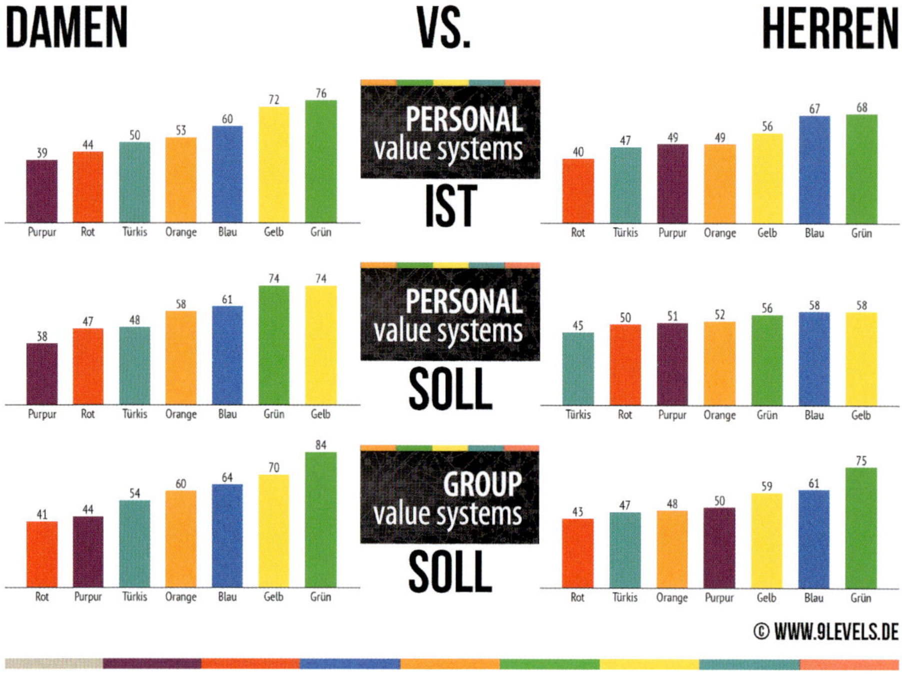

Bei den Herren spielt der Blaue Level eine größere Rolle. Klare Regeln und Strukturen sowie Ordnung und Qualitätssicherung scheinen hier einen höheren Stellenwert zu haben als bei ihren weiblichen Kollegen.

Katrin Senne, Dritte in der 15m-Klasse, fand: *„Interessant war für mich das 9 Levels Wertesystem: Wo stehe ich in Bezug auf die WM und wo das Team steht – und wohin wir uns als Team entwickeln sollten. Und dass dieses System auf so viele Lebenssituationen übertragen werden kann und erklären kann. Politik, Staatssysteme und Unternehmen."*

Die herausragenden Leistungen bei dieser Weltmeisterschaft der Segelfliegerinnen zeigen, dass die Beschäftigung mit Wertesystemen und mentalen Modellen auch im Spitzensport ein wichtiger Erfolgsfaktor ist. Wer sich seiner Werte und Wertesysteme bewusst ist und diese an die gegebenen Herausforderungen optimal anpassen kann, wird langfristig erfolgreicher sein. Sozusagen: Thermik für die Wertesysteme.

Werte im Wettkampf-Nachwuchs

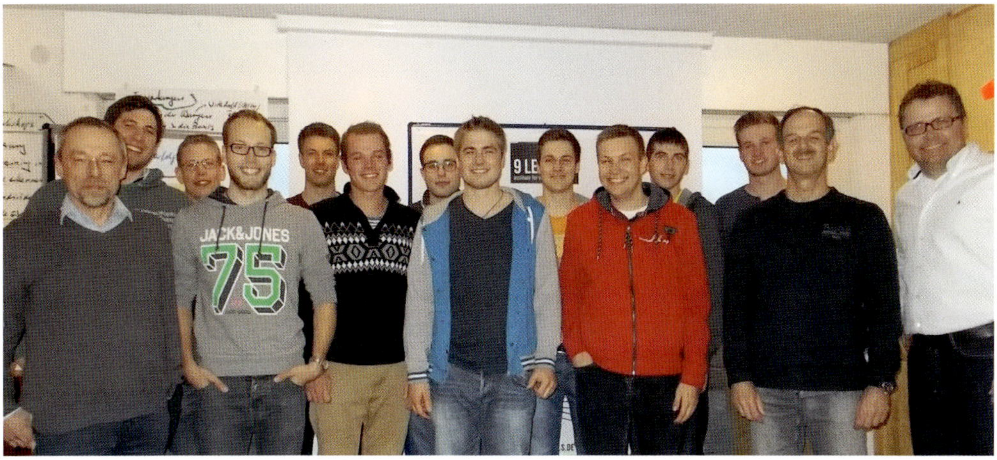

Der D-Kader mit den Betreuern Charly Bauder und Bernd Schmid, sowie Autor Rainer Krumm. (Foto: Rainer Krumm)

Bernd Schmid, der Betreuer des D-Kaders der baden-württembergischen Segelfliegerszene organisierte im März 2014 einen Workshop mit den Nachwuchspiloten und dabei ging es neben dem klassischen Mentalen Training auch um die Arbeit mit den eigenen Wertesystemen, dabei wurde ebenso das Modell der 9 Levels genutzt. Bernd Schmid sieht in der Auswertung eine gute Möglichkeit sich Strategien und Maßnahmen zu überlegen, um persönlich als auch fliegerisch weiter zu kommen. Für die Arbeit im Rahmen der Jugendförderung sieht er darin eine interessante Alternative, um mehr in Richtung Teamfähigkeit und Zieldefinition, sowie Zielerreichung zu arbeiten. Charly Bauder, ebenso Betreuer des D-Kaders nutzt die Erkenntnis aus der Arbeit mit den Wertesysteme in der Nachjustierung des eigenen Wertesystems, sowie in seiner Trainertätigkeit für eine individuellere Betretung und für die gesamte Gruppe.

Beim D-Kader kam als höchste Ausprägung im Schnitt ebenso GRÜN heraus, was im Segelflug weit verbreitet und ausgeprägt ist, denn Segelfliegen geht nun mal nicht allein.

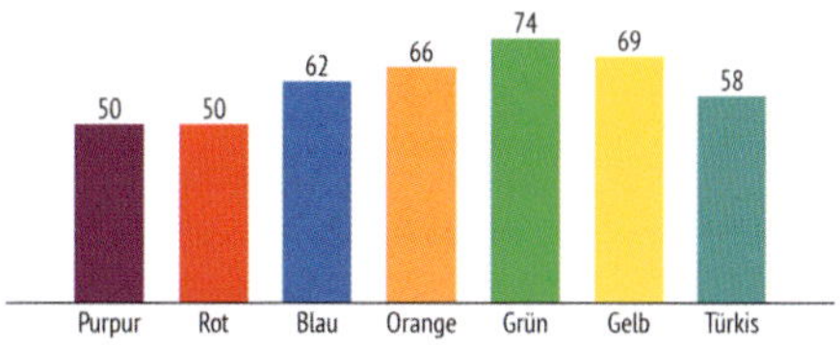

Grafik: Durchschnittliche Wertesystem-Verteilung des D-Kaders.

Egomanen werden in diesem Sport schnell aussortiert, bzw. finden keine Mitstreiter. Nur wer sich langfristig kooperativ verhält, findet Unterstützung in Schlepppiloten, Windenführern, Techniker, Rückholern und bekommt Tipps von Fliegerkollegen.

Oliver Schwenk, Deutscher Meister der Junioren Clubklasse 2013 zu dem Workshop: „An den 9 Levels hat mir besonders gut gefallen, dass verschiedene Persönlichkeitsmerkmale kategorisiert wurden und man dadurch Einblick in die Verhaltensstrukturen der einzelnen Levels gewonnen hat, wo man sich selbst einzuordnen hat und in wie weit man sich weiter entwickeln kann." Thomas Mannal will das System nutzen, um sich fliegerisch über seine Grenzen zu entwickeln. Raphael Ladner will das 9 Levels System dazu nutzen, Entscheidungs- und Argumentationsverhalten von Teamkameraden besser nachvollziehen zu können. Florian Winckler fand es spannend, sich im Vergleich zum gesamten Kader zu sehen und ein detailliertes Bild auf die einzelnen Charaktere zu erhalten und sich auch in Wettkampfsituationen evtl. auch an der Einstellung zu ändern, um den Erfolg steigern zu können. Nils Prokisch will die 9 Levels nutzen, um Menschen besser zu verstehen und dadurch einen besseren Zugang zu ihnen zu finden.

Werte der Jugendleiter im Segelflug

Im Oktober 2016 fand im Rahmen einer Jugendleiterfortbildung im baden-württembergischen Leistungszentrum Klippeneck ein Workshop statt, bei dem die Jugendleiter auch mit dem Modell der 9 Levels arbeiteten. Für Jugendleiter ist das Verständnis der Wertesysteme elementar wichtig, um die Jugendlichen, deren Eltern aber auch die anderen Personen in Segelfliegervereinen besser zu verstehen und besser betreuen zu können. So sind sicher die Wertesysteme in Bezug auf den Flugsport bei besorgten Eltern etwas anders gelagert, als die der postpupertäten Flugschüler. Beides in Einklang zu bekommen ist dabei eine Kunst. Der Schlüssel zum Erfolg ist dabei immer die Selbsterkenntnis, als das Wissen um die eigene Wertestruktur. In der nachfolgenden Grafik zeigt sich die durchschnittliche Werteausprägung der teilnehmenden Jugendleiterinnen und Jugendleiter.

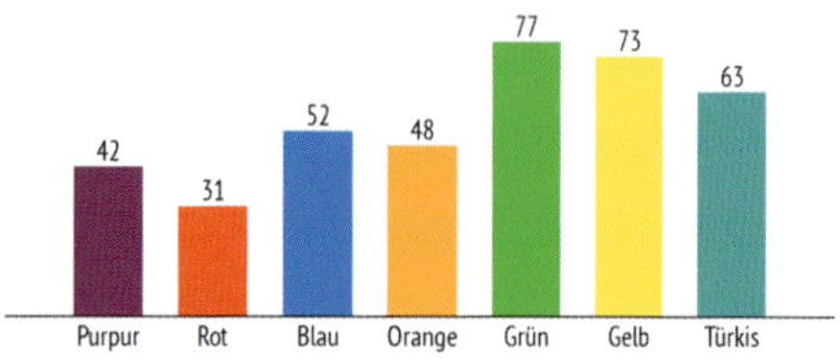

Grafik: Durchschnittliche Wertesystem-Verteilung der Jugendleiter.

Die Hauptausprägung ist in GRÜN, also sehr kooperativ, teamorientiert und einbeziehend. Interessant ist, dass der BLAUe Balken, der für Sicherheit, Struktur und Ordnung steht noch gut ausgeprägt ist und das leistungsorientierte ORANGE nicht die große Rolle spielt. Das multiperspektivische GELB unterstützt die Jugendleiter natürlich, um mit verschiedenen Wertelevels in den Segelfliegervereinen und im Verband klar zu kommen.

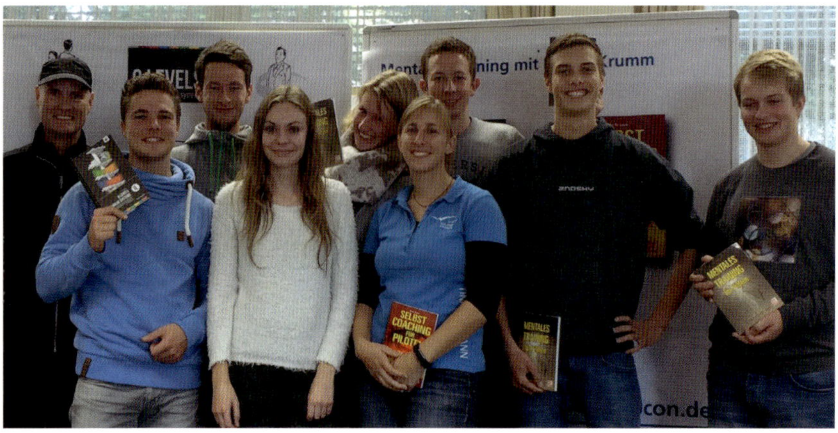

Jugendleiter des BWLVs zusammen mit Rekordpilot Armin Appel. (Foto: Rainer Krumm)

Mentale Herausforderungen an den Flugsport

„When gliding, especially,
it's very important to be very sensitive and concentrate"
Oleg Bondarchuk

Gerade im Flugsport liegen Sicherheit und Erfolg des Piloten so nah wie Unfall und Misserfolg beisammen, wie in kaum einem anderen Sport. Umso wichtiger ist die volle Ausschöpfung des Potenzials eines Piloten. Der Flug beginnt nicht erst mit dem Abheben. Er beginnt bereits bei der Planung und Überlegung, ob ein Flug überhaupt stattfinden soll. Der Flug endet auch erst nach erfolgreichem Abstellen des Fluggerätes. Etliche Flugunfälle sind darauf zurückzuführen, dass die Entscheidung eben nicht in der Planungsphase getroffen wurde. Wetterberichte und Luftraumregelungen gilt es zu prüfen, bevor der Flug auch nur ins gedankliche Auge gefasst wird.
In vielen Fluggebieten ist zu beobachten, dass Piloten bereits kurz nach dem Start oder dem Ausklinken vom Schleppseil bereits wieder deutlich Höhe verlieren und ggf. wieder landen müssen. Es war ihnen nicht möglich den Thermikbart zu zentrieren. Der Grund liegt häufig darin, dass die Piloten sich denken - jetzt starte ich erst einmal, dann suche ich mir die Thermik. Die Flugplanung oder Vorflugbesprechung wird in der Flugscheinprüfung oftmals belächelt - aber genau darin liegt ein Schlüssel zum Erfolg.

Tom Weißenberger, international erfolgreicher österreichischer Drachenflieger bringt die Bedeutung des Mentalen Trainings wie folgt auf den Punkt:

„Sei immer einen Schritt voraus! Nicht gegenüber anderen, sondern gegenüber der momentanen Flugsituation oder auch den Wetterbedingungen. Während jeder Flugphase habe ich bereits die nächste überlegt, wenn möglich sogar Schritt 3 und 4. (...) Hauptentscheidungen werden also nicht erst dann getroffen, wenn gehandelt werden muss, sondern sind dann bereits in Ruhe und durchdacht erledigt."[23]

Prof. Dr. Hans Eberspächer, Professor für Sport-Psychologie an der Universität Heidelberg empfiehlt:

„Wir brauchen eine zweckmäßige Vorstellung - gewissermaßen ein mentales Drehbuch - für solche Situationen. Wenn etwa ein Pilot erlebt, dass ein Triebwerk ausfällt, dann muss er genau wissen, was er tun muss. Wenn er vor Schreck gelähmt ist, dann hat er schlecht trainiert."[24]

Manfred Ruhmer dominierte die Weltklasse der Drachenflieger über Jahre, dabei erflog er 9 Staatsmeistertitel, 7 Weltmeistertitel, 4 Europameistertitel, 7 Teameuropameistertitel, 5 Teamweltmeistertitel, sowie viele nationale und internationale Siege.
Er hat für sich ein Schema entwickelt, das er immer im gleichen Ablauf analysiert.[25] So gewährleistet er für sich schnellstmöglich die für ihn relevanten Informationen zu haben, um darauf aufbauend bewusste und unbewusste Entscheidungen treffen zu können. Fliegt er in einen Thermikbart ein, so versucht er möglichst schnell folgende drei Dinge zu bestimmen:

1. Wie groß ist der Bart?
2. Wie stark ist das Zentrum?
3. Bewegen sich die Steigkerne?

Wenn solche Schemata immer wiederkehrend trainiert und angewendet werden, gehen Sie mit der Zeit in Fleisch und Blut über und damit etablieren sich nicht nur automatisierte Handlungsabläufe, sondern eben auch Gedankenabläufe. Und genau diese sind beim Mentalen Training so elementar wichtig, die unterbewusste Verbindung von Gedankenabläufen und Handlungen zu synchronisieren und zu automatisieren.

Im folgenden Kapitel wird auf den großen Begriff des Selbstcoachings eingegangen, der die Basis für das eigene Mentale Training liefert.

6. Bewusstsein, Verantwortung, Selbstmotivation

„Wenn wir nicht wahrnehmen können, können wir die Zukunft nicht erkennen. Wir wissen daher nicht, was zu tun ist."

Heinz von Foerster

Erfolg – wie auch immer er für den Einzelnen definiert ist – hängt speziell im Flugsport von der persönlichen Einstellung ab. Viel entscheidet sich im Kopf. Gerade im Flugsport wird der persönliche Erfolg – ob Weltcupsieg oder stressfreier Flug am Hausberg – im Kopf entschieden.

Coaching ist eine Methode, die ursprünglich aus dem Sport kommt und heute aus der modernen Personalentwicklung in Unternehmen nicht mehr wegzudenken ist. In diesem Kapitel soll mit Self-Coaching der Schritt in Richtung Flugsport getan werden. Flugsport ist neben den starken emotionalen Erlebnissen, geprägt von der Psyche und mentalen Verfassung des Piloten. Beim Coaching lässt sich die Psyche mit Reflexionen optimieren und stärken, sowie Fähigkeiten und Fertigkeiten ausbauen.

Self-Coaching ist eine Variante des Coachings, die sich in allen Lebenslagen, egal ob Beruf, Freizeit oder Privatleben, einsetzen lässt. Hierbei setzt sich die Person mit sich selbst auseinander, da Coach und Coachee (‚Gecoachter') ein und dieselbe Person sind. D.h. man reflektiert seine Handlungen mit sich selbst.

In diesem Kapitel soll die Variante des Self-Coachings auf die Besonderheiten des Flugsports angewandt werden. Jeder Pilot lernt so eine Methode kennen, die ihn befähigt, seine persönlichen Ziele zu erreichen und seine Leistungsfähigkeit zu verbessern.

Dieses Kapitel unterteilt sich in drei Bereiche des Self-Coachings:

- Das **Bewusstsein** schärfen
- **Verantwortung** zu übernehmen und zu akzeptieren
- **Selbstmotivation** zu erzeugen und zu steigern.

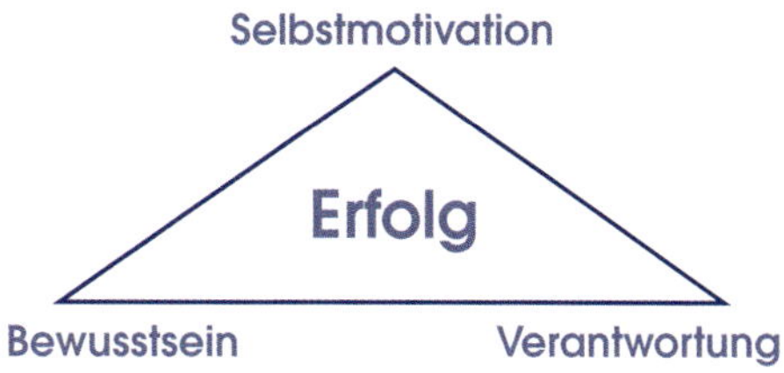

Abbildung 4: Das Erfolgsdreieck

Coaching setzt das Potential eines Menschen frei, seine eigene Leistung zu maximieren.

Das Bewusstsein schärfen

„Minds are like parachutes –
They only function when open."
Thomas Dewar

Bewusstsein ist das Ergebnis gebündelter Aufmerksamkeit, Konzentration und klaren Denkens. Ohne ein SELBST-BEWUSST-SEIN ist eine Reflexion meiner eigenen Handlungen nicht möglich.
SEIN bedeutet alles was sich „außen" befindet, also alles was auf eine Person einströmt. D.h. alle möglichen Erscheinungen, ob Wetter, Geländeform, Flugverhalten des Gerätes, Aussagen von anderen Piloten über Funk oder das eigene intuitive Empfinden informieren den Pilot. Nun filtert aber das eigene EGO die Informationen, die scheinbar objektiv sind, über einen Filter (EGO), der durch die eigenen Erlebnisse und Erfahrungen des bisherigen Lebens geprägt ist. So kommen nicht alle Informationen, die auf den Piloten einfließen, bei ihm an. Man hört, sieht und nimmt nur das wahr, was man möchte. Man macht sich also oftmals Dinge nicht bewusst, bedenkt sie nicht objektiv (BEWUSST).

Das Ergebnis ist die selektive Wahrnehmung. Man entdeckt das, was man möchte, oder worauf man in einem bestimmten Zeitabschnitt besonders sensibilisiert ist. So nehmen Piloten, im Gegensatz zu normalen Fußgängern, bei Autofahrten häufiger kreisende Greifvögel wahr, oder scannen Bergformationen nach potentiellen Startplätzen oder Übungshängen. Ebenso verschiebt sich die Wahrnehmung in einem Flugurlaub. Dann filtert man das Wetter gerne durch den EGO-Filter schön, während man das gleiche Wetter als ungünstig interpretiert, wenn man keine Zeit zum Fliegen hat.

Um nun an den eigenen Zielen und Leistungsfähigkeiten im Flugsport arbeiten zu können, muss man sich dieser Selektionsfunktion des EGOs BEWUSST sein.
Man kann seine Handlungen und Reaktionen nur dann BEWUSST reflektieren, wenn man möglichst alle Informationen bei sich (SELBST) ankommen lässt.

Bewusstsein führt zu Fertigkeiten.
Je deutlicher sich ein Pilot dessen, was er hört, fühlt und sieht bewusst ist, desto besser sollte er in der Lage sein, diese Empfindungen auch ohne die entsprechenden Stimuli und Bewegungen abrufen zu können. Ein Beispiel: ein Pilot nimmt die Bewegungsabläufe eines Flugmanövers intensiv wahr, spürt alle Körperstellen, die durch die Bewegung intensiver belastet werden und nimmt die Umgebung (Gerüche, Geräusche, Optik) wahr. Diese Empfindungen kann er im Mentalen Training nutzen, um Bewegungsabläufe ganzheitlich zu trainieren. Dies ist eine Grundlage für Mentales Training.

Wie wichtig das Bewusstsein für den Flugsport ist, wird am Beispiel des Einklappens des Gleitschirmes deutlich. Im Gleitschirmsport ist das Einklappen der Tragflächen auf Grund der Konstruktion ein einzigartiges Phänomen, mit dem Piloten in anderen Sportarten im Normalfall nicht konfrontiert werden. Drachen- und Gleitschirmfluglehrer Klaus Irschnik empfiehlt sich auch mit diesem Thema mental auseinander zu setzen, um in den relevanten Situationen das Bewusstsein geschärft zu haben.[26] Nur wenn ein Pilot seine Sinne wach hat und weiß, worauf er achten muss – und seien es nur kleine Indikatoren, wie ein veränderter Steuerdruck oder ein anderes Gefühl im Gurtzeug, weil sich die Belastung ändert, kann er sicher und richtig reagieren. Nur wenn man sich dieser Indikatoren bewusst ist, kann man Einklapper im normalen Flugbetrieb verhindern.

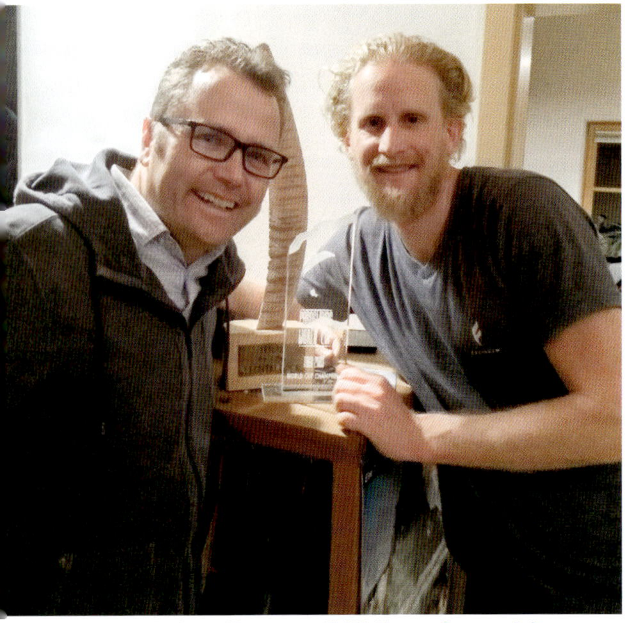

Rainer Krumm mit Weltcup-Gesamtsieger Achim Joos. (Foto: Rainer Krumm)

Achim Joos, Gleitschirm-Weltcup Sieger 2003 schärft seine Sinne in Bezug auf Einklapper aufs Äußerste:

„Bei Wettbewerbsflügen, wie aber auch bei privaten Flügen, kann ein Gleitschirm einklappen. Allein auf Grund dieser Tatsache darf dieses Thema (Einklapper bei Gleitschirmen) nicht heruntergespielt werden. Ich persönlich mache, abgesehen vom anspruchsvollen Wettkampfmaterial, keinen Unterscheid zwischen Wettkampfflug oder Spaßflug. In Bezug auf Klapper sind meine Sinne bis aufs Äußerste geschärft. Bei großen internationalen Wettbewerben sieht man massive Einklapper sehr selten. Diese Piloten haben nicht nur in der Luft, sondern auch beim Groundhandling viel Zeit mit ihrem Flügel verbracht. Aber ein weiterer Punkt ist bestimmt genauso wichtig: Das so genannte Visualisieren, wie es auch Profiskifahrer praktizieren, ist in Verbindung mit dem praktischen Training sehr effektiv. Über Jahre schon nutze ich ruhige Momente, zum Beispiel kurz vor dem Einschlafen, um mir bewusst schöne, aber auch extreme Situationen in der Luft vorzustellen. So habe ich mental meinen Rettungsschirm schon sehr oft geworfen, in der Praxis hingegen noch nie gebraucht. Wenn es bei einem realen Flug wegen eines Einklappers nötig ist sehr schnell zu handeln oder den Rettungsschirm zu werfen, bin ich durch dieses Training sicher schneller als ohne. Viele Piloten haben Angst vor Klappern! Mein Tipp: Setzt Euch damit auseinander, geht zu einem Sicherheitstraining, um dort klapperrelevante Verhaltensweisen zu trainieren. Ihr werdet sehen, meist könnt ihr Klapper im Ansatz verhindern. Und wenn es dann doch passiert, wisst ihr, was zu tun ist. Auf jeden Fall werdet ihr euch in der Luft zu Recht viel sicherer mit dem Schirm fühlen."[27]

Während des Flugkurses werden vom Fluglehrer die Informationen zu Fluggerät, zum eigenen Verhalten und zu der Umgebung meist kritisch mittels Funks gegeben. Daraufhin passt der Pilot die jeweiligen Handlungen an und optimiert seine Fertigkeiten. Nach oder außerhalb der Fluglehrerbetreuung, wird es umso notwendiger, diesen Dialog, der vom Flugschüler als große Hilfe empfunden wird, selbst weiterzuführen.
Nach der bestandenen Prüfung muss man sich selbst die Informationen suchen und aktiv aufnehmen, um seine Handlungen entsprechend zu koordinieren.
Diesen Dialog kann jeder Pilot mit Hilfe des Self-Coachings sehr strukturiert und zielführend lenken.

Manfred Ruhmer erklärt, dass Piloten Überlegungen anstellen müssen, die auf all unseren Beobachtungen und Erfahrungen basieren.[28] Dies kann nur mit aktivem Bewusstsein erfolgen.

Zentraler Punkt im Coaching-Prozess ist die Auseinandersetzung mit vielen Fragen und der entsprechenden Beantwortung. In diesem Kontext muss man sich immer des SELBST-BEWUSST-SEINs klar sein.

In der Coaching-Praxis hat sich die Unterteilung der Fragen und des Prozesses der Leistungssteigerung in vier Bereiche bewährt: GROW.

G - Goal: Das Ziel, das ich erreichen will.
R - Reality: Realitätsprüfung der momentanen Situation, in der ich mich befinde.
O - Options: Alternative Handlungsabläufe oder alternative Strategien, die zur Verfügung stehen.
W - What, When, Who, Will: Was muss wann von wem getan werden und ist der Wille dazu vorhanden.

G - Goal
R - Reality
O - Options
W - What, When, Who, Will

Abbildung 5: Die GROW - Formel

Erfolg wird von jedem Piloten selbst und unterschiedlich definiert. Man muss sich als Pilot selbst die Frage stellen, was ist das eigene Ziel und was bezeichnet man für sich als persönlichen Erfolg. Für den Einen ist es der unfallfreie und stressfreie Spaß am Fliegen, für einen Anderen ist es der erste 100 km Streckenflug, für einen Weiteren ist es wiederum das sichere Landen.

Als Pilot stellt man sich beim Self-Coaching gezielte Fragen, die man bewusst reflektiert und sich am besten schriftlich beantwortet, um die Intensität der Auseinandersetzung zu erhöhen.

Das Self-Coaching wird hier am Beispiel des Rückwärtsstarts beim Gleitschirmfliegen beispielhaft durchgeführt.

Goal - Ziel

- *Was will ich erreichen?* – Ich möchte bei starkem Wind problemlos mit einem Rückwärtsstart starten können.
- *Was ist das Ziel dieser Auseinandersetzung mit den Fragen?* – Ich will mir bewusst sein, welche Handlungen und Reaktionen notwendig sind, um einen guten Rückwärts-

start absolvieren zu können und wie ich dieses Ziel erreichen kann.

- *Welche Fristigkeit hat dieses Ziel?* –(Kurz-, mittel-, langfristig) – Kurzfristig will ich mir der Sache bewusstwerden, mittelfristig die Rückwärtsstarts bei normalen Verhältnissen beherrschen und langfristig bei jedem fliegbarem Wind den Rückwärtsstart stressfrei durchführen können.
- *Wann will ich es erreicht haben?* – Bis Ostern
- *Ist mein Ziel positiv, lockend, erreichbar und messbar?* – Ja, es bringt mir mehr Sicherheit, ich will es erreichen, ich kann es erreichen und es ist messbar.

Reality - Realität

- *Was geschieht im Moment?* – Bei stärkerem Wind am Startplatz fühle ich Beklemmungen und Stress. Ich versuche mit viel Kraft einen Vorwärtsstart, der wenig kontrolliert ist.
- *Wie sieht meine momentane Situation in Bezug auf das Ziel aus?* – Ich habe noch keinen Rückwärtsstart durchgeführt und bin noch weit davon entfernt, einen solchen durchführen zu können.
- *Was habe ich bisher getan?* – Ich habe Artikel gelesen, andere Piloten beobachtet und ein bisschen in der Ebene bei Starkwind geübt.
- *Was ist dabei herausgekommen?* – Ich habe mich vorerst für eine Variante entschieden. Das Ausdrehen in Startrichtung funktioniert noch nicht so gut, da zu wenig Schirmkontrolle vorherrscht.
- *Was geschieht dabei?* – Der Schirm weicht aus, ich verliere die Kontrolle und damit die Sicherheit und den Spaß am Start.
- *Was hindert mich, mein Ziel zu erreichen?* – Zu wenig Zeit zum Üben in der Ebene oder am Übungshang. Wenn gute Bedingungen sind, fliege ich lieber am Hausberg, statt zu üben.

Options - Optionen

- *Welche Optionen/Möglichkeiten habe ich?* – Nur bei Schwachwind starten, schlechte Vorwärtsstarts zu riskieren oder mehr bewusst üben.
- *Was könnte ich noch tun?* – Ich kann gemeinsam mit besseren Piloten üben, ein Rückwärtsstartseminar besuchen oder einfach bewusst mehr üben.
- *Was wäre, wenn ich den Rückwärtsstart beherrschen würde?* – Ich hätte mehr Spaß und Sicherheit beim Fliegen. Ich hätte mehr fliegbare Flugtage. Ich würde das Risiko minimieren.
- *Wer könnte mir weitere Optionen aufzeigen?* – Meine Fliegerkollegen, Flugschulen und Fachmagazine.
- *Was ist der Nutzen und der Vorteil der verschiedenen Optionen?* – Ich muss die Kosten und den Nutzen, vor allem den Nutzen der Sicherheit und des Spaßfaktors bewerten, um mir die besten Optionen zu ermitteln.

What, When, Who, Will - Was, Wann, Wer, Wille

- *Was werde ich tun?* – Ich werde mit mehr BEWUSST-SEIN mehr üben. Ich werde Fachliteratur bewusst durcharbeiten und andere Fliegerkollegen um Rat fragen.
- *Wann werde ich es tun?* – Literatur lese ich sofort, die Fliegerkollegen frage ich beim nächsten Treffen und üben werde ich beim nächsten guten Wetter am Übungshang – auch wenn es ein guter Flugtag wäre.
- *Werde ich mein Ziel damit erreichen?* – JA, wenn ich konsequent und mit geschärftem Bewusstsein an das Ziel herangehe.
- *Auf welche Hindernisse werde ich stoßen?* – Meinen inneren Schweinehund, schlechtes Wetter, zu wenig Zeit für die eigene Familie.
- *Wie werde ich diese Hindernisse überwinden?* – Den inneren Schweinehund werde ich überwinden, weil mir das Ziel und die Erreichung sehr wichtig sind. Schlechtes

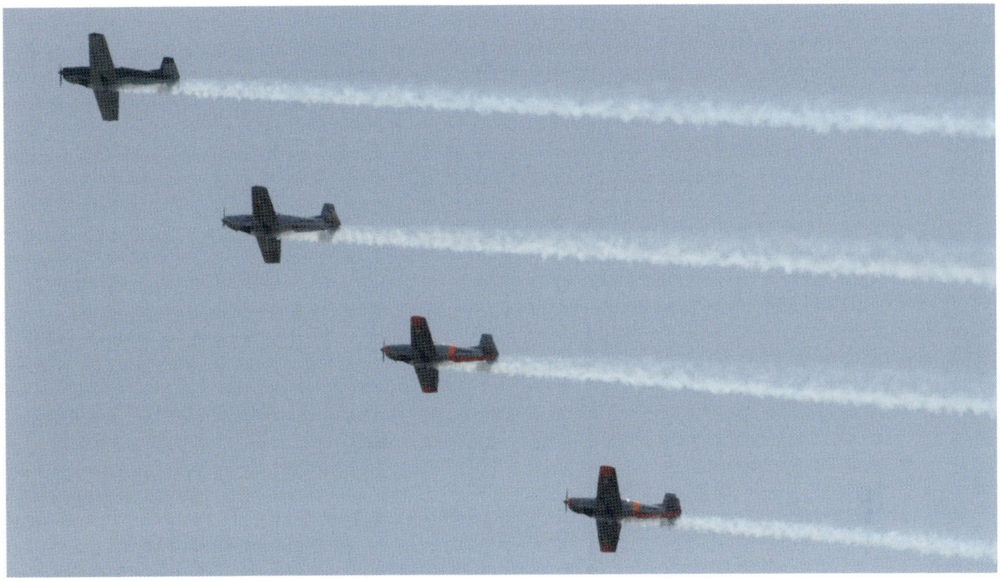

Ist das Ziel Formation zu fliegen? (Foto: Rainer Krumm)

Wetter werde ich mit Literatur und Erfahrungsaustausch überbrücken. Die zusätzliche Zeit mit der Familie will ich durch eine konsequentere Zeitplanung gewinnen oder gemeinsam mit der Familie auf die Wiese oder an den Übungshang gehen und diese an meinem Spaß teilhaben lassen. Die Kinder könnten bspw. auf der Wiese Drachensteigen lassen.

- *Wessen Unterstützung benötige ich?* – Die meiner Familie, die meiner Fliegerkollegen und die der Literatur.
- *Wer muss informiert werden?* – Meine Familie, um deren Unterstützung und Verständnis zu erhalten, sowie meine Fliegerkollegen, um deren Ratschläge zu erfahren.
- *Wie werde ich diese Hilfe bekommen?* – Ich werde sie fragen.
- *Habe ich den wirklichen Willen, mein Vorhaben auch durchzuführen?* – Ja
- *Wie hoch bewerte ich auf einer Skala von 1 bis 10 die Wahrscheinlichkeit, dass ich die Handlungen auch ausführe?* – 8

Die gewissenhafte und gründliche Beantwortung der Fragen ist die Grundvoraussetzung für ein erfolgreiches Self-Coaching.

Übung: GROW

Bitte beantworten Sie nun folgende Fragen in Bezug auf Ihre aktuelle Situation mit Hilfe der GROW-Formel.

Goal – Ziel	
➢ *Was will ich erreichen?*	
➢ *Was ist das Ziel dieser Auseinandersetzung mit den Fragen?*	

➢ *Welche Fristigkeit hat dieses Ziel?*	
➢ *Wann will ich es erreicht haben?*	
➢ *Ist mein Ziel positiv, lockend, erreichbar und messbar?*	
Reality – Realität	
➢ *Was geschieht im Moment?*	
➢ *Wie sieht meine momentane Situation in Bezug auf das Ziel aus?*	
➢ *Was habe ich bisher getan?*	
➢ *Was ist dabei herausgekommen?*	
➢ *Was geschieht dabei?*	
➢ *Was hindert mich, mein Ziel zu erreichen?*	
Options – Optionen	
➢ *Welche Optionen/Möglichkeiten habe ich.*	
➢ *Was könnte ich noch tun?*	
➢ *Was wäre wenn ich den Rückwärtsstart beherrschen würde?*	
➢ *Wer könnte mir weitere Optionen aufzeigen?*	
➢ *Was ist der Nutzen und der Vorteil der verschiedenen Optionen?*	
What, When, Who, Will – Was, Wann, Wer, Wille	
➢ *Was werde ich tun?*	
➢ *Wann werde ich es tun?*	
➢ *Werde ich mein Ziel damit erreichen?*	
➢ *Auf welche Hindernisse werde ich stoßen?*	

➢ *Wie werde ich diese Hindernisse überwinden?*	
➢ *Wessen Unterstützung benötige ich?*	
➢ *Wer muss informiert werden?*	
➢ *Wie werde ich diese Hilfe bekommen?*	
➢ *Habe ich den wirklichen Willen, mein Vorhaben auch durchzuführen?*	
➢ *Wie hoch bewerte ich auf einer Skala von 1 bis 10 die Wahrscheinlichkeit, dass ich die Handlungen auch ausführe?*	

Sehr wichtig ist auch die Erreichbarkeit des Zieles. Legt man sich selbst die Latte zu hoch, wird man Frust und Versagen erleben. Lieber setzt man sich kleine Zwischenziele. Die Wahrscheinlichkeit, diese zu erreichen ist durchweg höher. Gleichzeitig verhindert man, dass die schönen und emotionalen Erlebnisse des Flugsports durch Frustration bei Nichterreichung zu hoch gesteckter Ziele zugrunde gemacht werden.
Zu hohe Ziele sind auch der Grund, warum viele Piloten mit der Teilnahme am Streckenflugpokal wieder aufhören. Lange und erlebnisreiche Streckenflüge, die durch bezaubernde Landschaften führten, werden als Misserfolg verbucht, nur weil die Piloten evtl. 1 km vor dem Ziel landen mussten. Dann setzt man sich besser kleinere Ziele, freut sich an deren Erfüllung und schraubt die Ziele langsam nach oben.

Self-Coaching lässt sich nicht nur auf den Bereich des Flugsports anwenden. Die Methode ist für alle möglichen Lebenslagen und -situationen anwendbar. Wichtig ist speziell beim Flugsport, dass der Pilot sein Bewusstsein schärft, sich im Klaren über die selektive Wahrnehmung ist und entsprechend den Ego-Filter überwindet. Nur die kontinuierliche Fortführung der Reflexion des eigenen Agierens und Reagierens im Flugsport, die im Dialog mit dem Fluglehrer begonnen hat, gewährleistet die Verbesserung der Fähigkeiten und Fertigkeiten.

Im Anschluss wird das Thema VERANTWORTUNG im Zusammenhang mit Self-Coaching thematisiert. Den Abschluss des Self-Coaching-Kapitels bildet dann der Abschnitt über die SELBSTMOTIVATION im Flugsport.

Verantwortung übernehmen

Wenn es um die eigene Weiterentwicklung geht, ist es für Piloten unerlässlich, sich im Rahmen des Self-Coachings mit dem Thema VERANTWORTUNG auseinandersetzen.
Neben den Bereichen BEWUSSTSEIN und SELBSTMOTIVATION kommt der Verantwortung eine tragende Rolle im Flugsport zu. Nur wenn man akzeptiert, die volle Verantwor-

tung zu tragen, wird man sich weiterentwickeln und fliegerische Ziele und Erfolge erreichen können. Dies gilt sowohl für Hobbyflieger als auch für Wettkampfpiloten und Berufspiloten.
Die Ziele können dabei ganz unterschiedlicher Natur sein, egal ob Startplatzüberhöhung, Vereinsmeister oder schöner Flug am Übungshang. Wichtig für die Erreichung des Zieles ist die Übernahme der persönlichen Verantwortung für dieses Ziel und die Akzeptanz dieser Verantwortung.

Verantwortung übernehmen und akzeptieren

Success is a mind game. Wenn ein Pilot im Kopf allein die externen Faktoren für seinen Erfolg oder Misserfolg verantwortlich macht, wird er sein Ziel nicht erreichen. Es gilt diese externen Faktoren, die man nicht bzw. nur schwer beeinflussen kann, zu akzeptieren.

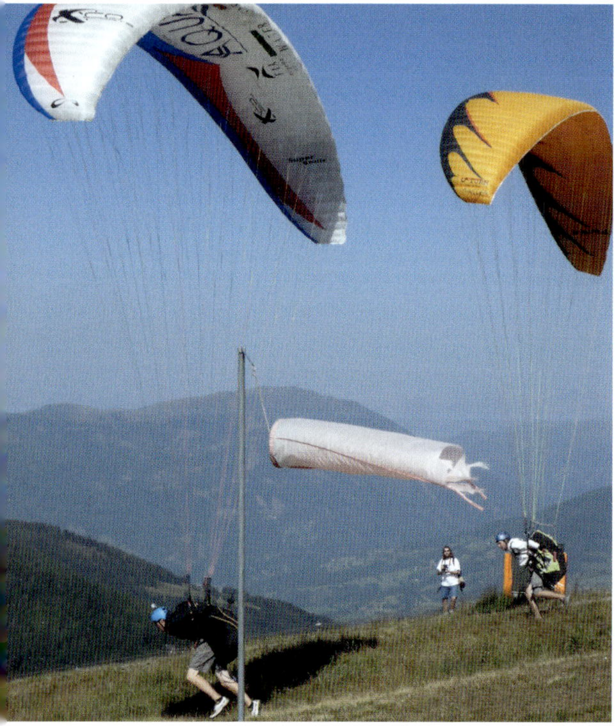

Ob man startet oder nicht, muss jeder Pilot selbst entscheiden. (Foto: Rainer Krumm)

Externe Faktoren sind bspw. Wettersituation, Geländeformation, Frequenz im Luftraum, usw. Die Verantwortung, was man aus den gegebenen Rahmenbedingungen macht, liegt an jedem Piloten selbst. Man macht es sich zu leicht, wenn man die Verfehlung des Zieles auf externe Faktoren schiebt.
Wenn das Ziel ein Streckenflug war, kann man sich nicht damit herausreden, dass „es plötzlich abgeschattet hätte". Jeder Pilot trägt selbst die Verantwortung, d.h. hier war das Ziel für den heutigen Tag falsch oder zu groß gewählt. Vielleicht hat er nicht genügend Informationen aus den Wetterdiensten gesammelt oder auch nur die falsche Route gewählt.

Frisch brevetierte Piloten

Speziell in den ersten Flügen nach der Prüfung ist es für Piloten wichtig, die Verantwortung aktiv zu übernehmen. Bisher wurde diese Verantwortung aus Bequemlichkeit beim Fluglehrer geparkt. Dieser teilt dem Flugschüler über Funk mit, was zu tun ist. Je unabhängiger und selbständiger der Pilot am Ende der Schulung ist, desto leichter fällt dieser Schritt der Verantwortungsakzeptanz. Beim ersten Flug nach der Prüfung steht der Pilot allein am Start und entscheidet selbst über die Wahl des Gerätes, ob das Wetter einen Flug erlaubt und ob das Gelände ihm und seinem Können entspricht. Zwar kann man jede Menge Informationen einholen, viele Einheimische fragen - die Verantwortung für sein Vorhaben aber trägt der Pilot selbst. Nur so kann man sich selbst weiterentwickeln.

Dieser Schritt zur eigenen „fliegerischen Verantwortung" sollte ein wichtiger Bestandteil der Flugschulung sein. In den meisten Flugschulen ist dies auch gängige Praxis.

Folgende Situation ist real passiert: ein Pilot teilte seinem Freund über Funk mit: „Was soll ich machen, da ist eine riesige Wolke". Fakt war, dass der Pilot direkt auf die tief liegende Wolke zusteuerte – also nicht angesaugt wur-

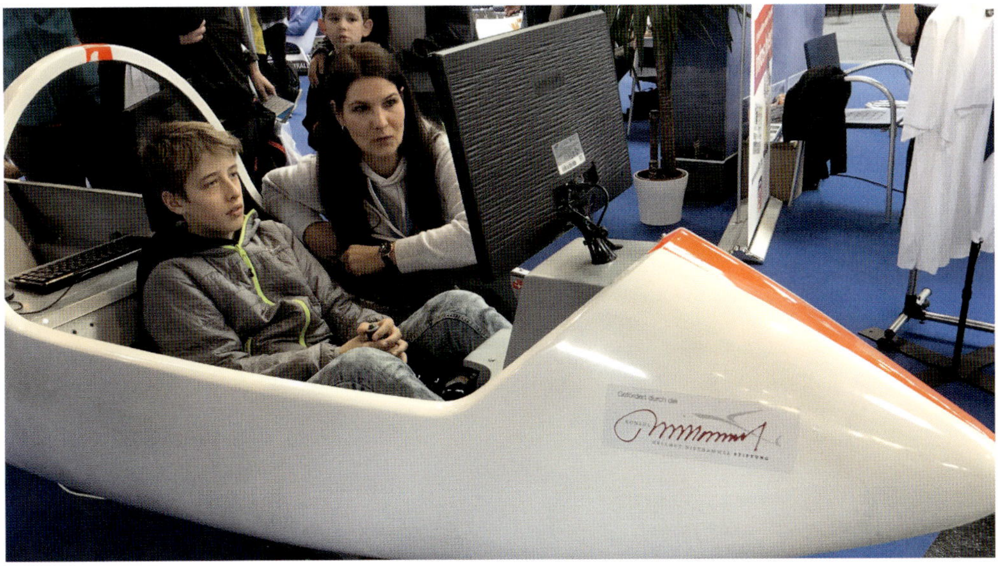

Frühes heranführen von Verantwortungsübernahme, hier am Messestand des BWLVs auf der AERO in Friedrichshafen. (Foto: Rainer Krumm)

de. Er hätte ausreichend Platz und Zeit gehabt, der Wolke auszuweichen, umzudrehen, oder um die Wolke herum zu fliegen. Stattdessen verharrte der Pilot in der Angststarre, die man vom so genannten „Kaninchen vor der Schlange Effekt" kennt. Der Freund meinte ganz lapidar zum fliegenden Piloten: „Dann flieg' halt nicht direkt rein, sondern umflieg die Wolke!" – Der Pilot reagierte daraufhin und umflog die harmlose Cumuluswolke.
In dieser Situation wäre der Pilot sicherlich in der Lage gewesen selbst zu entscheiden, wenn er sich in der Vorflugbesprechung Gedanken darüber gemacht hätte, welche Situationen bei diesem einfachen Flug am Hausberg auftreten könnten.

Verantwortung beinhaltet die Wahl und damit auch die Freiheit etwas zu tun oder zu unterlassen. Als Pilot ist man selbst für seinen Flug und sein Ziel verantwortlich. Dieses Ziel muss mit dem jeweiligen Können und den oben genannten externen Faktoren im Einklang stehen.

Um seine Verantwortlichkeit immer wieder zu erneuern und zu reflektieren, sollten Piloten jeden Flug analysieren, um dann die Ziele dem eigenen Leistungsniveau und den gemachten Erfahrungen anzupassen.

Nach jedem Flug sollte man sich fragen:
- Wie verlief der Flug?
- Wie zufrieden bin ich mit dem Flug?
- Was war mein Ziel?
- Wie gut habe ich dieses Ziel erreicht?
- Was war gut?
- Was hätte besser sein können?
- Was würde ich im Rückblick gleich machen?
- Was würde ich im Rückblick anders machen?
- Welche Schlüsse ziehe ich aus diesem Flug für meine weiteren Ziele?

Motorflug-Piloten müssen die Verantwortung übernehmen, jederzeit einen Ausfall des Motors verantworten zu können, d.h. sie müssen über ein Notfallszenario verfügen. Häufig denken sich diese Piloten, der Motorschirm würde sie ja sicher über das Waldplateau oder die Stromleitungen führen.

Aus Fehlern lernen

Nur durch Reflexion von Fehlern kann man lernen und das Gelernte in Zukunft in die Umsetzung bringen. Auch das Führen eines Flugbuches mit Eintragungen bei Besonderheiten/ Bemerkungen kann dazu dienen, den Flug nochmals zu reflektieren. Selbst Größen wie Drachenflug-Weltmeister Manfred Ruhmer machen noch Fehler. Doch er lernt aus ihnen:

„Ich mache immer noch Fehler, aber sie werden weniger. Besonders wichtig (genauso wichtig wie das Vermeiden von Fehlern) ist es, Entscheidungen zu treffen und zu ihnen zu stehen. Wenn Du absäufst, kannst du über den Fehler nachdenken und wenn Du dann auf eine ähnliche Situation triffst, kannst du eine bessere Entscheidung treffen. Wenn wir nie Fehler machen, können wir nie daraus lernen. Ein Pilot, der Angst davor hat, Fehler zu machen, wird auch Angst davor haben, eine unabhängige Entscheidung zu treffen. Er oder sie wird in diesem Falle nichts lernen und sich nicht verbessern. Ich kann mich an viele Fehler erinnern und wiederhole sie nicht. Wenn ich anderen Piloten einen kleinen Rat geben sollte, würde ich sagen ‚Hab keine Angst davor, einen Fehler zu machen'. Wenn du absäufst, analysiere die Situation und merke sie dir für das nächste Mal. Das Schlechte ist nicht, einen Fehler zu machen, sondern ihn zu wiederholen. Vertrauen ist alles und Vertrauen kommt, wenn man eine Situation bewusst erlebt."[29]

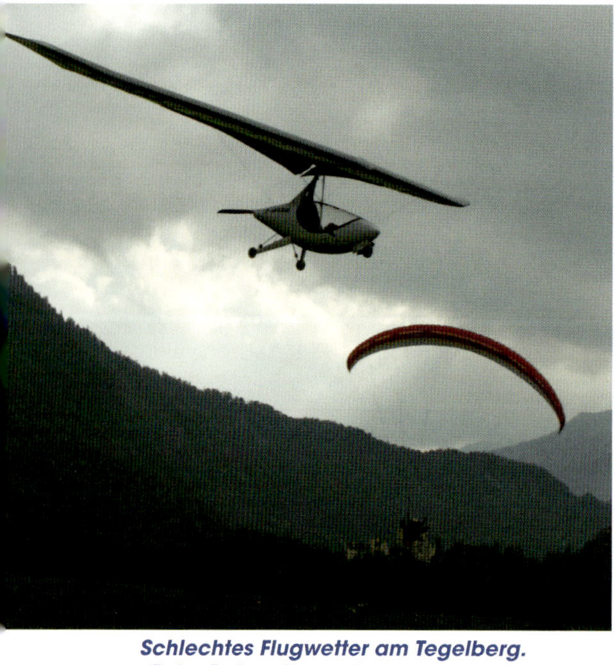

Schlechtes Flugwetter am Tegelberg. (Foto: Rainer Krumm)

Neben dem BEWUSSTSEIN ist VERANTWORTUNG der zweite tragende Pfeiler des persönlichen Erfolges. Diese beiden gilt es vor, während und nach jedem Flug genau zu trainieren, um Ziele erreichen zu können.

Nur wenn ein Pilot sich seiner Verantwortung bewusst ist, kann er eigene Entscheidungen treffen, die im Einklang mit seinen Fähigkeiten und Fertigkeiten stehen
Dazu ein Beispiel:
Auch wenn andere Piloten bei zweifelhaftem Wetter starten und fliegen, muss sich jeder selbst der Verantwortung bewusst sein, die man trägt. Nur jeder kann und muss entscheiden, ob er startet oder nicht. Oder wenn man eine Veränderung der Wetterlage, z.B. eine Überentwicklung wahrnimmt und sich dessen bewusst wird, hat man die Verantwortung zu entscheiden, ob man noch weiterfliegt oder ob man landet. Wenn ein Pilot so lange fliegt, wie die anderen Piloten es tun, gibt er seine Verantwortung leichtfertig ab und setzt sich unnötigen Risiken aus. Interessant ist das Gedankenspiel, was passieren würde, wenn trotz aufziehenden Unwetters zwei oder mehrere Piloten erst zur Landung fliegen würden, wenn die anderen Piloten dies tun.

Die Weiterentwicklung des Pilotenkönnens und die Erreichung der fliegerischen Ziele stehen in unmittelbarem Zusammenhang mit dem Ausbau des Verantwortungsbewusstseins des Piloten.

Fluglehrer berichten von betreuten Flugsafaris, bei denen langjährige Piloten plötzlich nicht mehr sauber starteten. Oftmals liegt dies an der mentalen Rückgabe der Verantwortung vom Piloten an den Fluglehrer. Erst wenn der Fluglehrer klarstellt, wer für den erfolgreichen Start allein verantwortlich ist, klappen die Starts wie gewohnt. Erst wenn die beschriebenen Piloten ihre Verantwortung für den Startvorgang wieder übernehmen, können sie sauber und souverän starten.

Dies verdeutlicht, dass man als Pilot zu jeder Zeit für sich Verantwortung trägt und diese nicht an erfahrene Fliegerkollegen oder Fluglehrer abgeben darf.
Um seine Fähigkeiten und Fertigkeiten zu sichern und zu erweitern muss ein Pilot an seiner mentalen Stärke arbeiten, die Verantwortung aktiv annehmen und diese auch akzeptieren. Dazu gehört auch, bewusst einmal eine Entscheidung zu treffen, die vielleicht anders ist als die der Fliegerkollegen, bspw. nicht zu starten, wenn man es in seinem Verantwortungsbereich nicht vertreten kann.

Durch eine gestärkte Verantwortung steigt auch das Verantwortungs-BEWUSSTSEIN. Diese beiden Faktoren stehen für die fliegerische Entwicklung in engem Zusammenhang.

Risikomanagement - Der Umgang mit der Sicherheit im Flugsport

In einem viel beachteten Vortrag des erfolgreichen Segelfliegers Bruno Gantenbrink über die Sicherheit beim Fliegen, äußert er den provokanten Satz:

„Der Satz, ‚das Gefährlichste am Segelfliegen sei die Fahrt zum Flugplatz', ist das Dümmste und Ignoranteste, was mir in unserem Sport untergekommen ist."[30]

Unter anderem im Internet und an Startplätzen wird dieser Satz kontrovers diskutiert. Er beinhaltet die lebenswichtige Erkenntnis, dass der Flugsport mit lebensgefährdenden Risiken verbunden ist. Ein Flug kann unter bestimmten Umständen tödlich enden. Darüber gibt es keine Diskussion. Vielmehr wird Gantenbrink – zu Unrecht – als Nestbeschmutzer oder Spaßverderber deklariert. Langfristig kann ein Pilot aber nur Spaß und Genuss am Fliegen haben, wenn er sich der Gefahr des Flugsports bewusst ist und dann auch die Verantwortung für seine Handlung übernimmt. Statistische Vergleiche mit dem Straßenverkehr und den Verkehrstoten sind müßig. Selbstverständlich ist Autofahren auch ‚lebensgefährlich' – der Vergleich ist jedoch weder notwendig noch gerechtfertigt. Was uns Piloten gefährdet, ist die Leichtsinnigkeit im Flugsport oder der fehlende Umgang mit der Verantwortung. Gerade diese Sätze, die Gantenbrink als ignorant bezeichnet, sind eben ein eindeutiges Signal von der Unverantwortlichkeit des entsprechenden Piloten, der sich mit diesem Satz schmückt. Unverantwortlichkeit führt zu Sorglosigkeit und die Sorglosigkeit ist der Tod jedes Sicherheitsbewusstseins. Eine richtige Einschätzung des Risikos ist wichtig, weil davon unsere Strategie abhängt, wie wir mit der Gefahr umgehen. Die meisten tödlichen Unfälle, das belegen zahlreiche Statistiken der unterschiedlichen Flug-Verbände, sind auf ‚human errors' – menschliche Fehler zurückzuführen. In den relevanten Situationen haben die Piloten entweder falsch oder gar nicht reagiert – oder andere Handlungen erschienen ihnen in diesem Moment wichtiger. Die Theorierichtlinien der neuen Euro-PPL(A)-Lizenz wurden deshalb angepasst und in der Theorieausbildung um die Stoffgebiete ‚Menschliches Leistungsvermögen' erweitert. Sehvermögen, Informationsprozess, zentraler Entscheidungsweg, Stress, Lagebeurteilung und Entscheidungsfindung sind als Lerninhalte hinzugekommen.[31]
In der modernen Fliegerei (PPL und CPL) heißt es, die oft sehr komplexe Technik richtig zu beherrschen, dargebotene Informationen

rasch und richtig zu erfassen, das Wesentliche vom unwesentlichen zu trennen und richtig zu reagieren, also in der jeweiligen Situation die korrekte Entscheidung zu treffen – das ist die Herausforderung. Diese Herausforderung hängt elementar mit dem Risikomanagement zusammen.

In Frankreich wurden in den Jahren 1999 bis 2001 die Unfälle mit Motorseglern und Segelflugzeugen untersucht.[32] Es waren insgesamt 114 Unfälle, die ausgewertet wurden. Die meisten Unfälle geschahen in der Start- und Landesituation. Dies lässt zunächst auf Konzentrationsschwächen schließen, wobei diese Flugsituation von Natur aus eine Situation mit höherem Risiko ist, d.h. die Wahrscheinlichkeit, dass gerade in der Start- und Landephase Unfälle passieren ist höher.
In Bezug auf das Risikoverhalten bringt diese Untersuchung einen besonders bemerkenswerten Aspekt hervor. Gefährlich – so die Statistik – wird es speziell für Piloten mit mehr als 100 Stunden Flugerfahrung. Dies lässt die Vermutung zu, dass Anfänger-Piloten eine erhöhte Konzentration beim Fliegen aufbringen und erfahrene Piloten oft auf ihre Erfahrung bauen und zu (nach-)lässig an die Flugsituationen herangehen. Dieses Ergebnis bestätigt eine Untersuchung[33] des Deutschen Hängegleiter Verbandes DHV, in der mehr als 1600 Unfall- und Ereignisberichte ausgewertet wurden: die meisten Piloten erleben ihren ersten ernsthaften Zwischenfall ab dem hundertsten Höhenflug. Mehr als 90% sind auf menschliches Versagen zurückzuführen, nur 3-5 % entfallen auf technisches Versagen oder auf Fremdverschulden.

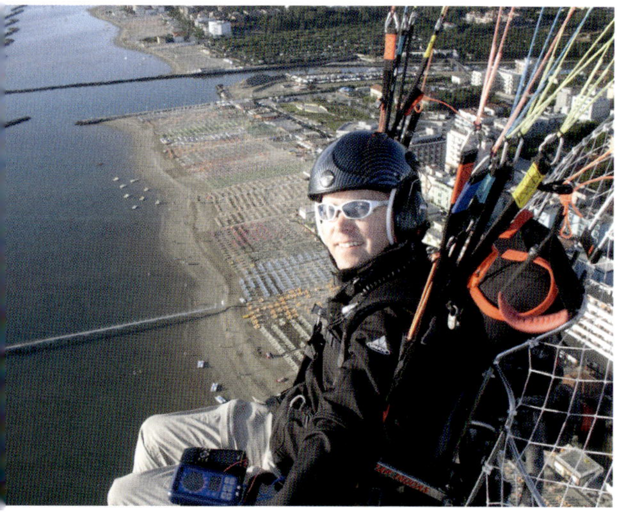

Fliegen über Wasser oder am Meer braucht ein gezieltes Risikomanagement. (Foto: Rainer Krumm)

Eine weitere Erkenntnis aus der französischen Untersuchung ist, dass besonders ausländische Piloten ein höheres Risiko tragen. Dies ist neben der geringeren Ortskenntnis auch auf einen Zusammenhang zurückzuführen, der ebenfalls im Drachen- und Gleitschirmsport greift. Piloten, die im Urlaub sind, möchten diese Zeit unbedingt nutzen, und fliegen bei Wetterbedingungen, bei denen sie ggf. im heimischen Fluggebiet nicht in die Luft gehen würden.

Fahrlässiges Risikomanagement oder Selbstüberschätzung ist auch dem ersten Bezwinger des Nordatlantiks John Alcock im Dezember 1919 zum Verhängnis geworden. Trotz vieler Warnungen seiner Fliegerkollegen will er sein Flugzeug Vickers Vicking von London nach Paris überführen. Dies sogar ohne Navigator. An einem regnerischen Tag mit tiefhängenden Wolken und starkem Wind über England startet er und stürzt bei dichtem Nebel über der Normandie auf ein Feld. Kurz darauf verstirbt er in einem Krankenhaus.[34]

Paul Karlson schrieb bereits 1933 in seinem Buch ‚Segler durch Wind und Wolken' als erfahrener Segelflieger folgende mahnende Worte:

„Aber eben dieser Mut, den sie alle haben, verführt zum Leichtsinn. Vielleicht kennen sie die Gefahr nicht genug, sie denken: Ach, es wird schon irgendwie gehen, und eben das ist die Einstellung, die man nicht haben darf.

– Ja, er muss auch einmal größeren Mut aufbringen, wenn er sich nicht in Form fühlt, zu sagen: Nein, heute starte ich nicht!"[35]

Der Flugsport könnte deutlich sicherer sein, wenn die Piloten mehr Verantwortung für Ihre Handlungen übernehmen, Entscheidungen nicht leichtfertig abgeben („die anderen fliegen doch auch") und selbstverantwortlich handeln würden. In der Gleitschirmszene gibt es den Satz „Urlaub ist doch kein Grund sich umzubringen"; damit wird veranschaulicht, dass viele Piloten sich Wettersituationen schönreden oder schön interpretieren, nur weil sie ihren Flugurlaub möglichst intensiv und ausgiebig nutzen möchten.

Wettbewerbspiloten gehen in Wettbewerben häufig größere Risiken ein als bei normalen Flügen. Dies ist logisch und auch nicht weiter schlecht – wenn sie sich des größeren Risikos bewusst sind. Auch bei den Profis im Streckenflug ist zu beobachten, dass jeder Pilot für sich selbst entscheidet, ob er in ein spezifisches Gelände einfliegt. So wird nicht immer die kürzeste Strecke geflogen, wenn die Gefahr besteht, dort keinen Thermikanschluss zu finden, oder wenn keine Notlandemöglichkeiten vorhanden sind.

Für Angelo D'Arrigo bedeutete Extremflug nicht Risiko, sondern „in eine Symbiose mit der Luft zu treten und verstehen zu lernen, wann es Zeit ist, umzukehren."[36]
Jeder Pilot muss sich seine eigene Sicherheitsstrategie zurechtlegen. Gantenbrink empfiehlt etwa damit zu beginnen, unnötige Risiken zu eliminieren, wie etwa nicht in einem Pulk zu kurbeln, ohne zwingende Gründe dafür, viel frequentierte Fluggebiete beispielsweise einfach zu meiden, oder riskant fliegenden Piloten aus der Flugbahn zu gehen.
Bei Wettkämpfen ist gerade in Startsituationen oder zu Beginn der Task eine große Ansammlung von Fluggeräten in der Luft, die meist denselben Thermikbart auskurbeln

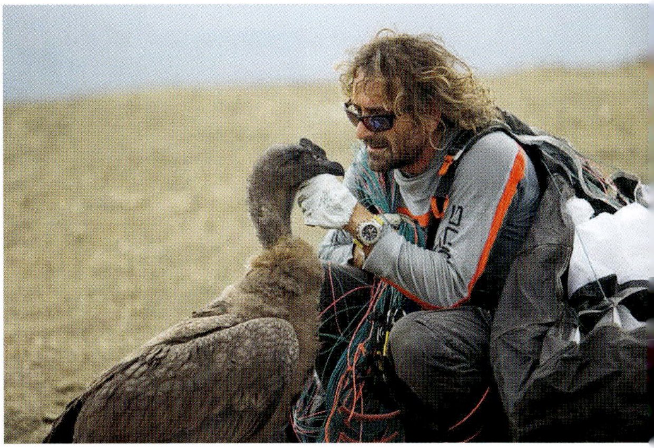

Ausnahmepilot Angelo D'Arrigo. (Foto: Martin Scheel)

möchten. Disziplin und hohe Aufmerksamkeit sind die Grundsäulen des Risikomanagements in solchen Situationen.

Im Rahmen des Risikomanagements ist die Intuition ein sehr wichtiger Ratgeber, der von vielen Piloten leider ignoriert wird. Viele Risiken werden über das so genannte Bauchgefühl angekündigt – dies ist nicht der rationale Teil des Piloten, sondern die Intuition. Es ist keine zufällige Intuition, sondern das Ergebnis eines langen Trainings, um wahrnehmbare Signale instinktiv zu erfassen. Im Zweifelsfall muss ein Pilot eben entscheiden nicht zu starten, oder die Flugbahn zu ändern oder eben früher zu landen – wenn der Bauch dies empfiehlt. Lieber einmal zu vorsichtig gewesen zu sein als umgekehrt. In Flugschulen wird gerne der mahnende Satz formuliert: Lieber unten stehen und wünschen oben zu sein, als oben zu sein und wünschen unten zu stehen. Darin steckt so viel Wahrheit.

Linienpilot und Autor des Buches „Motorflug Praxis" Karl-Heinz Apel empfiehlt:

„Sollte Ihnen jemand den Rat geben, bei einer zweifelhaften Wetterlage doch besser am Boden zu bleiben, beherzigen Sie den Ratschlag. Es könnte Ihre letzte Chance gewesen sein, den ‚Countdown' in die Katastrophe noch rechtzeitig zu stoppen."[37]

Risikomanagement steht und fällt mit der Übernahme von Verantwortung und dies liegt in der Hand jedes einzelnen Piloten. Jeder Pilot ist für seine Handlungen verantwortlich, nicht die Begleiter, Fluglehrer, Betreuer, Passagiere oder wer auch immer.

Übung: Verantwortungsübernahme - Checkliste:

➢ *Bin ich mir der Risiken des Flugsports bewusst?*	
➢ *Treffe ich alle meine fliegerischen Entscheidungen selbst, oder lasse ich mich von anderen leiten?*	
➢ *Ist mein Fluggerät meinem Können angemessen?*	
➢ *Ist mein Flugstil verantwortungsbewusst?*	
➢ *Reflektiere ich meine Flugerlebnisse und lerne daraus?*	
➢ *Setze ich meine Erkenntnisse aus Fehlern konsequent um?*	

Fünf gefährliche Grundhaltungen von Piloten
Leider gehen viel zu viele Unfälle im Flugsport auf die fünf nachstehenden Einstellungen von Piloten zurück, die leicht vermieden werden könnten:

1. **Disziplinlosigkeit** – Piloten, die keine Regeln akzeptieren, Verfahren und Vorschriften missachten oder auch keinen Rat annehmen.
2. **Unüberlegtheit** – nicht immer ist die erste Entscheidung/Idee die richtige. Häufig würden weitere Überlegungen Fehlentscheidungen vermeiden.
3. **Arroganz und Unangreifbarkeit** – Dies sind häufig Piloten, die glauben, dass ihnen nichts passieren könnte. Sie verlassen sich auf ihr Glück und gehen oft höhere Risiken ein.
4. **Selbstüberschätzung und Imponiergehabe** – Mangelndes Selbstbild, schlechte realistische Einschätzung der eigenen Leistungsfähigkeit oder auch überzogenes Selbstdarstellungsverhalten. Häufig über Landeplätzen bei tiefen Überflügen oder spektakulären Landungen zu sehen. Beispielsweise die so genannte Todesspirale bei den Gleitschirmfliegern, bei der so lange spiralt wird, bis ein Stabilo den Boden berührt.
5. **Nicht-Übernahme der Verantwortung / Resignation** – Piloten, die sich mit dem Ablauf der Geschehnisse abfinden und glauben nichts an der Situation steuern zu können. Lemig-Effekt beim Starten ist ein klassisches Beispiel, anstatt auf den Start zu verzichten, starten diese Piloten – mit der Aussage, dass die anderen doch auch starten.

Als Gegenmaßnahme dienen die oben genannten laufenden Selbstbeurteilungen, Reflexionen, und eben Selbst-Coaching oder Team-Coaching. Kenntnisse und Erfahrungen sollten immer wieder aufgefrischt werden, aktuelle Leistungsstände und körperliche Verfassungen sind kritisch zu prüfen. Nach längeren Flugpausen kann es sinnvoll sein wieder einen Fluglehrer zu konsultieren.

Selbstmotivation

Aber wo ist der Schlüssel zum Kopf? Der Schlüssel zum Kopf ist wiederum die Motivation. Nur wenn man als Pilot motiviert ist, kann man fliegerische Ziele anstreben und erreichen. Hat man keine Motivation, treibt einen auch nichts voran.
Im Rahmen des Self-Coachings wurden bisher BEWUSSTSEIN und VERANTWORTUNG thematisiert. Dies macht jedoch nur gepaart mit Motivation Sinn. Ohne Motivation wird man als Pilot nicht an seinen Fähigkeiten und Fertigkeiten feilen.

Nur wenn einen Piloten die Aufgaben und Ziele fordern und im Rahmen seiner Möglichkeiten liegen, ist er motiviert, ein Ziel zu erreichen. So lässt einen das Ziel, einen Streckenflug über 100 km zu absolvieren, gänzlich kalt, wenn man noch keinen einzigen Streckenflug absolviert hat. Überforderung führt nur zu Frustration und Misserfolg. Nimmt man sich ein zu kleines Ziel vor, wird man schnell unterfordert sein und die Motivation am Fliegen vielleicht verlieren, d.h. ein Pilot muss ein Ziel auswählen, das im Rahmen seiner Möglichkeiten liegt und ihn trotzdem herausfordert.

Wie muss ein Ziel beschaffen sein, das herausfordert? In der Coaching-Praxis hat sich die SMART-Formel als zielführend bewährt.

S - Specific
M - Measurable
A - Attainable
R - Realistic
T - Time phased

Abbildung 6: Die SMART-Formel.

Nur SMARTe Ziele lösen einen Reiz auf den Piloten aus. Nur wenn alle Fragen mit „Ja" beantwortet werden können, wirkt das Ziel auf ihn motivierend und er wird versuchen es zu erreichen.

Übung: Smarte Zieldefinition

Definieren Sie anhand der nachfolgenden Abschnitte für sich ein fliegerisches Ziel:
S – *Smart – Spezifisch: Ist mein Ziel genau spezifiziert, d.h. habe ich es genau beschrieben? Weiß ich genau, was ich erreichen will?*
M – *Measurable – Messbar: Ist meine Zielerreichung messbar? Ist es klar definiert oder ist es zu schwammig?*
A – *Attainable – Erreichbar: Liegt das Ziel im Rahmen meiner Möglichkeiten und Potentiale, oder ist es zu weit weg?*

R – *Realistic – Realistisch: Ist es realistisch, dieses Ziel in dieser Form zu erreichen?*
T – *Time phased – Zeitlich gegliedert: Habe ich eine klare Zeitachse, bis wann ich die Zwischenziele und des Endziel erreicht haben will?*

Die Motivation und die Selbstmotivation, die von innen kommen muss, gliedern sich in drei Motivatoren auf. Diese kann man als Pilot ganz gezielt ansprechen:

1. Die Möglichkeit, wirklich Verantwortung zu übernehmen und unabhängig zu entscheiden.

Vielleicht kennt man dieses Thema aus der Umgebung am Arbeitsplatz, wo es evtl. einige Restriktionen im Bereich der Verantwortungsübernahme gibt. Im Flugsport ist man aber wirklich frei, VERANTWORTUNG aktiv zu übernehmen und zu akzeptieren. Die Abhängigkeit von Fliegerkollegen wird oft unterschätzt. Durch Gruppenzwang oder „Gemeinschaftsgefühl" werden Flugentscheidungen getroffen, die man als einzelner vielleicht nicht in dieser Form treffen würde. Es steht jedem Piloten frei mit seinem SELBST-BEWUSST-SEIN zu entscheiden, was er tun wird.

2. Die Möglichkeit, Selbstachtung und Identität aufzubauen.

Als Pilot sollte man so fliegen und agieren wie man es für richtig hält. Man kann sich ganz gezielt aus der Masse abheben, indem man die Verantwortung für seine Handlungen übernimmt. Zu jeder Zeit und in jeder Situation entscheidet man selbst, was man tut oder unterlässt. Nur wenn für einen Piloten die Bedingungen und seine Ziele im Einklang stehen wird er bspw. starten. Es ist wichtig, dass man nicht nur Lemming ist und startet, wenn andere auch starten, sondern, wenn es für das eigene Können angemessen ist. Für den einen sind es ideale Bedingungen, wenn die Thermik noch nicht eingesetzt hat. Für den Streckencrack ist es vielleicht optimal, wenn die Thermik gerade einsetzt und ein weiterer freut sich über die bereits pulsierende Thermik, wenn „oben bleiben" kein Kunststück mehr ist. Jeder Pilot muss sich seine Identität aufbauen und entscheiden, welche Bedingungen für ihn relevant und welche Ziele für ihn erreichbar sind.

Ein weiterer Bereich ist die eigene Gerätewahl. Fliegt man einen Hochleister, weil fast alle anderen Piloten der Szene mit Hochleistern fliegen, oder steht man als Pilot ganz bewusst dazu, ein Mittelklasse-Gerät zu fliegen?

3. Die Möglichkeit, das Gefühl zu erleben, wirklich etwas beisteuern zu können.

Dieser Motivationsfaktor ist globaler zu sehen, global im Sinne von Flugszene oder Funsportarten, etc. Hier liegt die Motivation verborgen, der gesamten Szene für einen kleinen Bereich seinen Stempel aufzudrücken. Ob man nun will, dass die Szene durch sportliche Erfolge geprägt ist, oder ob die Szene durch unfallfreies Image glänzt oder einfach nur Emotionen wecken soll. In meinem kleinen Umfeld kann ich Zeichen setzen und mit anderen kommunizieren, wie ich es für richtig halte. Jeder Pilot ist auch Botschafter des Flugsports. Beim motorisierten Flugsport kommt noch das Umwelt-Image (Lärm etc.) hinzu, das es zu pflegen gilt.

Ob dies Wanderer sind, die am Startplatz neugierig nachfragen, ob das am Stammtisch das Thema „Risikosport" betrifft oder ob es einfach das Image des Flugsports im Freundes- und Bekanntenkreis ist. Durch das

Verhalten und die eigenen Aussagen kann jeder Pilot diesen Faktor beeinflussen. Kommunikation findet nicht nur durch verbale Äußerungen statt, sondern ist auch stark von Verhalten geprägt.

Success is a mind game...
... nur wenn ein Pilot motiviert ist, seine Ziele zu erreichen, wird er sie erreichen können. Die Selbstmotivation muss von innen kommen und kann von niemand auferlegt werden. Wie beim Aspekt der Verantwortung, muss sich jeder Pilot der Selbstmotivation bewusst sein und intensiv daran arbeiten, seine Motivatoren zu entdecken und diese auszubauen. Nur wenn man motiviert ist, kann man seine Ziele erreichen. Egal, ob das Ziel ein stressfreier Flug am Hausberg ist oder der Weltcupsieg ist. Der Schlüssel ist der Kopf.

Nach diesen geistigen Aspekten des Mentalen Trainings, also der kognitiven Auseinandersetzung mit dem „Sinn des Fliegens", wird im folgenden Kapitel der Focus auf das Mentale Training von Handlungsabläufen gelegt. Verschiedene Varianten werden vorgestellt.

7. Entscheidungsfindung im Flugsport

„Dinge wahrzunehmen ist der Keim der Intelligenz"
Lao-tse,(chinesischer Philosoph um 600 v. Chr.)

Das Handeln jedes einzelnen Piloten hängt von Entscheidungen ab. Diese Entscheidungen werden bewusst oder unbewusst (intuitiv) getroffen.
Die Anzahl der Entscheidungen, die getroffen werden, zeigen den Detaillierungsgrad der Aufnahmefähigkeit an.
Die Untersuchung[38] eines französischen Sportpsychologen, hat das Entscheidungsverhalten der Piloten getestet. Dabei ist er in einem Doppelsitzer mitgeflogen und hat sich alles berichten lassen, was die Piloten in den nachfolgenden Situationen zu tun gedenken. Dabei hat er einen französischen Meister mit Mittelklassepiloten verglichen. Er kam zu einem Gesamtentscheidungsverhältnis von 1:15. d.h. der französische Meister hat fünfzehnmal mehr Entscheidungen getroffen als sein Kollege, der weniger erfolgreich fliegt.

Diese Entscheidungen muss sich ein erfolgreicher Pilot im Mentalen Training bewusst machen. Viele Piloten – speziell sehr gute Piloten – treffen Entscheidungen nicht bewusst. Sie besitzen eine unbewusste Kompetenz. Diese unbewusste Entscheidungskompetenz wird im Rahmen des Mentalen Trainings bewusst gemacht, um sie zu entwickeln. Der dreifache Segelflugweltmeister Helmut Reichmacher nutzte die Ausbildung anderer

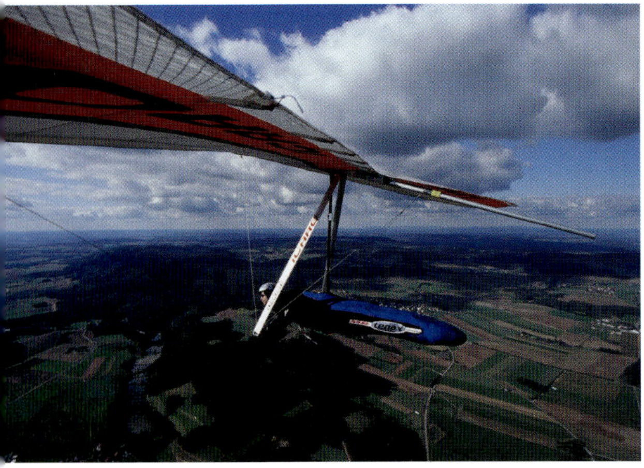

Weltmeister und Weltrekord Pilot Manfred Ruhmer. (Foto: Steffen Hertling)

Piloten im Doppelsitzer, um seine Entscheidungen mit ihnen zu teilen und diese Entscheidungen sich selbst auch nochmals bewusst zu machen. Dabei stellte er fest, dass er doch oft Fehler mache.[39] Da Fehler im Flugsport sehr starke Auswirkungen haben können, ist es wichtig, diese möglichst gering zu halten.

Viele unbewusste Entscheidungen laufen nach den gleichen Schemata ab. Das Unterbewusstsein nimmt eine Situation wahr, vergleicht sie mit bereits erlebten oder bekannten Verhaltensmustern und trifft darauf eine Entscheidung, die sich dann meist in einer Handlung oder Reaktion auswirkt.

Diese Erfahrungsmuster, nach denen die Intuition entscheidet, müssen aber nicht auf eigenen Erfahrungen beruhen. Durch Mentales Training (was später noch genauer beschrieben wird), können Erfahrungen und Handlungsmuster adaptiert werden, so dass das Unterbewusstsein sie in gegebener Situation gut abrufen kann. Ein Drehbuch für diverse wichtige Situationen entsteht.

Bob Baier, der die deutsche Drachenflugszene lange dominierte, beschreibt eine Schlüsselqualifikation für erfolgreiches Fliegen: Die schnelle Entscheidungsfindung und die Fähigkeit zahlreiche Einflüsse und Informationen zu verarbeiten.[40] In Flugsituationen gilt es fliegerische Erfahrungen und Erinnerungen abrufen zu können und intuitives Denken zuzulassen.

Intuitive und rationale Entscheidungsfindung

Die intuitive Entscheidungsfindung basiert auf dem so genannten Bauchgefühl oder dem siebten Sinn. Häufig sind diese Entscheidungen und Entscheidungsgrundlagen nicht erklärbar, aber der Pilot/Mensch ist sich sicher, dass dies genau die richtige Entscheidung ist. Im Unterbewusstsein laufen zahlreiche Informationen zusammen, die über die fünf Sinne aufgenommen werden oder auf den Menschen einfließen. Das Unterbewusstsein verarbeitet diese Informationen, ohne dass es der Pilot weiß. So stehen dem Piloten zahlreiche Informationen zur Verfügung, die er jedoch nicht rational begründen oder begreifen kann.

Die rationale Entscheidungsfindung hingegen findet bewusst im Kopf statt. Argumente, Daten und Fakten werden kalkuliert und abgewogen, um eine bewusste Entscheidung zu fällen.

Je nach Veranlagung gibt es Piloten, die eher intuitiv wahrnehmen und entscheiden, andere eher rational. Piloten sollten sich dessen bewusst sein, um die intuitive Seite mehr auszubauen, denn dies ist die schnellere Möglichkeit. Die Ausnahme-Drachenflieger Manfred Ruhmer und Guido Gehrman gelten eher als intuitive Piloten, während Tomas Suchanek eher rational veranlagt ist. Manfred Ruhmer beschreibt seinen Flugstil zu 60-70% intuitiv. Beim Thermikfliegen fliege er im Automatik-Modus; sein Körper treffe die richtigen Entscheidungen, während er sich auf den Flugverkehr konzentrieren könne.[41]

Wie kann man nun die Intuition entwickeln? Die Intuition basiert auf „Gefühl", daher ist es wichtig, die Selbstgespräche in der Luft und die rationalen Entscheidungen mit steigender Erfahrung und Kompetenz zu reduzieren. Entscheidungen zu treffen, basierend auf „fühlt sich gut an" oder „mein Bauch sagt links eindrehen", klingt für rationale Piloten oft chaotisch bis hoch gefährlich. Daher sollten extrem rationale Piloten diesen Umdenk-Prozess äußerst langsam vollziehen und im Zweifelsfall immer auf ihre bewährte Entscheidungstechnik zurückgreifen.
Um den Fundus für die unbewusste Entscheidungsfindung anreichern zu können sind Bücher über den Flugsport sehr hilfreich – man muss nicht jede Erfahrung selbst machen. Ein Tipp, den auch der international erfolgreiche ukrainische Drachenflieger Oleg Bondarchuk gibt. Auch der Austausch mit den Fliegerkollegen dient zur Anreicherung der Erfahrung.

Selbst der Atlantik-Erstüberflieger Charles Lindbergh war nach drei Jahren bereits ein sehr erfahrener Pilot, als er sich für die Flugausbildung der Armee bewirbt. Zunächst sieht er wenig Notwendigkeit in der Auseinandersetzung mit der Theorie. Als er die Sache jedoch gewissenhaft anpackt, stellt er fest, dass ihn dieses Wissen besser fliegen lässt. Der Grund dafür liegt in der Erweiterung des Wissens, auf welches auch die Intuition zugreift und so schnellere und bessere Entscheidungen in der Luft ermöglicht. Lindbergh besteht 1925 die Akademie als bester Kadett.
Der US-amerikanische Weltklassedrachenpilot Chris Arai, der interessanterweise auch mentale Stärke bewies, indem er solo über den Pazifik segelte, beschreibt Thermikfliegen als mentale Aktivität. Thermikfliegen sollte kein permanent bewusster Denkprozess ein. Er entwickelt ein mentales Bild der sich bewegenden Luft als mentale/geistige Landkarte und baut ein Gefühl auf, was die aufsteigende Luft mit seinen intuitiven Wahrnehmungskanälen macht. Als technisch orientierter Pilot sei es für ihn wichtig zu lernen, die Rationalität durch das Gefühl zu ersetzen.[42] Hilfreich sind dazu Visualisierungen, die man in guten Thermik-Lehrbüchern wie von Burkhard Martens oder Manfred Kreipl findet. Das Problem an Thermik ist nun mal, dass sie als solches Unsichtbar ist. Man kann sie aber mit Hilfe von vielen Hinweisen und Wissen erahnen.

Der Erstüberflieger des Mount Everest mit dem Drachen Angelo D'Arrigo interessierte sich, ob in ihm ein Fluginstinkt vorhanden war und wie er ihn wieder schärfen könne:
„Meine These bestätigte sich auf unerwartete Art und Weise im Lauf meiner Wettkampfkarriere. Mitten in einem Wettflug über den Alpen fiel auf einmal die Batterie aus und alle Bordinstrumente erloschen. Ich befand mich also in ernsthaften Schwierigkeiten und war gezwungen, eine schnelle Entscheidung zu treffen: sofort zu landen und auf den Weiterflug zu verzichten oder ohne Hilfe der Geräte weiterzufliegen und zu sehen, was passiert. Ich wählte die letztere Option und vertraute auf meinen Instinkt. Ich begann, in den Aufwinden zu wenden, und gewann an Höhe, wobei ich mir selbst die Vorgaben machte, die mir ohne die Instrumente fehlten. Mit jeder Minute fühlte ich mich sicherer. Dieses Phänomen wurde mir später durch andere Segelflieger bestätigt, die unter ähnlichen Umständen den Ausfall der Bordinstrumente ausgeglichen hatten. Hatte ich bis dahin geglaubt, dass es unabdingbar sei, technologische Hilfsmittel zu besitzen, die das für mich unsichtbare Element lesen konnten, in dem ich mich bewegte, so stellte ich jetzt fest, natürliche Sensoren zu besitzen, die es mir ermöglichen, die Eigenschaften der Luft vorwegzunehmen – so wie Adler, Bussarde und Albatrosse."[43]

Was der Ausnahmepilot Angelo D'Arrigo beschreibt ist jedoch seine Intuition. Durch sehr viel Erfahrung und intensive Beschäftigung mit der Materie des Thermikfliegens sowie der Visualisierung des Aufwindes schaffte er es, rationale Prozesse so mental zu trainieren, dass diese ins Unterbewusstsein übergingen und so die Intuition - oder wie er es nennt den Instinkt - prägten.

Das Sehen will gelernt sein - Sinnesschärfung

Für viele Entscheidungen sind visuelle Wahrnehmungen der auslösende Stimulus. So leitet ein Pilot beispielsweise eine Rechtskurve ein, wenn er sieht, dass ihm ein Fluggerät entgegenkommt. Dabei muss er jedoch im Vorfeld beobachtet haben, ob er überhaupt nach rechts ausweichen kann, ob der Luftraum frei ist, oder gar ob dort eine Hangkante ist. Andere Wahrnehmungsreize können auditive (Akustische Signale des Varios, Rascheln im Gleitschirmtuch, etc), olfaktorische (der Geruch aufsteigenden Heugeruchs, plötzlicher Benzingeruch) oder auch kinästhetische Reize (Druck im Gurtzeug, G-Kräfte auf den Körper) sein.
Speziell die optische Wahrnehmung wird oft unterschätzt, bzw. überschätzt. Das menschliche Auge ist von Natur aus nicht auf schnelle Flugsituationen ausgelegt. Je schneller ein Fluggerät ist, desto größer wird dieser Nachteil. Das Zwischenhirn muss gelernt haben, die wichtigen Bewegungen im Luftraum herauszufiltern und die Blickführung darauf auszurichten. Durch ständige, bewusste Übung können diese unbewussten Mechanismen ausgeprägt, verbessert und erhalten werden. Piloten stellen oft fest, dass ihnen bei Autofahrten Flugobjekte (Segelflieger, Vögel, etc.) auffallen, während ‚Fußgängern' dies nicht auffällt. Dies spricht für ein weiter entwickeltes Blickfeld als das des Fußgängers. Das Auge muss das Blickfeld regelrecht ständig scannen und dabei nicht an Details festkleben, sondern vielmehr dynamisch das Blickfeld absuchen. Der Fachbegriff hierfür ist die periphere Wahrnehmung, die auch in anderen Lebensbereichen hilfreich sein kann. Das Blickfeld des Piloten sollte natürlich weitestgehend frei sein und nicht durch schlechte Brillen, Schildmützen bei Segelfliegern oder Helme etc. einschränkt sein. Bei unerfahrenen Flugschülern spricht man daher vom Stotterblick, der an einigen Checkpunkten zu lange verharrt.[44]
Das menschliche Auge ist nicht auf die Geschwindigkeiten und Komplexität der Flugwahrnehmung ausgelegt. Daher muss das Auge trainiert werden, denn optische Reize liefern für die Piloten eine sehr wichtige Entscheidungsgrundlage.
Die Fachzeitschrift *aerokurier* stellte ihrer Leserschaft folgende spannende Frage zur Wahrnehmung über das Auge bei schlechtem Wetter:

„Bei schlechter Sicht, wie zum Beispiel Dunst, tendieren die Augen dazu, sich auf folgenden Sehabstand einzustellen:
a) in die Unendlichkeit
b) bis 2 Kilometer voraus
c) bis 2 Meter voraus
d) zirka 500 Meter voraus"[45]

Das Ergebnis finden Sie bei den Anmerkungen unter der entsprechenden Fußnote. Die Antwort ist erschreckend, d.h. der Pilot muss die natürlichen Angewohnheiten des Körpers hin und wieder auch überwinden, um sicher und erfolgreich fliegen zu können. Sportpiloten fliegen zu 90% der Lageorientierung mit dem Sehsinn bei VFR-Flügen (Visual Flight Rules). Speziell in viel frequentierten Lufträumen ist dies wichtig, da sich etliche Fluggeräte schlecht vom Hintergrund (Luft oder Landschaft) abheben und daher durch den geringen Kontrast schwer zu erkennen sind. Eine spiegelverkehrte Gefahr besteht in wenig frequentierten Lufträumen. Man fühlt sich sicher und bequem in „seinem" Luftraum und bemerkt vielleicht nicht, dass sich ein anderes Flugobjekt nähert. Wachsamkeit ist gefragt. Um die optischen Täuschungen zu verhindern und die optische Wahrnehmung zu trainieren, sollte jeder Pilot die so genannte ‚Scan-Technik' des Sehens trainieren. Dies ist eine ständig wechselnde Blickrichtung, bei der der Luftraum systematisch beobachtet - gescannt - wird. Dies hilft, den Tunnelblick zu vermeiden, mehrere Perspektiven zu erhalten und alle wichtigen Details zu erfassen. Sich bewegende Fluggeräte lassen sich so leichter und sicherer erkennen.

Will ein Pilot seine Entscheidungsfindung trainieren, geht der Weg u.a. über die Wahrnehmungsschulung - nur was wahrgenommen wird, kann auch zu einer Entscheidung führen. Bewusst oder unbewusst.

Der Deutsche Nationalmannschaftspilot Robert Bernat nutzt während Gleitschirmwettkämpfen im Flug sogar ein Fernglas, um seine Flugroute schon weit im Vorfeld besser wahrzunehmen und zu planen. Er entscheidet sich nicht nur von Thermik zu Thermik, sondern analysiert durch das Fernglas bereits die weitere Flugroute, die er plant. Zu Teamchef Stefan Mast kommentierte Robert Bernat: „Das Fernglas ist mein 3tes Auge im Flachland ohne das ich 30% weniger Chance auf Erfolg habe." Unter schwierigen Bedingungen konnte er so recht ungewöhnliche Routen erfolgreich wählen und gewann auch einen Durchgang auf La Reunion im Weltcup 2006. Gerolf Heinrich, österreichischer Top-Drachenflieger sieht das Streckenfliegen als einen durchgängigen Prozess der Entscheidungsfindung. Wenn Angst die Entscheidungsfindung überlagert, verschwindet die Strategie als Basis der Entscheidung. Diese Angst mag aus Sicherheitsgründen aufkommen. Ein bekannter Effekt ist, wenn man den Kopf auf das Landen einstellt, ist der Thermik-Flug vorbei. Viele Streckenflüge enden viel früher als nötig, weil die Piloten den Entscheidungsfindungsprozess schon auf das Landen fokussiert haben und nicht mehr auf das Finden von ‚rettender' Thermik. Er empfiehlt, den Sicherheitssinn nicht zu verlieren, doch auch nicht den Fokus aufs Gewinnen.[46] Der Privatpilot und Begründer des Photoreadings Paul R. Scheele sieht ebenso in der Wahrnehmung ein Phänomen, das Piloten

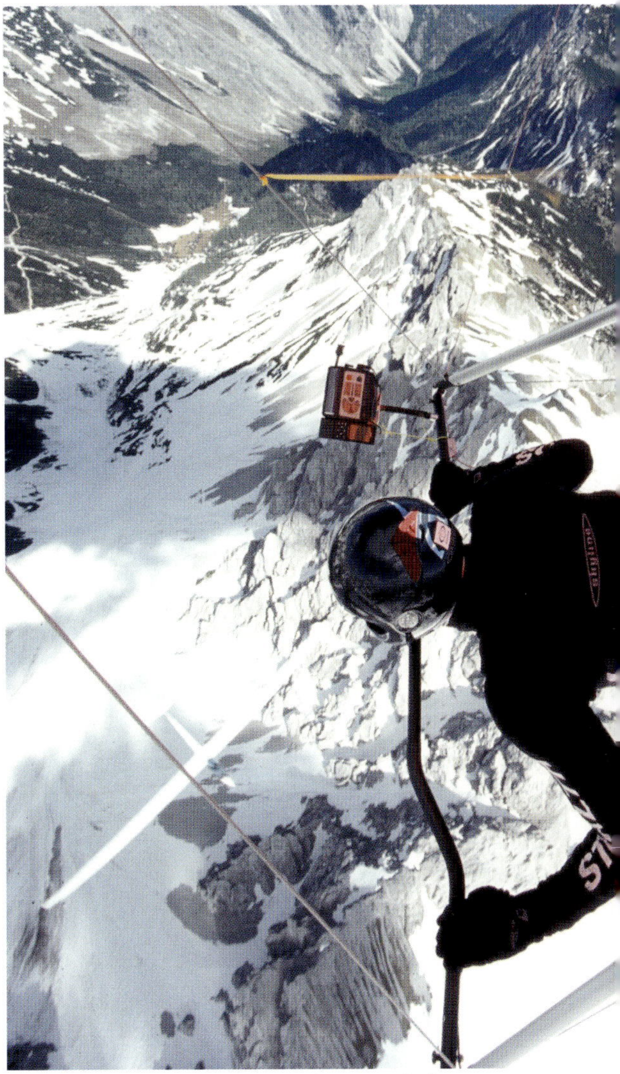

Wenn Farbkontraste verschwimmen sind andere Fluggeräte oft schwer zu erkennen - wo ist der Segelflieger? (Foto: Steffen Hertling)

intensiv unter die Lupe nehmen sollten, um sicher und erfolgreich fliegen zu können:

„Wenn Ihre Sinne sich einschalten, wird eine Fülle wertvoller Informationen zugänglich, die Ihnen neue Erfolgs-Möglichkeiten eröffnen. Das Erlebnis, die Sinne wieder einzuschalten, kann erfrischend sein und Ihnen ganz überraschende Sichtweisen eröffnen, so als trete man aus einem dunklen Tunnel und die ganze Welt breitet sich lebendig aus.
Nach 20 Stunden Flugtraining als Privatpilot bat mich mein Fluglehrer, den benachbarten Flughafen Anoka Country anzufliegen. Wochenlang war ich besessen davon gewesen, auf Nummer sicher zu gehen und jedes Detail beim Flug zu beachten. Ich prüfte ständig meine sechs Instrumente, zur Bestätigung, dass ich mich auf dem richtigen Kurs und auf der richtigen Flughöhe befand. Ich schaute rechts und links über die Flügel, um sicherzustellen, dass ich gerade flog. Den Horizont prüfte ich mittels einer Markierung auf der Windschutzscheibe, damit ich garantiert parallel zum Boden flog.
‚Gerade und horizontal, alle Instrumente gecheckt', sagte ich mir innerlich immer wieder vor. Jedes Mal, wenn ich in der Luft war, dominierte in meinem Bewusstsein diese Prozedur. Aber an diesem Tag ereignete sich etwas Ungewöhnliches, was mein Fluggefühl für immer verändern sollte.
Als wir uns dem Flughafen näherten, erkannte ich, dass ich alles um mich herum sehen konnte. Ich konnte den gesamten Verkehr im Umkreis von 15 Meilen sehen. Ich kannte den exakten Anflugweg meines Flugzeugs in Beziehung zu den Konfigurationen der Rollfelder. Ich konnte mit einem Blick alle sechs Instrumente überprüfen. Ich musste weder nach rechts noch nach links schauen. Die Tragflächen waren wie Verlängerungen meiner Schultern, und ich wusste, dass sie horizontal lagen, ich brauchte nur nach vorne auf mein Ziel zu schauen.
‚Irre!' sagte ich meinem Fluglehrer, der rechts neben mir saß. ‚Es ist unglaublich! Es ist als könnte ich alles auf einmal sehen.' Mr. Hlusak lächelte zurück und sagte: ‚Herzlichen Glückwunsch, Sie haben die Scheuklappen abgenommen.' (...) Die Dominanz der begrenzten bewussten Verarbeitung des analytischen Verstandes gibt plötzlich den Weg frei, und der gesamte Geist schaltet auf Panoramasicht."[47]

Gerade diese Scheuklappen beschränken viele Piloten in ihrer Wahrnehmung. Bewusstes panoramahaftes Wahrnehmen unterstützt die Informationsaufnahme und lässt der Intuition eine breitere Basis zur Entscheidungsfindung zukommen.
Weg mit den Scheuklappen!

Immer wieder, wenn Piloten angestrengt versuchen, perfekt zu fliegen und alles ganz bewusst wahrzunehmen, schalten sie die gewaltigen Ressourcen des ganzheitlichen Geistes aus. Sie fliegen mit Tunnelblick.
Es gilt alle fünf Sinne zu nutzen. Die Sinneswahrnehmung schärft sich, indem man die Fähigkeit Veränderungen wahrzunehmen, stärkt. Das Gehirn registriert Veränderungen, selbst kleinste Veränderungen. Wenn man aktiv all das wahrnimmt, was das Gehirn wahrnimmt und erkennt, schärft sich die Sinneswahrnehmung.
Im Flug registriert der Pilot vielleicht nicht alles, was auf ihn einströmt. Geräusche, Gerüche, Gefühle, Auditives und Visuelles können wahrgenommen werden. Zu jedem Sinnessystem besitzt der Mensch ein korrespondierendes Repräsentationssystem, welches sozusagen das innere Betriebssystem des Menschen ist, oder die Sprache des Gehirns. So wie man die äußere Sinneswahrnehmung steigern kann, so lässt sich die innere Sinneswahrnehmung schulen. Die Fähigkeit der Informationsverarbeitung, und der effektiven Entscheidungsfindung hängen davon ab, wie man die inneren sensorischen Unterscheidungen trifft. Und somit hängen auch die fliegerischen Erfolge und Erlebnisse davon ab.

8. Der Glaube an den Erfolg - der Ursprung des Erfolges

„Die Berge die es zu versetzen gilt, sind in unserem Bewusstsein."
Reinhold Messner

Körper und Geist arbeiten eng zusammen und der Status des Einen beeinflusst den Anderen. Körper und Geist sind verbunden und man kann die jeweiligen Bereiche aktiv beeinflussen. Damit auch den jeweils anderen Part. Die Fähigkeit den Geist zu nutzen und zu kontrollieren ist ein riesiger Vorteil in jedem Sport und speziell im Wettkampf - erst recht bei Flugsportarten. Konzentration über einen längeren Zeitraum ist notwendig.

Selbstvertrauen, also das Vertrauen in sich selbst, ist der zentrale Schlüssel zum Erfolg. Ziele setzen ist sehr wichtig, jedoch ohne den Glauben an die eigene Fähigkeit, diese Ziele erreichen zu können, wird man kläglich scheitern. Steht ein Pilot am Startplatz, hat vielleicht ein großes Streckenflugziel angekündigt, ist sich aber selbst nicht sicher, ob er so eine Leistung jemals zu bringen in der Lage ist, dann wird dieser Zweifel ihn beim Flug begleiten und ihn dadurch in seiner Leistungsfähigkeit entscheidend einschränken.

Glaube & Glaubenssätze

Wenn von Glauben geredet wird, denken viele sofort an Konfessionen oder Doktrinen, was nicht wirklich falsch ist. Die ursprüngliche Bedeutung von Glauben ist jedoch jedes leitende Prinzip, jede Überzeugung, jede Leidenschaft, die einem Leben Sinn und Richtung geben kann. Der Glaube dient auch als Filter, die unzähligen Reize, die auf einen sekündlich einströmen, zu filtern und zu verarbeiten. Ist der Glaube an meine eigene Leistungsfähigkeit und Leistungsbereitschaft wenig ausgeprägt, so lässt dieser Filter alle Zweifel und etwaigen Problemchen zu mir durchkommen und beeinflusst mich negativ.
Der Glaube an unsere Leistungsfähigkeit führt uns regelrecht zu unseren Zielen und gibt uns die Sicherheit, dass wir dorthin gelangen werden. Ohne Glauben oder die Fähigkeit ihn zu nutzen, verlieren Menschen schnell die Kraft zum Handeln.
Glaubenssätze definieren sich als Grundaussagen, die fest in den Werten und in Einstellungen verwurzelt sind und das Handeln prägen. Häufig sitzen diese sehr tief und fest in der menschlichen Psyche und sind nur schwer zu verändern. Glaubenssätze wie „Die 100km Strecken schaffe ich nie!" oder „Ich bin einfach ein schlechter Starter!" blockieren den Piloten und behindern sein Potential.

Der positiv eingestellte Starrflügelpilot Ernst Lehmann hat dazu eine passende Anekdote parat:

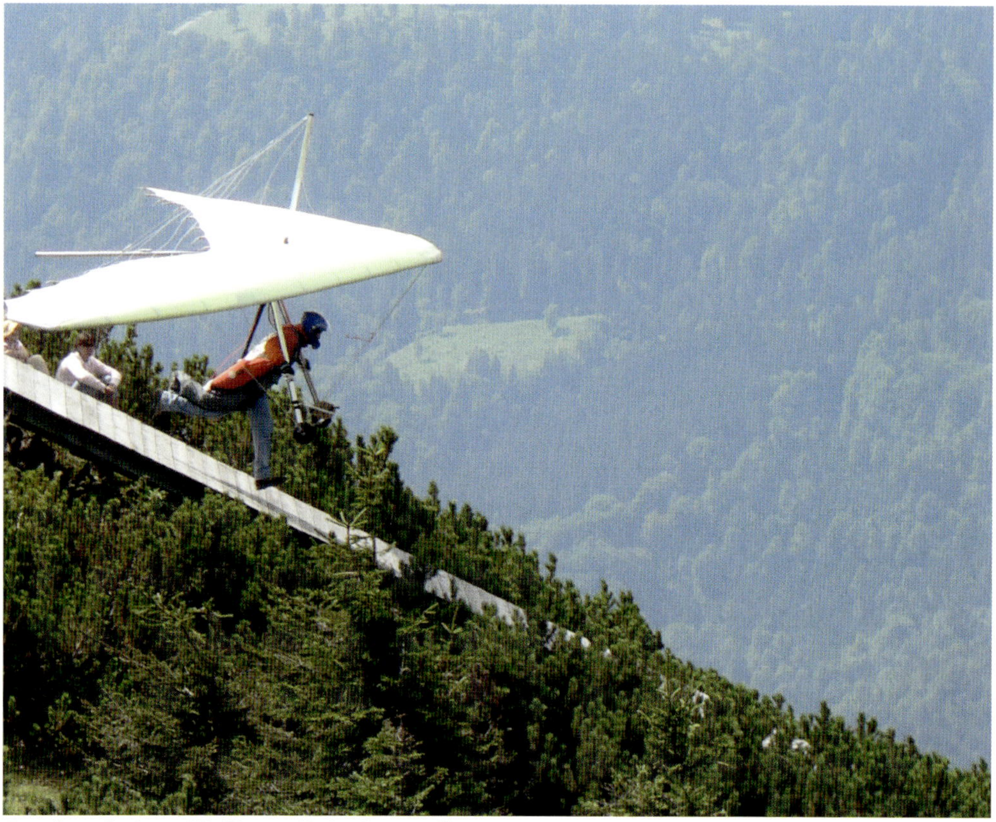

Drachenstart am Wallberg. (Foto: Petra Rückert)

„Ich fragte im Spätsommer beim Windenschlepp einen langjährigen Fliegerkollegen, ob er denn jetzt starten wolle. Er sagte, dass ‚sowieso nichts geht' und dass er aber sofort starten würde, wenn ich mich jetzt oben halten könnte. Wie bestellt, blieben ein anderer Pilot und ich oben! Nach einer Stunde landete ich wieder und erzählte meinem ‚bodenständigen' Kollegen von der butterweichen Thermik. Seine Reaktion darauf war, dass ‚die Thermik ja jetzt schon vorüber sei' und dass ‚sowieso nichts geht' ... Sein Verhalten gehorchte seiner negativen Grundeinstellung, dass sowieso nichts geht' und er startete an diesem Tag nicht, obwohl er mit eigenen Augen sehen konnte, dass inzwischen auch weitere Piloten oben bleiben."[48]

Zielbilder

Eine gesteigerte Form der Zielformulierung ist das Erstellen von Zielbildern. Der Pilot erstellt gedanklich oder zeichnerisch ein Bild, das darstellt, wie er sein Ziel erreicht hat. Dabei versucht er diesen Zustand mit allen Sinnen zu erfassen – wie fühlt er sich, welche Emotionen werden wahrgenommen, was hört er, was sieht er? Je klarer, farbiger und lebendiger dieses Bild ist, desto mehr (Anziehungs) Kraft hat das Bild, desto attraktiver wird es, diesen Zustand, dieses Ziel zu erreichen. Das Unterbewusstsein wird aktiver den Weg zum Zielzustand unterstützen.

Leidenschaft, Energie & Lust

Erfolg ist kein einfacher Zufall! Erfolg setzt Handeln voraus, denn Erfolg ‚erfolgt'. Leidenschaft und Energie gehören ebenso wie das Handeln und der Glauben daran zu den Schlüsseln der erfolgreichen Menschen. Erfolgreiche Piloten sind leidenschaftliche Flieger, die viel Energie in das Fliegen stecken. Sie reduzieren teilweise gut bezahlte Jobs oder geben sie ganz auf, um mit dem Weltcup-Zirkus um die Welt zu ziehen. Das sind Flieger, die mit Herz und Blut Piloten sind und sich ihrer Sache verschrieben haben. Bin ich hingegen pflichtbewusster Familienvater, habe gerade ein Haus gebaut, so wird sich meine Werteausrichtung sicherlich an sozialer Sicherheit orientieren, da ich Verantwortung übernommen habe für meine Familie und deren Existenz. Jeder Erfolg hat daher einen Preis, den es gilt zu ermitteln und dann auch zu bezahlen.
Sicherlich wird in einigen Wettkampfsituationen das Risiko etwas beherzigter in Kauf genommen, als beim Thermikkurbeln am Hausberg. Die Entscheidung, ob er bereit ist, den Preis dafür zu bezahlen, muss jeder für sich treffen. Oder lässt mir meine Arbeit nicht den gewünschten Freiraum, fliegbares Wetter ausnutzen zu können, dann muss ich die Überlegung anstellen, was es mir wert wäre, mehr zum Fliegen gehen zu können. Und ggf. die Erwerbstätigkeit umstrukturieren – mit allen daran gekoppelten Konsequenzen.

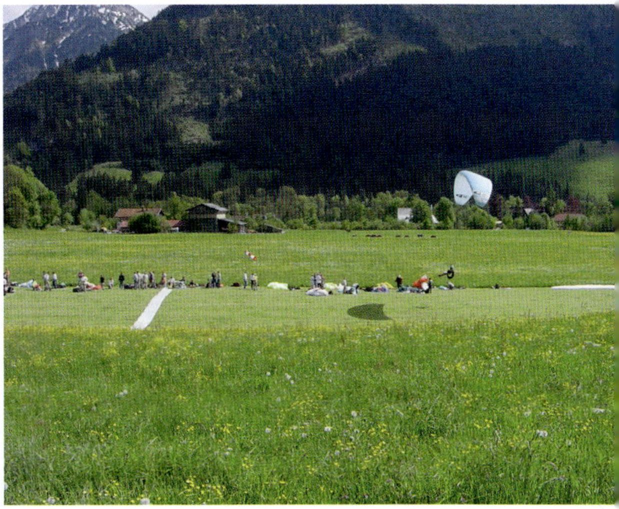

Ziellinie bei den Bavarian Open in Hindelang. (Foto: Rainer Krumm)

Konzentration beim Fliegen

„Wer sich konzentrieren kann, besitzt den Schlüssel zum Erfolg."

Michael Draksal

Ohne Konzentration ist auch die körperliche Leistungsfähigkeit sehr eingeschränkt und nur begrenzt nutzbar. Gerade bei längeren Bewegungsphasen ist Konzentration mit Übung verbunden. Wer kennt es nicht: nach zwei bis drei Stunden Thermikfliegen lässt die Konzentration nach und man fliegt schlechter. Oder nach einer etwas kürzeren Nacht mit geselligem Zusammentreffen ist der darauf folgende Flugtag meistens nicht besonders gut. Konzentration bedeutet letztlich das Besinnen auf die aktuelle Situation, auf das Handeln und Denken. Nur wenn diese Elemente aktiv gesteuert werden, kann erfolgreich geflogen werden.

Gleitschirmflieger Alfredo Studer, Gewinner des Internationalen Online Contests (OLC)[49] 2003 und 2004, nennt für seinen Erfolg die Zielstrebigkeit. Ein Flug sei erst zu Ende, wenn er

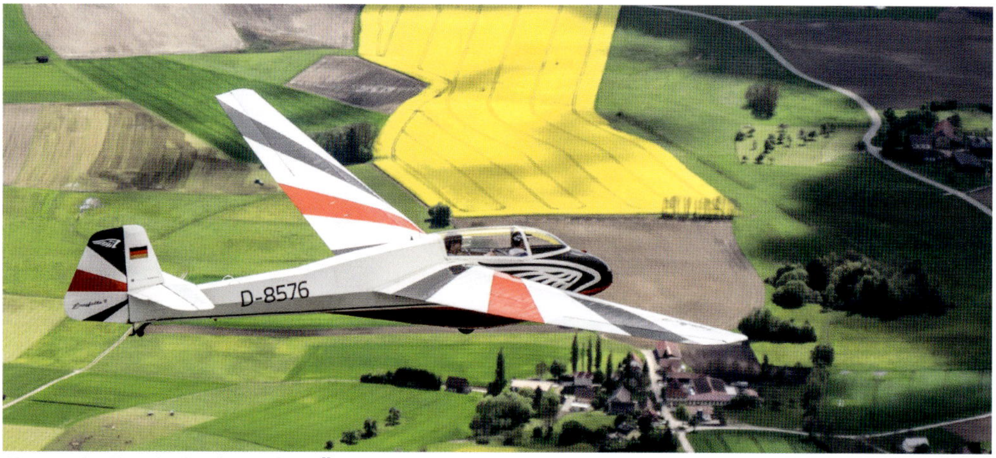

Konzentration beim Segelflug über Oberschwaben. (Foto: Gerhard Müller)

wieder auf dem Boden stünde. Bis dahin kämpfte er auch bei schwierigen Bedingungen, wenn andere längst aufgeben würden. Sein Flügelmann André Bussmann, ebenso erfolgreicher Streckenflieger, gibt als Rezept mit auf den Weg: „Du musst Dir einfach eine bestimmte Distanz vornehmen, um Dich zu motivieren. Wenn Dir unterwegs der Biss verloren geht, dann kannst Du Dir eine Strecke suchen, bei der Du, je weiter Du fliegst, desto schneller wieder zuhause bist."[50]

Konzentration bedeutet Zielklarheit. Frei zu sein von störenden Einflüssen und Gedanken, frei von Ängsten und Vorstellungen, es könnte vielleicht nicht zu schaffen sein. Konzentrationsstörungen verhindern die Stabilität der Ausgeglichenheit und Handlungsfähigkeit und schaffen Abstand zwischen Bewusstsein und Unterbewusstsein. Konzentration ist, worauf wir unsere ganze Aufmerksamkeit lenken. Der amerikanische Weltrekord-Pilot Davis Straub schreibt in seiner Autobiographie „In all the confusion, I lost my concentration and get low."[51] Auch Spitzenpiloten gelingt es nicht immer, auf höchstem Konzentrationsniveau zu fliegen - doch es gelingt ihnen sich der Situation bewusst zu sein und ihre Konzentration wieder zu erlangen - um erfolgreich weiter zu fliegen. Drachenweltmeister Guido Gehrman[52] lernte von seinem Sponsor Gerald Thevenot Zuversicht und positive Einstellung und, dass man nie aufgeben sollte. Die Konzentration ist wichtig bis zum Schluss. Wenn Piloten denken „Ok, Zeit zum Landen" - werden sie meist auch landen müssen. Piloten hingegen, die sich positiv konzentrieren können, merken, dass es doch meist noch weiter geht.

Im Wort Konzentrieren steckt der Begriff des Zentrierens. Der Pilot findet sich in einem stabilen Zustand der Situation und ist voll fokussiert. Er ist im Hier und Jetzt, im Zustand der absoluten Geistesgegenwart. Gerade beim Zentrieren von Thermikbärten ist Kon-Zentration im wahrsten Sinne des Wortes gefordert.

Der Segelflug-Europameister Uli Schwenk nennt drei Dinge, um die es beim Segelfliegen geht: Erstens den Gleiter zu beherrschen, zweitens das Wetter einzuschätzen und Stellen zu finden, wo es Thermik gibt und drittens sich selbst im Griff zu haben, während man weit oben eingezwängt im Cockpit sitzt.[53]

Konzentration bis zum Ende! Nur wenn ein Pilot während des ganzen Fluges (incl. Vorbereitung und Aufräumen des Fluggerätes) konzentriert ist, kann der Flugsport sicher

betrieben werden. Wie schwierig dies manches Mal sein kann, beschreibt Ernst Lehmann:
„Man sollte sich bewusst sein, dass man nach 7 Stunden Flugzeit ziemlich ausgepowert und nur noch eingeschränkt konzentrationsfähig ist. Deshalb gehe ich den geplanten Landeanflug mehrere Male konzentriert durch, schaue immer wieder nach Stromleitungen, Zäunen, Bewuchshöhen, Windrichtung, Turbulenzzonen etc. Schon vorher wähle ich mir den Landeplatz nach Sicherheitskriterien aus und verzichte dabei gerne auf die letzten 500m Strecke."[54]

Konzentration bis zum Ende heißt auch, dass nach der Landung der Flug noch nicht zu Ende ist. Beim Ausrollen oder Verstauen des Fluggerätes muss die Konzentration ebenso auf hohem Niveau sein, um Materialschäden zu vermeiden und um den Nachflugcheck richtig durchzuführen.

Der brasilianische Pilot Luiz Niemeyer wurde von seinem Drachen-Teamkollegen aufmerksam gemacht, dass er immer bis kurz vor dem Ziel toll fliege, dann aber Fehler mache. Daraufhin hat sich Luiz Niemeyer auf seinen Steuerbügel die Formel C+D+C=V (Concentration + Decisions + Confidence = Victory; also Konzentration plus Entscheidungen plus Selbstvertrauen führt zum Sieg) geschrieben.

Mentale Stärke

Gerade in langen und schwierigen Situationen ist die mentale Stärke das Zünglein an der Waage. Ein Beispiel für solche schwierigen Situationen sind Wettkämpfe wie der spektakuläre Red Bull X-Alps, einem außergewöhnlichen Wettkampf, bei dem es kurz gesagt darum geht, mit dem Gleitschirm und zu Fuß ohne fremde Hilfe vom Dachstein in Ost-Tirol nach Monaco zu kommen. Dabei sind ca. 800 km Luftlinie und die Alpen in ihrer kompletten Breite zu überqueren. Ein Spektakel, das über eine Million Zuschauer im Internet verfolgen. Die physischen und psychischen Anstrengungen bei diesem Rennen sind sehr groß. Die Zielstrebigkeit und Eigendisziplin, mit denen die Piloten die 800 km lange Strecke überwinden müssen, zeigt die physische und psychische Härte dieses Wettkampfes. Taktik, körperliche Fitness, fliegerisches Können sind wichtig - aber auch durch die Länge und die Dauer des Wettkampfes - ist die mentale Stärke ein zentraler Faktor. Tom Weißenberger, Drachen-Vize-Europameister, attestiert dem X-Alps Sieger von 2003 Kaspar Henny: „Henny zeigte eindrücklich vor, was man an Einsatzwillen und mentaler Stärke von Beginn an mitbringen musste, um die Strecke so effizient wie möglich mit Gehen - Fliegen - Essen - Schlafen zu bewerkstelligen."
Nicht nur bei solchen extremen Wettkämpfen, sondern auch in normalen Flugsituationen benötigen Piloten mentale Stärke, um die komplexe fliegerische Situation jederzeit beherrschen zu können. Gerade nach langen Flügen, wenn die Konzentrationsfähigkeit schon leicht abgeschwächt ist, bedarf es mentaler Stärke, um eine gute Landeeinteilung und eine sichere Landung durchziehen zu können.
Die dargestellte Graphik[57] veranschaulicht klar, wie sich das Leistungsniveau des Piloten mit der Dauer des Fluges senkt. Ermüdung, nachlassende Konzentration, Dehydration, körperliche Belastungen wie Hitze oder Kälte etc. sind einige Faktoren dafür. Betrachtet man nun den Stresslevel des Piloten - wie hier an einem motorisierten Flug dargestellt - so wird schnell klar, dass der Sicherheitsspielraum in der Phase der Landung sehr klein ausfällt, d.h. der Pilot muss sich dieser Schwachstelle zunächst bewusst sein und dann nochmals die Konzentration verstärken, um die Landeeinteilung professionell und zielsicher durchführen zu können.

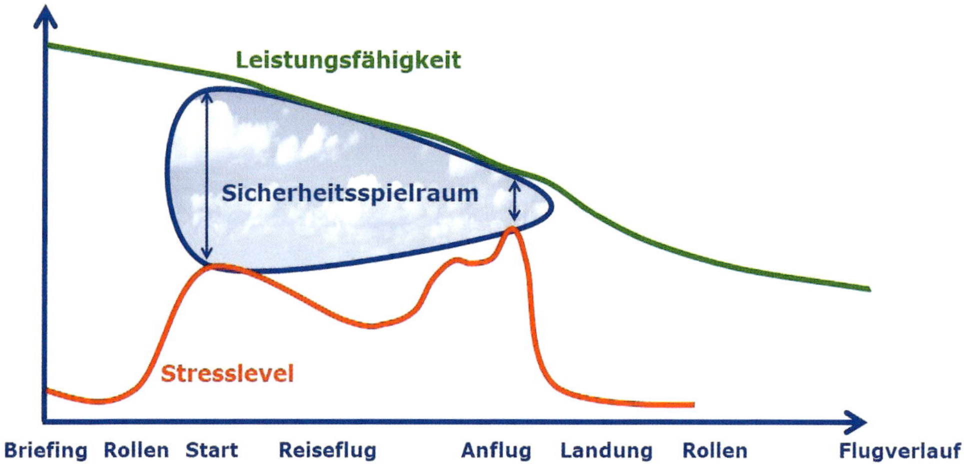

Intuition und das Unterbewusstsein

Das Unterbewusstsein steuert die Intuition. Die Intuition wird lapidar oft als unterbewusster Wahrnehmungsvorgang betitelt. Die Intuition ist zu vergleichen mit einer Festplatte eines Computers. Dort sind sehr viele Daten gespeichert, alle Erfahrungen und Handlungsabläufe. Die Intuition verarbeitet die wahrgenommenen Signale und gleicht diese mit der Festplatte ab. Ein rational entscheidender Pilot kann die Geschwindigkeit der Intuition nicht im Ansatz erreichen.

Piloten, wie der Ausnahmepilot Guido Gehmann, Drachenweltmeister, Hubschrauberpilot und Lufthansa-Pilot, beschreibt sein Erfolgsrezept im Zulassen der Intuition und im Vertrauen auf diese.[58] So gibt es analytisch linear denkende Piloten, oder eher intuitiv fliegende Piloten, die darauf schwören, rationale Prozesse auszublenden und nach Gefühl zu fliegen. Was dabei häufig unterschlagen wird, ist, dass diese analytischen Reflexionen und Entscheidungsprozesse bei den intuitiven Piloten ebenso ablaufen, aber unbewusst, durch die Intuition. Der menschliche Körper ist zu größerer Datenverarbeitung in der Lage als wir uns zutrauen. Gehrman beschreibt, dass er zwar auf Wolken, Vögel, Felder etc. achte, die Entscheidung und die Bewertung dieser Faktoren überlasse er aber dem Unterbewusstsein. Die so genannten Bauchentscheidungen sind häufig sehr richtig.

Das Gefühl gilt als Pforte zur Intuition, daher sind entspannte Piloten im Vergleich zu gestressten Piloten in der Lage besser auf die Intuition und damit auf eine unbeschreiblich große Sammlung von Erfahrungen zuzugreifen. Daher sind Entspannungstechniken und die emotionale Intelligenz, die jeweils in diesem Buch beschrieben werden von großer Bedeutung im Flugsport.

DHV-Sicherheitsexperte Karl Slezak schreibt der Intuition und dem „siebten Sinn" eine wichtige Bedeutung in Bezug auf die Flugsicherheit zu:

„Gute, sicherheitsbewusste Piloten haben über die Jahre einen siebten Sinn dafür entwickelt, wann man besser nicht fliegt und welche Bereiche beim Fliegen besser gemieden werden sollen, auch wenn es keine deutlichen Anzeichen für ihre Entscheidungen gibt. Diese ‚Intuition' ist nichts weiter als eine unbewusste, ganzheitliche Verarbeitung und Bewertung der vorliegenden Wahrnehmung der Eindrücke und Erkenntnisse. Da wurden Hunderte von Erfahrungen und Beobachtungen sowie die Folgen daraus im Laufe der Zeit unbewusst gemacht und abgespeichert. Eine ganz bestimmte Böigkeit des Windes etwa, die Tonlage beim Rauschen des Windes in den Bäumen, die beginnende ‚Löchrigkeit' der Luft beim Einfliegen in ein Lee, ein nur augenblicklicher Windrichtungswechsel vor dem Start, eine Besonderheit bei den Intervallen der Ablösungen etc. Diese intuitive Wahrnehmung ergibt ein ‚Bauchgefühl', ein gutes oder ein schlechtes. Ein negatives Bauchgefühl sollte unbedingt zu einer besonders gründlichen Beobachtung der Start- und Flugbedingungen führen. Immerhin will Dich Dein Unterbewusstsein vor etwas warnen, was wohl in der Vergangenheit einmal Grund für eine negative Erfahrung oder Beobachtung war. Nur wenn eine klare Analyse aller erkennbaren Faktoren keine Probleme erkennen lässt, hat die Intuition einen Fehlalarm gegeben."[59]

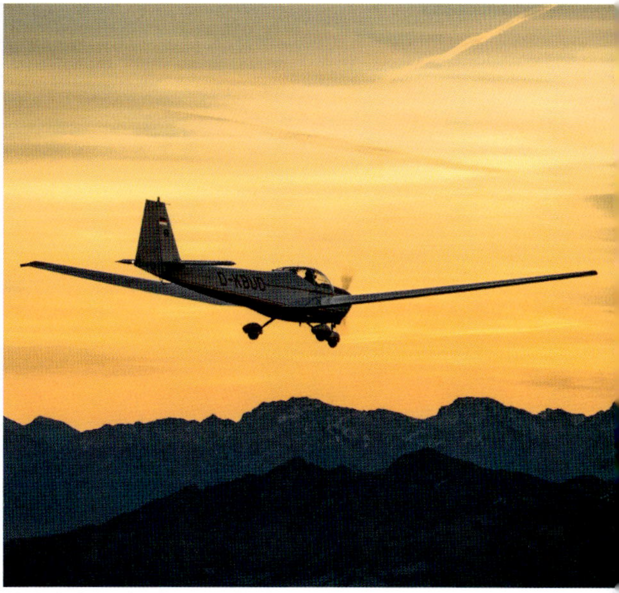

Neigt sich der Tag zu Ende und der Flug war lange ist erhöhte Konzentration extrem wichtig. (Foto: Gerhard Müller)

Das Unterbewusstsein kann mehr Daten verarbeiten als das Bewusstsein. So sollten Piloten auch immer auf Ihr Bauchgefühl hören, speziell, wenn es um kritische Situationen geht. Im Zweifelsfalle sollte ein Pilot zum Beispiel dann lieber auf einen Start oder Weiterflug verzichten, wenn der Körper oder der Bauch ihm das Signal dazu gibt.

Die Krönung des Mentalen Trainings ist dann erreicht, wenn die sogenannte Psycho-Logik der Routine eintritt. Fliegerische Herausforderungen lassen sich dann schnell, sicher, leicht, wirksam und situationsgerecht bewältigen. Das bewusste Analysieren von Situationen und deren Bewertung entfällt, denn man kann auf trainierte Programme zurückgreifen. Dann fliegt der Pilot mit Hilfe der Intuition. Die Psyche greift auf die Logik der Routine zurück.

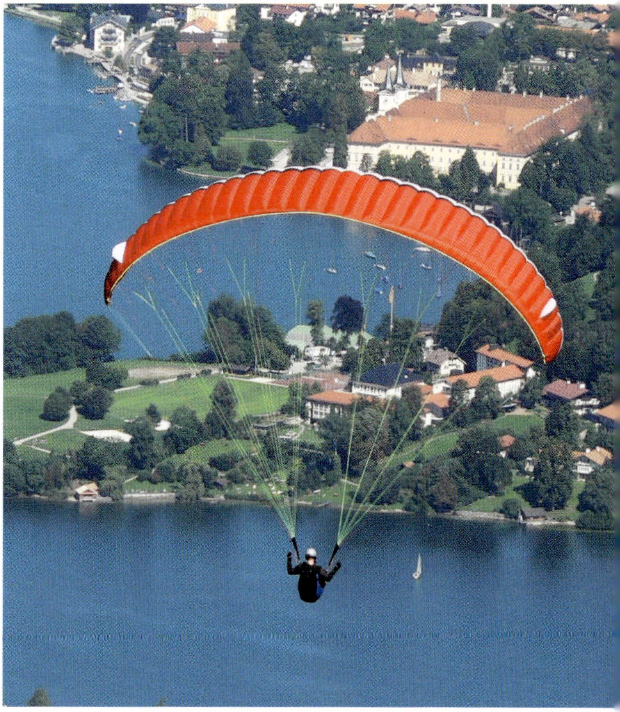

Gleitschirm am Tegernsee. (Foto: Petra Rückert)

9. Mentales Training von Handlungsabläufen für Piloten

Mentales Training sollte systematisch angelegt sein und planmäßig wiederholt werden. Einmalige Ausflüge in den mentalen Bereich bringen einem Piloten nichts. Sehr empfehlenswert ist eine Kontrolle im Mentalen Training, um Fehlabläufe zu vermeiden. Hier bieten sich entweder Fluglehrer oder Fliegerkollegen an, um gemeinsam mental zu trainieren und sich wechselseitig zu fördern.

Unverzichtbar: Die handlungssteuernden Programme

Programme sind Abläufe – man kennt aus dem täglichen Leben Fernsehprogramme, Computerprogramme. Beim Menschen gibt es Programme, die das Verhalten oder auch Bewegungen steuern. Neben den angeborenen Programmen erlernt der Mensch im Laufe des Lebens andere Programme, wie beispielsweise das Fahrradfahren. Es geht sprichwörtlich in Fleisch und Blut über. Man trainiert es solange, bis es sitzt. Wenn man einen gewissen Ablauf verinnerlicht hat, muss man nicht mehr aktiv darüber nachdenken, sondern setzt das Programm um.

Im Flugsport kann man sich dieser Programme bedienen, in dem man sie erarbeitet und sich aneignet. Sie entlasten das Individuum von der oft sehr komplizierten Durchführung im Einzelnen: die Koordination dabei ist weitaus mehr als der bloße Ablauf, der durch bewusstes Steuern der einzelnen Handlungsschritte zustande kommt. Sind diese Programme erst einmal erworben und sitzen sie wirklich, so sind sie auch kaum mehr löschbar, wie das sprichwörtliche Fahrradfahren, d.h. auch nach einer längeren Pause kann man sie noch abrufen. Dies ist gerade im Flugsport ein wichtiger Sicherheitsaspekt, weshalb auch viele Ausbildungen im Flugsport eine definierte Anzahl von Starts und Landungen vorsehen, um diese Programme schon einmal zu festigen, bevor der Pilot selbstständig fliegen darf. Eine wichtige Unterscheidung innerhalb der Programme ist der Unterschied zwischen starren und flexiblen Programmen. Die flexiblen Programme ermöglichen eine Änderung des Planes, wenn es die Rahmenbedingungen erfordern. Es ist gerade für Piloten sehr wichtig, Handlungsabläufe zu programmieren und selbstverständlich abrufen zu können, aber ggf. auch noch gegenzusteuern, wenn es notwendig sein sollte.

Bewegungssteuernde und flugplanerische Drehbücher

Drehbücher sind im Sinne des Mentalen Trainings Beschreibungen, die Handlungsabläufe detailliert wiedergeben und dabei nicht nur die Bewegungsabläufe beinhalten, sondern auch Wahrnehmungen und Empfindungen.

Im Flugsport kann man zwischen zwei Arten von Drehbüchern unterscheiden:

- Das bewegungssteuernde Drehbuch
- Das flugplanerische Drehbuch

Das bewegungssteuernde Drehbuch

In der Praxis bedeutet das, dass Piloten sich Bewegungsabläufe genau aufschreiben. Diese schriftliche Variante ist deswegen so wichtig und effizient, da sie sehr explizit ist und verfeinert und korrigiert werden kann – im Gegensatz zum gedachten oder nur ausgesprochenen Handlungsablauf. Dieses Drehbuch wird dann immer mehr verfeinert und weiter ausgearbeitet. Durch mehrfaches Bearbeiten und Vorlesen mit den Trainingspartnern wird das Drehbuch so verinnerlicht, dass es in der Flugsituation automatisch abgerufen werden kann. Der landläufig bekannte Spickzettel bei Klausuren in der Schule nutzt den gleichen Effekt – je häufiger man sich etwas notiert hat, desto besser hat man es verinnerlicht. Und wem ging es nicht so, dass man den Spickzettel letztlich nicht benötigte, da man wusste was darauf stand? Charles Lindbergh hatte durch die spezielle Konstruktion seiner ‚Spirit of St. Louis' keine Sicht nach vorne, da er es bevorzugte für die erste Atlantik-Überquerung lieber einen weiteren Tank mitzunehmen – da er auch nicht mit Gegenverkehr rechnete. Er nutzte Mentales Training in Form von bewegungssteuernden Drehbüchern in der speziellen Situation, wenn er auf Gewitterwolken zuflog. Er schaute sich die Wolken vorher durch sein Seitenfenster an und bereitete sich mental darauf vor, in die gigantischen Gebilde aus Wasserdampf einzufliegen und die Maschine nur nach den wenigen Instrumenten zu steuern. Der künstliche Horizont wurde erst zwei Jahre später erfunden.[60]

Das flugplanerische Drehbuch

Das flugplanerische Drehbuch ist die mentale Auseinandersetzung mit dem Flug und dessen Verlauf. Bei Flugschülern wird dies intensiv geübt. Ob dies die Platzrunde beim Segelflug ist, oder die geflogene Acht bis zum Landeplatz mit exakter Landevolte bei anderen Flugdisziplinen. Erfolgreiche Streckenflieger setzen sich gerade in der Winterzeit intensiv mit verschiedenen Varianten der Streckenführung mit Hilfe des Landkartenstudiums auseinander. Wetterverhältnisse, wie Talwindsysteme werden mental vorweggenommen, um dann bessere Flugstrecken zu kennen. So ist es häufig für motorlose Fluggeräte schwierig, in den bayerischen Voralpen gegen den ‚bayerischen Wind' am Abend anzukämpfen.

Die inneren Landkarten und Drehbücher müssen das Handeln situations- und anforderungsgerecht unterstützen.
Wie wichtig Pläne in Wettbewerbssituationen sind, beschreibt Drachenflieger und Testpilot Oleg Bondarchuk; gleiches gilt jedoch auch für jeden anderen Startvorgang im Flugsport:

„Es ist wichtig, lange bevor das Startfenster geöffnet wird, einen Plan zu haben und zu beobachten, was passiert. Schaue nach der Thermik, den Wolken und wo Wölkchen entstehen. Wenn der Start näher kommt, ermöglicht dieser Plan die beste Thermik zu zentrieren. Mit der heutigen Erfahrung ist es mir möglich dies automatisch zu vollziehen – und genau das ist das Ziel, den Prozess zu automatisieren."[61]

Segelflug-Legende Jochen von Kalckreuth setzte sich intensiv mit der Streckenplanung vor seinen Rekordflügen in den Alpen auseinander. Dadurch war er in der Lage, Wetterverhältnisse in den Tälern vorherzubestimmen, Flexibilitäten in die Planung einzubauen. Vor allem konnte er sich während des Fluges auf die Wahrnehmung des Wetters konzentrieren und musste nicht noch zusätzliche Gehirn-kapazität auf das Navigieren verwenden:

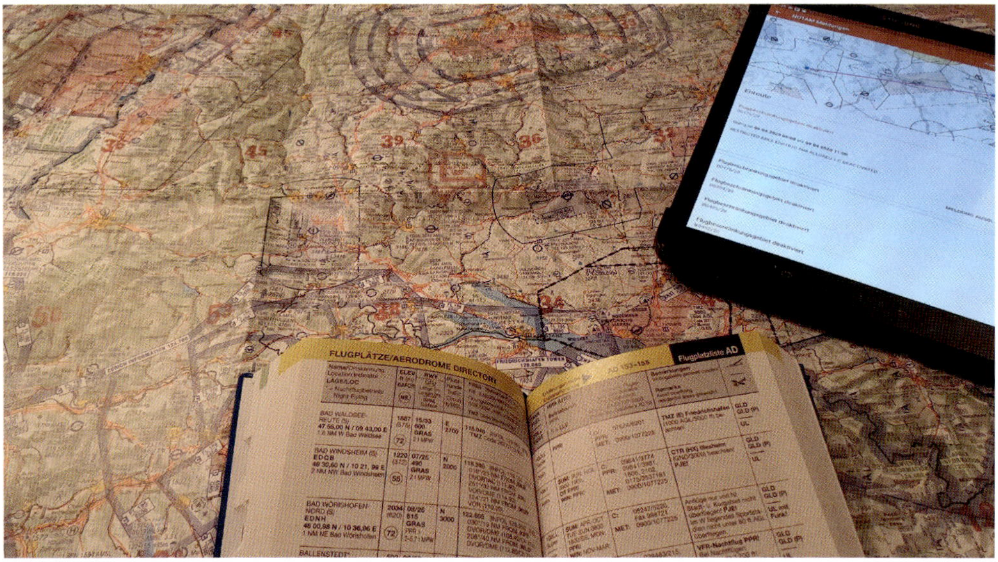

Die faktische Planung von Streckenflügen ist automatisch auch eine Art mentales Training. (Foto: Rainer Krumm)

„Ich fühle mich sicher genug, einen Schritt weiter zu gehen. Seit ich in Varese war, hatte mich die Idee beschäftigt, den ganzen Alpenrücken diagonal von Südwest nach Nordost zu überfliegen. Mein Plan war nun, dem neuen Kurs bis Meran zu folgen, dann über den Jaufenpaß zum Brenner zu kommen, um mich schließlich über das Tuxer Joch auf die vertraute Pinzgauer Route zu setzen. Ich wollte am Dachstein vorbei ins Gesäuse und hoffte, sogar Mariazell mit Kurs Wien zu überfliegen. Jeden Abend saß ich über genauen Karten, prägte mir Kursmerkmale ein und zeichnete Entfernungskreise um die orographisch (Orographie = Beschreibung der Erdoberfläche in den Bergen) schwierigen Stellen des Kurses. All das versetzte mich in die Lage, Anfang Juni zu starten, ohne die Flugkarte mitnehmen zu müssen."[62]

Segelflugnationalmannschaftspilot Uli Schwenk arbeitet ebenfalls mit der Drehbuch-Technik:

„Das heißt, eine Situation einfach mal aufschreiben. Beispielsweise wird eine Außenlandung ganz genau schriftlich festgehalten. Man spricht dann den Aufsatz genau durch, damit die Reihenfolge der einzelnen Maßnahmen sinnvoll ist. Hat man sich dieses Drehbuch verinnerlicht, braucht man es im Fall der Fälle quasi nur noch aus dem Gedächtnis abzurufen. Das Unglaubliche dabei ist, dass selbst bei alten Hasen der Puls schnell schlägt, da ja alles bereits vorgedacht wurde, z.B. wie man sich beim speziellen Fall ‚Außenlandung' verhalten soll. Ich wende dieses Drehbuch inzwischen ganz automatisch bei jeder erforderlichen Gelegenheit an."[63]

Angelo D'Arrigo, der zahlreiche komplizierte Erst-Projekte durchführte, beschreibt diese Phase der Vorbereitung, die dem eigentlichen Unternehmen vorausgeht:

„Das ist die Phase der mentalen Flüge, die idealerweise in der Nacht stattfinden. Meine Frau Laura kennt diese Phase sehr genau. Auch damals geschah es, dass sie nachts aufstand und mich auf dem Wohnzimmerboden vor dem großen Fenster liegend fand. Um mich herum waren, wie die Spielsachen eines Kindes, zwanzig Quadratmeter Karten, Atlanten und Reisebücher ausgebreitet. In meine imaginäre Welt versunken, in die ich mit Hilfe der nüchternen kartographischen Darstellungen eingetaucht war, verlor ich mich in meine Abenteuer, die ich mit geöffneten Augen bei sanftem Licht einer kleinen Lampe träumte, und ihre Anwesenheit bemerkte ich nicht einmal. In dieser kindlichen Dimension, die mir sehr wichtig ist, nimmt die Idee Gestalt an, sie steigt aus dem Reich der Phantasie herab und stellt beide Beine auf den Boden der Tatsachen."[64]

Burkhard Martens, Autor des Thermikbuches für Drachen- und Gleitschirmflieger, bestätigt, dass die großen Strecken nicht zufällig passieren, sondern sorgfältig geplant werden. Bei großen Strecken empfiehlt er ebenso eine explizite Zeitplanung, um unterwegs eine realistischere Planungsgröße zu haben, wie viel (Thermik-) Zeit noch zur Verfügung steht. Seine Streckenflugregeln fasst er in fünf XC-Regeln zusammen:

„1. Möglichst viel im Luv fliegen. Ständige Leefliegerei ist anstrengend und gefährlich.
2. Immer die von der Sonne perfekt angestrahlten Berge anfliegen.
3. Bei großen Aufgaben die meisten Kilometer auf den Streckenflugrennstrecken absolvieren.
4. Möglichst viel mit der Sonne im Rücken fliegen, damit man den nächsten Berg auf der sonnenbeschienenen Seite anfliegt.
5. Bei stärkerem Höhenwind sind geschlossene Aufgaben kaum realisierbar. Da sollten Sie lieber mit Rückenwind möglichst weit fliegen."[65]

Wenn Burkhard Martens in neuen Fluggebieten fliegt, plant er diese Strecken intensiv mit Hilfe von Online-Tracks anderer Piloten aus dem Online-Contest, um von deren Erfahrungen viel zu lernen und um eigene Fehlentscheidungen zu vermeiden.

Die Technik der Drehbücher ist sehr pragmatisch und leicht erlernbar. Gerade Novizen im Flugsport bietet sich hier ein großes Lernfeld, um die fliegerischen Fertigkeiten zu optimieren.

Ein Lufthansapilot beschreibt sein Mentales Training zur Bewältigung eines Treibwerksausfalls in drei Schritten:

1. „Das Aufschreiben der einzelnen Punkte auf ein Blatt Papier, in der Reihenfolge, in der sie später - im Ernstfall - sequenziell abgearbeitet werden müssen.
2. Das Auswendiglernen dieser Punkte wie in einem Gedicht.
3. Und als letzter und wichtigster Schritt: Sich entspannt hinsetzen, um sich mental in die Situation im Flugzeug zu versetzen und diese Situationen durchzuspielen."[66]

Diese einfache Drehbuchtechnik kann sich jeder Pilot zu Nutze machen. So lassen sich viele Routinesituationen wie auch Notsituationen trainieren, ohne diese Situation konkret durchzuführen.

Mentales Training von Handlungsabläufen für Piloten

Das Mentale Training von Handlungsabläufen unterteilt sich in drei Bereiche.[67]

1. **Training durch Selbstgespräche**
2. **Das geistige Auge als Trainingsmedium**
3. **Das Hineinversetzen in die Bewegung**

Diese drei Trainingsformen bauen regelrecht aufeinander auf und sind in dieser Reihenfolge auch am einfachsten zu erlernen, da sich einige Piloten mit dem dritten Teil besonders schwertun - dem „sich Hineinversetzen", oder was im Fachjargon das Ideomotorische Training genannt wird.

Gleitschirm-Weltcupgesamtsieger Achim Joos drückt den Nutzen von Mentalem Training und den danach verinnerlichten Handlungsabläufen nach seinem Weltcup-Gesamtsieg wie folgt aus: „Mit dem Schirm darfst du keine Probleme haben, egal, was in der Luft los ist: Du darfst nicht einmal nachdenken müssen, was zu tun ist. Der Kopf gehört allein der Taktik, der Rest ist Können."[68] So kann er sich auf die Taktik, Wettbewerbsanalyse, Wetterbeobachtung konzentrieren und beherrscht seinen Schirm auch bei turbulenten Bedingungen durch seine unbewusste Kompetenz.

Wichtig ist, dass die Handlungsabläufe als solche bekannt sind. So wäre es für einen Laien z.B. unmöglich, den Doppelten Axel im Eiskunstlauf mental zu trainieren, wenn man keinerlei Vorstellung hat, wie dieser funktioniert und aussieht. Für Piloten ist die theoretische Auseinandersetzung oder der Besuch eines Trainings in der Flugschule sehr wichtig, um neue Handlungsabläufe mental zu trainieren. Gerade in der Acro-Fliegerei ist dies ein unerlässlicher erster Schritt, bevor die Perfektionierung und Verinnerlichung begonnen wird. Schlecht wäre natürlich auch, wenn falsche Bewegungsabläufe trainiert würden.

Das Training durch Selbstgespräche

Das subvokale Training, also das Training durch Selbstgespräche, funktioniert durch Eigeninstruktionen. Der Pilot sagt sich im Selbstgespräch bestimmte Handlungsabläufe vor. Das Startmanöver, incl. 5-Punkte-Check, spricht der Gleitschirmpilot mit sich selbst durch. Auch das das Einleiten von Schnellabstiegsmanövern kann so bestens verinnerlicht werden. Dabei ist es von Vorteil, wenn man laut vor sich hinspricht. Dadurch wird auch der auditive Lernkanal besser genutzt.

Das geistige Auge als Trainingsmedium

Wie in einem Videofilm lässt man die Bewegung vor dem geistigen Auge ablaufen und beobachtet sich dabei selbst und betrachtet die Handlungsabläufe und ihre zeitliche Reihenfolge genau. Diese Übung fällt nicht allen Piloten leicht. Man kann zunächst versuchen, erst einen anderen Piloten und dann sich selbst vor das geistige Auge zu holen. Die Inhalte oder Themen dieser mentalen Filme kann man natürlich selbst bestimmen, eben genau mit dem Thema, das ich gerne mental trainieren will. Zu Beginn können wirkliche Video-Aufzeichnungen hilfreich sein, um die Vorstellungskraft zu unterstützen. Später werden diese Filme dann nur noch mental angeschaut.

Der Drachenflieger Ernst Lehmann durchspielt seine geplanten Strecken immer wieder mit dem Finger auf der Landkarte oder am PC.[69] Dabei schaut er sich auch dreidimensionale Landschaften an und prüft beispielsweise, ob er abends vielleicht noch an Westhängen entlang fliegen kann, die dann prall an der Abendsonne stehen. Dabei spielen Erfahrungen aus bereits absolvierten Streckenflügen natürlich eine große Rolle. Weltrekordhalter Davis Straub berichtet von Flügen: „Ich habe all meine Flug-Planung im Vorfeld erledigt, ich flog den Plan und der Plan funktionierte – so benötigte ich nicht unnötige geistige Kapazität in der Luft."[70] Richard Walbec ergänzt wie wichtig die Planung für erfolgreiche und gute Flüge ist. Einen guten Plan müsse man modifizieren können, um auf unvorhergesehene Aspekte reagieren zu können. Dies ermöglicht die notwendige Flexibilität, um alle Chancen zu nutzen.[71]

Das Hineinversetzen in die Bewegung

Bei diesem ideomotorischen Training versucht der Pilot sich in die Bewegungsabläufe hineinzuversetzen und die inneren Prozesse zu spüren, die bei den Ausführungen der Handlungsabläufe passieren. Er spürt, wie der Druck des Gurtzeuges stärker wird, wenn ein Wingover in einer bestimmten Flugphase ist, oder wie der Zug der Steuerleine zunimmt, wenn er die Steilspirale einleitet. Genau diese Gefühle und Empfindungen werden bei dieser Form des Mentalen Trainings intensiv erlebt und gespürt. So geht die Bewegung leichter in Fleisch und Blut über und der Pilot erkennt dann in der realen Flugsituation schneller, an welcher Stelle des Flugmanövers er sich gerade befindet. Oder aber er merkt, dass im geplanten Handlungsablauf noch ein Bewegungselement fehlt. So wird ein mental trainierter Gleitschirmflieger das aus-dem-Gurtzeug-Aufrichten vermissen, wenn er es im Endanflug noch nicht vollzogen hat. So erhöht das Mentale Training auch die Sicherheit im Flugsport.

Mentales Training dient nicht nur der Perfektionierung von Abläufen und Techniken, sondern kann auch zum Neuerlernen von Flugfiguren oder Umlernen genutzt werden. Nach längeren Flugpausen bietet sich das Mentale Training ebenfalls an, um wieder „reinzukommen".

Der Segelflieger Detlev Hoppenrath beschreibt, dass es ihm viel geholfen hat, wenn er Flüge oder besondere Situationen (Seilriss, Notsituationen, Außenlandungen) regelmäßig vor dem Einschlafen durchgegangen ist.[72] Bewegungs- und Entscheidungsabläufe werden dabei prozeduralisiert und in das Unterbewusstsein überführt. Wenn man diese Bewegungsabläufe dann benötigt, kann man sie automatisch abrufen und durchführen, ohne darüber nachdenken zu müssen. Dies kann lebensrettende Sekunden sparen.

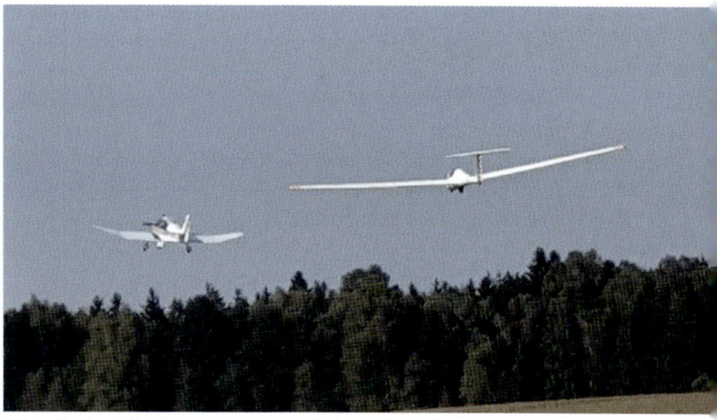

Mentales Training von Seilriss-Situationen beim Segelflugschlepp sollte Pflicht sein. (Foto: Rainer Krumm)

Wie bereits beschrieben, besagt die Psychoneuromuskuläre Theorie, dass die Muskeln, die an der Ausführung der vorgestellten Bewegung beteiligt wären, während des Mentalen Trainings innerviert – also aktiviert werden. Dadurch entsteht in den Muskeln kinästhetisches Feedback, das genutzt werden kann, um die Bewegungsausführung in Zukunft zu optimieren. So merken sich die Muskeln quasi, wann sie dran sind und können beim Eintritt der Situation dem Piloten schnell zu Hilfe kommen, ohne dass ein klassischer bewusster Vorgang vorliegen muss.

Damit Mentales Training seine volle Wirkung entfalten kann, sind gewisse Voraussetzungen zu erfüllen.

Voraussetzungen für Mentales Training

In der Sportpsychologie werden meist vier Kriterien oder Voraussetzungen für ein erfolgreiches Mentales Training genannt.[73]

1. Der eigene Entspannungszustand
2. Die eigene Erfahrung
3. Die Eigenperspektive
4. Die Fähigkeit zum lebhaften Vergegenwärtigen

Der eigene Entspannungszustand

In einem erregten und gestressten Zustand ist die Konzentrationsfähigkeit und die Aufnahme-/Lernfähigkeit eingeschränkt. Daher muss der Pilot den Kopf frei und Zeit haben für das Mentale Training. Störende Gedanken, bspw. an berufliche oder private Dinge mindern den Erfolg des Trainings. Auf Entspannungstechniken wird im Verlaufe dieses Buches noch intensiv eingegangen. Der dreifache Segelflugeuropameister Uli Schwenk betreibt täglich konsequent Entspannungsübungen und verspricht sich vom Mentalen Training: „Man lernt sich auf den Punkt zu konzentrieren, sich nicht durch äußere Einflüsse ablenken zu lassen."[74]

Die eigene Erfahrung

Eine gewisse Vorkenntnis ist vorausgesetzt, um sich eine neue Bewegung erarbeiten zu können. Erfahrungen aus ähnlichen Bewegungsabläufen können genutzt werden.

Die Eigenperspektive

Die Handlungsabläufe, die man trainieren will, müssen sich an der Eigenperspektive orientieren. Also auch an den eigenen technischen, konditionellen und körperlichen Gegebenheiten und den Erfahrungen, die man selbst besitzt. Ein Flugschüler kann sich nicht an den Weltmeistern seiner Flugsportart orientieren. Für ihn sollte der Fluglehrer zunächst das Vorbild sein. Mentales Training hat selbstverständlich seine Grenzen. Nicht jeder kann einfach durch Mentales Training mal eben Weltmeister werden, sondern es dient vielmehr der Leistungsoptimierung meines Potenzials, um mehr zu erreichen.

Die Fähigkeit zum lebhaften Vergegenwärtigen

Die Fähigkeit zum lebhaften Vergegenwärtigen umfasst im Flugsport auch den Wind, der um die Nase pfeift, wenn die Geschwindigkeit erhöht wird, oder die Gerüche, die wahrgenommen werden, wenn man an der Küste das Soaren trainiert. Ebenso die Gefühle, die körperlichen Empfindungen (auch die Übelkeit bei heftiger Thermik) etc. sollte man sich vorstellen können, um Mentales Training sehr effizient durchführen zu können. Diese Fähigkeit des lebhaften Vergegenwärtigens macht die Kraft des Mentalen Trainings aus. Viele Sportler glauben, sie könnten durch bloßes daran denken mental trainieren, doch dies täuscht. Man braucht zum Mentalen Training auch stets Ruhe und Aufnahmefähigkeit, um die vollen Ressourcen nutzen zu können. Einfach ein bisschen bei der Autofahrt ans Fliegen denken ist noch lange kein Mentales Training.

Das lebhafte Vergegenwärtigen bringt den Piloten auch dazu, Körperbewegungen, wie z.B. das Nutzen von imaginären Steuerleinen, des Steuerknüppel oder des Trapezes nachzuvollziehen, und so die ganze Bewegung „trocken" zu üben.

Fünf Schritte des Mentalen Trainings

Das Mentale Training nach Prof. Eberspächer vollzieht sich in mehreren Schritten bzw. Abschnitten.

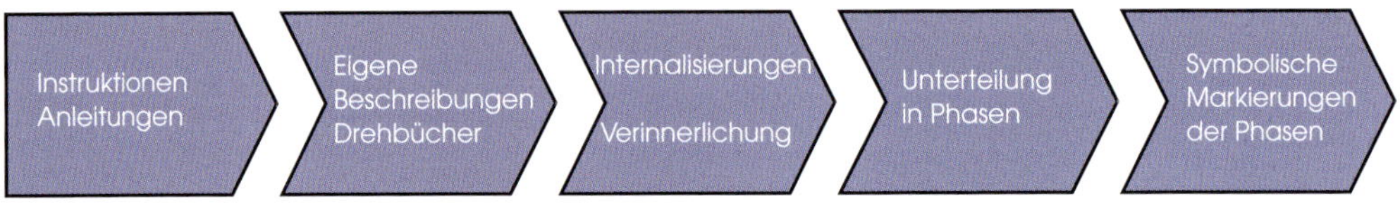

Abbildung 7: Fünf Schritte des Mentalen Trainings.

1. Instruktionen / Anleitungen
2. Eigene Beschreibung des Handlungsablaufs (Drehbücher)
3. Internalisierung / Verinnerlichung
4. Unterteilung in Phasen
5. Symbolische Markierung der Phasen

Fliegerische Drehbücher entstehen. Diese sollen im entscheidenden Moment die perfekte Reaktion auf die Gegebenheit gewährleisten. Ein Verfahren, von dem zahlreiche Spitzenpiloten längst profitieren.

1. Instruktionen / Anleitung

Wenn man beispielsweise eine neue Flugfigur erlernen will, benötigt man zunächst Instruktionen. Handlungsanweisungen kommen im Regelfall von anderen Personen oder aus Lehrbüchern. Diese anderen Personen sind im Flugsport meist Fluglehrer oder erfahrene Flugfreunde. Je häufiger man sich diese Instruktionen verinnerlicht, desto besser kann man sich diese auch merken. Schriftliche oder visuelle Unterstützungen durch Notizen, Bilder oder Filme sind sehr hilfreich, um weitere Sinne anzusprechen.

2. Eigene Beschreibung des Handlungsablaufs

Im zweiten Schritt wird der Handlungsablauf selbst beschrieben und ausgesprochen. Dabei sollten möglichst alle Empfindungen und Sinne angesprochen werden, also alles was im Piloten in der Situation vorgeht. Drehbücher entstehen. Erhöht sich der Druck durch die G-Kräfte in der Spirale, oder spürt man mehr Druck auf dem Trapez? Je genauer und detaillierter die Beschreibung erfolgt, umso präziser kann sie später vom Piloten abgerufen werden. Zu Beginn des Mentalen Trainings sollte eine erfahrene Person den Prozess begleiten, um etwaige Fehler frühzeitig korrigieren zu können.

3. Internalisierung / Verinnerlichung

Ein wichtiger nächster Schritt zur wirklichen Verinnerlichung der Bewegungsabläufe ist das Selbstinstruieren oder das Selbstgespräch. Die im zweiten Schritt beschriebenen Bewegungsabläufe spricht man nun intensiv im inneren Dialog aber besser im lauten Dialog mit sich selbst durch. Dies geschieht so lange, bis diese auch wirklich flüssig und fehlerfrei sitzen.

4. Unterteilung in Phasen

Durch das Unterteilen der Bewegungsabläufe werden Meilensteine gesetzt und die Bewegung in verschiedene Phasen unterteilt. So lässt sich die Bewegung besser analysieren und in Detailbereichen optimieren. Man kann den Startablauf beim Gleitschirmfliegen grob in 6 Phasen unterteilen: Schirm auslegen, 5-Punkte-Check, Aufstellen des Schirmes, Kontrollblick, Beschleunigungsphase und Abhebephase. Jeder kennt diese Unterteilung aus der Schulung – auch dort war sie sehr hilfreich, um die Bewegung zu verinnerlichen. Diese Phasen beeinflussen sich wechselseitig. Wurde der Schirm nicht sauber ausgelegt, hat dies im Regelfall negative Auswirkungen auf die Aufziehphase und den gesamten Startvorgang. So kann man Fehler leichter entdecken, Ursache-Wirkung-Beziehungen schneller erkennen und ggf. einen Startabbruch oder andere Maßnahmen einleiten. Die Meilensteine symbolisieren immer den Start und das Ende einer Phase, also den Übergang von der einen zur nächsten Phase. Der französische Drachenflieger Richard Walbec beschreibt die Technik des Unterteilens in Phasen am Beispiel des Thermikfliegens: Zentriere die Thermik, entscheide, wann die Thermik zu verlassen ist und entscheide Dich für eine Richtung, in die Du fliegen willst.[75] Er empfiehlt die Unterteilung auch aus dem Grund, um sich geistig nicht zu überlasten.

5. Symbolische Markierung der Phasen

Durch das symbolische Markieren der Meilensteine und Phasen gelingt es dem Piloten, die einzelnen Phasen der Bewegungsabläufe mit so genannten Ankern zu versehen.

Akustische Anker, die auch im Selbstgespräch erfolgen können, wären beispielsweise in der Beschleunigungsphase „lauf, lauf, lauf". Der Nutzen dieser Anker oder symbolischen Markierungen ist die leichtere Abrufbarkeit der Reihenfolge der Bewegungsphasen und damit die sicherere Durchführung in der korrekten Form und Reihenfolge. Es entsteht eine Art Rhythmus, die der Pilot im Unterbewusstsein perfekt abrufen kann. Acropiloten nutzen diese Technik, um die schwierigen und teils wirklich komplizierten Abfolgen von Bewegungsabläufen sehr exakt trainieren zu können. Skifahrer, die gerade das Tiefschneefahren erlernen, helfen sich oft mit taktvollen Melodien, die sie sich vorsingen, um im Rhythmus die einzelnen Schwünge perfekt ziehen zu können. Und wer kennt nicht die „Ziiiiiiehhhhh"-Rufe bei der Vier-Schanzen-Tournee – die auch hier als symbolische Markierungen für die Flugphase der Skispringer dienen.

Wenn ein eingefleischter Flieger eine Flugfigur beschreibt, dann geht dies meist nicht bewegungslos und geräuschlos. Der eingefleischte Pilot lebt regelrecht diese Flugfigur und kann beim Erzählen auch nicht ruhig stehen oder sitzen, sondern geht diese Bewegung regelrecht nach. Genau in diesen Zustand gilt es zu kommen.

Beispiel für ein mentales Drehbuch: Der Gleitschirm-Start

Als Beispiel für ein mentales Drehbuch wird nun der Bergstart beim Gleitschirmfliegen beschrieben. Die drei dargestellten Phasen sind dabei die Knotenpunkte des Mentalen Trainings.

1. **Aufziehphase:** Mittig vor der Kappe stehend, wird der Schirm mit Blick nach vorne mit konstantem Zug hochgeführt. Je nach Windsituation und Startplatzgefälle wird dabei einen Meter zurückgegangen und mit einem leichten Impuls der Schirm nach oben geführt.
2. **Kontrollphase:** Der Schirm wird mit dosiertem Bremsleinenzug abgefangen, um den Kontrollblick durchzuführen.
   a. Steigt der Schirm schräg nach oben, wird leicht gegengebremst und unterlaufen. Dies geschieht jedoch erst, wenn er weit genug oben ist, so dass er steuerbar ist.
   b. Liegt eine Störung der Kappe vor und die Störung kann nicht behoben werden, wird der Startvorgang beherzt abgebrochen.
3. **Beschleunigungs- und Abhebephase:** Ist die Kontrollphase erfolgreich abgeschlossen, wird der Körper leicht nach vorne gelegt und beschleunigt. Je nach Startplatzverhältnissen wird leicht angebremst oder mehr Druck nach vorne gegeben. Sollte die Startstrecke nicht ausreichen, wird ebenso konsequent und rechtzeitig abgebrochen. Während der Abhebephase bleibt der Pilot laufbereit.

Übung: Fünf Schritte des Mentalen Trainings

Definieren Sie zunächst eine Bewegungsabfolge die Sie erlernen möchten:
(z:B. Startphase, Wingover, Landephase, Steilspirale, Looping, SAT, etc.):

1. Instruktionen / Anleitung:	
Wie genau geht dieser neue Bewegungsablauf, was ist wichtig, welche kritischen Phasen gibt es. Wie funktioniert der Ablauf? Holen Sie sich die genaue Beschreibung.	

<table>
<tr><td colspan="2">2. Eigene Beschreibung des Handlungsablaufs:</td></tr>
<tr><td>Beschreiben Sie nun in mehreren Durchläufen die neue Bewegung mit Ihren eigenen Worten. Gehen Sie dabei sehr präzise vor. Je klarer und detaillierter die Beschreibung, desto besser ist der Erfolg des Mentalen Trainings.</td><td></td></tr>
<tr><td colspan="2">3. Internalisierung / Verinnerlichung:</td></tr>
<tr><td>Diese Beschreibung wiederholen Sie nun in mehreren Trainingseinheiten/Sitzungen solange, bis sie die Bewegung aus dem Stegreif und „blind" beschreiben können.</td><td></td></tr>
<tr><td colspan="2">4. Unterteilung in Phasen:</td></tr>
<tr><td>Welche Phasen lassen sich unterteilen? Wie können Sie diese Phasen/Abschnitte benennen? Welche treffenden Namen gibt es dazu?</td><td></td></tr>
<tr><td colspan="2">5. Symbolische Markierung der Phasen:</td></tr>
<tr><td>Wie können Sie symbolische Anker setzen, um die Abläufe besser abrufen zu können? Woran erkennen Sie, wann sie in welcher Phase sind? Gibt es körperliche Signale, die dies verdeutlichen?</td><td></td></tr>
</table>

Ein Flugkapitän beschreibt eine kritische Flugsituation, die er Dank des Mentalen Trainings souverän bewerkstelligen konnte:

„Ich möchte an dieser Stelle nochmal ganz konkret auf eine fliegerische Situation eingehen, die ich vor einiger Zeit erlebt habe, um die Hilfestellung und den Nutzen mentaler Vorbereitung verdeutlichen zu können. Ein Start in München, voll beladenes Flugzeug Richtung Palma de Mallorca. Wenige Minuten nach dem Abheben ist ein Triebwerk aufgrund von Ölverlust ausgefallen. In einer Fliegerkarriere tritt ein Triebwerksausfall, obwohl er sehr gut und häufig trainiert wird, extrem selten auf. Ich bin über 30 Jahre in der Fliegerei und habe es zum ersten Mal konkret erlebt. Im Moment, in dem man feststellt, dass ein Motor ausgefallen ist, werden die normalen Stressreaktionen freigesetzt, das heißt, man erlebt ganz bewusst, dass der Pulsschlag steigt, man hat kurz das Gefühl, dass einem die Luft wegbleibt. Jetzt muss man sich verlassen und zurückgreifen können auf das, was man vorher trainiert hat. Jetzt werden die Arbeitsschritte, die in vielen Sequenzen im Simulator und bei vielmaligem Training im Gehirn verankert wurden, aktiviert, und man kann sich selbst reden hören und stellt fest, dass, obwohl die Stressbelastung sehr hoch ist, die vorbereiteten Verhaltensmuster zügig und konsequent umgesetzt werden und dass der Arbeitsfortschritt in seinem Funktionieren auch für einen gewissen Grad der Entspannung und für ein gewisses Herunterfahren der Stressreaktion mitverantwortlich ist."[76]

Ein Urgestein des Gleitschirmfliegens Andy Hediger (Vizeweltmeister 1991) und Acropilot beschreibt ein mentales Drehbuch sehr präzise und motiviert. Er geht regelrecht in der Flugsituation auf, ein psychologischer Zustand, welcher im nachfolgenden Kapitel zum Thema Flow beschrieben wird:

„Es fängt damit an, wie klar und frei ich mich in meinem Körper fühle. Wenn ich mich dann, je nach Wind und Thermikbedingungen, 600 bis 800 m über, oder eben luvseitig versetzt über dem Landeplatz positioniert und den Notschirmgriff kurz berührt habe, dann kann ich mich voll und ganz in meinen Flügel hineinversetzen. Ich beginne eine Vrille einzuleiten, lasse den Schirm möglichst sauber nachdrehen und warte den richtigen Zeitpunkt zum Ausleiten ab, indem ich den Schirm mit Körpereinsatz und richtiger Dosierung der Steuerleine aus der Vrille heraushole. Die maximale Pendelgeschwindigkeit nehme ich jetzt in eine asymmetrische 360°-Umdrehung mit. Jetzt taucht der Schirm ein und währenddessen checke ich meine Position über Grund und den Wind am Landeplatz. Um den Gegendreher einzuleiten, kommt jetzt der Körpereinsatz zum Zuge, doch durch die Turbulenz verliere ich ein wenig an Energie, muss deshalb wieder in den asymmetrischen 360-er eintauchen, um nicht an Geschwindigkeit zu verlieren. Jetzt der Gegendreher, in dem ich 90° über dem Flügel noch satten Druck im Gurtzeug spüre. Ich bin gut unterwegs, und um meine Position zu korrigieren, hänge ich möglichst sauber ausgeflogene Wingovers dran, wobei der Flügel nie einklappen darf (...) Du hast immer positive G-Last drauf! Noch 80 m über Grund! Position und Wind beobachten. – Alles O.K. Es folgt ein Gegendreher mit langer Eintauchphase, noch einer und bei 30 m Höhe hänge ich den letzten ‚Upsidedown' dran. Jetzt gilt es den Flügel so lange wie möglich eintauchen zu lassen, bis schließlich der Stabilo fein den Boden berührt. Meine ganze Überenergie aus der Pendelbewegung nütze ich nun, um den Flügel sauber auszufliegen. Wenn es genau passt, touchiere ich mit der Innenhand noch kurz den Boden, bevor ich zum Schluss möglichst sanft auf dem Punkt lande. Selten gelingen mir solche Flüge, wo alles genauestens passt, und durch jene Flüge, die nicht hundertprozentig sind, wird mir bewusst, dass ich noch viel zu lernen habe, wobei eben genau hier ein Großteil meiner Motivation herzukommen scheint. So einfach es auch ist, diese Art der Fliegerei zu erlernen, umso anspruchsvoller ist es, sie sicher zu betreiben!"[77]

Bemerkenswert ist ein Detail zu Beginn der von Andy Hediger beschriebenen Flugfigur, die er in der Beschreibung aber sicherlich bewusst den ‚Griff an den Notschirm' nennt. Auch das kennzeichnet die wirklichen Profis, das wirkliche Durchdenken – auch an den Fall der Fälle. Gerade der Griff an den Rettungsschirm kann von Piloten nicht oft genug gemacht und auch mental trainiert werden. Denn bei vielen Flugunfällen haben die Piloten zu lange gezögert, den Rettungsschirm zu werfen, oder sie haben ihn gar nicht erst geworfen.

Hat ein Pilot einen Flugzustand oder eine Flugfigur perfektioniert oder stimmen eben die Herausforderungen mit seinem Können überein, so erleben viele Piloten ein unbeschreibliches Glücksgefühl. Ein völliges Aufgehen im Flugsport wird dann als wahrer Genuss empfunden. Dieser Zustand wird im folgenden Kapitel näher analysiert.

10. Flow – eins sein mit dem Fluggerät

„Nur wenn ich eins mit meinem Weg bin, bin ich stark."
Reinhold Messner
(Extrembergsteiger)

Der ungarische Kreativitäts-Wissenschaftler Mihaly Ciskszentmihaly[78] ist Begründer des FLOW-Phänomens. Er beschrieb erstmalig diesen Zustand eines Menschen, der in seiner Tätigkeit regelrecht aufgeht und dabei kaum Anstrengungen erlebt und fast Raum und Zeit vergisst. „Bezeichnet wird damit ein Zustand des reflexionsfreien, gänzlichen Aufgehens in einer glatt laufenden Tätigkeit, die als angenehm erlebt sowie häufig als ‚fließend' charakterisiert wird und zu Zufriedenheit und freudvollem Erleben führt."[79] In der Marathonszene wird dabei häufig vom Runners-High gesprochen, einem Glücksgefühl beim Laufen.

Auch in der Arbeit kann man solche Flow-Erlebnisse erleben. Im Sport kommen sie sogar relativ häufig vor, wenn der Sportler ein paar Rahmenbedingungen einhält.
Einfach formuliert, sollten die Anforderungen/Herausforderungen mit den Fähigkeiten und Fertigkeiten des Sportlers/Piloten übereinstimmen.

Dies wird leicht ersichtlich im so genannten Flow-Kanal, in welchem sich der Sportler befinden sollte:

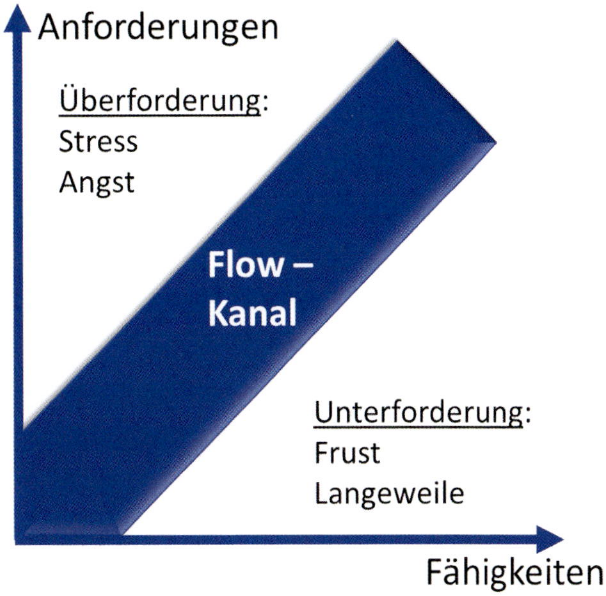

Abbildung 8: Flow-Kanal

Befindet sich der Sportler im Flow-Kanal, stimmen die Anforderungen der Gegebenheiten (Thermik, Fluggebiet, Wetter, Fluggerät etc.) mit seinen Fähigkeiten überein. So kann ein Anfänger, dessen Fähigkeiten noch relativ gering sind, bei einem stabilen Hochdruckgebiet mit 5 m/s Wind und einem Schulungsgerät in einem einfachen Fluggebiet voll aufgehen und befindet sich regelrecht auf „Wolke 7", während sich ein Crack vielleicht bei genau denselben Bedingungen langweilt. Dieser Crack sucht sich dann sein Flow-Gefühl vielleicht in spektakulären Flugfiguren oder Abstiegsmanövern. Ist das Fluggerät hingegen ein Hochleister, der anspruchsvoll zu fliegen ist, es herrscht Thermik von 6-9 m/s, starke Talwinde und der

Luftraum ist auch gut frequentiert, so ist der Anfänger wohl hoffnungslos überfordert, während der Crack vielleicht gerade diese Bedingungen eher liebt.
Die Herausforderungen, die während des Fluges auf den Piloten warten, werden als glatt erlebt. Der Pilot erlebt keine Widersprüche zwischen Handlungen und Situationen. Er weiß jederzeit was zu tun ist, ohne groß nachdenken zu müssen. Er muss sich nicht wissentlich konzentrieren, sondern geht regelrecht im Flug auf.

Das Flow-Gefühl äußert sich bei Piloten sehr unterschiedlich. Manche Piloten berichten von „ich war eins mit meinem Flügel", oder „der Bart hat sich fast von selber ausgekurbelt", „ich habe jede Reaktion des Schirms schon geahnt". Andere berichten von einzigartigen Glücksgefühlen beim Thermikfliegen zusammen mit Greifvögeln oder anderen Naturfaszinationen.

So sollte jeder Pilot sich auch gedanklich damit auseinandersetzen, welches Gerät zu ihm und seinen Flug-Ambitionen passt, bei welchem Wetter er zum Fliegen geht und welche Fluggebiete für ihn fliegbar sind und welche eher nicht. So kann man mit zunehmendem Flugkönnen und Erfahrung sich im Flow-Kanal wie im Thermikbart nach oben kurbeln und so seine persönliche Leistungsoptimierung genießen. Sind Piloten überfordert, drohen Unfälle oder sie verlieren den Spaß an der Fliegerei und hören wieder auf. Auf der anderen Seite langweilen sich Piloten vielleicht mit ihrem Fluggerät oder haben es langsam satt, den Hausbart/Platzrunde in- und auswendig zu kennen und suchen im Streckenflug ihre neuen Erlebnisse und ihr Aufsteigen im Flow-Kanal.

Davis Straub berichtete nach der Landung von seinem Starrflügel-Weltrekord über 347 Meilen, dass er nach über zehn Stunden Flug relaxed sei und sich wohl fühle.[80] Ein wirklich klassisches Flow-Phänomen.

Ein interessanter Aspekt ist jedoch, dass bei den Piloten die einen Flow-Zustand erleben, sich ausnahmslos immer Anforderung und Können passgenau getroffen haben. Der Umkehrschluss gilt jedoch nicht: Nicht jeder, bei dem Herausforderung und Können übereinstimmen, muss zwangsläufig Flow erleben.

„I'm a hang glider,
not a hang glider pilot!"
Davis Straub
(US Starrflügel-Weltrekordhalter)

Übung: Mein persönlicher Flow-Kanal:

1. In welchen Flugsituationen habe ich mich <u>überfordert</u> gefühlt?	
➢ *Welche Bedingungen herrschten in dieser Flugsituation?*	
➢ *Welches Fluggerät bin ich geflogen?*	
➢ *Warum habe ich mich überfordert gefühlt?*	
➢ *Was hätte ich vermeiden können?*	

2. In welchen Flugsituationen habe ich mich unterfordert gefühlt?	
➢ *Welche Bedingungen herrschten in dieser Flugsituation?*	
➢ *Welches Fluggerät bin ich geflogen?*	
➢ *Warum habe ich mich unterfordert gefühlt?*	
➢ *Was hätte ich vermeiden können?*	
3. Wann habe ich ein Flow-Gefühl beim Fliegen erlebt?	
➢ *Wie hat sich dieses Flow-Gefühl bei mir geäußert?*	
➢ *Was habe ich dabei erlebt und gespürt?*	

Zen und die Kunst des Fliegens

Die japanische Zen-Kunst wird oftmals reduziert auf das Aufgehen in der Leidenschaft der Tätigkeit, ohne darüber Worte zu verlieren, Anweisungen zu erhalten oder bewusstes Anwenden von Erkenntnissen. Im Flugsport heißt dies in der Vollendung, dass sich der Pilot voll auf das Hier und Jetzt konzentriert und dabei innerlich aufgeht, Handlungen und Bewegungsabläufe vollzieht, ohne darüber intensiv nachdenken zu müssen. Er genießt vielmehr den Augenblick. Zen geht über die Kon-Zen-tration hinaus.

Zen ist der *weglose Weg*, das *torlose Tor*. Realistisch gesehen ist das Beschreiten des Zen-Wegs jedoch eines der schwierigeren Dinge, die in einem menschlichen Leben unternommen werden können. Den Zen-Schülern wird die Bereitschaft zur Aufgabe ihres selbstbezogenen Denkens und letztlich des Selbst abverlangt. So dauert der Übungsweg gewöhnlich mehrere Jahre, bevor die ersten Schwierigkeiten überwunden sind. Der Weg ist allerdings stets zugleich auch das Ziel, im Üben ist die Erfüllung stets gegenwärtig. Primäre Aufgabe des Zen-Schülers ist die fortgesetzte, vollständige und bewusste Wahrnehmung des gegenwärtigen Moments, eine vollständige Achtsamkeit ohne eigene urteilende Beteiligung (Samadhi). Diesen Zustand soll der Zen-Schüler nicht nur während einer Aufgabe, sondern möglichst in jedem Augenblick seines Lebens beibehalten. Auf diese Weise kann sich die *Erkenntnis der absoluten Realität* einstellen (Satori).

Der Münsinger Segelflieger Uli Schwenk nennt diesen Zustand in seinem Leitbild als Steigerung über mehrere Leistungsstufen: „Selbstvertrauen ist Stärke, bewusstes Denken und Handeln ist Meisterschaft, innere Ruhe ist Macht."[81]

Piloten sind oft auf die Geduldsprobe gestellt, wenn das Wetter nicht das hält, was Meteorologen versprochen haben, oder wenn erst noch andere Piloten in der Startreihenfolge vor ihnen sind. Paraglider sprechen von ‚Para-waiting'. Diese Zeit kann aktiv zur Konzentration genutzt werden, ohne sich über die Wartezeit zu ärgern. Vielmehr sollte diese ins Positive umgekehrt werden, indem man sich auf den Startvorgang, die ersten Flugabschnitte und die gesteckten Ziele konzentriert. Der Alltagsstress wird reduziert, die Aufmerksamkeit wird gestärkt und Entspannung tritt ein. Die japanische Gleitschirm-Acropilotin Seiko Fukuoka nutzte die Wartezeit bei der ersten offiziellen Acro-Weltmeisterschaft in Vertigo 2006 dazu, ein Nickerchen am Startplatz zu machen. Ihre Kollegin Judith Zweifel, die die Wartezeit als nervenaufreibend empfindet, fragte sich daraufhin, ob dies mit psychologischer Wettkampfführung zu tun hat. Judith Zweifel gewann jedoch den Wettbewerb.[82]

Nach dem Flug ist das Abbauen oder Verstauen des Fluggerätes eine perfekte Möglichkeit, zen-gemäße Rituale zu etablieren. Gleiche Handlungsabläufe, Routinetätigkeiten bieten die Möglichkeit, zu entspannen, den Flug zu reflektieren und sich der Eindrücke des Fluges zu erfreuen. Greg Stroot, australischer Drachenflieger vergleicht den Ablauf des Drachenabbauens mit einer japanischen Tee-Zeremonie. Während Newcomer für das Abbauen noch kognitive Prozesse benötigen, vollbringen Masters diese Prozedur automatisch und tauchen regelrecht darin ein.[83]

Zen, Anspannung/Entspannung sowie die Konzentrationsfähigkeit auf den augenblicklichen Moment gehen ineinander über und zeigen, wie wichtig diese Fähigkeiten für den individuellen Erfolg des Piloten sind.

„Du bist vollkommen in der Konzentration vertieft und genießt diese totale Aktivierung. Du erlebst dich und alles so intensiv wie nie sonst. Dieses ganz neue Empfindungsniveau lässt sich in den Alltag retten. Du spürst jetzt: Ja, ich habe mein Leben in der Hand. Das gibt Gelassenheit fürs Leben."

Wolfgang Güllich (Extremkletterer)

11. Erfolgsfaktoren bei Wettbewerben im Flugsport

"It seperates the boys from the men!"
englisches Sprichwort

Was zeichnet einen erfolgreichen Piloten aus? Diese Frage haben sich schon viele Piloten gestellt, die entweder im Wettbewerbsgeschehen aktiv sind, einsteigen wollen, oder auch nur Beobachter sind.

Aufgrund einer Artikelserie zum Thema Selbst-Coaching kontaktierte mich Lukas Etz, der Teamchef der Deutschen Nationalmannschaft im Drachenfliegen. Seit er im Wettkampfgeschehen aktiv ist, ob als erfolgreicher Pilot oder als Ligachef, fragte er sich immer, wie man in der Fliegerei „weiter" kommen könnte. In der mentalen Weiterentwicklung des Piloten sieht auch er einen Schlüssel zum Erfolg.

Auf Anfrage des Teamchefs organisierten wir einen Workshop für die Nationalmannschaft und die Teilnehmer der German Open 2000 in Kössen. Im Rahmen des Workshops wurden speziell Themen des Selbst-Coachings und des zielorientierten Handelns erarbeitet. Ausgangspunkt zu diesen Themen ist die Auseinandersetzung mit Zielen.

Ziele als Grundlage des Erfolges

Eine genaue Zieldefinition ist die Grundlage jeden Erfolgs. Wenn man sich nicht im Klaren darüber ist, was man erreichen will, kann man auch keinen Ehrgeiz für ein Ziel entwickeln. Weniger erfolgreiche Wettbewerbspiloten machen sich oftmals keine genauen Gedanken über Ihre Ziele. Innerhalb des Workshops definierten die Piloten ihre Ziele schriftlich. Diese Ziele sollten den so genannten „Wohlgeformtheitskriterien" entsprechen. Ziele sind vorausgedachte Ergebnisse!
Die US-amerikanische Drachenfliegerin Kari Castle, die im fliegerisch berühmt berüchtigten Owens Valley in Kalifornien lebt, formulierte 1998 ihre Ziele: den Damen-Weltrekord zu brechen, Drachenweltmeisterin der Damen zu werden und sich für die Drachennationalmannschaft der USA zu qualifizieren. Sie erreichte weit mehr als diese Ziele.[84]

Die Wohlgeformtheitskriterien von Zielen:

- o Positiv formuliert und keine Negation
- o Aus eigener Kraft umsetzbar, initiierbar
- o Keinen Vergleich beinhalten
- o Sehr konkret (wer, was, wann, womit)
- o Die Feedbackschleife, innerhalb von 72 Stunden muss man etwas für sein Ziel getan haben, sonst wird die Wahrscheinlichkeit es jemals zu erreichen, verschwindend gering.

Übung: Die Wohlgeformtheitskriterien von Zielen

Nehmen Sie sich Ihr SMARTes Ziel nochmals zu Hand und überprüfen Sie es anhand der Wohlgeformtheitskriterien:
Sollten nicht alle Kriterien erfüllt sein, so formulieren Sie Ihr Ziel nochmals neu.

Ohne das Handeln nützt ein Ziel natürlich wenig. Als Wettbewerbspilot muss man auch hart für das Ziel arbeiten, um es erreichen zu können.

Die US-amerikanische Kunstfliegerin Petty Wagstaff hatte sich 1991 zum Ziel gesetzt, die amerikanischen Kunstflugmeisterschaften zu gewinnen, was vorher noch nie eine Frau geschafft hatte. Sie bereitete sich körperlich und mental so oft vor, wie sie nur konnte und gewann nicht nur 1991 als erste Frau, sondern schaffte es auch in den zwei darauffolgenden Jahren, die Meisterschaft für sich zu entscheiden. Dieser Hattrick gelang vor ihr auch noch keinem Mann – und dieser Kunstflugbereich ist eine klare Männer-Domäne mit vielen Haudegen der Airforce.[85]

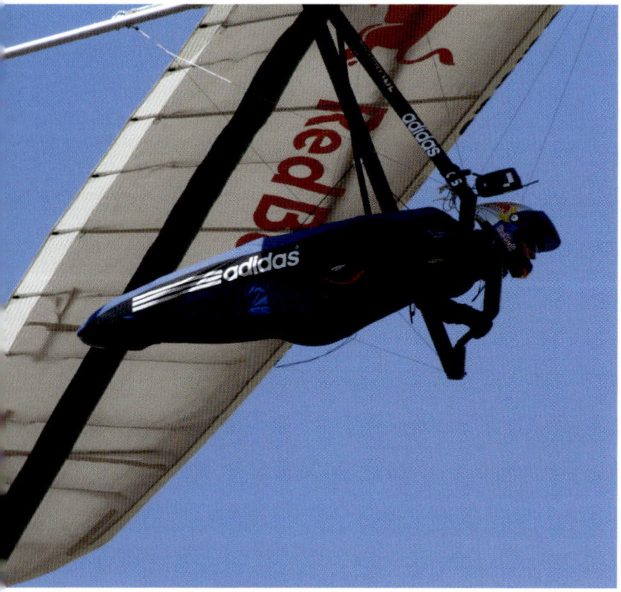

Weltmeisterin Corinna Schwiegershausen. (Foto: Eckart Schröter)

Eine gute Möglichkeit, sich einen gewissen Druck aufzuerlegen, ist die Veröffentlichung von Zielen. Freunde oder andere Piloten werden genau beobachten, ob man sein Ziel erreicht. Diesen Ansporn macht man sich dann zu Nutze. Ein schönes Beispiel ist dafür die Wette, von Drachenfliegerin Corinna Schwiegershausen mit einem Ligakollegen. Sie wettete, dass sie bereits Weltmeisterin sein wird, wenn sie sein Alter erreicht hat. Die Wette hat sie gewonnen!

Um im Wettbewerb erfolgreich zu sein, muss sich der Pilot seine Ziele immer wieder vor Augen führen. Richard Bach, der Autor der „Möwe Jonathan" schreibt: „Du musst schon da sein, bevor Du angekommen bist."[86] Als Pilot sollte man sich das Gefühl, das Bild, oder auch die Geräuschkulisse des Erfolges vorstellen können. Ob das nun der oberste Platz auf dem Siegertreppchen ist, oder ob man sich einfach bereits hinter der Ziellinie sieht, wenn man erst im Endanflug ist. Bei knappen Endanflügen scheitern Piloten immer wieder wenige Meter vor dem Ziel. Wahrscheinlich haben einige von ihnen die vor ihnen liegende Ziellinie anvisiert, anstatt einen Punkt einige Meter hinter der Ziellinie. Oder will ein Streckenpilot einen Bergkamm überqueren, dann sollte er nicht den Bergkamm anpeilen, sondern einen Punkt dahinter.

Auch der Teamarzt der Deutschen Drachennationalmannschaft Eckart Schröter und Nationalmannschaftsmitglied Regina Glas stellen sich die Frage:

„Wie sieht es mit der geistigen Leistungsfähigkeit aus? Sicherlich ein entscheidender Baustein für das Erfassen der meteorologischen

Bedingungen, taktische Überlegungen, die Wahl der Flugroute...! Sind die Wettkampfpiloten nicht die Schachspieler der Lüfte? Die Anforderungen an unsere Denkzentrale sind beim Fliegen enorm. Wer war nach einem längeren Wettkampfflug bei der Landung noch nicht so ausgepowert, dass er sich nicht mehr genug konzentrieren konnte und auf dem Bauch lag? Traf man nicht auch nach mehreren anstrengenden Wettkampftagen in der Luft mal Fehlentscheidungen, die man sich eigentlich gar nicht erklären kann?"[87]

Wie bedeutend die mentale Einstellung und die persönlichen Faktoren im Flugsport sind, wurde durch die vom Autor durchgeführte Umfrage im Rahmen der German Open untermauert.

Diese Umfrage umfasste unter anderem die bewusst sehr offen gehaltene Frage:
Was sind aus Deiner Sicht die fünf wichtigsten Erfolgsfaktoren im Flugsport?

Das Ergebnis war sehr interessant. Die Antworten lassen sich in drei Bereiche unterteilen:

- o **Unveränderbare Rahmenfaktoren** wie Wetter, Startplatz, Zeit, etc.
- o **Veränderbare Rahmenfaktoren** wie gesetzte Aufgabe und Material, etc.
- o **Persönliche Faktoren** wie Konzentration, Ausdauer, entspannt sein/Entspannung, Geduld, etc.

Allgemein überwiegt die Nennung von persönlichen Faktoren deutlich gegenüber den veränderbaren und unveränderbaren Rahmenfaktoren (vgl. Graphik).

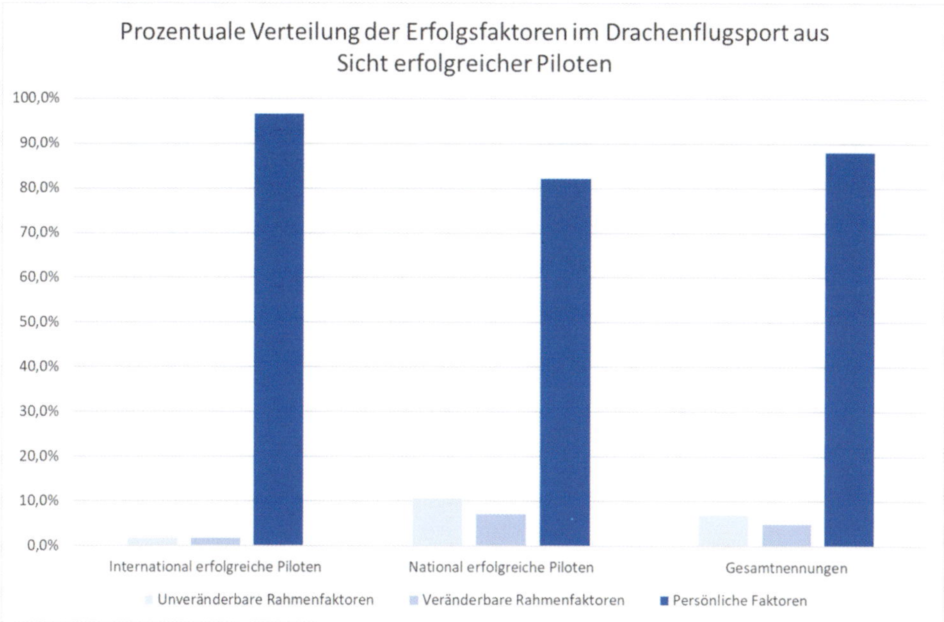

Abbildung 9: Prozentuale Verteilung der Erfolgsfaktoren

Die persönlichen Faktoren machten bei der Gesamtheit (n=30) der Piloten 88% der Nennungen aus. Relativ deutlich ist jedoch der Unterschied zwischen der Bedeutung der Persönlichen Faktoren bei den international erfolgreichen Piloten (96,6 %) und der Bedeutung bei den national erfolgreichen Piloten (82,1%).
Das heißt, die national erfolgreichen Piloten sehen noch mehr Erfolgsfaktoren in den nicht-persönlichen Faktoren wie Material, Wetter, äußere Umstände usw.

Dies lässt die These zu, dass es sich hier um eine sich selbst erfüllende Prophezeiung (self-fullfilling-prophecy) handelt.
Die Piloten glauben zum Beispiel schlechteres Material als die „Cracks" zu haben. Schon allein dieser Glaubenssatz beeinflusst das Unterbewusstsein so stark, dass die Piloten das Gerät auch wirklich schlechter fliegen.
Ein allgemein bekannter Effekt ist, wenn man sich beispielsweise zum Joggen aufmacht und das Gefühl hat es ‚läuft' heute schlecht, dann wird man auch schlecht joggen – auch wenn die körperlichen Voraussetzungen dieselben sind, wie sonst an anderen Tagen. Und wenn sich ein Pilot einbildet, schlechter ausgerüstet zu sein, dann wird sich das in der Regel auch auswirken.
Ein anderes Beispiel ist schlechtes Wetter. Mit dem Glaubenssatz „heute ist kein gutes Streckenflugwetter" werden Piloten auch sicherlich keine weiten Strecken zurücklegen.

Piloten, die sich wie der deutsche Starrflügel-Pilot Marcus Hoffmann-Guben intensiv mit dem Thema Selbst-Coaching und Psychologie in der Fliegerei auseinandersetzen, sehen die veränderbaren und unveränderbaren Faktoren weniger als Erfolgsfaktoren. Oder wie ist es sonst möglich, dass Marcus Hoffmann-Guben mit einem Starrflügel Atos-Seriengerät bei einer nicht-optimalen Wetterlage einen Deutschen Rekord fliegt? Für Drachenweltmeister Guido Gehrman ist 90% des Wettkampfes eine mentale Angelegenheit. Der französische Weltklasse-Drachenflieger Richard Walbec betont, dass die Wettkampffliegerei zu 80% aus Psychologie und zu 20% aus Technik besteht. Gerolf Heinrich sieht 90% des Erfolgs im mentalen Bereich und meint: wenn man sich nicht 100% sicher fühle, werde man keine Leistung erbringen können.[88]

Schaut man in das Lager der Segelflieger, die sich mit ähnlichen Bedingungen messen, dann gibt der Europameister im Segelfliegen Uli Schwenk zum Besten: "Die psychologischen Faktoren machen 70% der Leistung aus."[89] Wohlgemerkt sind die psychologischen Faktoren nur ein Teil der persönlichen Faktoren.

Segelflugweltrekordhalter über 3.008 km Klaus Ohlmann bestätigt diese Bedeutung der mentalen Aspekte, indem er auf die Frage antwortete, wie er denn einen 15 Stunden Weltrekordflug physisch und psychisch meistert:

„Hier stehen zwei Dinge im Vordergrund, die Kälte und der Sauerstoff. Beides kann durch entsprechende Maßnahmen geregelt werden. Ausreichender Schlaf ist sicherlich ein weiteres Problem. Das weitaus wichtigste ist jedoch die persönliche Motivation und ein unerschütterlicher Optimismus, der natürlich nur auf einer gesunden Erfahrungsbasis zuhause sein kann."[90]

Die wirklich erfolgreichen Piloten konzentrieren sich daher mehr auf die persönlichen Faktoren und die mentale Seite des Flugsports.

Die häufigsten Nennungen von Erfolgsfaktoren bei den international erfolgreichen Drachenfliegern waren:

- Entspannt sein, Ausgeglichenheit, locker bleiben, Coolness

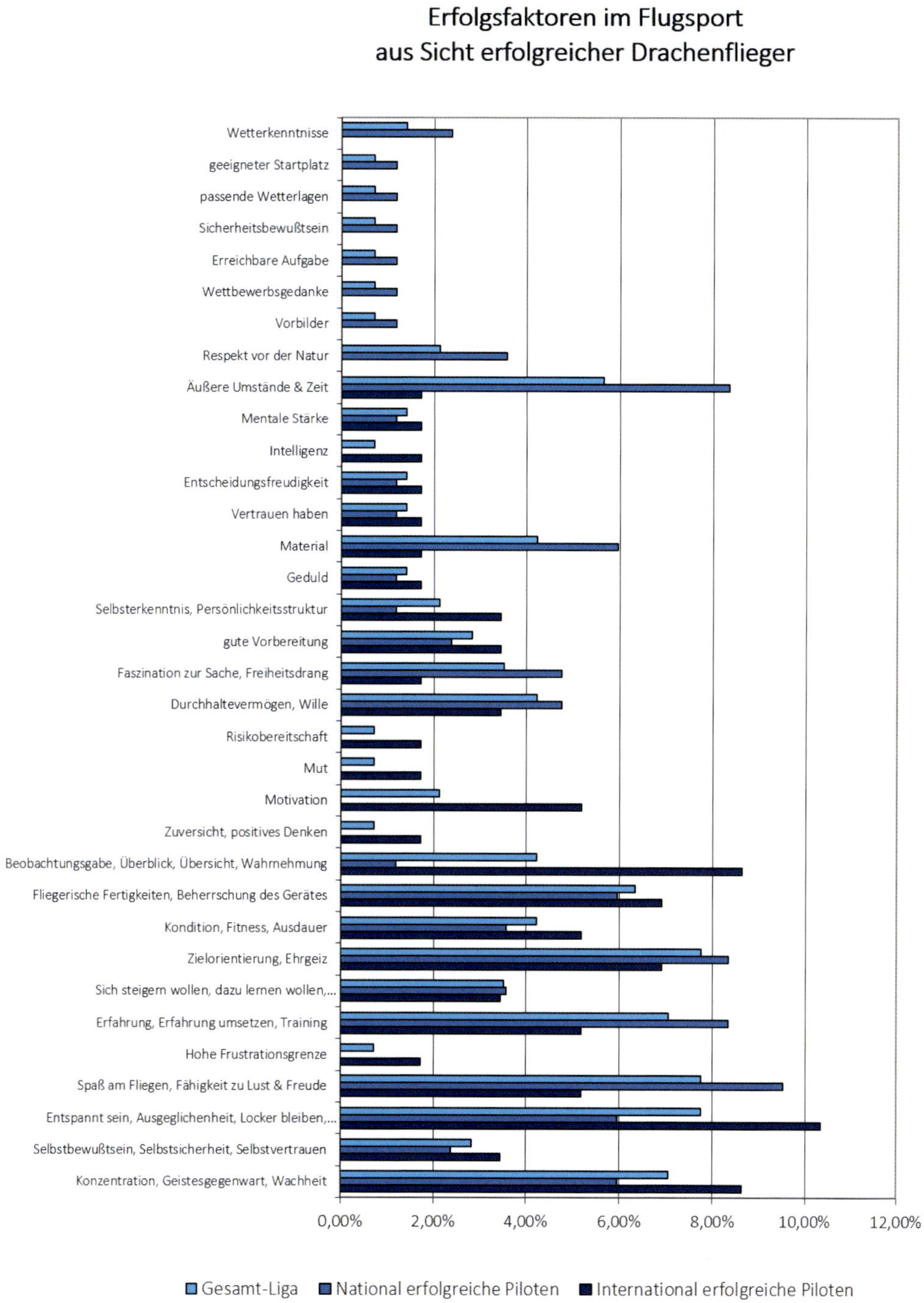

Abbildung 10: Erfolgsfaktoren aus der Sicht erfolgreicher Drachenflieger.

- o Beobachtungsgabe, Überblick, Übersicht, Wahrnehmung
- o Konzentration, Wachheit, Geistesgegenwart
- o Zielorientierung, Ehrgeiz
- o Fliegerische Fertigkeiten, Beherrschung des Gerätes

Die national erfolgreichen Piloten sehen folgende Faktoren als wichtig an:

- o Fähigkeit zu Lust und Freude, Spaß am Fliegen
- o Erfahrung, Erfahrung umsetzen
- o Äußere Umstände, Zeit
- o Zielorientierung, Ehrgeiz
- o Material
- o Konzentration, Geistesgegenwart, Wachheit

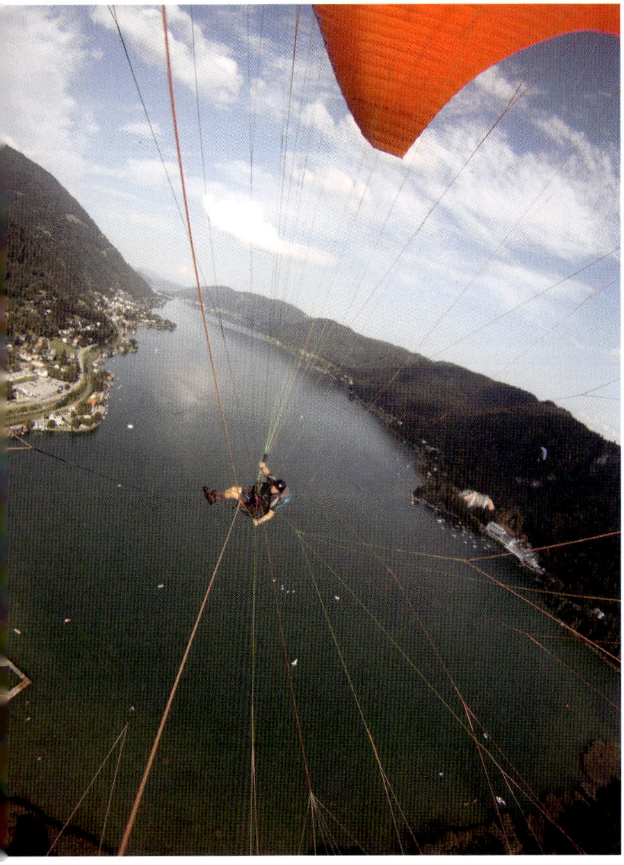

Mangelnde Vorbereitung von Material und Pilot, hektische Anreisen und (zu)lange Partys zeigen hin und wieder eine mangelnde Professionalität im Drachen- und Gleitschirmwettbewerb. Selbstverständlich muss der Spaß auch seinen Platz haben und die Faszination des Fliegens darf auch nicht eingeengt werden. Wer jedoch Erfolg im Sinne von Meisterschaftstiteln definiert, der sollte sich mit den Selbst-Coaching-Themen auseinandersetzen.

Das betrifft auch Nachwuchswettkampfpiloten, oder Piloten, die erfolgreicher fliegen möchten. Sie sollten sich weniger um das Material kümmern, sondern sich intensiv mit dem Thema Selbst-Coaching, persönliche/fliegerische Weiterentwicklung und Zielorientierung beschäftigen, um ganz vorne mitfliegen zu können.

Mentale Stärke lässt sich nur durch intensive Selbst-Reflexion und Selbst-Coaching erreichen, um daraus gewonnene Erkenntnissen weiterentwickeln zu können.

Eine Untersuchung, die 1997 im deutschen Segelflieger-Team durchgeführt wurde, ergab ähnliche Ergebnisse.[91] Gaby Haberkern unterteilt die Aussagen auf die Fragestellung „Welche Faktoren bestimmen unsere sportliche Leistung?" in objektive und subjektive Faktoren. Dies ist vergleichbar mit der Unterteilung des Autors in Rahmenfaktoren und persönliche Faktoren.
Im Folgenden sind wichtige Aspekte und deren subjektive Bewertung aufgeführt, die nach Meinung von Peter Lackner (Trainer der Segelflug-Nationalmannschaft) für Meisterschaft und Ausgang der WM 1997 für die Deutsche Mannschaft bestimmend waren.

Dynamisches Fliegen am Ossiacher See. (Foto: Rainer Krumm)

Objektiv 15%			Subjektiv 85%		
25%	*Fluggerät*	Vorbereitung, Finanzen	Vorbereitung, Alter, Erbmasse	*Physis*	10%
25%	*Umfeld*	Quartier, Familie, Rückholer, Essen	Teamfähigkeit, Stressbeherrschung, Provokationsfestigkeit	*Psyche*	40%
50%	*Information*	Leitung, Meteorologe, Außenposten, Piloten	Denkprozesse, Variabilität	*Intelligenz*	15%
			Gespür, Ahnung	*Instinkt*	15%
			Theoretisch, praktisch	*Fliegerisches Handling*	20%

Abbildung 11: Pilotenleistungen des deutschen Segelflug-Teams WM St. Auban 1997.

Starrflügelpilot Ernst Lehmann gibt an,[92] man brauche zum Streckenflug, neben dem handwerklichen Können, wie Starten/Landen/Thermik/Leesituationen insbesondere:

70% mentale Vorbereitung
15% Wettervorbereitung
10% zusätzliches Flugkönnen
5% Ausrüstung

Zahlreiche Untersuchungen und Aussagen von erfolgreichen Piloten ergeben eindeutige Hinweise darauf, wie wichtig die mentalen Aspekte in der Wettbewerbsfliegerei als auch für den Hobby-Piloten sind, der einfach nur Spaß haben will.

Von Hardware und Software

Die Komplexität des Flugsports ist immens. Der Vergleich zur Computerwelt veranschaulicht, wie wichtig die mentalen Aspekte in der Fliegerei sind. Selbst wenn man den schnellsten und tollsten Computer mit den aktuellen Komponenten besitzt, nützt dies dem PC-Anwender nichts, wenn die zur Verfügung stehende Software nicht in der Lage ist, die Hardware zu nutzen. So ist im Zweifelsfall ein langsamerer Computer mit einer besseren Software leistungsfähiger als ein schneller Computer mit einer schlechteren Software. Ähnlich ist es bei Wettkämpfen. Man sieht immer wieder Piloten, die die aktuellen Fluggeräte pilotieren, damit aber häufig hoffnungslos überfordert sind und deshalb unentspannt fliegen. Im Vergleich dazu schaffen es immer wieder Piloten mit älteren und weniger leistungsfähigen Fluggeräten respektable Leistungen, weil sie in der Lage sind, konzentriert zu fliegen und weil sie ihr Fluggerät beherrschen.

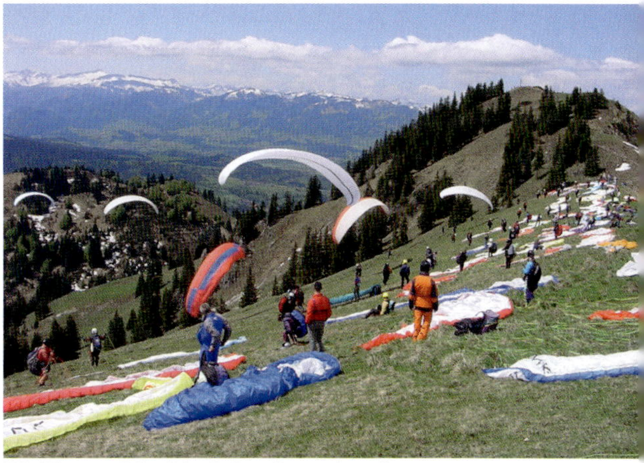

Wettkampfstart bei den Bavarian Open. (Foto: Rainer Krumm)

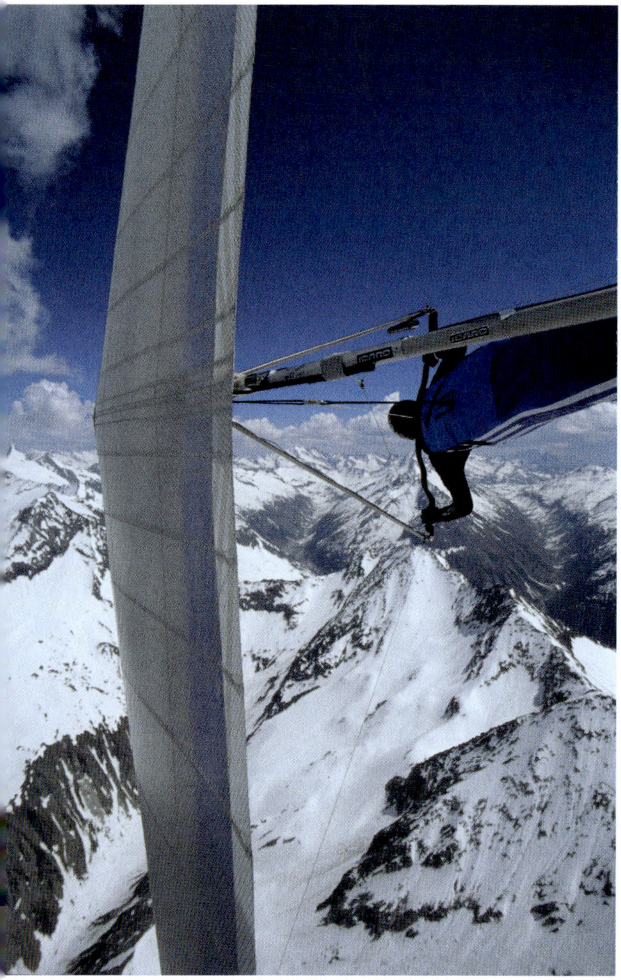

Wingover über den Alpen. (Foto: Steffen Hertling)

Pilotennachwuchsförderung im Wettbewerbssport

Wie beschrieben, ließ Lukas Etz, seine Drachenfliegernationalmannschaft im Rahmen der German Open 2000 und Stefan Mast 2001 seine Nationalmannschaft der Gleitschirmflieger vor der WM von mir mental trainieren. Die Erkenntnisse aus diesen Trainings flossen dann auch in den Workshop ein, der im Rahmen der Junior Challenge 2002 in Greifenburg von mir durchgeführt wurde. Der Mitinitiator Stefan Hertling, selbst Drachenliga-Pilot und Mitglied der Dragon-Riders, ist sich sicher, dass die mentale Seite des Wettbewerbssports gerade in der Fliegerei noch unterschätzt wird und die Challenge von Mentalem Training sehr profitieren wird.

Im Rahmen des Trainings wurde, wie auch bereits im Rahmen der German Open der Drachenflieger eine Umfrage durchgeführt, die interessante Erkenntnisse für alle Piloten, aber speziell für ambitionierte Flieger bringt.

Es zeigte sich, dass persönliche Faktoren häufiger genannt wurden wie veränderbare oder unveränderbare Rahmenfaktoren (vgl. Graphiken).

Die Erkenntnisse und Ergebnisse über die Erfolgsfaktoren aus dieser Untersuchung lassen sich in drei Zielgruppen unterteilen:

- Erfolgsfaktoren aus der Sicht erfolgreicher Drachenfliegernational und international erfolgreicher Piloten
- Erfolgsfaktoren aus der Sicht der Junior und Ladies Challenge
- Erfolgsfaktoren im Vergleich der Sichtweise von Challenge zur Liga

Erfolgsfaktoren aus der Sicht der Junior und Ladies Challenge

Das Ergebnis war sehr aufschlussreich, wenn man die Aussagen nach Geschlechtern getrennt betrachtet.

Der männliche Nachwuchs (n=30) sieht die entscheidenden Erfolgsfaktoren in folgenden Punkten:

1. Selbstbewusstsein, Selbstsicherheit, Selbstvertrauen
2. Spaß am Fliegen, Fähigkeit zu Lust und Freude
3. Erfahrung, Erfahrung umsetzen, Training
4. Risikobereitschaft
5. Mentale Stärke
6. Material

Die Ergebnisse der Ladies (n=15) weichen davon ab, Ihre wichtigsten Faktoren sind:
1. Fliegerische Fertigkeiten, Beherrschung des Gerätes
2. Spaß am Fliegen, Fähigkeit zu Lust und Freunde
3. Selbstbewusstsein, Selbstsicherheit, Selbstvertrauen
4. Erfahrung, Erfahrung umsetzen, Training
5. Zielorientierung, Ehrgeiz
6. Durchhaltevermögen, Wille

Auffallend ist die Einschätzung von „Risikobereitschaft" und „Material" bei den männlichen Nachwuchspiloten. Sicherlich muss Risikobereitschaft noch genauer definiert werden. Ist es nur riskant taktisch zu fliegen und ein frühzeitiges Absaufen in Kauf zu nehmen, oder umfasst es auch einen risikofreudigen Flugstil, der unfallträchtig sein kann. In punkto Material scheint auch bei den männlichen Nachwuchspiloten eine ähnliche Ansicht wie bei den national erfolgreichen Piloten vorzuherrschen. Bei ihnen ist die Materialschlacht ein wichtiger Baustein zum Erfolg.

Der international erfolgreiche österreichische Gleitschirmpilot Helmut Eichholzer sieht sogar in der Nutzung von älterem Material einen Vorteil für Nachwuchspiloten. Er selbst ist jahrelang mit ‚nicht-aktuellen' Geräten Wettkämpfe geflogen:
„Durch dieses Defizit musste ich an meinem Flugstil feilen. Ich war gezwungen, taktisch besser zu fliegen, um vorne dabei zu sein, und dadurch lernte ich unheimlich viel dazu, was mir heute zugutekommt."[93]

Er findet es schade, dass Piloten zu früh hoch eingestufte Schirme fliegen, dadurch die Leistung der Schirme aber gar nicht ausnutzen können.

Themen wie die Betreuung und Nachwuchsförderung, die im Rahmen der German Open nicht aufgetaucht sind, sind für die Challenge - Teilnehmer aber von Bedeutung und bedürfen in der Zukunft noch mehr Beachtung, um einen leistungsstarken Kader für die Zukunft aufzubauen.
Die Betreuung, die Nachwuchsförderung, sowie Erfahrungsaustausch, Supervision und das Lernen von anderen spielt eine wichtige Rolle bei der zukünftigen Generation von Piloten. Häufig wird von den Anfangsstadien der Wettbewerbsfliegerei erzählt, als Wissen selbst innerhalb eines Teams gebunkert wurde, um den eigenen Vorteil zu bewahren. Die Teamchefs Lukas Etz und speziell Stefan Mast haben es geschafft, in den Ligen neben dem Vor- und Nachbesprechungen (Briefing und Debriefing) anzusetzen, um den Flugtag, die Flugstrecken und die Taktik gemeinsam zu besprechen. Der so entstehende Know-how-Transfer fördert nicht nur das Leistungsniveau eines einzelnen Piloten, sondern vielmehr das Niveau des gesamten Teams.

Für die US-Amerikanerin und Weltklasse-Drachenfliegerin Kari Castle ist der mentale Aspekt ‚alles im Wettkampf'. Es sei ein Spiel – und zwar ein Gedankenspiel, in dem man Entscheidungen treffen und mit Erfolgen und Niederlagen umgehen muss. Nur durch das Lernen aus Fehlern und mit viel Erfahrung komme man weiter. Kari Castle ist sich sicher, dass die mentale Stärke, die man bei Wettkämpfen erwirbt, den Piloten auch in anderen Lebensbereichen sehr nützlich sein kann.

Die Teilnahme von Nationalmannschaftspiloten an der Challenge zur Beobachtung und zum Coachen der Challenge-Teilnehmer ist sicherlich ein richtiger Weg zum Aufbau eines leistungsstarken Nachwuchses, wenngleich der Erfahrungsaustausch unter den Teilnehmern sicherlich noch intensiver sein könnte.

Drachenflieger Oleg Bondarchuk bringt es auf den Punkt:

„Wettkämpfe sind hervorragende Möglichkeiten, deine Fähigkeiten zu entwickeln, dich mit anderen zu vergleichen und zu messen und mit anderen herumzuhängen, die das Fliegen absolut lieben und sich darüber austauschen."[95]

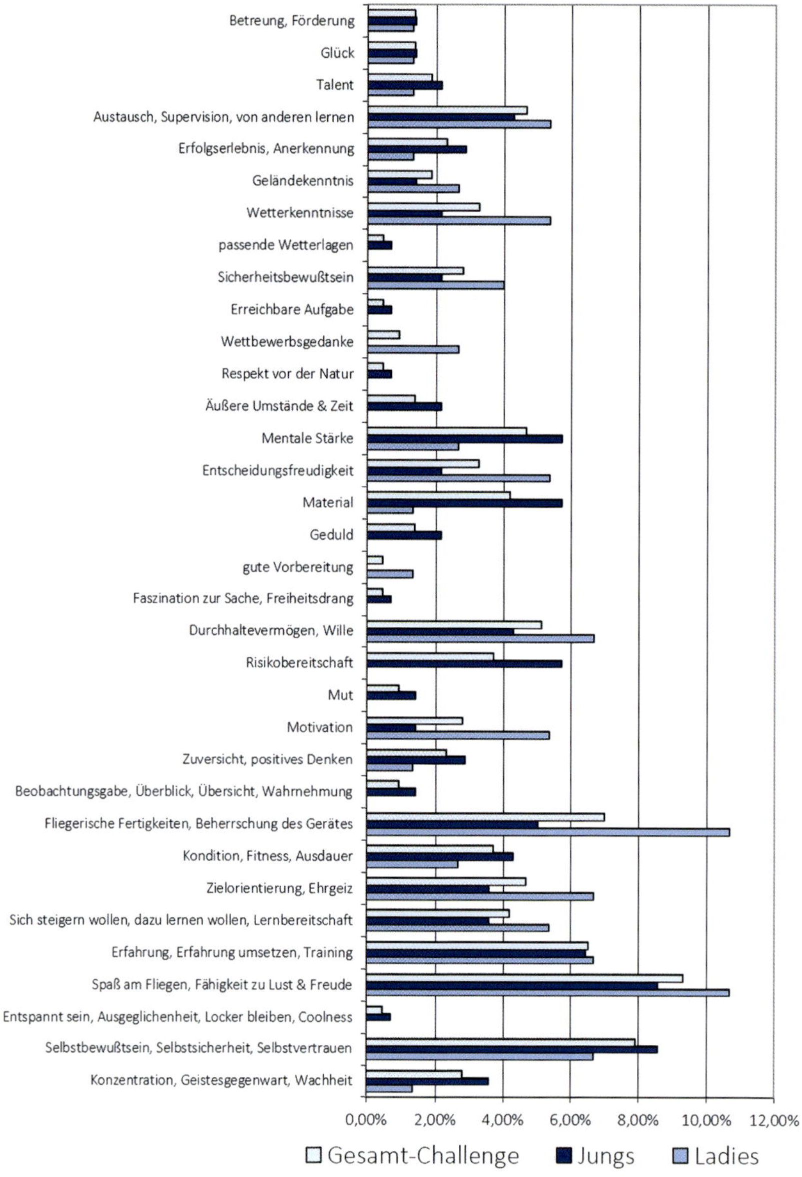

Abbildung 12: Erfolgsfaktoren im Vergleich Lady-Challenge vs. Juniorchallenge.

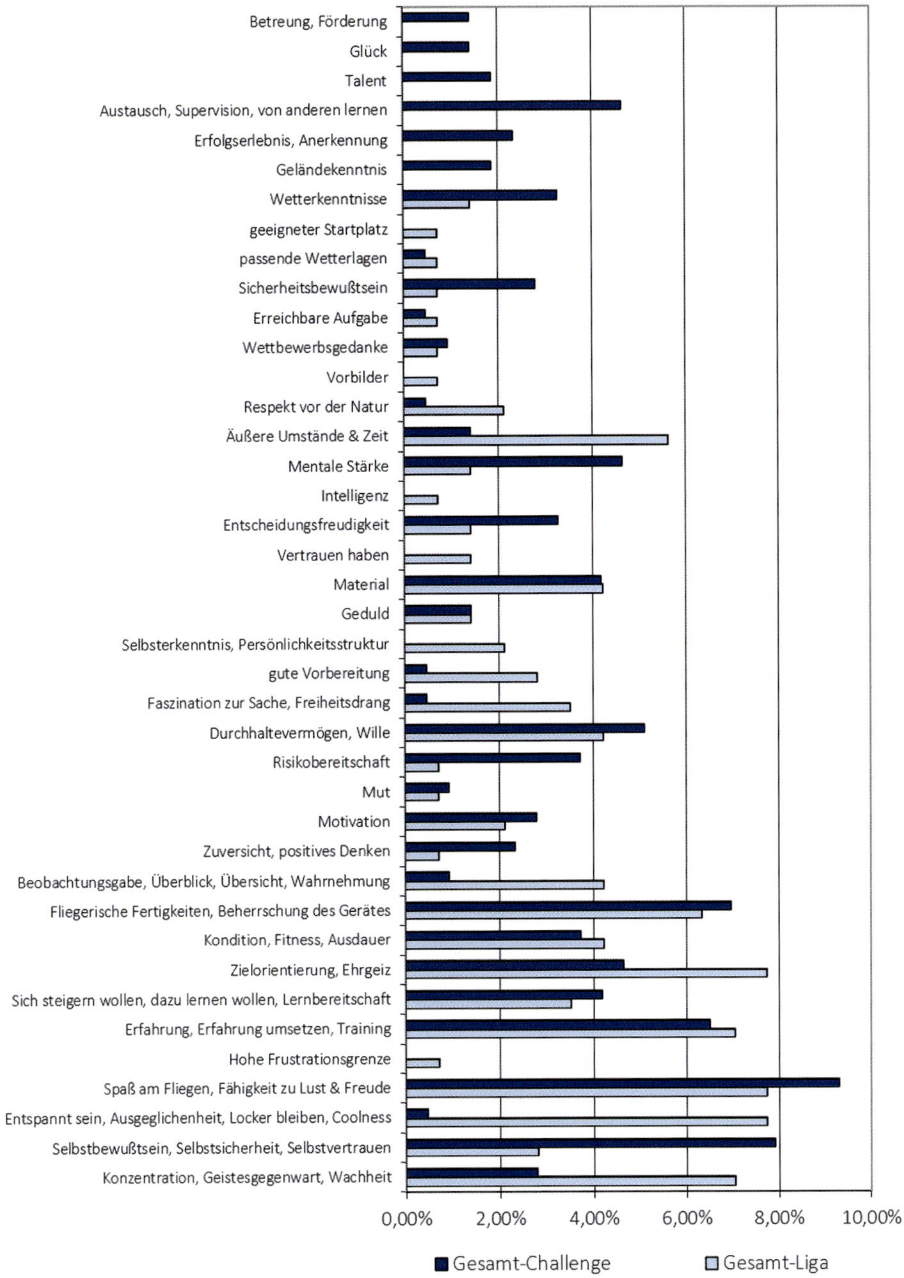

Abbildung 13: Erfolgsfaktoren im Vergleich Liga vs. Juniorchallenge.

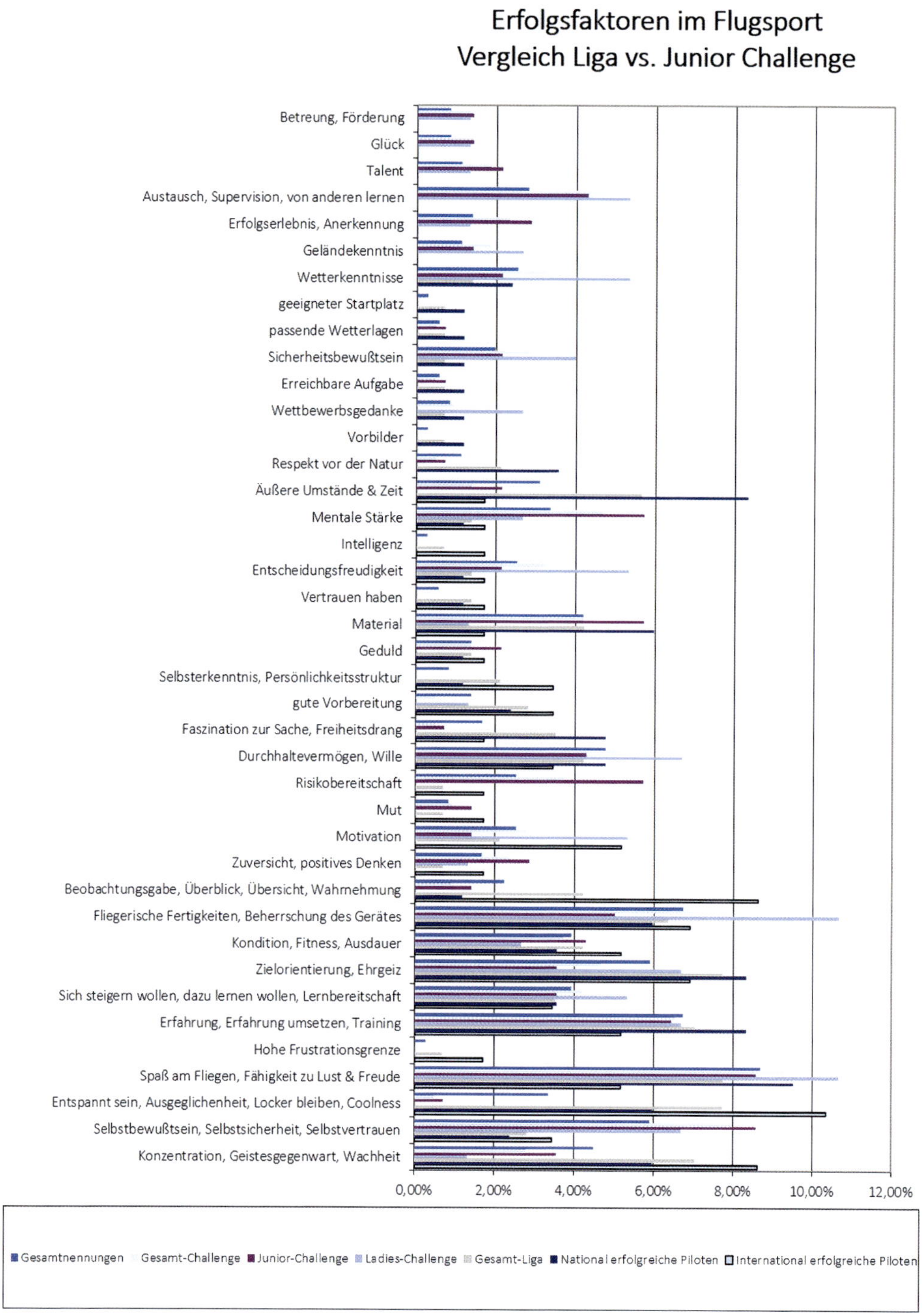

Abbildung 14: Erfolgsfaktoren im Vergleich Erfolgreiche Drachenflieger vs. Liga vs. Lady-Challenge vs. Juniorchallenge.

Erfolgsfaktoren im Vergleich der Sichtweise von Challenge zur Liga

Stellt man nun die Umfrageergebnisse der German Open und der Challenge kumuliert gegenüber, zeichnen sich neben Gemeinsamkeiten aber auch Unterschiede ab.

Die Challenge - Teilnehmer (Junior- & Ladies-) nennen folgende Aspekte als Erfolgsfaktoren

1. Spaß am Fliegen, Fähigkeit zu Lust und Freude
2. Selbstbewusstsein, Selbstsicherheit, Selbstvertrauen
3. Fliegerische Fertigkeiten, Beherrschung des Gerätes
4. Erfahrung, Erfahrung umsetzen, Training
5. Durchhaltevermögen, Wille
6. Mentale Stärke

Die German Open–Teilnehmer halten folgende Faktoren für entscheidend:

1. Spaß am Fliegen, Fähigkeit zu Lust und Freunde
2. Entspannt sein, Ausgeglichenheit, Locker bleiben, Coolness
3. Zielorientierung, Ehrgeiz
4. Fliegerische Fertigkeiten, Beherrschung des Gerätes
5. Durchhaltevermögen, Wille
6. Äußere Umstände, Zeit

Der Spaß am Fliegen und die damit verbundene Hingabe an diesen Sport scheint ein gemeinsamer Schlüssel zum Erfolg zu sein. Ein Erfolg, der sicherlich auch Entbehrungen, Zeitinvestition und finanziellen Einsatz erfordert.

Die externen Faktoren wie Material, Geld, Wetter und andere nicht beeinflussbare Faktoren bleiben bei beiden Zielgruppen kumuliert auf der Strecke.

Das heißt die Erfolgsfaktoren sind vielmehr in den psychologischen Ebenen zu finden, in der mentalen Stärke und der geistigen Fitness der einzelnen Piloten. Dazu zählen Bereiche wie das bewusste Auseinandersetzen mit dem Flugsport, sich selbst Ziele zu setzen und an diesen Zielen zu arbeiten, auch wenn die Rahmenbedingungen nicht vielversprechend sind, z.B. Abschattungen, vermeintlich schlechteres Material, Talwindsysteme, etc.

Immer wieder wird diskutiert, warum es laut Wettkampfranglisten so ist, dass Männer besser (im Sinne von erfolgreicher) fliegen als Frauen. Die erste große Dame der Luftfahrt ‚Lady Lindy' Amelia Earhardt, das weibliche Pendant zu Charles Lindbergh, schreibt über ihren ersten Atlantik-Überflug 1932:

„Frauen können die meisten Dinge tun, die Männer machen. Nicht alles vielleicht - aber ganz sicher das, was Intelligenz, Koordination, Geschwindigkeit, Coolness und Willensstärke erfordert."[96]

Mit diesen Eigenschaften untermauert sie die vorgestellte Untersuchung bei den Nationalmannschaften.
Dass Frauen sehr erfolgreich im Flugsport sein können, bewies auch Petty Wagstaff, die als erste Frau die US-Kunstflugmeisterschaften gewann und als erster Mensch überhaupt diese Meisterschaft dreimal in Folge gewann.

Mentale Stärke ist keine Geschlechterfrage, die männlichen Piloten scheinen jedoch eher geneigt zu sein, Leistungsoptimierung über Materialschlachten gewinnen zu wollen.
Mentale Stärke lässt sich auf zwei Wegen erreichen: Einerseits über die Selbst-Reflexion, das Auseinandersetzen mit dem eigenen Handeln und den eigenen Zielen. Andererseits durch die Auseinandersetzung mit Meinungen und dem Handeln (Wahl der Flug-

strecken, etc.) anderer Piloten. Nur wer den Austausch bejaht und diesen fördert, wird auch am Erfolg teilhaben können. Ein gutes Beispiel ist das steigende Niveau der Gleitschirmnationalmannschaft.

Teamwertungen innerhalb von Wettkämpfen fördern natürlich den Gedanken des Austausches. Es sollte nochmals nachgedacht werden, ob beispielsweise im German Cup wieder Teamwertungen eingeführt werden.

Die mentale Seite des Flugsports steckt im Bereich des Drachen- und Gleitschirmfliegens noch in den Kinderschuhen, wird aber für Wettbewerbspiloten zunehmend mehr an Bedeutung gewinnen und gewinnen müssen, um im hohen Leitungsniveau der Wettbewerbsszenen mithalten zu können. Nur so kann ein Pilot langfristig mit den An- und Entspannungen, den Höhen und Tiefen des Flugsports zurechtkommen: Damit Spaß am Fliegen und die Fähigkeit zu Lust und Freude als Grundmotivatoren des Flugsports funktionieren können. Wer Spaß am Fliegen hat, fliegt unverkrampfter und kann so sein Leistungspotenzial entfalten.

Gerade das Sammeln von Erfahrung und der Austausch untereinander ist wichtig, um nicht nur aus eigenen Fehlern lernen zu können/müssen. Piloten können von den vielschichtigen Erfahrungen der Fliegerfreunde lernen und profitieren, also sich gemeinsam weiterentwickeln.
Gerolf Heinrich sieht in einem einzigen Wettbewerb mehr fliegerische Weiterentwicklungsmöglichkeit als in zwei Flugsaisonen.[97]

Im folgenden Kapitel wird auf die Möglichkeit und den Nutzen von Teamkonstellationen im Flugsport eingegangen. Es wird gezeigt, welche Art von „Teams" oder Gruppen es gibt und welche gerade für die hier beschriebenen Zwecke förderlich sind und welche auch hinderlich sein können.

12. Stressmanagement für Piloten

Ent-Spannung nach spannenden Flügen

Anspannung und Entspannung begleiten jeden Piloten bewusst oder unbewusst beim Fliegen. Aktiver Aufbau eines Anspannungsniveaus (Konzentration etc.) ist wichtig, um sich den Herausforderungen des Flugsports zu stellen. Entspannung ist aber ebenso wichtig, um sich nach dem Flug oder nach kniffligen Flugsituationen wieder auf ein normales Aktivierungsniveau zu bringen.

Anspannung wird umgangssprachlich gerne als Stress bezeichnet. Diesen Begriff gilt es zunächst unter die Lupe zu nehmen, um ihn dann, bezogen auf den Flugsport, gezielt zu untersuchen.

STRESS – Was ist das eigentlich?

Der längst zum Schlagwort gewordene Begriff Stress stammt aus dem Englischen und bedeutet wörtlich ***Anspannung, Verzerrung, Verbiegung***, vor allem auf dem Gebiet der Materialprüfung, etwa von Metallen und Glas. In die Biologie wurde der Begriff 1950 von dem ungarisch-kanadischen Mediziner Hans Selye eingeführt und bezeichnet etwas sehr Ähnliches, nämlich die Belastungen, Anstrengungen und Ärgernisse, denen ein Lebewesen täglich durch Lärm, Hetze, Frustrationen, Schmerz, Existenzangst und vieles andere ausgesetzt ist. Es handelt sich um Anspannungen, Verzerrungen und Anpassungszwänge, bei denen man seelisch und körperlich unter Druck steht.

Damit kommt dem Begriff Stress, der etwa seit 1970 Eingang in unseren allgemeinen Sprachgebrauch fand, zunächst etwas eindeutig Negatives zu. Stress bedroht die Gesundheit, das Wohlbefinden, man scheut und fürchtet ihn als Überanstrengung, als Überbelastung. Gleichzeitig scheint er ein unvermeidbares Problem zu sein, mit dem wir in unserer modernen Zivilisation ununterbrochen konfrontiert werden. Ja, in dosierter Form scheinen wir ihn sogar zu brauchen.

Im Flugsport ist dieser Stress ebenso doppeldeutig. Einerseits freuen wir uns auf das Kribbeln im Bauch vor dem Start, auf den atemberaubenden Blick aus einer Höhe von über 2000 m über Grund – andererseits erleben wir Stress im negativen Sinne, wenn z. B. zu viele Piloten im selben Aufwindband soaren oder wir von Turbulenzen überrascht werden.

In der Psychologie unterscheidet man zwischen den zwei Stressarten:

- **Eustress** (anregender Stress) und
- **Distress** (zerstörender, schädlicher Stress),

die jedoch beide auf demselben Mechanismus basieren.

Eustress ist für viele Piloten der Grund, warum sie überhaupt fliegen und nicht eine andere Sportart wie Tennis ausüben. Eustress umfasst also die Bereiche der Anspannung, die wir als anregend oder positiv ansehen. Vor dem Distress dagegen gilt es sich möglichst gut zu schützen.

Eine weitere nützliche Differenzierung bietet der Unterschied zwischen erwartetem und unerwartetem Stress.

Was ist der Unterschied zwischen erwartetem und unerwartetem Stress?

Unerwarteter Stress erwischt uns auf dem linken Bein.
Meist handelt es sich um nicht planbare Momente, in denen man sehr spontan reagieren und aus der entsprechenden Situation heraus entscheiden muss.
Wir verlieren u. U. den Kopf, fühlen uns hilflos und deshalb einfach „gestresst".
Durch die Automatisierung von Handlungsabläufen mittels intensiven körperlichen und geistigen Trainings kann dieser unerwartete Stress in seiner Wirkung jedoch gehemmt werden.
Wenn beispielsweise ein Gleitschirmpilot einen großflächigen Klapper kassiert, dann ist dies für den unerfahrenen Piloten eine Extremsituation, während der trainierte und routinierte Pilot unbewusst kompetent reagiert und die Situation sofort als beherrschbar einzuordnen weiß.

Erwarteter Stress ist im Gegensatz zum unerwarteten Stress weniger belastend. Wir machen uns klar, was auf uns zukommt und stellen uns auf die jeweilige Situation ein. Durch eine Analyse der Wettersituation vor und während des Fluges beispielsweise sind die turbulenten Bereiche des Fluges meist gut zu kalkulieren, d.h., ich kann mich im Vorfeld darauf einstellen, ob der Flug ein ruhiger oder ein turbulenter wird. Genau an dieser Stelle greift auch das so oft beschriebene aktive Fliegen: Eben das Vorhersehen von Flugsituationen und das Antizipieren von Reaktionen.

Kombiniert man nun die genannten Unterscheidungen, so ergibt sich eine interessante Matrix mit einigen typischen Beispielen aus dem Flugsport.

	Unerwarteter Stress	**Erwarteter Stress**
Eustress (anregend)	• Unerwartet starke Thermik • Vollendung einer sehr hoch gesteckten Streckenflugaufgabe • Winterthermik	• Sehr gute Thermikvorhersage • Starke Ablösungen im Frühjahr • Acro-Flüge • Flüge durch viele Kontrollzentren • Prüfungsflüge
Distress (zerstörend)	• Kollision in der Luft • Geräteschaden • Aufziehendes Gewitter (Überentwicklung entgegen des Wetterberichtes) • Motorausfall • Kein Benzin mehr • Seilriss • Sicherheitsaußenlandungen • Plötzlicher Gegenverkehr	• Überflug von stark bewaldetem Gebiet • Sehr dichter Luftraum in Fluggebieten am Wochenende • Hohe Erwartungen vor einem Wettkampf von extern (Team, Sponsor, etc.)

Abbildung 15: Stress-Matrix

Aufgrund dieser Situation stellt sich für viele Piloten auf längere Sicht folgende Frage: Wie kann man Entspannungstechniken im Flugsport anwenden, um insbesondere die negativen Belastungen in den Griff zu bekommen. Denn wer längere Zeit in thermisch sehr aktiven Revieren - wie Fiesch/Wallis im August - geflogen ist, wird auch ohne negative Flugerlebnisse die Bedeutung von Stress im Sinne von Eustress kennen. In solchen Revieren zu Fliegen beansprucht einen Piloten mit allen Sinnen.

Sorgfältige Navigationsvorbereitung, ausreichende Wetterberatung vor dem Flug sind die besten Voraussetzungen zur anschließenden problemlosen Flugdurchführung - so lernt es jeder PPL Pilot in der Schulung. Leider nehmen diesen Hinweis nicht alle Piloten nach der Flugschule jederzeit ernst.

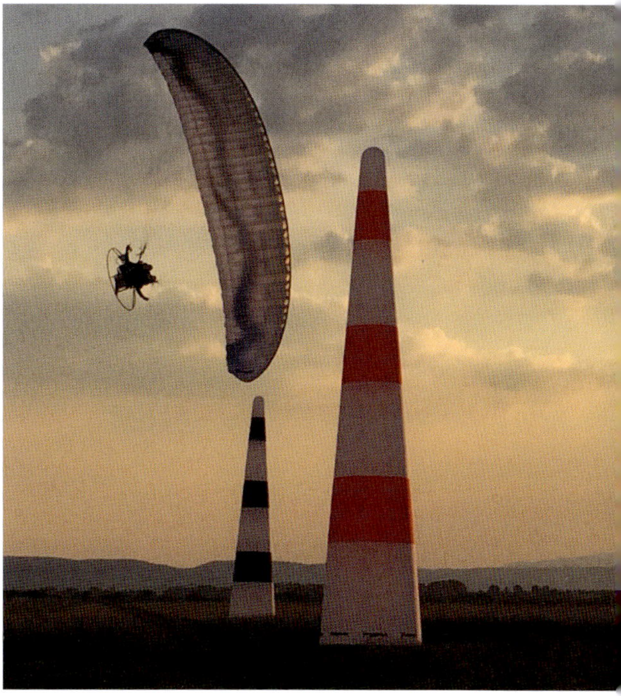

Wettkampfsituation bei der Deutschen Motorschirm Meisterschaft in Ballenstedt. (Foto: Rainer Krumm)

Antizipation von Flugsituationen

Um nicht von anspannenden („stressigen") Situationen überrascht zu werden, ist es sehr wichtig sich vor dem Flug zu konzentrieren. Erwartete Stress-Situationen sind leichter zu handhaben als unerwartete Stress-Situationen.

Häufig trifft man Gleitschirmpiloten am Startplatz, die die Hektik der Anfahrt mit dem Auto oder das Gedrängel in der Bergbahn noch nicht abgelegt haben, aber trotzdem schon ihren Gleitschirm startklar machen und sich ‚raushauen'. Die Konzentration auf den bevorstehenden Flug kommt zu kurz und die negative Anspannung wird unnötig gesteigert.

Hier kommt den Drachenfliegern die längere Startvorbereitungszeit des Aufbaus der Drachen zugute. Durch das routinierte, meist immer identisch ablaufende Aufbauprocedere wird ein Ritual gepflegt, welches den Piloten auf den Flug einstimmt.

Ähnliche Situationen erlebt man auf UL-Flugplätzen. Die Einfachheit des Motorschirmfliegens kommt hier negativ zum Tragen. Viele Motorschirmpiloten sind noch halb mit dem Kopf im Auto und starten bereits, während die Piloten der Ultralights erst noch ihre Maschinen aus dem Hangar holen und weitere Überprüfungen vornehmen müssen. So können sie sich auch mental besser (automatischer) auf das Fliegen einstellen. Ähnlich verhält es sich im Vergleich von Gleitschirmfliegern und Drachenfliegern.

Je einfacher das Fluggerät in der Vorbereitung ist, desto mehr sollte man sich bewusst Zeit nehmen, sich mental auf den bevorstehenden Flug einzustimmen. Dies dient nicht nur der Sicherheit - vor allem aber dem Wohlbefinden und dem Genuss am Fliegen. Und darum geht es ja schließlich beim Flugsport.

Die häufig belächelte Vorflugbesprechung (mit Kollegen oder im inneren Dialog) ist hier eine große Hilfe zur mentalen Vorbereitung auf herausfordernde oder belastende Flugsituationen

Beispiele für zu erwartende Flugsituationen:

- Thermikerwartung (Steigwerte)
- Anzahl der Fluggeräte in der Luft (Drachen, Gleitschirme, Segelflieger)
- Wetterentwicklung (Windstärke, Wolkenentwicklung, etc.)
- Routenplanung mit Gefahrenpotenzialen (Waldgebiete, Stromleitungen, CTR)

Piloten, die im Wettbewerbssport fliegen, sollten sich mittels Self-Coaching Ziele setzen und sich auf diese vor jedem Start konzentrieren. Hobby-Piloten sollten die Flugplanung oder Vorflugbesprechung ernst nehmen, um sich in eine positive Anspannung vor dem Flug zu bringen.

Gerade die Startphase ist nämlich eine der konzentrationsintensivsten Phasen des Fluges.

Im Rahmen von Saisonvorbereitungen werden beispielsweise gerade im Segelfliegen Situationen wie ‚Seilrisse beim Schleppstart' immer wieder geistig trainiert, um den Ablauf vor dem geistigen Auge parat zu haben. Wer nicht mental auf diese kritische Situation vorbereitet ist, gerät schnell in eine Stresssituation. Nicht nur in der Saisonvorbereitung ist dies notwendig. Auch gerade unmittelbar vor dem Start beim Durchgehen der Start-Checkliste ist es ratsam, diesen Punkt dezidiert mental zu planen, um im Notfall ein Programm abrufen zu können, ohne darüber nachdenken zu müssen. Dieses Programm beinhaltet tatsächliche Gegebenheiten des Flugplatzes, geflogene Muster, Startrichtungen, Platzverhältnisse und Wettersituationen.[98] Dies kann lebensnotwendige Sekunden einsparen, da eben in der Startphase nicht viel Höhe bleibt.

Übung: Vorflugbesprechung / Flugplanung

1. Wie ist die Wettersituation im Moment und wie wird sich das Wetter im Laufe des Tages verändern?	
2. In welchem Zustand befindet sich mein Fluggerät, ist es startklar, ist es gecheckt?	
3. In welchem Zustand befinde ich mich (körperlich & geistig)?	
4. Wie ist das Startgelände, mit welchen Besonderheiten muss ich rechnen?	
5. Wie verläuft meine Flugstrecke unmittelbar nach dem Start?	

6. Welche Ziele habe ich mir für diesen Flug gesetzt?	
7. Wo werde ich landen? Was ist dabei zu beachten?	
8. Welche Besonderheiten werden mich während meines Fluges erwarten (Flugverkehr, CTR, Windererscheinungen, Wetterentwicklungen, etc.)	

Entspannungstechniken für Piloten

Für viele Piloten ist es gerade die Entspannung, die sie im Sport suchen. Dies ist auch nahe liegend, will man seinen Körper und Geist fit halten.

Körperliche Entspannungstechniken:

Einerseits gibt es die „passive" körperliche Entspannung durch Massagen oder das Benutzen von Whirlpools oder Saunen zur Entspannung der muskulären Anspannung (Verspannung) nach einem intensiven Flugtag. (Bei regelmäßig starken Verspannungen sollte der Pilot seine Gurtzeugeinstellung überprüfen.)
Andererseits gibt es die Möglichkeit, Anspannungen aktiv zu lösen durch das Betreiben bestimmter Sportarten wie Joggen, Inlineskaten oder Mountainbiken etc.
Ganz elementar ist bei all diesen Tätigkeiten die Nutzung von so genannten Monotoniephasen, bei denen sich neben den muskulären Anspannungen auch die mentalen Anspannungen lösen können.
Inlineskaten ist gut, aber, wer in die Halfpipe geht, verstärkt natürlich den Adrenalinnachschub. Gleiches gilt für das Mountainbiken – es muss ja nicht gleich das Downhillrennen sein!

Piloten dagegen, die nach Außenlandungen längere Fußmärsche aus Seitentälern hinter sich hatten, wissen, wie frei der Kopf nach solch einem Marsch sein kann. Durch diese Monotoniephasen einer körperlichen Tätigkeit stellen sich meist automatisch die nachfolgenden drei Möglichkeiten mentaler Entspannung ein:[99]

1. **äußere Wahrnehmungslenkung**
2. **innere Wahrnehmungslenkung**
3. **positive Selbstgespräche**

Mentale Entspannungstechniken:

1. Äußere Wahrnehmungslenkung:

Die gezielte Beschäftigung mit neuen, anderen Tätigkeiten kann Anspannungen lösen und den Adrenalinspiegel senken. Auch hier kommt den Drachenfliegern ihr Abbauritual unterstützend entgegen. Beobachtet man bewusst Drachen- und Gleitschirmflieger am Landeplatz, dann zeichnen sich Gleitschirmflieger häufig dadurch aus, dass sie rasch bis hektisch zusammenpacken, um entweder schnell wieder auf den Berg zu kommen oder schnell die Heimreise anzutreten. Drachen-

flieger hingegen setzen sich meist erst einmal in den Schatten ihres Fluggerätes und beobachten den Himmel oder unterhalten sich gemütlich, bevor sie langsam mit dem Abbau beginnen. Bereits mit dem Abbauritual löst sich bei vielen die innere Anspannung. Dies könnten sich Gleitschirmpiloten auch zu Nutze machen und etwas mehr Ruhe am Landeplatz einkehren lassen.
Die äußere Wahrnehmungslenkung ist eine wirksame Methode, aber für die Zeit während des Fluges wenig geeignet.

2. Innere Wahrnehmungslenkung
Bei der inneren Wahrnehmungslenkung führt man die Aufmerksamkeit von der stressauslösenden Situation weg und richtet sie intensiv auf etwas anderes:

a) Auf konkrete Reize
Durch die Konzentration auf konkrete Reize wie Landschaften, Vögel, Blumen oder Fotos, mit denen man etwas Positives verbindet, wird die Wahrnehmung bewusst gelenkt.

b) Auf innere Bilder
Die Konzentration auf Ruhebilder und die dabei entstandenen Empfindungen können Anspannungen lösen. Man versucht die Wahrnehmung (z. B. Hören, Sehen, Fühlen) so zu steuern, dass man sich in diese positive Wahrnehmungswelt hineinversetzt, welche die vorgestellte Situation auslöst (z. B. Strand, Badewanne, Bett, Lehnstuhl, Almwiese).

c) Auf neutrale oder positive Gedanken
Man denkt an nichtbelastende, neutrale oder positive Ereignisse (z. B. Freizeitaktivitäten, Urlaub, nette Menschen, lustige Begebenheiten, schöne Tagträume).

3. Positive Selbstgespräche
Verhalten und Emotionen werden meist von einem inneren Dialog begleitet, also einer Bewertung der Situation oder der eigenen Person (z. B. „das schaffe ich nicht"). Diese inneren Dialoge kann man positiv beeinflussen. Gerade während des Fluges kommen häufig Situationen vor, die den Piloten stark anspannen, wie zum Beispiel starke Talwinde oder Abschattungen, die das Erreichen des gesteckten Streckenflugzieles unmöglich erscheinen lassen. Andere Piloten reden sich regelrecht ein, dass sie den Landeplatz sicherlich nicht mehr erreichen können. Solche Selbst-Suggestionen sind nicht konstruktiv, sie sind sogar gefährlich und stressauslösend. Sie sind daher umzukehren.

a) Umstrukturieren
Viele Belastungen können positive Aspekte haben, deshalb versucht, man sich auf diesen Teil der Situation zu konzentrieren. So ist es besser, beim Marsch aus dem Seitental die Zeit zu genießen, in der man durch das schöne Tal wandert, als sich fortwährend zu ärgern, dass man keinen Thermikanschluss mehr gefunden hat und vorzeitig landen musste.

b) Selbstinstruieren
Selbstinstruieren heißt: Sich selbst auffordern, stressauslösende Bedingungen zu verändern, sich also nicht zu sorgen, nicht zu ärgern. Man fordert sich selbst dazu auf, stressbewältigende Handlungen einzusetzen, bewusst den Flug zu genießen und nicht an die verpasste Aufwindchance o.ä. zu denken. Ist ein Start nicht optimal gelaufen, sollte man versuchen, diese Situation möglichst schnell abzuhaken, um sich dann auf den Flug zu konzentrieren. Wird man von anderen Piloten im Thermikaufwind genervt, dann kann man sich auch hier instruieren, sich nicht provozieren oder ärgern zu lassen, sondern seine Flugroute außerhalb des Bartes zu suchen oder das Beste aus der gegebenen Situation zu machen.
Eine entsprechende Selbstinstruierung könnte lauten: „Ärgere Dich nicht über die anderen Piloten – such Dir eine eigene Route" oder „Konzentriere Dich auf Deinen Flug –

ärgere Dich nicht über Dinge aus dem Job"

Die amerikanische Kunstflugmeisterin Petty Wagstaff arbeitete während ihrer ersten US-Meisterschaft, die sie gewann, viel mit Selbstinstruierungen. Nachdem sie eine technische Panne hatte, musste sie ihren Flug am Ende des Durchgangs wiederholen, was ihre nervliche Anspannung steigerte. Um sich den Druck zu nehmen, sagte sie sich laut vor: ‚Flieg wie im Training! Entspann Dich! Es geht nur darum, die Sache durchzuziehen.' Es wirkte: Bei den nächsten Flügen schlug sie jeden ihrer Konkurrenten haushoch und gewann schließlich nach mehreren nervenaufreibenden Durchgängen des komplizierten Wertungssystems jede Disziplin."[100] Sie wurde als erste Frau amerikanische Kunstflugmeisterin – gegen eine Elite aus gewieften Männern, die teilweise länger flogen und durch größere finanzielle Mittel eine intensivere Vorbereitungsphase hatten.

Der brasilianische Weltklassedrachenflieger André Wolf steuert sich in Wettkämpfen, indem er sich selbst instruiert „calm down, don't rush."[101]

c) Selbstermuntern

Auch bei der Entspannungstechnik „Selbstermuntern" spielt das positive Denken eine zentrale Rolle. Man ermuntert sich zusätzlich aktiv selbst und stärkt sich so in seinem Selbstvertrauen.

Aussagen wie: „Ich habe die Situation im Griff" – „Ich schaffe das" – „Ich bin gut vorbereitet – das kenne ich aus dem Sicherheitstraining" können diesen Effekt verstärken.

Kommt man als Pilot in turbulente Regionen, kann man sich immer wieder auf seine Ausbildung und sein Training des Groundhandlings besinnen, um die Souveränität zurückzugewinnen.

Segelflieger Valentin Maeder empfiehlt in seinem Artikel „In Pursuit of the Tao of Gliding", die Verwendung von selbstinstruierenden Selbstgesprächen als regelrechte Mantras, beispielsweise die Aussage: „Ein guter Pilot kann mit solchen Fehlern umgehen und freut sich, von den Fehlern später zu lernen."[102]

Positive Leitsätze sind bereits vor dem Flug sehr hilfreich. In einem Trainingslager Schweizer Fallschirmspringerinnen wurden Tagesleitsätze unterbreitet wie „Denke immer positiv, egal was passiert"; „Vermeide negative Kommentare oder Gesten"; „Ermutige Deine Teamkolleginnen" etc.. Dies hatte einen positiven Effekt auf die Stimmung und Leistungsfähigkeit der Springerinnen.[103]

Häufig werden Entspannungstechniken mit esoterischem Yoga-Krimskrams abgetan. Diese Pauschalisierung ist bei genauerer Betrachtung nicht haltbar. Grundvoraussetzung für den Erfolg von Entspannungstechniken ist natürlich die Bereitschaft, sich darauf einzulassen und nicht im Unterbewusstsein die Technik/das Verfahren zu blockieren.

Drachenflug Ex-Weltmeisterin Judy Leden gibt 3 Top-Ratschläge, die Angst zu lösen, wenn man in Turbulenzen kommt:

„1. Entspanne dich. Löse deine körperliche Anspannung und es wird deinen Geist frei machen. Verkrampfe deine Hände nicht an der Basis oder an den Bremsleinen. Entspanne bewusst deine Schultern.
2. Visualisation. Stelle Dir einen Adler an deiner Flügelspitze vor. Er fliegt entspannt, egal in welcher Luft er ist. Deshalb stelle dir vor, du bist einer von ihnen, oder einer der souverän fliegenden Piloten, die du wirklich respektierst.
3. Tief atmen. Hyperventilieren hilft nicht!"[104]

Gleitschirm Weltcup-Gesamtsieger Uli Wiesmeier beschreibt den Nutzen des Mentalen Trainings und des Autogenen Trainings in seiner erfolgreichen Weltcup Saison vor dem

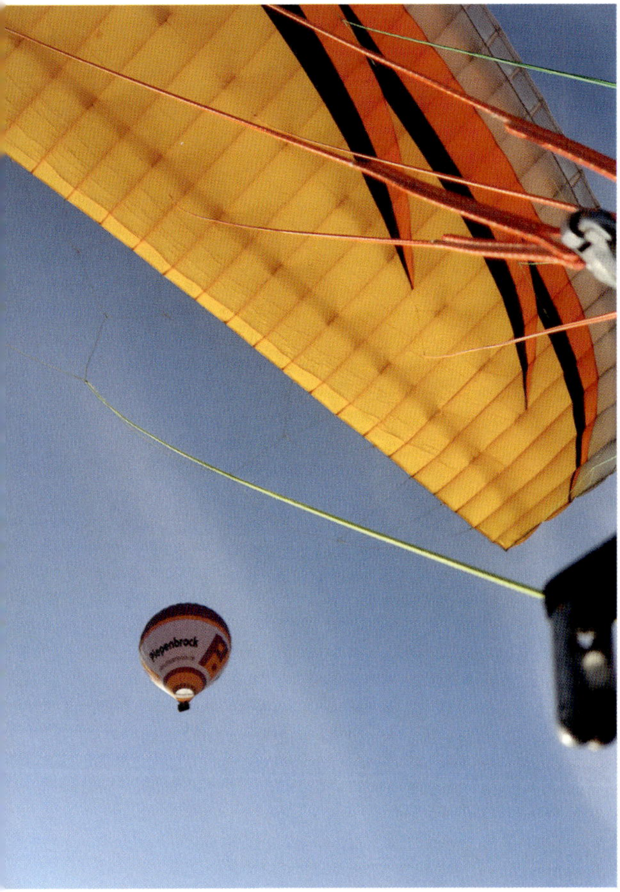

Entspannte Begegnungen durch vorherigen Funkkontakt. (Foto: Rainer Krumm)

Weltcup-Finale im berüchtigten (weil extrem thermischen) Owens Valley wie folgt:

„Durch die vielen Wettkämpfe über all die Jahre hin habe ich gelernt, die Nervosität vor dem Start in positive Energie umzuwandeln. Lampenfieber, das dir jeden Frühstücksbissen im Halse stecken lässt, das dich in den Stunden vor dem Start zermürbt, als littest du an einer bösen Krankheit, dieses Lampenfieber kenne ich nicht mehr. Autogenes Training hat diese Lähmung von Geist und Körper geheilt. Statt wie ein Häufchen Elend auf den erlösenden Startschuss zu warten, habe ich gelernt, die Angst umzupolen in Kraft, mein Gehirn ‚startklar' zu machen und die Psyche zu regulieren, damit Motivation und Konzentration zum rechten Zeitpunkt hundertprozentig stimmen. Und wenn es hieß: ‚Start frei', war ich heiß auf den Sieg."[105]

Für die Erstüberfliegung des Mount Everests spielte das Stressmanagement für den Piloten Angelo D'Arrigo eine zentrale Rolle. So wie er es sich nicht leisten konnte, technische Mängel bei diesem Projekt zu haben oder Fehlentscheidungen zu treffen, so bedeutsam war das Stressmanagement in dieser Extremsituation. Dazu hat er sich jahrelang mit Entspannungstechniken beschäftigt.

„Im Laufe der Jahre habe ich eine persönliche Technik entwickelt, eine Art Meditation. Aus dem Yoga habe ich das übernommen, was ich für meine Zwecke für geeignet hielt, den Rest ließ ich beiseite. Dazu brauchte ich ein dunkles Zimmer, in das ich mich zurückziehen konnte. Ich setze mich im Lotussitz auf einen Teppich, um mich zu konzentrieren. Später begann ich, diese Übung dann und dort zu machen, wo es mir gerade passte. Das kann zu Hause sein, vor einem Start oder in einem Flugzeug während einer Reise. Es handelt sich um eine Übung, zu der ich weder einen besonderen Trainingsanzug noch spezielle Schuhe brauche. Jederzeit bin ich fähig, in diese Sphäre der Entspannung einzutreten. Diesen Zustand erreiche ich durch die Atmung – Quelle des Lebens aller Kreaturen."[106]

Progressive Muskelentspannung nach Jacobson

Ein sehr pragmatisches Programm zur Entspannung ist die Methode der progressiven Muskelentspannung nach Dr. Edmund

Jacobson. Diese ist gerade für Sportler und Piloten geeignet, da sie einfach anwendbar ist und sich als wirksames Mittel nicht nur zur Schmerztherapie bewährt hat, sondern auch zur Entspannung führt. Sie ist neben dem Autogenen Training eines der bekanntesten Entspannungsverfahren. Der progressiven Muskelentspannung liegt im Vergleich zum Autogenen Training keine Suggestion zugrunde, sondern eine aktiv-muskuläre Vorgehensweise. Sie ist gerade für Piloten geeignet, die nicht allein durch ihre Vorstellungskraft zu einer tiefen Entspannung finden können.
Der aus Schweden in die USA emigrierte Arzt Jacobson beschäftigte sich wissenschaftlich in den zwanziger Jahren mit der Funktionsweise der Muskulatur und lehrte an der renommierten Harvard University. Ihm fiel auf, dass innere Unruhe, Stress und Angst mit Anspannung der Muskulatur einhergehen. Ziel der progressiven Muskelentspannung ist die willentliche fortdauernde Verringerung der Spannung einzelner Muskelgruppen des Bewegungsapparates. Jacobson erkannte, dass durch gezieltes Anspannen und abruptes Lösen einzelner Muskeln nachweislich verbesserte Entspannung - psychisch und physisch - erreicht werden kann.
Ein innerlich angespannter oder ängstlicher Pilot ist meist auch muskulär angespannt. Gleitschirmpiloten merken dies oft an Muskelkater in der Bauchregion, weil sie angespannt im Gurtzeug sitzen. Eine Lockerung der Muskulatur führt in der Regel zu einem Ruhegefühl.

Worauf beruht dieser Entspannungs-Effekt?

- „Ein komplex vernetztes System von Wechselwirkungen bestimmt die körperliche und seelische Anspannung eines Menschen.
- Muskeln, die kurzzeitig kräftig angespannt werden, sind unter bestimmten Voraussetzungen nach der Anspannung lockerer als vorher.
- Die eintretende körperliche Entspannung hat auch Auswirkungen auf den psychischen Zustand.
- Es gibt keine Muskelanspannung ohne seelische Anspannung und umgekehrt: Eine seelische Spannung bleibt auf Dauer nicht bestehen, wenn sich der Körper entspannt."[107]

Um eine möglichst tiefe Entspannung zu erzielen, wird zunächst die Aufmerksamkeit auf eine bestimmte Muskelgruppe (z.B. Unterarm und Hand) gelenkt. Dann wird diese Muskelgruppe für etwa fünf bis zehn Sekunden bis zur Belastungsgrenze angespannt, wobei die entstehende Empfindung möglichst genau wahrgenommen wird.
Die Methode ist einfach zu erlernen und es gibt zahlreiche Audioaufnahmen[108] auf dem Markt, die er Anfänger leicht selbst erlernen kann. Beherrscht man die Methode, lässt sie sich nahezu überall wieder anwenden.
Auf begleitenden Audioaufnahmen lenkt der Sprecher die Wahrnehmung des Entspannenden auf diese Muskelgruppen. Die Anspannung soll dabei nicht übertrieben werden, sondern einfach nur angenehm sein. Daraufhin erfolgt eine Entspannungsphase von etwa fünfzehn bis dreißig Sekunden, in der die Aufmerksamkeit auf die Körperempfindungen gerichtet ist. Im Übungsverlauf werden die Muskelgruppen nacheinander einbezogen. Je nach Sportart oder Verspannung kann der komplette Körper einbezogen werden, oder nur die verspannte/angespannte Muskelpartie. So ist auch jede Flugsportart auf eine andere Art und Weise für unterschiedliche Muskelpartien anstrengend. Die progressive Muskelentspannung ist gerade bei langen Wettkämpfen, die über mehrere Tage verlaufen sehr gut geeignet, um Körper und Geist zu entspannen. Schöner Nebeneffekt der Entspannungstechnik ist das wohlige Wärmeempfinden, das durch die bessere Durchblutung ausgelöst wird.
Edmund Jacobson war übrigens auch einer der ersten psychoneuromuskulären Wissen-

schaftler, die das Mentale Training begründeten. Er verwies darauf, dass Muskelaktivität während vorgestellter (also mentaler) Bewegungen größer ist als die Ruheaktivität.

Entspannung ist gerade im Flugsport lebenswichtig. Die Konzentrationsfähigkeit basiert auf der Entspannung. Jeder Pilot muss für sich selbst ausprobieren und entscheiden, welche Entspannungstechnik für ihn am besten geeignet ist.
Piloten der Lufthansa nutzen diese Entspannungstechnik erfolgreich auf Interkontinentalflügen.[109] Die geistige Wachsamkeit und Aufmerksamkeit ist dabei nicht eingeschränkt. Viel negativen Stress lässt man allerdings am besten gar nicht aufkommen. Durch gezielte Flugvorbereitung kann viel unerwarteter Stress vermieden werden.

Vielleicht dachten Sie bei der Beschreibung des Flow-Kapitels, dass dieser Flow doch eigentlich etwas Meditatives und Entspannendes hat. Richtig – es zeigen sich Parallelitäten zwischen den Empfindungen und Prozessen, die im Zustand des Flows auftreten und charakteristischen Elementen meditativer Zustände: Die völlige Konzentration, die einfachen Regeln und klaren Ziele, die Veränderung der Zeitwahrnehmung und nicht zuletzt das Aufgehen in der Tätigkeit sowie der Verlust des Selbstgefühls bis hin zur Auflösung der Grenze zwischen Wahrnehmung und Sein. Interessanter Weise bringt der Fallschirmspringer und Autor Gert Semler in seinem Buch „Die Lust an der Angst"[110] diesen Zusammenhang zwischen Entspannung, Herausforderungen und Angst.

Suggestionen als Bestandteil des Mentalen Trainings

Piloten, die noch keinerlei Erfahrung mit Entspannungstechniken besitzen und vielleicht auch Berührungsängste mit solchen „soften" Methoden haben, ist zu empfehlen, erst Erfahrung mit den im Stress-Management-Kapitel beschriebenen Methoden zu sammeln. Suggestionen sind quasi die Hochleister unter den Entspannungstechniken.
Die wissenschaftliche Grundlage ist die Suggestionsforschung, die vor allem in den letzten zwanzig Jahren nicht nur durch Entspannungstechniken und Trancezustände auf sich aufmerksam machte, sondern gerade im Mentalen Training durch Suggestionen im so genannten Wachzustand erfolgreich arbeitet. Positive Leitsätze, Ermutigungen und Anregungen zeigen Wirkung. Suggestionen arbeiten mit musikalischer Unterstützung und geleiteten Formulierungen durch einen Sprecher auf einer Suggestions-CD,[111] oder noch besser durch einen ausgebildeten Trainer oder Coach. Solche Trainingsprogramme erfordern Geduld und Ausdauer. Ebenso ist es erforderlich, sich auf diese Entspannungszustände einzulassen. Für Ungeübte ist die ruhige, sanfte Musik sehr ungewohnt und die Konzentration während der Suggestion ist gerade bei Anfängern oft noch viel zu sehr auf die Situation gelenkt, statt gedanklich loszulassen. Die Wirksamkeit der positiven Suggestionen wird durch den Einsatz indirekter und bildhafter Formulierungen gesteigert.
Es wird zwischen der Aktiv-Suggestion und der Tiefen-Suggestion unterschieden.

Aktiv-Suggestionen
Durch Entspannungsmusik und geleitete Formulierungen sinkt der Adrenalinspiegel, der gesamte Organismus wird wieder mehr ins Gleichgewicht geführt. Für die Aktiv-Suggestion ist weder eine Ruheposition noch eine

klassische Entspannungsphase erforderlich. Man kann daher einer anderen Beschäftigung nachgehen. Das Verfahren kann zu beliebigen Zeiten überall eingesetzt werden. Für Piloten bedeutet dies, dass man beispielsweise bei der Fahrt zum Fluggelände oder vom Fluggelände wieder nach Hause mit entsprechenden Aktiv-Suggestionen arbeiten kann. Wer unerfahren mit den Techniken ist, der sollte jedoch zunächst Erfahrung ohne „Nebenbeschäftigungen" sammeln.

Tiefen-Suggestionen

Die Tiefen-Suggestion verbindet wesentliche Erkenntnisse des Autogenen Trainings sowie der Hypnose- und Musiktherapie. Während die klassischen Suggestionsmethoden den Klienten überwiegend mit direkt formelhaften Anweisungen und Aufforderungen möglichst schnell zu lenken versuchen, lässt die Tiefensuggestion eine größtmögliche Freiheit, die Suggestionen anzunehmen. Sie stellt dem Ich den notwendigen Raum zur Verfügung und wirkt so von vornherein dem Aufbau von Widerständen entgegen, die den Erfolg der Suggestionsmethode beinträchtigen oder völlig neutralisieren. Die Grundlage für die Tiefensuggestionen lieferte der amerikanische Therapeut Milton Erickson. Er entdeckte, dass mit Hilfe indirekter Suggestionen viel erreicht werden kann. Neuere Suggestionstechniken, speziell auf CDs verwenden zahlreiche gleichzeitig gesprochene und geflüsterte Leitsätze und Ermutigungen, die nach komplexen Architekturen konstruiert sind. Dadurch wird nicht nur das Ziel effizienter erreicht, sondern auch noch das körperlich-seelische Wohlempfinden intensiver und nachhaltiger gestärkt.

Die Rolle der Musik ist sehr wichtig. Der Ruhepuls-Rhythmus der komplexen Entspannungs-Symphonien wird nach therapeutischen Gesichtspunkten gewählt; das durchgängige Taktmaß von 60 Schlägen pro Minute bewirkt eine besonders tiefe Entspannung.
Die Tiefensuggestion kann sportpsychologische Betreuung im besonderen Maße sein. Speziell für Piloten, die unter Wettkampfdruck stehen, bietet diese Methode drei wichtige Möglichkeiten:

1. Piloten sinken in einen wohltuenden Entspannungszustand
2. zahlreiche konzentrations- und leistungsfördernde Suggestionen werden im Unterbewusstsein verankert.
3. Vorstellungsübungen (Drehbücher) bieten Piloten einen Freiraum zur Entfaltung innerer Bilder. Man kann jede einzelne Phase der Flugsituation mental trainieren.

Die Tiefen-Suggestion beginnt zunächst mit einem Entspannungszustand, in den der Coach den Piloten führt, um dann einzelne Trainingsabschnitte zu beschreiben und zu visualisieren.

Die Suggestionsmethoden erschließen für Piloten und Leistungssportler neue Möglichkeiten, das Mentale Training weiter zu intensivieren. Die Nachhaltigkeit ist größer und die Leistungszuwächse höher. Erfahrene Mental-Trainer und Coaches können hier sehr gute Unterstützer sein. Es hilft jedoch sehr, wenn der Coach selbst Pilot ist, denn dann kann er die Faszination und Situation besser verstehen.

13. Umgang mit (Flug-) Angst und Wettkampfdruck

Flugangst

Die meisten Luftsportler betreiben Ihren Flugsport als reines Hobby, das auch noch recht kostenintensiv sein kann. Interessant ist dann zu sehen, dass der Begriff „Flugangst" ein wichtiger, aber oft verschwiegener Aspekt des Luftsports ist, mit dem sich jeder sicherheitsbewusste Pilot auseinandersetzen sollte.

Ein Fachmagazin im Drachen- & Gleitschirmbereich hat in einer Umfrage ermittelt, wovor Piloten Angst haben:[112]

- Vor körperlichen Verletzungen, schlimmstenfalls Todesangst
- Vor Einklappern bei Turbulenzen
- Vor falscher Einschätzung des Wetters
- Vor den Gefahren am Landeplatz
- Vor einem Zusammenstoß in der Luft
- Vor der Auslösung des Retters
- Vor großflächiger Thermik (‚überall geht's hoch')
- Vor der Höhe
- Vor Kontrollverlust – sich nicht mehr zurechtzufinden
- Vor ‚unlandbarem' Gelände beim Streckenflug
- Vor dem ‚Absaufen'
- Vor anderen zu versagen, das Gesicht zu verlieren
- Vor dem offenen Zeigen von Angst

Ziel des Mentalen Trainings ist es nicht, die Angst gänzlich auszulöschen: Angst und Gedanken, die auf Besorgnissen beruhen sind wichtig, denn sie haben eine Alarm- und Warnfunktion. Sie macht uns aufmerksam und extrem leistungsfähig: Der Körper läuft zur Höchstform auf und wächst über sich hinaus, um unser Leben zu retten. Durch ein bedrohliches Signal wird das Stresshormonsystem im limbischen System aktiviert, dem Verbindungsbereich zwischen der uralten und der neuen Region des Gehirns. Dabei werden zwei Schaltkreise angeworfen: jener der sekundenschnellen Reaktionen und, wenige Minuten danach, das längerfristige Stressreaktionssystem.

Unsicherheit hat einen Grund: An sich einfache Dinge erscheinen – mangels Wissens und Erfahrung – als so komplex oder gefährlich, dass man es nicht wagt, sie in Angriff zu nehmen. Dies hindert Piloten oft, beherzte Manöver wie einen Fullstall beim Gleitschirmfliegen in Notsituationen durchzuführen. Vielmehr verharren sie in einer Angst-Starre, wie das sprichwörtliche Kaninchen vor der Schlange. Unsicherheit in normalem Ausmaße ist eine wichtige und lebensrettende Sache, denn sie ist oft eine Lebensversicherung, in dem sie uns vor Leichtsinn oder groben Fehlern schützt.

Fast jeder Pilot lernt während der Flugkarriere Angst kennen. Die einen mehr, die anderen weniger. Der Umgang mit dieser Angst macht es aus, ob wir den Sport mit großem Vergnügen ausüben können oder ob wir mit der erlebten Angst nicht klarkommen und das Fliegen wieder aufgeben.
Was passiert eigentlich im Körper bei Angst? Medizinisch-psychologisch passiert folgendes:

Angst beeinflusst direkt das Gehirn, das Nervensystem und das chemische Botensystem des Körpers. Im Moment des Erschreckens werden von der Nebennierenrinde Adrenalin und Noradrenalin über das Nervensystem in Umlauf gebracht. Die Amygdala (Mandelkern) im Gehirn, der Knotenpunkt der Angstreaktion, schickt einen Impuls an den Hypothalamus, der das Corticotropin-Releasing-Hormon ausschüttet. Dessen Moleküle rasen wieder zu den Nebennieren und setzen das Stresshormon Cortisol frei. Die Kettenreaktion setzt sich aus vielen winzigen Schritten zusammen, um möglichst fein regulierbar zu sein. Ihr Ziel ist es, dem Körper im Moment der Gefahr blitzschnell zusätzliche Energien zur Verfügung zu stellen.[113]

Angst entsteht immer dann, wenn der Mensch sich in einer Situation befindet oder sich zu befinden glaubt, die er nicht kennt oder für die er keine positive Lösung hat. Zuschauer und Fußgänger fragen häufig Piloten vor dem Start oder nach der Landung, ob sie denn keine Angst hätten und unterstreichen vielfach, dass sie sich das nie trauen würden, denn sie hätten viel zu viel Angst. Die Fußgänger sind ja auch nicht durch fundierte Ausbildungen gegangen und verfügen nicht über die Erfahrung und Fähigkeiten, ein Fluggerät zu pilotieren wie ein ausgebildeter Pilot. Daher rührt ihre Angst.

Die rationale Einschätzung der wirklichen Gefahr, der ich beim Fliegen ausgesetzt bin, ist wichtig für den Verlauf des Angstzustandes. Die Vernunft wird im präfrontalen Cortex aktiviert. Die Gefahr wird analysiert, mit Erfahrungen verglichen und bewertet, das Ergebnis an das limbische System weitergegeben. Ist die Gefahr gebannt, normalisiert sich der Hormonspiegel wieder.

Gerade dieses vernunftmäßige (bewusste) Abrufen von Bewegungs- und Reaktionsmustern ist wichtig, um die Angst bewältigen oder regulieren zu können. Genau hier setzt eben auch der Erfolg im Mentalen Training an. Je besser die mentale Fitness, desto leichter lassen sich Bewegungsmuster oder Verhaltensweisen abrufen.
Flugsport ist zu jeder Zeit (auch wenn es immer wieder geleugnet wird) mit Risiken verbunden. Genau dieses Risiko lässt aber auch die Faszination am Flugsport so intensiv werden. Man kann zwar etliche Risiken minimieren oder bis zu einem gewissen Bereich managen – aber eben nicht ganz.

Die Anspannung oder Angst, die man beispielsweise im Landeanflug spürt, ist Teil einer Stressreaktion, die den Körper auf kommende Herausforderungen vorbereitet. Besonders für Drachenflieger und Segelflieger stellt die Landung eine Phase der hohen Anspannung dar. Forschungen[114] der US Air Force haben gezeigt, dass die Pilotenleistung bis zu einem gewissen Punkt (Ende Phase 3) steigt. Nach diesem Leistungsoptimum fällt die Leistung aber rapide (Phase 4 der Kurve) ab und der Stress steigt weiter an.

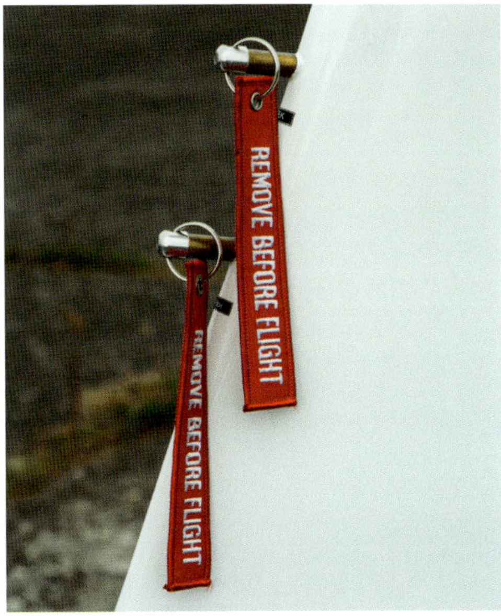

Ist der Kopf auch flugbereit? (Foto: Rainer Krumm)

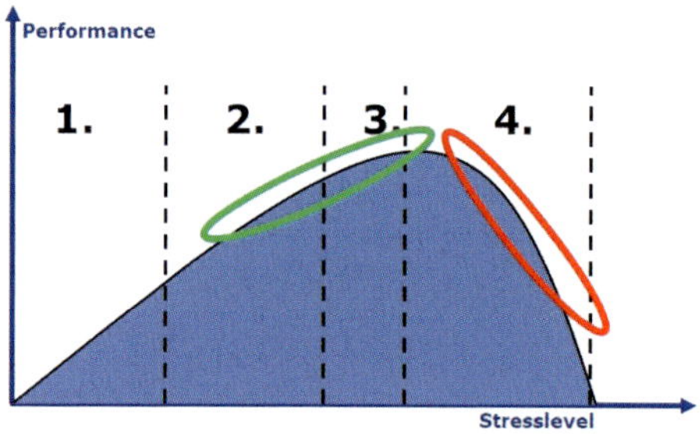

Abbildung 16: Das Yerkes-Dodson-Gesetz: Stresslevel / Performance.

Daraus resultiert ein optimaler Stresslevel auf dem Gipfel der Kurve. Optimal ist das Agieren in der Phase 2. Phase 3 hat den Nachteil, dass sich der Pilot bereits bei einer kleinen Zunahme des Stresslevels über den kritischen Punkt hinweg bewegt.

Das Yerkes-Dodson-Gesetz

Die obenstehende Graphik wurde erstmals von Yerkes und Dodson[115] dargestellt und bewiesen. Dieses Gesetz beschreibt im Speziellen die Beziehung zwischen optimaler Stärke der Motivation und Schwierigkeit einer Lernaufgabe des „Stressens". Allgemein definiert es den Zusammenhang zwischen Leistungsfähigkeit und Motivation bzw. dem Erregungsniveau eines Individuums. Das Yerkes-Dodson-Gesetz ist durch Generalisierung aus Lernversuchen mit Ratten gewonnen worden: Ratten lernen eine schwierige Diskriminierung bei schwacher Motivierung rascher als bei starker, während leichtere Aufgaben auch bei starker Motivierung gleich gut gelernt werden. Das heißt für Piloten ist die Aneignung von neuen Bewegungsabläufen unter fliegbaren Bedingungen logischerweise besser als unter Bedingungen, die Stress verursachen. Die Entspannungstechniken kommen auch hier zur Geltung. Nur in entspanntem Zustand, aber mit der notwendigen Motivation kann das Leistungshoch erzielt werden.

Angst löst Stressreaktionen aus – aber auch Stressreaktionen lösen Angst aus. Und genau an diesem Hebel können Piloten ansetzen, um Ihre Angst in den Griff zu bekommen. Stressreaktionen werden unter anderem von folgenden Auslösern verursacht: Hypoglycaemia (niedriger Blutzucker, verursacht durch zu süße Lebensmittel oder, weil gar nichts gegessen wurde), Koffein, Nikotin, Ermüdung, Schlafstörungen, Infektionen, Krankheiten, Hitze oder Dehydrationen. Als Pilot kann man diese Auslöser aktiv beeinflussen. Wenn ein Flugtag geplant ist, die Wetteraussichten entsprechend sind, dann heißt es im Zweifelsfall, den Lebensstil anpassen (Kein Alkohol und Kaffee etc.) und die Stressreaktionen und damit die Angst nicht unnötig fördern.
Angst muss nicht nur von fliegerischen Aktivitäten ausgelöst werden. Private Sorgen, finanzielle Engpässe oder Ärger im Beruf können auch die Angst beim Fliegen beeinflussen.

Ist Angst nun angenehm oder zerstörerisch? Anfangs, im Bereich der normalen Adrenalinausschüttung ist Angst noch aufputschend und eher erregend, sie erhöht die Wachheit der Sinne, die maximale körperliche und geistige Bereitschaft und volle Aufmerksamkeit. Später, wenn es dem Körper aber zu heftig wird und die Erregung irgendwann einen gefährlichen Bereich erreicht, kann die zu starke Adrenalinausschüttung in eine Angststarre, eine Lähmung oder gar einen Blackout führen. Das Gehirn schaltet regelrecht ab und klares, rationales, vernünftiges Denken ist nicht mehr möglich.[116]
Der Fallschirmspringer Gerd Semler berichtet: „Als die Hupe ertönt, die den Endanflug ankündigt, machen wir uns fertig. Ich bin, nachdem meine Angst immer mehr der unbändigen Lust am Springen und all den

kleinen und großen Thrills und Sensationen gewichen war, heute wieder ziemlich aufgeregt. Mein erster Relativ-Sprung steht an. Einerseits freue ich mich schon seit Wochen auf diese Begegnung mit einem anderen Springer im freien Fall, andererseits löst aber schon der Gedanke an das, was mich da draußen erwartet, einen Adrenalinstoß nach dem anderen aus. Was ist, wenn wir zusammenstoßen? Werden wir uns beim Ziehen gegenseitig behindern? Reichen meine Fähigkeiten überhaupt schon für solch ein gewagtes Unternehmen aus? Vorsichtshalber habe ich mir einen erfahrenen Partner ausgesucht."[117]

Der springende Punkt ist, dass das Gehirn nach ähnlichen erlebten Situationen oder Erfahrungen sucht. Hat man sich im Laufe der Flugkarriere mit verschiedensten Situationen beschäftigt- mit eigenen Erfahrungen oder Erfahrungen aus der Literatur oder von Kollegen – so hat die eigene Vernunft Möglichkeiten nach Lösungsvorschlägen zu suchen. Je größer der Fundus, desto größer die Wahrscheinlichkeit, dass etwas Passendes dabei ist. Und dann ist die eigene Angst auch geringer. Verhaltensbiologen zufolge wohnt in uns Menschen ein Elementarbedürfnis nach der gelegentlichen Aktivierung von Angstgefühlen.[118]

Gerade beim Flugsport ist aber die Flugplanung für die Beherrschung der Flugangst von entscheidender Bedeutung. Es gilt vor dem Start zu kalkulieren, ob Bedingungen und Situationen zu erwarten sind, die mir Angst machen und ob man mit diesen Situationen noch angemessen umgehen kann. Auch hier dient der Flow-Kanal als Orientierungshilfe. Mit Herausforderungen wächst man auch als Pilot, bei großen Überforderungen jedoch kommt neben der nicht mehr zu bewältigenden Angst vor allem aber auch das existentielle Gesundheitsrisiko. Diese Überlegungen, ob man startet oder nicht, muss man sich immer wieder gewissenhaft vor dem Start stellen – auch wenn andere Piloten bereits in der Luft sind. Die Startentscheidung kann und muss jeder Flieger selbst treffen.

„Aus lerntheoretischer Sicht wäre zu erwarten, dass die wiederholte Konfrontation mit Angstreizen im Sinn einer aktiven Vermeidung zu einer Löschung, also einer Beseitigung der Angst führen würde. Wie wir aber von Fallschirmspringern wissen – und wir haben Grund zur Annahme, dass dies gleichermaßen auf andere Risikosucher zutrifft –, ist dies nicht der Fall. Zunehmende Erfahrung führt zwar zu einer Reduktion der körperlichen Erregung, jedoch bei weitem nicht in dem Maße, wie aufgrund der veränderten subjektiven Einschätzung der Angst zu erwarten wäre. Physiologisch betrachtet besteht somit die Angst weiterhin, ohne dass sie sich in unserem Empfinden in entsprechender Weise widerspiegelt. Während wir uns also häufig sogar im Flow befinden, dabei Freude und Glück verspüren, tut unser Körper so, als stünde im nächsten Augenblick der Kampf mit einem mächtigen Gegner an. Aber das ist auch gut so. Denn diese autonome Reaktion des Organismus verhilft uns zu zusätzlichen Energien, die eine Bewältigung von Stresssituationen erst möglich machen – zum Beispiel den Sprung aus den Wolken."[119] In dieser Beschreibung des Fallschirmspringers Semler wird deutlich, wie nahe Angst und Lust zusammen liegen und diese auch untrennbar miteinander verbunden sind. Die Erfahrung verändert die Angst in die kognitive Sicherheit, mit solchen Situationen umgehen zu können und dabei sogar Freude zu verspüren.

Für die Gleitschirm-Weltmeisterin 2005 Ewa Wisnierska ist „(...) Angst ein lebenswichtiges Gefühl, das uns die eigenen Grenzen aufzeigt. Wirkt aber leistungsmindernd, wenn sie zum Dauergefühl wird. Deshalb versuche ich, sie im Flug nüchtern wahrzunehmen und mich auf die Situation zu konzentrieren. Erst hinterher analysiere ich die Ursache. Dieses Verfahren bringt mich weiter."[120]

Risikoverhalten ist nicht geeignet, um die Angst vor der Risikosituation zu beseitigen. Vielmehr ist es ein geeignetes Mittel gegen die Angst vor der Angst. Durch den Erwerb von Fähigkeiten, die ein Kontrollieren der Gefahr oder der Situation ermöglichen, verliert die Angst ihren Schrecken. Als Risikosucher – und da gehören Flugsportler dazu – lebt man besser, weil man gelernt hat, mit ihr umzugehen.

Ein simples Grundrezept ist die Regelmäßigkeit des Fliegens, um die Angst zu überwinden. So wie viele Leute Angst haben, vor Menschen zu reden, weil sie es nicht gewohnt sind, haben Gelegenheitspiloten oft Angst beim Fliegen. Weil sie es eben nicht gewohnt sind. Je häufiger man fliegt oder auch je häufiger man ein Fluggerät fliegt und damit vertraut ist oder ein Fluggebiet in und auswendig kennt, desto weniger Angst taucht auf. Piloten, die zum ersten Mal in Fiesch im Juli/August gestartet sind, hatten sicherlich ein anderes Gefühl im Magen, als nach dem fünfzigsten Flug in diesem anspruchsvollen Thermikrevier. Ebenso ist der erste Flug mit einem neuen Gerät auch immer etwas besonders, weil man sich an die Eigenschaften und Reaktionen des Flügels erst gewöhnen muss.

Bei Wettkämpfen kommt neben der eigentlichen Angst auch noch die Angst des Versagens hinzu, meist als Wettkampfdruck formuliert.

„Das Wichtigste ist Selbstvertrauen zu entwickeln, die Angst loszuwerden, seine Ziele nicht zu erreichen."

Guido Gehrmann

Wettkampfdruck

Der Umgang mit Wettkampfdruck ist für viele Piloten ein Problem. Wettkampf bringt auf der einen Seite immer die Hoffnung auf Erfolg mit sich, aber zugleich auch die Furcht vor Misserfolg. Diese prägt sich bei den Menschen unterschiedlich aus und hängt natürlich von etlichen Faktoren ab. So zum Beispiel potentieller Druck von Sponsoren, Preisgelder, die zur Lebensunterhaltsfinanzierung benötigt werden, abgeschlossene Wetten, bereits kommunizierte Ziele und andere. Wettkampfstärke ist eine erworbene Fähigkeit und keine ererbte Veranlagung.

Weltrekordpilot Angelo D'Arrigo nutzte die Kraft der Konzentration für den Umgang mit Wettkampfdruck vor Wettkämpfen:

„Ich konzentriere mich so stark, dass sich mein Interesse schrittweise immer mehr einschränkt. Ich beginne das, was um mich herum geschieht, auszublenden, nur noch das wahrzunehmen, was auf mein Ziel ausgerichtet ist, bis ich mich ganz von der Außenwelt loslöse."[121]

Definition Wettkampfstärke

„Wettkampfstärke ist die Fähigkeit, sich ungeachtet der Wettkampfbedingungen an seiner oberen Leistungsgrenze zu bewegen."[122] Mentale Stärke ist die Fähigkeit, das gesamte Potenzial an Talent und Technik im Wettkampf einzusetzen und umzusetzen. Speziell die Entspannungstechniken sind ein Grundstein, dieses Potential entfalten zu können. Entsprechende Übung ist Voraussetzung, sich in Wettbewerben Möglichkeiten zu suchen und zu schaffen, sich zu entspannen. Angemessene Unterbringungen und ausgleichende Aktivitäten sind hierbei besonders zu berücksichtigen. Nur wenn ausreichend Schlaf und vernünftige Ernährung gewährleistet ist, kann man seine Wettkampfstärke ausreizen. Besonders klar wird dies beim Vergleich mit einem Hochleistungsrennpferd.

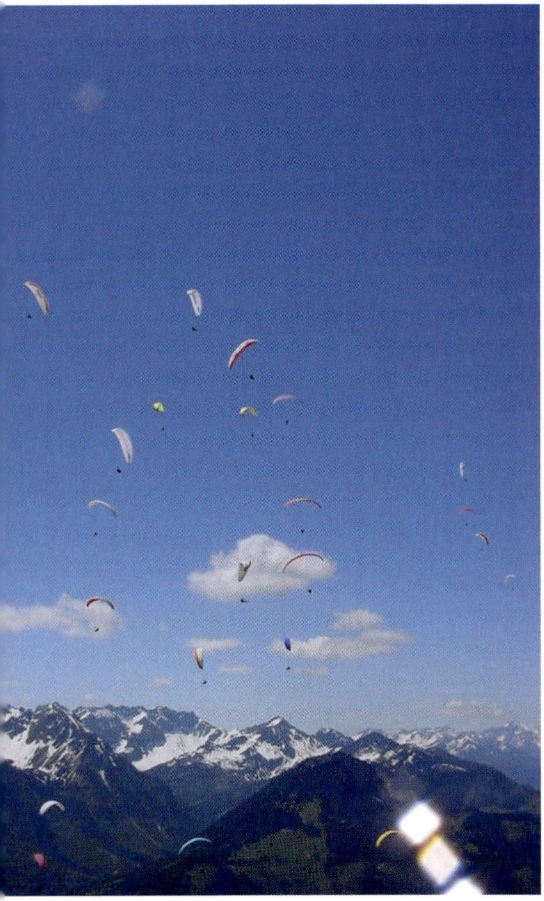

Volle Konzentration im Startbart bei einem Gleitschirmwettkampf. (Foto: Rainer Krumm)

Kein Reiter oder Besitzer würde seinem Rennpferd einen Eimer Alkohol zum Trinken geben oder für unruhige, lärmende Unterbringung sorgen.

Der Schweizer Weltcup-Gesamtsieger 2005 und 2006 und fünfmaliger Reb Bull X-Alps Gewinner Chrigel Maurer gibt für Gleitschirmwettkämpfe folgende Checkliste[123] als Tipp:

Abbildung 17: Wettkampfcheckliste von Chrigel Maurer.

Checkliste für den Wettkampf

Am Vorabend:

- ☑ Ausrüstung bereitstellen: Schirm und Gurtzeug ok, Vario- GPS- Loggerbatterie ok
- ☑ Zubehör (Sonnenbrille, Schuhe, Handschuhe, Helm, Speedarms, Overall, Drinksack, Flickmaterial wie Leinen, Rollen usw., Schreibzeug, Papier bereit!)
- ☑ Genügend Schlaf

Am Wettkampftag:

- ☑ Genügend Frühstück, Flüssigkeit, Früchte, Riegel
- ☑ Pünktlich am Wettkampfort eintreffen, Stress verhindern!
- ☑ Das Briefing genau mitverfolgen, wichtige Informationen (Bojen, Start- Landezeiten, Gefahren) aufschreiben.
- ☑ Den Task auf der Karte durchgehen, Schlüsselstellen erkennen und eine Taktik (hoch oder tief fliegen, schnell oder langsam) ausdenken.
- ☑ Frühzeitig starten, (bereit sein) aber nicht vordrängeln, bringt meistens nichts

In der Luft:

- ☑ Pünktlich starten, mit und bei den ersten. Allein als Erster zu starten ist nicht von Vorteil.
- ☑ Mit den anderen fliegen, nicht allein tief voraus.
- ☑ In den ersten 60-80% des Laufes nichts riskieren, immer genügend aufdrehen und die Vorderen gut beobachten.
- ☑ Linien fliegen, durch beobachten der Vorausfliegenden die beste Linie nehmen.
- ☑ In schwierigen Situationen Ruhe bewahren, bremsen, aufdrehen (solange es steigt, stehe ich noch nicht am Boden).
- ☑ Gegen das Goal wird es immer schnell, gut beobachten und ruhig die richtigen Entscheidungen treffen.
- ☑ Knapp über Boden (weniger als 300m) nicht mehr übermäßig Gas geben, besser sicher im Goal als ein Klapper zu viel.

In dieser Checkliste vereint Chrigel Maurer Aspekte der Taktik, des Stressmanagement und der Ernährung. Dies führt ihn zur optimalen Allgemeinverfassung, um gut und erfolgreich fliegen zu können. Bisher hat er zweimal den Gesamt-Welt-Cup gewonnen, ist Europameister und Vize-Weltmeister im Acro-Fliegen.

Oliver Rössel, Gleitschirm-Weltcup-Gesamtsieger sieht die mentale Wettkampfstärke als Zünglein an der Waage zum Erfolg: „Dass sich beim Gleitschirmfliegen viel mehr Dinge zwischen Himmel und Erde abspielen, als das bloße Ziehen von zwei Strippen, wurde mir schon nach wenigen Momenten in der Luft klar. Als Wettkampfpilot fliege ich oft dann meinen Konkurrenten den entscheidenden Meter voraus, wenn ich nicht nur körperlich, sondern auch mental optimal auf den Task eingestellt bin. Wer sich mentale Stärke erarbeitet und lernt, sie bewusst einzusetzen, wird seine eigene Ziellinie immer öfter überfliegen!"[124]

Wie geht man nun mit Wettkampfdruck um?
Zunächst ist es wichtig, diesen Druck anzuerkennen, ihn also nicht weg reden zu wollen. Dann kann dieser Druck umgedeutet werden, d.h. das Lampenfieber kann positiv genutzt werden, z.B., dass der Wettkampf dazu da ist, die eigene Leistungsfähigkeit zu erhöhen. Die Angst ist ein natürlicher Teil des Wettbewerbssports. Als nächstes ist es wichtig sich selbst zu beobachten, wie man unter diesem Wettkampfdruck reagiert – dazu sind natürlich viele Wettkämpfe hilfreich. Viel Übung reduziert immer Lampenfieber. Und es ist entscheidend zu wissen, dass jeder (!) Pilot im Wettkampf unter Wettkampfdruck ist. Das äußert sich nur unterschiedlich.

Den Druck kann man aktiv und positiv nutzen:

1. Akzeptieren, dass man unter dem Druck empfindlicher reagiert.
2. Dieses erhöhte Bewusstsein wird nun zum Mentalen Training und zum Abrufen von trainierten Handlungsabläufen genutzt.
3. Druck kann zur Konzentration genutzt werden, so dass man bewusster wahrnimmt.

Grundsätzlich dienen die im vorangegangenen Kapitel vorgestellten Entspannungstechniken auch hervorragend zum Abbau von Wettkampfstress.

Vor einem Wettkampf empfiehlt es sich, sich mit etwas anderem zu beschäftigen oder mittels Atemtechnik den Puls niedrig zu halten. Das Rückbesinnen auf perfektionierte und mental trainierte Handlungsabläufe und das Vergegenwärtigen der eigenen Leistungsfähigkeit bringen positive Energien mit sich. Und grundsätzlich ist es wichtig zu wissen, dass der Adrenalin-Ausstoß für unsere Leistungsfähigkeit lebenswichtig ist – dies verdanken wir im zivilisierten Lebensraum auch heute noch der Evolutionsbiologie.

Reframing – in einen anderen Rahmen setzen
Die Technik des so genannten Reframings (reframing = engl. Neurahmen, Umdefinieren) setzt die aktuelle Situation, bildlich gesprochen, in einen anderen Rahmen. Dies bedeutet, dass der Pilot die aktuelle Situation für sich um oder neu definiert. So versetzt er sich mit allen Sinnen in die Situation, dass es sich hierbei z.B. um einen Trainingsflug handelt und er sein gestecktes Ziel erreichen möchte. Somit klammert er den Wettkampfdruck, der auf ihm vermeintlich lastet, gänzlich aus. Ein schönes Beispiel für Reframing (zwar aus dem Fußball – aber sehr treffend) ist der junge Stürmer Lukas Podolski. Während der Fußball Weltmeisterschaft in Deutschland im Viertelfinale gegen Argentinien musste er zum Elfmeterschießen antreten. Im Interview kommentierte er in seinem Kölner Dialekt, auf die Frage, wie er als junger Spieler bei seinem ersten internationalen Turnier denn mit dem Druck zurechtgekommen sei - er habe

gedacht, mach's einfach wie in Köln und hau ihn rein. Das hat er dann auch erfolgreich getan. Podolski hat die Situation des Elfmeterschießens in eine Zweitliga-Situation beim 1.FC Köln umdefiniert. Er setzte die Situation in einen anderen Rahmen.

Die untenstehende Graphik zeigt, dass die ursprüngliche Situation als Wettkampfdruck erlebt wird (oder Prüfungsdruck), umrahmt von Erwartungen die als bedrückend und belastend empfunden werden. Diese Situation wird nun mental in einen anderen Rahmen gesetzt. Hierzu ist wiederum ein Entspannungszustand mittels Entspannungstechniken hilfreich. Hat ein Pilot dies schon öfters praktiziert, so kann dies auch schneller und einfacher umdefiniert werden.

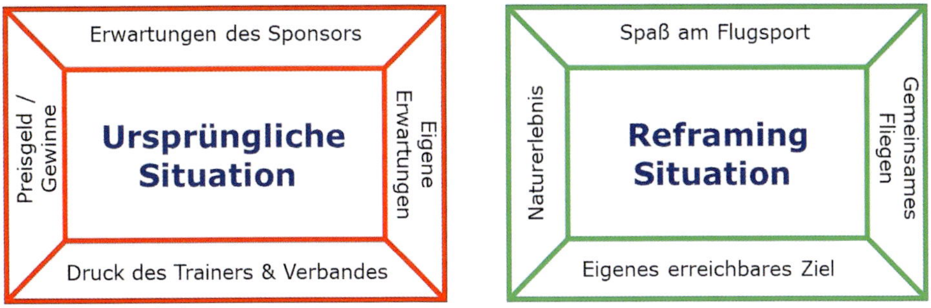

Abbildung 18: Reframing-Technik

Diese Reframing-Technik ist auch hilfreich, wenn ein Pilot sich in einen bestimmten Modus umdefinieren will. Wenn er z.B. einen gewissen Druck braucht, um gut zu fliegen, kann er in den neuen Rahmen natürlich je nach Geschmack etwas Druck einbauen.

So teilte mir der langjährige Liga-Drachenflieger und Fotograf Steffen Hertling mit, er sei einfach nach Berlin gefahren, um ein paar schöne Flüge mit Freunden zu erleben. Ganz nebenbei gewann er die German Open 2006. Ein schönes Beispiel für Reframing.

Entspannung nach Wettkämpfen

Der Gleitschirmtest- und Wettkampfpilot Torsten Siegel (Weltcup-Sieger 2005 in Portugal) gleicht die Anspannung rund um seine beruflichen Testflüge und den Wettkampfstress mit philosophischer Literatur aus.[125] Möglichkeiten, Entspannung zu finden und mit Druck oder Angst umgehen zu können, gibt es zahlreiche. Jeder Pilot sollte hier seinen eigenen Weg gehen. Probieren Sie einfach einige Möglichkeiten aus und entscheiden Sie sich dann für die Methode, die Ihnen am meisten geholfen hat. Um langfristig erfolgreich fliegen zu können und um weiterhin Spaß am Flugsport zu haben, ist es wichtig, mit diesen Anspannungen umgehen zu können und für sich Wege zur Entspannung zu finden.

Der Umgang mit Wettkampfdruck lässt sich im Mentalen Training auf folgende Punkte reduzieren:

- ☑ der uneingeschränkte (realistische) Glaube an sich selbst und seine Kräfte
- ☑ die Fähigkeit zur absoluten Konzentration
- ☑ die Fähigkeit, sich von Niederlagen und Rückschlägen schnell zu erholen und daraus Kraft zu schöpfen (daraus lernen können)

☑ eine stabile Gesundheit und eine robuste Konstitution
☑ der feste Wille zum Erfolg (setzt voraus, dass ein Ziel definiert ist)

Bob Baier, der die deutsche Drachenflugszene mehrere Jahre dominierte, nennt als eine der wichtigsten Fähigkeiten eines Wettkampfpiloten, schlechte und sehr gute Tage wegstecken zu können. Nur wenn man seine Emotionen kontrollieren kann, d.h. Aggressionen über schlechte Tage und überschwängliche Begeisterung über perfekte Tage unter Kontrolle haben, kann man konzentriert und bewusst fliegen. Er nennt Entspannung, positive Grundeinstellung und Spaßorientierung als die besten Voraussetzungen, um erfolgreich zu fliegen.[126]

Michael Sommer (Segelflug Weltmeister 2006, Offene Klasse) kommentiert seinen Erfolg:

„Das Wesentliche war, denke ich, dass ich so locker war, wie es ausgesehen hat. Ich hatte so wenig vorher geflogen und mich einfach gefreut, wieder in dem sagenhaften Flugzeug zu sitzen. Wenn mich etwas von den anderen unterscheidet, dann ist es diese Lockerheit, dass ich das nicht so verbissen sehe. In Stresssituationen, in denen ein kühler Kopf gefragt ist, um klare Entscheidungen zu treffen, da habe ich sicherlich einen Vorteil."[127]

14. Aus Fehlern lernen

„Es ist kaum zu glauben,
wie wenig manche Menschen selbst
aus den härtesten Erfahrungen lernen."
Albert Einstein

‚Aus Fehlern lernen' – Eine häufig gebrauchte Formel, die bei den meisten Piloten schon im Ansatz nicht genutzt wird. Aus Fehlern lernen setzt zunächst voraus, dass ein Pilot seinen Fehler bemerkt. Bei signifikanten Fehlern wird kaum ein Pilot diesen ignorieren. Doch häufig gehen kleinere Fehler glimpflich aus, oder der Pilot hat eine Armada von Schutzengeln, die ihn begleiten. Gerade diese Fehler, die sich nicht unmittelbar im Flugverhalten auswirken, verpuffen und führen so nicht zu einer Erweiterung des Wissens und Könnens.

Kaum ein Pilot begeht absichtlich Fehler, dazu ist der Flugsport zu dreidimensional und im schlimmsten Fall mit gravierenden Konsequenzen verbunden.
Es wird zwischen Fehlern unterschieden, die sich in unserem Bewusstsein abzeichnen, und Fehlern, die unser Bewusstsein nicht erfasst, den unbewussten Fehlern.

Bewusste Fehler

Die bewussten Fehler führen im Regelfall zu einer Stressreaktion, deren Ausmaß mit den Auswirkungen des Fehlers zusammenhängen. Ist der Fehler beispielsweise das Einfliegen in eine Lee-Turbulenz und der Pilot wird samt Fluggerät ordentlich durchgeschüttelt, aber entkommt der Situation mit einem Schrecken, so verbuchen zu viele Piloten diesen Fehler unter der Rubrik „Noch einmal Glück gehabt", ziehen daraus aber keine Erkenntnisse. Spätestens nach der Landung sollte der Pilot sich die Zeit nehmen, um zu reflektieren, wie es zu dieser Situation kam. Dazu gehört vor allem, wie er diese Situation im Speziellen hätte vermeiden können und wie er solche Situationen im Allgemeinen und zukünftig vermeiden wird. Dazu muss er möglichst viele Variablen hinzuziehen, die den Flugzustand beeinflusst haben. Kaum ein Sport ist so komplex wie der Flugsport. Neben bewussten und unbewussten Entscheidungen und Handlungen des Piloten sind sichtbare und unsichtbare Wetterelemente, Flugeigenschaften des Fluggerätes ausschlaggebend für solche Flugsituationen, um nur einige Elemente zu nennen.

Unbewusste Fehler

Bedeutend schwieriger ist es aus Fehlern zu lernen, deren man sich nicht bewusst ist. Häufig bemerken andere Piloten gefährliche Situationen eines Piloten und sprechen diese dann nach der Landung auf die Gefahrensituation an. Die Betroffenen sind meist überrascht, denn sie haben die Situation entweder anders eingeschätzt oder die Gefahrensituation gar nicht wahrgenommen. Auch hier wird deutlich, wie wichtig der Austausch von Flugerlebnissen ist, um erfolgreicher und sicherer Fliegen zu können. Die Außenperspektive können gerade befreundete Piloten einnehmen, um die Flugerlebnisse erfolgreich reflektieren und verarbeiten zu können.

Aber auch ohne den Hinweis anderer Piloten lassen sich unbewusste Situationen mental rekonstruieren und erneut nachvollziehen. Dazu geht man den Flug nochmals durch, fügt alle verfügbaren Erkenntnisse wie Wetterveränderungen, Flugverkehr etc. hinzu. Ist ein Pilot nach einem ruhigen Flug sicher gelandet und bemerkt nach wenigen Minuten, dass eine stürmische Kaltfront über den Landeplatz fegt, so sollte er sich spätestens jetzt bewusst sein, dass er zuvor einen Fehler gemacht hat. Warum hat er von der Kaltfront nichts gewusst? Oder wenn er von der Kaltfront gewusst hat, warum ist er erst so spät gelandet? Welche Kriterien haben ihn dazu geleitet erst so spät zu landen oder ggf. überhaupt zu starten?
Nur eine nach dem Flug vollzogene Reflexion des kompletten Fluges kann gewährleisten, dass aus möglichst allen nicht optimalen Entscheidungen gelernt wird.

Liga-Piloten wie Ernst Lehmann reflektieren ganz aktiv und bewusst ihre Fehler und Entscheidungen:

„Jede Außenlandung gibt einem besondere Möglichkeiten und vor allem die Zeit (bis der Rückholer da ist), den Flug zu reflektieren und den entscheidenden Flugfehler zu analysieren. Der häufigste Fehler und Absauf-Grund ist, sich nicht mit seinen Entscheidungsfehlern auseinanderzusetzen und die Fehler deshalb zu wiederholen."[128]

Lernen bei Wettbewerben

In Wettkämpfen werden heute die GPS Tracks ausgewertet und verglichen. Diese neue Technologie ermöglicht es ambitionierten Piloten, taktische Flugentscheidungen zu vergleichen, zu reflektieren und zu überlegen, wieso andere Piloten diese oder jene Route gewählt haben, und welche Entscheidungen man auf Basis dieser neuen Erkenntnisse treffen würde, wenn man nochmals am Start wäre. Nicht nur die Routen der Erstplatzierten sind interessant, auch die einzelnen Teilabschnitte und Teillösungen von allen Piloten sind hilfreich. Vielleicht haben schlechter platzierte Piloten einzelne Flugabschnitte noch besser gelöst und bei nochmaliger Wahl der Flugroute könnte das Mosaik dieser Teilabschnitte vielleicht zum Erfolg führen. Ebenso gilt es zu prüfen, welche Abschnitte zu welchem Flugverhalten passen, zu welchen Fluggeräten und zu welchem Risikoverhalten der Piloten. So muss jeder Pilot für sich definieren, was die für ihn passende Route wäre.

Der amerikanische Nachwuchspilot im Drachenfliegerlager Paris Williams sieht den engen Zusammenhang zwischen Fehlern und Lerneffekten:

„Du musst Dinge ausprobieren und darfst dabei nicht ängstlich sein, Fehler zu machen. Der einzige Weg, im Wettkampf (oder jedem anderen Bereich des Fliegens) gut zu werden, ist, Erfahrung aufzubauen. Der einzige Weg, Erfahrungen aufzubauen ist etwas auszuprobieren. Piloten, die am langsamsten lernen, sind diejenigen, die am konservativsten sind, oder die ängstlich sind, neue Dinge auszuprobieren."[129]

Lernen während der Wettbewerbe ist sehr wichtig, birgt jedoch für Piloten mit geringer emotionaler Stabilität die Gefahr der „Negativ-Spirale". So kann es passieren, dass sich Piloten vielleicht schon nach dem etwas verpatzen Start selbst negativ beeinflussen und so alle weiteren Entscheidungen auf eingeschränktem Selbstvertrauen basieren. Dies muss jeder Pilot für sich selbst beobachten, um dann zu entscheiden, ob er die Reflexion der Entscheidungen erst nach dem Flug durchführen will, oder ob er in der Lage ist, freie Gehirnkapazitäten während des Fluges zur Reflexion zu nutzen.

Gleitschirmprofi Helmut Eichholzers Devise hierzu lautet:
„Bei Misserfolg darfst Du dich fünf Minuten ärgern, danach Schwamm drüber."[130]

Kein Sportler oder Pilot ist frei von Fehlern oder frei von Niederlagen im Wettkampf. Er sollte jedoch in der Lage sein, aus Fehlern/ Niederlagen Gewinn zu schöpfen durch die Erkenntnis und persönlicher Weiterentwicklung. ‚Verlieren lernen' heißt es häufig in diesem Zusammenhang – eigentlich müsste es heißen ‚aus Verlieren lernen'. Die emotionale Intelligenz, die in Kapitel 15 vorgestellt wird, ist hier hilfreich.

Lernen aus Erfahrungen anderer Piloten

Unabhängig von der Flugsportdisziplin kann jeder Pilot auch von anderen Disziplinen profitieren. Gerade aus Artikeln oder Büchern von erfolgreichen Piloten oder von Unfallberichten kann jeder viel lernen – vorausgesetzt, es wird reflektiert, wie es zu dem Erfolg / Misserfolg kam und was der Pilot ggf. hätte anders machen können oder müssen. Drachenflugweltmeister Tomas Suchanek, der inzwischen erfolgreich auch Segelflug bestreitet, ist sich sicher, dass man schließlich nicht alle Erfahrungen selbst machen kann und empfiehlt daher das Studium von Büchern und Artikeln, um das Lernen zu beschleunigen. Gerade das Thermikfliegen ist ein Bereich, der regelrecht unsichtbar ist, und sich somit umso mehr eignet, aus Büchern zu lernen. Dazu sind stellvertretend die Thermik-Bücher von Manfred Kreipl und Burkhard Martens genannt, die ein Füllhorn von Erfahrungen und Tipps und Tricks bieten. Mit Hilfe von anschaulichen Graphiken wer-

den dort Thermikbärte dargestellt und visualisiert. Auch die klassischen Lehrbücher können selbst alten Hasen immer wieder wertvolle Hinweise geben und das Wissen wiederauffrischen.
Speziell der Streckenflug bzw. das Fliegen außerhalb der Landeplatz-Entfernung ist ein Spielfeld, bei dem man sich möglichst viele Erfahrungen anderer Piloten aneignet. So sind klassische Erfahrungen hilfreich, wie z.B. eine Außenlandung mit Segelflugzeugen auf Kartoffeläckern parallel zu den Furchen zu landen - wenn der Wind es zulässt. Dieses kleine Beispiel zeigt, wie wichtig es ist, andere Erfahrungen in sein eigenes Erfahrungsrepertoire zu nehmen, um in der entsprechenden Situation souverän und sicher handeln zu können.

Vorsatzbildung zur Umsetzung der Erfahrungen

Die Vorsatzbildung ist der Schlüssel, um aus Fehlern oder aus Erfolgen zu lernen und so die Erfahrung in Handlungen in die Zukunft zu transferieren. Wird ein Fehler festgestellt - egal ob man ihn selbst festgestellt hat oder ob man darauf hingewiesen wird - sollte unbedingt eine Änderungsabsicht erfolgen. Ohne diese Änderungsabsicht wird sich kein Lernerfolg einstellen. Je bewusster diese Änderungsabsicht erfolgt, desto nachhaltiger ist die Umsetzung in der nächsten gleich gelagerten Situation. So bietet sich beispielsweise an, mit Fliegerkollegen über Fehler zu sprechen. Wie man sie hätte vermeiden können und wie man sich in dieser Situation hätte verhalten sollen. Daraufhin stellt man sich genau diese Situation wieder vor, geht mit allen Sinnen in diese Situation hinein und verändert die Handlungsweise mental. Dies bedeutet, die Situation wird nur gedanklich nochmals durchlebt, aber mit veränderter Verhaltensweise. Dieses mentale Trainieren durchläuft man mehrfach - dadurch geht die neue Verhaltensweise oder Reaktion in das Unterbewusstsein über und ermöglicht dem Piloten eine bessere Reaktion in der nächsten ähnlichen Situation.
„Ist die Luft nicht ein sehr gefährliches Element?" wird Wilbur Wright 1903 in Paris von einer Bewunderin gefragt. „Madame", antwortet er, „die Luft ist völlig ungefährlich. Das einzig gefährliche am Fliegen ist die Erde."

Reflexion nach kritischen Flugsituationen oder Unfällen

Gerade nach kritischen Flugsituationen und/oder Unfällen/Beinahe-Unfällen ist die Reflexion der erlebten oder beobachtenden Situation elementar wichtig für die eigene Weiterentwicklung als Pilot.
Wie wichtig und sinnvoll Reflexionen sind, beschreibt der Innsbrucker Drachen-Acro-Pilot F. Orley nach einem Flugunfall. Bei einem Training flog er entgegen seines Planes einen spontanen Loop, bei dem das Gerät überschlug und brach: „Ich habe es mir bei meinen Sportarten zur Angewohnheit gemacht, jeden auch noch so glimpflich ausgegangenen Unfall genau zu analysieren, um in Zukunft ähnliche Fehler vermeiden zu können." Folgende Schlüsse fürs Acro-Fliegen mit dem Drachen lassen sich aus dem Absturz in Villeneuve ziehen:

- Plane den Flug und flieg den Plan
- Keine Figur ohne hundertprozentige Klarheit und Konzentration
- Beim Einleiten eines Spins lieber zu viel Schräglage als zu wenig
- Keine Manöver über kritischen Notlandezonen (Wohngebiete, Straßen, Flüsse, hochalpines Gelände etc.)

- Zwei offene Rundkappenretter beeinflussen sich nicht negativ
- Rettercontainer sollten ins Gurtzeug integriert sein
- Steuerbare Drachenrettungen wünschenswert, aber kaum realistisch"[131]

Gleitschirm-Urgestein Andy Hediger gibt jungen Piloten folgenden Tipp: „Sie sollten sich Zeit lassen. Sie sollten sich bewusst darüber sein, dass nichts im Flugsport 100% sicher sein kann, selbst wenn man sich ‚gut' dabei fühlt. Sie sollten sich einen offenen Geist bewahren."[132]

Toni Bender, ebenso ein Urgestein des Drachen- und Gleitschirmfliegens, berichtete in einem Newsletter eines Gleitschirmherstellers von seinen Erkenntnissen nach kritischen Flugsituationen: „Ich war diesen Sommer sehr oft mit Leuten beim Fliegen. Dabei ist mir immer wieder aufgefallen, dass vielen Piloten die gefährlichsten Situationen beim Fliegen gar nicht bewusst sind. Es fängt damit an, dass direkt nach dem Start die Bremsen losgelassen werden um sich richtig ins Gurtzeug zu setzen. Genau so ist mein zweiter schwerer Unfall passiert. Ich hatte einen riesigen Klapper mit Verhänger und keine Zeit mehr meinen Schirm zu öffnen bzw. die Rettung zu werfen. Das war im September, um 11 Uhr. Ich rechnete mit einem ruhigen Abgleiter. Auch mein erster schwerer Unfall ist durch mangelnde Konzentration in Bodennähe entstanden.
Nach diesen Unfällen habe ich mein Risiko-Management komplett überdacht:

- Sobald ich weniger als 150 Meter über Grund fliege, ist der Beschleuniger tabu und meine volle Konzentration gilt ausschließlich der Kontrolle des Schirms.
- Habe ich weniger als 50 Meter über Grund, fliege ich in dem Bewusstsein, keine Zeit mehr für das Werfen der Rettung zu haben.

Aber die wesentlichste Erkenntnis für mich war und ist die Tatsache, dass es sich nie rentiert, für einen Flug zu viel zu riskieren. Früher war mir kein Bart zu stark, kein Lee zu turbulent. Heute fliege ich weg und suche mir einen anderen Bart. Oder ich gehe landen. Weil ich genau weiß, dass noch viele gute Tage kommen werden."[133]

Auch der Gleitschirm-Streckenflieger Dr. Torsten Hahne empfiehlt zur Optimierung der eigenen Kompetenz und Streckenflugerfahrung: „Am Ende eines Streckenfluges sollte daher auch immer eine schonungslose Selbstanalyse stehen. Auch, und gerade dann, wenn ich nach etlichen Stunden wieder am heimischen Landeplatz eintreffe oder nach einem Flug über 200 Kilometer. Warum war ich heute so erfolgreich? Wo bin ich taktisch klug geflogen? Und warum bin ich nicht noch weiter geflogen? Was kann ich besser machen? Wie kann ich schneller fliegen? Oder aber: Was habe ich falsch gemacht? Warum bin ich heute und hier abgesoffen? Warum habe ich mein Ziel nicht erreicht, wo habe ich Zeit verloren?"[134]

Souveräner und sicherer ist selbstverständlich die Reflexion einer Situation während des Fluges – speziell, wenn die kritische Situation noch nicht vorüber ist. Dies wird natürlich umso schwieriger, je angespannter der Pilot selbst ist. Michael Nesler beschreibt die psychologische Seite der Fliegerei in Notsituationen: „Treffen wir beim Fliegen auf ungewohnte und offensichtlich gefährliche Situationen, so läuft in unserem Kopf erst mal eine Art Programm ab: Man versucht, die Situation anhand der bewussten Erinnerung an Erzählungen, Überlieferungen und ähnlichen Erfahrungen etwas bekannter zu machen. Gerade wenn die neue Situation etwas Zeit zum Nachdenken lässt, überkommen einem dabei unzählige Erinnerungen, wie ähnliche Situationen ausgegangen sind. Das Problem dabei ist, dass der Großteil der Überlieferungen einen negativen Ausgang hatten, die positiven Erlebnisse werden in der Regel abends am Stammtisch nicht erzählt. Negative Erinnerungen erzeugen Emotionen: Erinnerungen gepaart mit Gefühlen wie Angst, Schmerz, Panik. Diese Emotionen entstehen dabei nicht direkt aus der reellen Situation, sondern kommen aus der Vergangenheit und stören nicht nur unser Fühlen, sondern behindern auch unsere Wahrnehmung und unser Handeln. Es gilt, die Situationen, in denen uns Panik überkommt, erst mal festzustellen, ob diese Assoziationen aus Erzähltem der Vergangenheit (Emotionen) oder aus einer offensichtlichen bedrohlichen Situation (Gefühl) stammen. Diese kurze Analyse reicht normalerweise aus, um alle Sinne und das Denken wieder zu aktivieren und sich in die Gegenwart zurückzuholen. Eine sinnvolle Vorgehensweise bei drohender Gefahr im Flug könnte sein:

- Gefahr erkannt, Angst überkommt einen. Ist die Angst berechtigt oder sind das nur Emotionen? Denn noch bin ich unversehrt!
- Was kann ich tun, um unversehrt zu landen? Nachdenken, analysieren, auf alle Sinne achten!
- Einen Plan machen, jeden Schritt bis zur Landung im Voraus visualisieren.
- Jeder Plan braucht einen Plan B! Auch den zurechtlegen und wieder bis zur Landung im Voraus visualisieren. Dabei alle Möglichkeiten mit einbeziehen.

Wer in Extremsituationen ruhig und bedacht reagieren will, muss dies bewusst trainieren. Dabei sind Sicherheitstrainings, viele Flüge, Studium der Strömungslehre (Luv & Lee), Analyse von Fallbeispielen, Visualisierungsübungen und alle Arten von Reaktionssportarten gut geeignet. Denn es gilt dabei, unsere Intelligenz, unser Reaktionsvermögen, unsere Motorik und unseren kämpferischen Überlebenswillen für den Notfall zu schulen."[135]

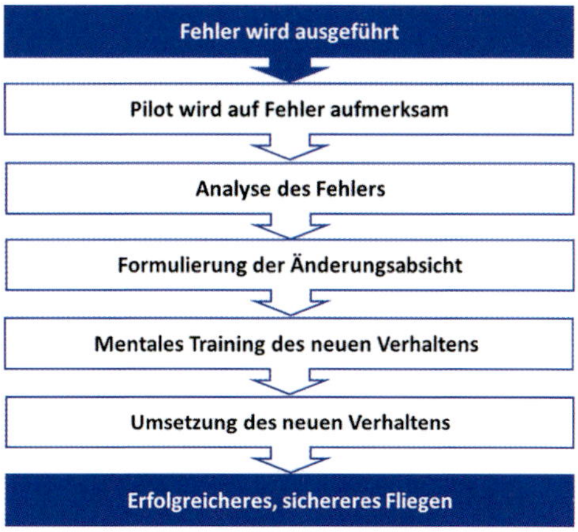

Abbildung 19: Lernen aus Fehlern.

Umgang mit Fehlern

Sicherheitsexperte und Fluglehrer Klaus Irschik schreibt: „Menschen machen Fehler, weil sie sich an irgendeiner Stelle falsch entscheiden. Keine noch so durchdachte Methode, exakte Vorschrift oder gar eine angedrohte Strafe können dies ausschließen. Aber jeder Pilot möchte möglichst fehlerfrei fliegen, er möchte auch jede schwierige Situation souverän beherrschen – ergo fehlerfrei agieren. Unterlaufen ihm trotzdem Fehler, so ist psychologisch leicht zu erklären, dass diese Ausrutscher aufgrund menschlicher Schutzmechanismen gerne verheimlicht werden. ‚Fehler machen' ist generell negativ besetzt. Und genau das ist das Problem. Unfälle sind ja nur die Spitze des Eisberges. Auf einen tödlichen Unfall kommen statistisch bis zu 100 Schwerverletzte und bis zu 500 (!) Beinahe-Unfälle, die folgenlos bleiben. Also kritische Situationen, die gerade noch mal gut ausgegangen sind, von denen aber niemand weiß. Das Schlimmste dabei ist, dass nunmehr auch kein anderer Pilot etwas daraus lernen kann. Eine riesengroße Chance, die ungenutzt bleibt!"[136]

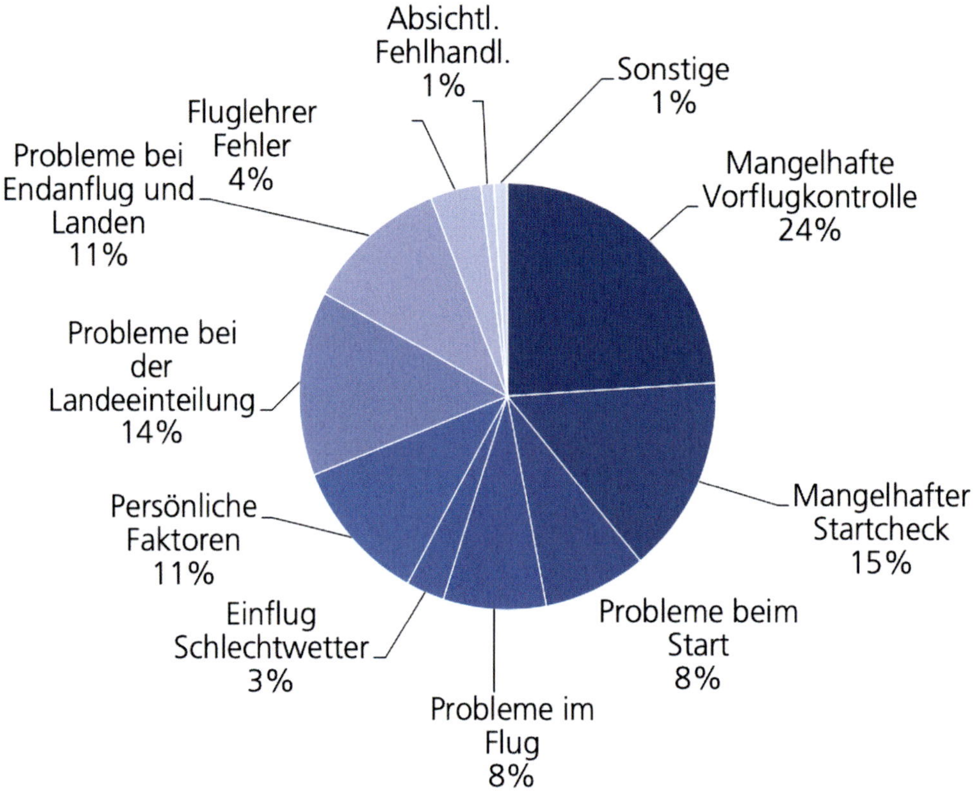

Abbildung 20: Fehleranalyse im Segelfliegen.

Fehleranalyse beim Segelfliegertag

Im Rahmen des Segelfliegertages 2006 führte Prof. Dr. Alfred Ultsch eine Analyse durch, welche Fehler in der vergangenen Flugsaison von den Piloten gemacht wurden. Es beteiligten sich 307 Segelflieger. Das Ergebnis lässt sich in drei Schwerpunkte gliedern:

1. Mangelhafte Abarbeitung von Checklisten bei Vorflug und Start
2. Probleme bei Landeanflug und Landen
3. Persönliche Faktoren

Erschreckende 39% der Fehler lassen sich auf Fehler in der Vorflugkontrolle und beim Startcheck zurückführen. Also in einer Situation, wenn das Fluggerät noch am Boden steht. Hektik, Unkonzentriertheit und Nachlässigkeit sind wohl hier die Hauptgründe.

Der Bereich „persönliche Faktoren" hatte die Schwerpunkte „zu wenig getrunken", „fliegen trotz Stress" und „Erschöpfung". Bei den Problembereichen Landeeinteilung, Endanflug und Landen fielen als Schwerpunkte der schlechte Landecheck, Unsicherheiten bei der Höhenschätzung und ein zu später Entschluss zur Außenlandung auf. Für den Landeanflug, Landecheck und die Landung, sind die in der Schulung gelernten Prozeduren nach wie vor noch lebensrettend, werden aber häufig von Piloten vernachlässigt und als „Anfänger-Thema" abgetan. Höhenschätzungen sind beim Menschen von Natur aus nicht ganz so ausgeprägt, bei Entfernungen sind die Schätzungen besser und Winkel sind auch recht gut schätzbar. Das menschliche Schätzvermögen muss trainiert werden, um sicher und stressfrei Landeeinteilungen durchführen zu können, speziell bei Streckenflügen und Außenlandungen.

Der Landecheck sollte folgendes Vorgehen beinhalten:
An der Position ist ein Landecheck gemäß Flughandbuch durchzuführen. Dieser soll mindestens enthalten:

1. Lose Gegenstände im Cockpit verstaut, alle Bedienhebel frei.
2. Anschnallgurte nachgezogen
3. Kontrolle Flughöhe über Grund
4. Andere Luftfahrzeuge im Anflugbereich – Landebahn frei
5. Je nach Segelflugmuster: Fahrwerk, Wölbklappen, Wasserballast usw. auf Landekonfiguration prüfen
6. Landegeschwindigkeit einnehmen (Trimmung)

Verantwortung übernehmen

„Es gibt alte Piloten und es gibt kühne Piloten, aber es gibt keine alten, kühnen Piloten."

André Kostolany, ungarischer Börsenexperte

Bereits weiter vorne im Buch spielte das Thema Verantwortung übernehmen eine zentrale Rolle. Viele Flieger geben die Verantwortung wahlweise an das Wetter, den Fluglehrer, die Flugaufsicht, Fliegerkollegen oder an wen auch immer ab.
Linienpilot Karl-Heinz Apel ist Autor des Buches „Motorflug Praxis" und schreibt regelmäßig für den „aerokurier", wo er in einem Praxis-Artikel „Gewitter – Hinterhalt am Himmel" den bezeichnenden und appellierenden Schlusssatz formuliert: „Der Einflug in Gewitter ist wegen unkalkulierbarer Gefahren lebensbedrohend, egal welche Vorkehrungen getroffen wurden. Als Pilot hat man es selbst in der Hand, alle vorhandenen Ressourcen auszuschöpfen, um auf respektabler Distanz zu den lebensbedrohenden Naturgewalten zu bleiben."[137] In diesem Artikel geht er auf technische und fliegerische Möglichkeiten des Fliegens bei gewittrigen Bedingungen ein, appelliert aber letztlich trotzdem an die Vernunft und die Verantwortungsübernahme jedes einzelnen Piloten.

Der französische Ausnahme-Motorschirmpilot Mathieu Rouanet gibt den Ratschlag: „Erschafft Euer eigenes Universum zum Fliegen, geht Euren Weg, findet Euren eigenen Stil. Denkt immer: ‚sei ein wahrer Pilot!!!!' Aber verletzt Euch nicht, versucht Eure Grenzen zu identifizieren und haltet sie stets ein!"[138]

Chickenstyle-Acropilotin Judith Zweifel empfiehlt Neulingen bei der Wettereinschätzung auf das Bauchgefühl zu hören: „(...) höre auf Dein Gefühl. Wenn man am Start steht und ein gutes Gefühl hat, dann freut man sich auf den Flug. So sollte es sein. Sobald man aber meint, man müsse fliegen, weil man ja deshalb hergekommen ist, und die Bedingungen aber nicht gut sind, dann muss man am Boden bleiben. Wenn man meint, man fliegt, um sich keine Blöße zu geben, dann macht man einen Fehler. Wenn ich mich nicht gut fühle, dann flieg ich nicht!"139

Der Ballon Rekordfahrer Steve Fossett formulierte sein Risikomanagement gegenüber seinem Weggefährten Richard Branson wie folgt: „Die Menschen glauben oft, ich sei auf der Suche nach dem Kick, aber das stimmt nicht. Ich fahre nicht gerne Achterbahn, und man wird mich auch nicht beim Bungee-Springen sehen... Dass meine Vorhaben gefährlich sind, empfinde ich als Nachteil. Einen großen Teil meiner Anstrengungen widme ich der Vermeidung des Risikos."[140] In sei-

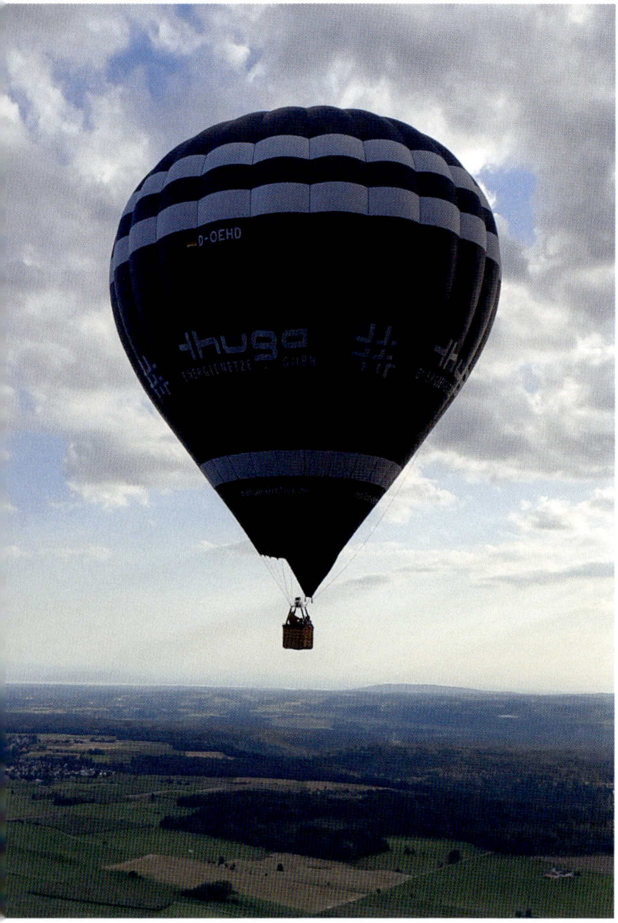

Ballonfahrer haben stets die Verantwortung für ihre Passagiere. (Foto: Rainer Krumm)

ner sehr lesenswerten Autobiographie, in der er seine mannigfaltigen Rekordversuche in den unterschiedlichsten Disziplinen vom Ballonfahren über Segelfliegen zu Höhenflugrekorden und Weltumrundungen bis hin zur Seglerei beschreibt, schildert er den Moment im Februar 2006 – unmittelbar vor dem Start zum absoluten Nonstop-Streckenrekord für Flugzeuge: „Als ich im ersten Morgenlicht hinter dem Virgin Atlantic Global-Flyer stand, hielt ich einen Moment inne, um mir die offensichtliche Lebensgefahr vor Augen zu führen, in die ich mich bald begeben würde."[141] Der erfolgreiche Geschäfts- und Sportsmann Fossett war stets darauf bedacht, Verantwortung zu übernehmen, Entscheidungen bewusst zu treffen und Risiken zu minimieren. Dieses Risikomanagement ist jedoch nur möglich, wenn man die Verantwortung übernimmt und diese nicht versucht herunterzuspielen.

Tobias Welsch, Sieger Clubklasse Deutsche Meisterschaft (Segelflug) 2009 in Winzeln, hatte während des Wettkampfes sehr beständige und sehr gute Leistungen, nur mitten im Wettbewerb gab es einen Einbruch. Auf die Frage, was passiert sei, kommentiert er: „Geflogen bin ich im Dreierteam mit Jens Becker und Arndt Hovestadt. Dass wir von Beginn an vorn lagen, hatte uns überrascht und eher unvorbereitet erwischt. Das hat Druck aufgebaut und zu so etwas wie einem Verfolgersyndrom geführt, was zum taktischen Fliegen verführt hat. Das ging nicht gut. An dem Sonntag, an dem wir uns nach der AAT im Mittelfeld wiederfanden, haben wir uns zusammengesetzt und die Lage analysiert und vereinbart, uns wieder ganz auf unseren Stil zu konzentrieren und wettbewerbstaktische Überlegungen beiseite zu lassen. Das haben wir dann auch durchziehen können. Der Erfolg hat sich eingestellt."[142] Was Tobias Welsch hier schön beschreibt ist ein Beispiel für die Verantwortungsübernahme, also die Übernahme der Verantwortung für sein Handeln und Denken.

Gleitschirm-Weltcupsiegerin und Europameisterin Ewa Wisnierska stieg nach dem tödlichen Unfall des Schweizers Stefan Schmokers aus der laufenden Weltmeisterschaft in Mexiko 2009 aus. Sie sieht einen sehr entscheidenden Punkt: „(...) die mentale Verfassung des Piloten, die auf seine Reaktionen und sein Handeln einen sehr großen Einfluss hat. Jeder Wettkampfsportler hat seine persönlichen Motive an den Wettbewerben teilzunehmen und die bestmögliche Platzierung zu erzielen. Jeder einzelne befindet sich auch in einem besonderen Stresszustand, der für seine Motivation, seine Ziele zu erreichen, auch notwendig ist. Nur wenn dieser, durch äußere Einflüsse oder durch psychische Prozesse zu sehr verstärkt wird, wird die emotionale Balance gestört und man beginnt Fehler zu machen. Unter Umständen ist man nicht mehr in der Lage, richtige und rationale Entscheidungen zu treffen. Im Wettkampf kommt noch ein zusätzlicher Faktor hinzu: Man hat viele andere Piloten um sich, die ihre Entscheidungen treffen. Auch wenn diese nicht richtig sein sollten, neigen wir dazu, ihnen zu folgen. Ich kann nur aus meiner eigenen Erfahrung sprechen: Meine beiden Unfälle sind im Wettkampf passiert, und in beiden Fällen war mir das Risiko sehr bewusst, aber genauso der Glaube daran, dass andere Piloten die gleiche Entscheidung getroffen haben. Ähnlich wie ich, hatte Stefan eine sehr steile Karriere und hatte sich in sehr kurzer Zeit an die Weltspitze hochgearbeitet. Diese Leistung kann man natürlich nur mit einer besonderen Motivation und Ehrgeiz erreichen. Aber genauso gefährlich können uns diese im kritischen Moment von der Entscheidung abhalten, abzubrechen."[143] Ewa hat hier eindrucksvoll Verantwortung übernommen.

Verantwortung übernehmen – auch in der Vorbereitung und Planung eines Fluges

Einem Piloten kam eine unzureichende Vorbereitung und Planung recht teuer – und er hatte dabei auch noch großes Glück:

„Pilot muss 150.000 Euro zahlen. Bei der spektakulären Bruchlandung waren fünf Menschen zum Teil schwer verletzt worden. Für eine Bruchlandung auf der Autobahn 52 bei Essen muss der Pilot einer Propellermaschine 150.000 Euro Schaden aus der eigenen Tasche bezahlen." Das hat das Düsseldorfer Oberlandesgericht entschieden und damit die Berufung des 49-jährigen Unternehmers zurückgewiesen. Ihm war vor gut drei Jahren kurz vor dem Zielflughafen der Sprit ausgegangen.

Bei der Notlandung im dichten Berufsverkehr waren fünf Menschen teilweise schwer verletzt worden. Eine Versicherung hatte sich geweigert, den Kasko-Schaden am Flugzeug zu bezahlen. Der Pilot habe grob fahrlässig gehandelt. Das sahen die Richter auch so. (...) Der zweimotorige Flieger hatte eine Brücke gestreift, zwei Autos waren in den Rumpf des Flugzeugs gekracht. Eine Minute vor der Landung in Mülheim/Ruhr waren die Motoren wegen Spritmangels ausgefallen. „Es ist eine Todsünde, wenn in diesem Bereich Fehler gemacht werden", hatte Richter Wilfried Keiluweit bereits während der mündlichen Verhandlung Ende November gesagt. Der Pilot sei dafür verantwortlich, dass ausreichend Treibstoff in den Tanks ist. Im Zweifel dürfe er nicht starten. Im konkreten Fall habe der Düsseldorfer Geschäftsmann das Logbuch nicht ausreichend überprüft und den Messstab nicht genutzt, um die Füllhöhe zu kontrollieren. Wegen fahrlässiger Körperverletzung war der Pilot bereits vom Amtsgericht Essen zu 15 Monaten Haft auf Bewährung verurteilt worden. Zwei Mitarbeiterinnen des Geschäftsmanns waren an Bord der Maschine schwer verletzt worden: Die eine brach sich die Füße, die andere erlitt einen Beckenbruch. Der Pilot selbst war dem Wrack unverletzt entstiegen. Seine Fluglizenz hatte das Luftfahrt-Bundesamt einkassiert."[144]

Verhaltensveränderungen

Warum ist Verhaltensveränderung so schwer?

Unabhängig vom Alter fragen sich viele Menschen, die sich verändern wollen, warum eine dauerhafte Verhaltensveränderung so schwerfällt. Trotz Einsicht und guter Vorsätze, trotz bester Methoden und Ratschlägen kommen viele Menschen nicht zum gewünschten Ergebnis. Warum reicht es nicht aus, sich etwas vorzunehmen? Warum schei-

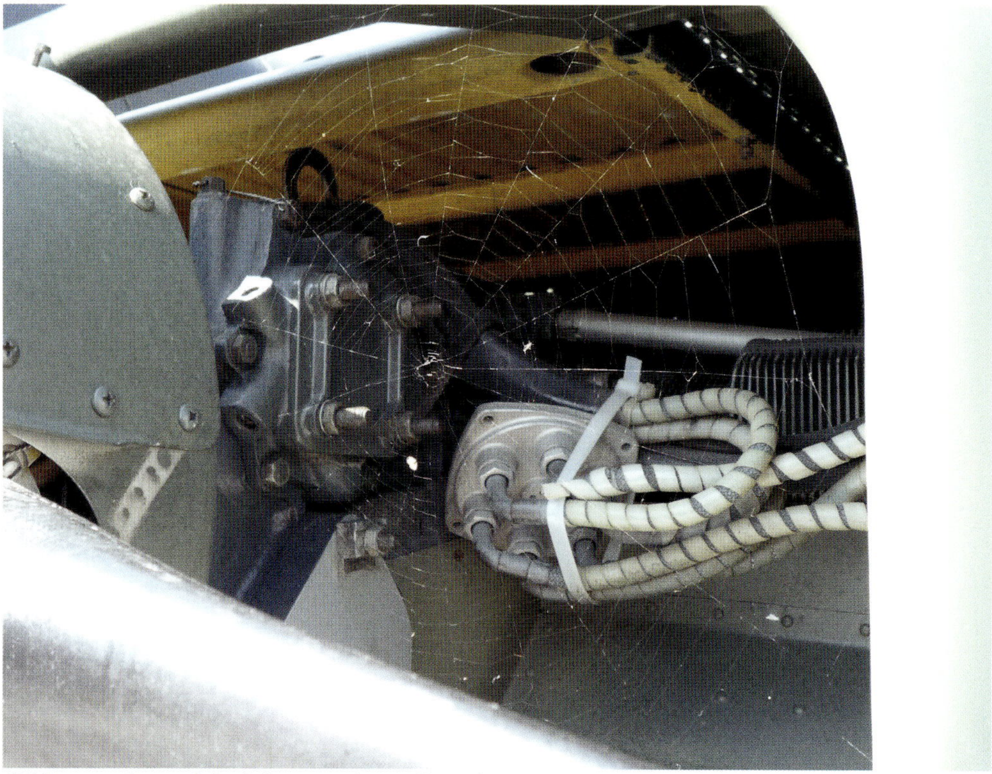

Gibt es auch mentale Spinnenweben, die auf mangelnde Routine hinweisen? (Foto: Rainer Krumm)

tern so viele guten Neujahrs-Vorsätze? Kann man nicht frei und bewusst über sein Handeln entscheiden?

Die Erklärung, auch im Flugsport, liegt in den sogenannten Verhaltensmustern oder auch Verhaltensprogramme / Metaprogramme genannt.[145] Sie werden angewandt, wenn sie für die jeweilige Situation passen. Wie wird entschieden, ob ein vorhandenes Programm/Muster passt oder nicht? Das Gehirn entscheidet autonom und ohne unser Bewusstsein. Wenn nun ein neues Verhalten entwickelt werden soll, behindern uns oft eingefahrene Gewohnheiten. Fällt man in ein altes Muster zurück, ist statt des Vorsatzes ein eingeschliffenes Verhaltensprogramm abgelaufen.

Sowohl das bewusste als auch das automatisierte Steuern ist notwendig. Gerade im Flugsport, wo automatisierte Handlungsabläufe und Routine viel Sicherheit gewährleisten, klingt es absurd, diese auszuhebeln. Darum geht es jedoch nicht. Vielmehr wird es schwierig, Automatismen, die nicht (mehr) erwünscht sind, zu verändern. Gleitschirmflieger, die eine neue Rückwärtsstarttechnik erlernen möchten, werden immer wieder in die alt bekannten und gewohnten Abläufe zurückfallen, bevor die neue Technik als das passende Muster vom Gehirn verwendet wird.

Neue Techniken und Handlungsabläufe, die im Laufe der Forschung in der Fliegerei auftauchen sind daher für alte Hasen oft schwerer zu erlernen als für neue Piloten, da diese die alt eingeprägten Muster noch nicht kennen.

Wenn ein neues Verhalten erlernt werden soll, das unserer bisherigen fliegerischen Erfahrung und Lebensweisheit widerspricht, meldet der Autopilot ein ungutes Gefühl im Bauch. Die Gehirnforschung nennt dies „somatische Marker“[146] – das sind Körpersignale, die uns spontan angenehme oder unangenehme Gefühle vermitteln und damit unser Verhalten steuern. Die Intuition, die ja ausführlich beschrieben wurde, nutzt genau diese Marker, um schnelle Handlungen zu bestimmen. Diesen Gefühlen können wir uns fügen – dann passen wir unser Verhalten unseren Empfindungen und damit unseren bisherigen Flugerfahrungen an. In den meisten Fällen ist dies ein sinnvoller Weg, denn in dem diffusen Bauchgefühl (der Intuition), einer starken Anspannung oder in einer inneren Unruhe steckt viel fliegerische Lebenserfahrung, die für die Entscheidungsprozesse genutzt werden sollten. Oder man geht aktiv, bewusst und konzentriert dagegen an und entscheidet sich: trotz aller unangenehmen Empfindungen werde ich mich anders verhalten. Auch in diesem Fall ist es ratsam, die eigenen emotionalen Argumente und Bauchgefühle nicht einfach zu übergehen. Man sollte versuchen, sie wahrzunehmen und ihre Bedeutung zu verstehen. Piloten, die sich an Kunstflug heranwagen, werden sehr genau wissen, wie die Gefühlswelt reagiert, wenn die Steuerbewegungen das Fluggerät immer weiter in die ungewohnte Situation lenken und eben nicht wie gewohnt wieder zurück in die gewohnte / normale Fluglage zurückpilotieren.

Persönliche Veränderungen, die mit einem Neuerlernen oder Umlernen verbunden sind, erfordern von Beginn an eine bewusste Handsteuerung. Je weiter neues Verhalten von bisheriger Erfahrung, Intuition, Einstellung und Überzeugung abweicht, desto aufwändiger und anstrengender kann die Veränderung werden. Das Motiv für die Veränderung muss dann schon sehr stark sein, damit wir unsere Gewohnheiten Ängste und Widerstände überwinden können. Bis ein neues Verhalten irgendwann in unserem fliegerischen Repertoire verankert ist, sind Übung, Reflexion und viele Wiederholungen erforderlich. So uncharmant es zu lesen ist, aber: Gezielte persönliche Veränderungen sind in der Regel anstrengend. Lernen und Veränderung erfordern viel Konzentration, Bewusstsein und die Bereitschaft zur Auseinandersetzung mit liebgewonnenen Verhaltensweisen, Einstellungen und Gewohnheiten. Vor allem erfordern sie auch Mut, neues auszuprobieren und bei ersten Fehlschlägen einen zweiten und dritten Versuch zu wagen.

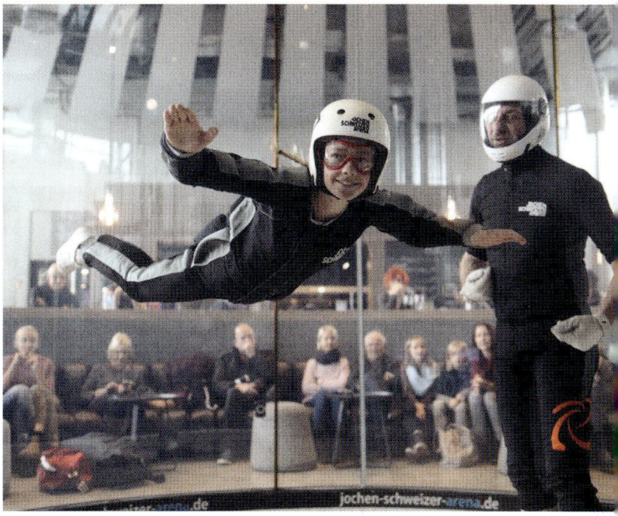

Neue Flugerfahrungen im Windtunnel. (Foto: Rainer Krumm)

So berichtete neulich in einem Internet-Forum ein Motorschirm-Pilot von seinen ersten (dreißig) Fehlversuchen, überhaupt in die Luft zu kommen. Er hatte zuvor keine Gleitschirm-Erfahrung, daher waren die Startvorgänge für ihn komplett neu. Motorschirm-Flieger, die vom Gleitschirmfliegen am Berg oder der an der Winde kommen, tun sich hier durch die bestehenden Muster leichter – wenn auch hier häufig leichte Adaptionen der Muster notwendig sind, um perfekt zu starten. So ist die eher sehr aufrechte Starthaltung beim Motorschirm-Fliegen für den nach vorne gebeugten Gleitschirmstarter eher ungewohnt.

Selbstentwicklung braucht Zeit

Methoden, die schnelle Veränderungen versprechen, sind irreführend. An dieser Stelle muss klargestellt werden: Selbstentwicklung funktioniert nicht von heute auf morgen. Und auch ein attraktives Ziel vor Augen, die viel beschworene Vision, hilft nur bedingt weiter. Wer sein Verhalten ändern möchte, muss vielmehr Geduld beweisen und lernen, mit Hindernissen umzugehen. Wie aber sieht der realistische Weg zur Selbstentwicklung im Einzelnen aus?

Warum ist das Verändern so schwierig?

„Im nächsten Jahr wird alles anders." Wer nimmt sich das nicht immer wieder vor? Vor allem zum Jahreswechsel fassen viele Menschen den Vorsatz, bestimmte Dinge „in Zukunft besser zu machen". Obwohl es ihnen ernst damit ist, halten sie in der Regel nicht lange durch. Einschlägige Studien aus den USA zeigen, warum das so ist. Sie werfen ein neues Licht auf den Verlauf individueller Entwicklungsprozesse, die auch für Veränderungen in der Fliegerei von Bedeutung sind. [147]

In einer wissenschaftlichen Arbeit aus dem Jahr 2002 diskutieren Janet Polivy und Peter Herman, Psychologen an der University of Toronto, eine Reihe von Untersuchungen, die Aufschluss darüber geben, warum es so schwer ist, sich zu ändern. Einer der zitierten Studien zufolge gaben 25 Prozent der Verbesserungswilligen bereits innerhalb der ersten Woche, nachdem sie ihren Vorsatz gefasst hatten, auf.

Ärgster Feind der Selbstentwicklung: Zu hoch gesteckte Ziele

Entgegen landläufiger Meinung liegt es nicht an mangelnder Motivation, dass so viele Verbesserungswillige scheitern. Ursache Nummer eins sind vielmehr zu hoch gesteckte Ziele. Mit anderen Worten: Verbesserungswillige unterliegen dem so genannten false-hope-syndrom.

So sollten, wie Polivy und Herman berichten, zum Beispiel übergewichtige Frauen, die abnehmen wollten, vor Beginn ihrer Diät angeben, welcher Gewichtsverlust für sie enttäuschend und welcher akzeptabel wäre. Das Ergebnis kann nur ungläubiges Staunen hervorrufen: Selbst über einen Gewichtsverlust von über 17 Kilogramm, ein eigentlich hervorragendes Resultat, können sie sich nicht freuen, gaben die Frauen an. Erst 25 Kilogramm hielten sie für akzeptabel. Als die Frauen 16 Kilo abgenommen hatten, waren 47 Prozent von ihnen dann auch tatsächlich enttäuscht – und gaben in der Folge auf. Der trockene Kommentar der Autoren: „The best is the enemy of the good" (Das Beste ist der Feind des Guten).

Wenn Sie als Pilot ihren Leistungsstand und ihre fliegerischen Fähigkeiten verbessern wollen, nehmen Sie sich realistische Ziele vor – es muss nicht gleich der Gesamtsieg bei den Red Bull Airraces sein. Wie hoch und wie realistisch das Ziel ist – ist logischer Weise individuell abhängig.

Schnelle Erfolge erfreuen meist den Piloten und motivieren ihn auf dem Weg zum angestrebten Ziel. Diese Anfangseuphorie weicht jedoch häufig bei schwerer werdenden Schritten und fliegerischen Zielen der Ernüchterung. Dann heißt es konsequent und zielstrebig am Ziel weiterzuarbeiten und sich nicht entmutigen zu lassen, nur weil die Entwicklungsschritte kleiner geworden sind.

Die Herausforderung wird noch größer, wenn es darum geht, den eigenen Flugstil, kommunikative Kompetenzen oder gar persönliche Eigenheiten zu ändern.

Initialerfolge verleiten zu Fehleinschätzungen

Ein weiterer Aspekt des false-hope-syndroms, den Polivy und Herman herausstellen: Viele unterschätzen, wie schwierig es sein wird, ihr Ziel zu erreichen, denn sie überschätzen ihr eigenes Veränderungspotenzial. Selbstverän-

derungsbemühungen sind in der Anfangsphase häufig erfolgreich. Dieser partielle Initialerfolg verleitet dazu, das Maß an Energie und Disziplin, welches jede Veränderung braucht, zu unterschätzen. Auch unrealistische Vorstellungen über die positiven Konsequenzen einer Veränderung gehören zum false-hope-syndrom.
Wer glaubt, eine neue Flugfigur macht einen schon zum Kunstflug-Champion, wird schnell ernüchtert werden. Gerade in der Fliegerei bekommt das Bonmot „Hochmut kommt vor dem Fall!" eine ganz dramatische Fasson.

Obwohl es nicht einfach ist, sich zu ändern, schaffen es immer wieder einige, erfolgreich dran zu bleiben, egal, was geschieht. Die amerikanischen Psychologen James Prochaska, John Norcross und Carlo DiClemente sind 1994 in einer Reihe von Studien der Frage nachgegangen, wie das gelingt. Aus ihren Befunden haben die Forscher ein sechsstufiges Veränderungsmodell entwickelt, das jedem erlaubt, selbst einzuschätzen, in welchem Stadium des Veränderungsprozesses er sich gerade befindet. Mit Hilfe des Modells kann der Einzelne dann gezielte Rückschlüsse ziehen, was er in der jeweiligen Phase am dringendsten braucht, um durchzuhalten.

Phase 1: Verleugnen

In der ersten Phase, der Phase des Verleugnens (Precontemplation), streiten die Menschen ab, dass sie etwas verändern sollten. Zumindest nach außen hin behaupten sie, es sei alles okay. Oft sind Druck und vermeintlich tolle Sprüche große Barrieren für Fliegerkollegen, mit Veränderungswünschen oder Schwachstellen in die Öffentlichkeit zu gehen. Häufig wollen Piloten keine Schwäche zeigen oder fürchten sich insgeheim vor dummen Kommentaren von Fliegerkollegen.

Kurze Übung:

- Welche Veränderung würden Sie bewerkstelligen, aber leugnen noch das Vorhaben?
- Welche Reaktionen aus dem Umfeld lassen Sie ggf. noch leugnen?

Phase 2: Bewusstwerden

In der zweiten Phase, dem Bewusstwerden (Contemplation), dämmert ihnen langsam, dass sie etwas ändern müssten oder möchten. Sie befürchten aber, dass Sie für die nötigen Veränderungsschritte nicht stark genug sein könnten. Wichtig ist, sich in dieser Phase mit Informationen zu versorgen, die darüber Aufschluss geben, ob es sich überhaupt lohnt, aktiv zu werden. Bei Piloten wird manchmal das Unwohlfühlen in der Luft, steigende Angst oder gefühlte Unsicherheit zum Auslösemoment der Veränderung. Dies können schwierige Flugsituationen, beinahe Unfälle, oder einfach auch der Verlust an der Freude am Fliegen sein.

Phase 3: Vorbereiten

In der dritten Phase, dem Vorbereiten (Preparation), gewinnen die Veränderungskräfte mehr und mehr die Oberhand. Der Veränderungswillige ist bereit, konkrete Schritte zu unternehmen. Jetzt finden wichtige individuelle Entscheidungsprozesse statt, die für den Erfolg einer Veränderung unabdingbar sind. Entscheidend ist, dass der Entwicklungswillige innerlich davon überzeugt ist, dass ihm die Veränderung eindeutige Vorteile bringen wird. Wer sich beispielsweise dafür entscheidet, sportlich aktiv zu werden, muss die feste innere Überzeugung aufbauen, dass er als Mensch wirklich davon profitiert, wenn er sein Leben entsprechend ändert. Es gilt also, ein positives inneres Bild vom eigenen Vorhaben aufzubauen. Gleichzeitig ist zu prüfen, ob das angepeilte Ziel realistisch ist. Um zur erforderlichen Überzeugung und positiven Haltung zu gelangen, kann es helfen, sich eine Reihe von Bilanzierungsfragen zu stellen.

Kurze Übung:

- Was bringt die Veränderung mir persönlich?

- Wie wirkt sie sich auf meine fliegerischen und/ oder privaten Beziehungen aus?
- Wie werden meine Bekannten und/oder Flieger-Kollegen reagieren, wenn ich damit beginne, meinen Vorsatz umzusetzen?
- Welchen Preis bin ich bereit zu investieren?
- Angenommen ich ändere nichts: Welche Vor- und Nachteile ergeben sich daraus für mich?

Auch fremde Meinungen einholen: Hilfreich kann es sein, sich auch Fremdmeinungen einzuholen, d.h. die Fluganalysen wie Videos, GPS Tracks einer Vertrauensperson vorzulegen, sie darum zu bitten, diese ehrlich zu bewerten und die Ergebnisse auszuwerten. Selbstveränderung meint zwar, das eigene Verhalten in letzter Konsequenz selbst zu modifizieren. Das heißt aber nicht, dass man dabei völlig auf die Hilfe und Unterstützung anderer verzichten sollte. In jeder Phase des Veränderungsprozesses kann soziale Unterstützung eine zentrale Rolle spielen – ob sie nun von einem Piloten als Fachmann, einem Freund, oder wem auch immer kommt.

Phase 4: Handeln

In der vierten Phase, der Phase des Handelns (Action), führt dann kein Weg mehr am eigenen Engagement vorbei. Die besten Chancen hat jetzt derjenige, der genau weiß, wann er was unternehmen wird. Statt sich zu sagen: „Nächste Woche fang' ich dann vielleicht mal an", kommt es auf exakte Planung an.

Ein typisches Phänomen, das sich in der Handlungsphase auftut: Nach den ersten An¬fangserfolgen fühlt man sich oft euphorisch. Endlich sind die ersten Schritte in die er¬sehnte Richtung gelungen. So schwer war es doch gar nicht. Man wähnt sich schon „über den Berg". Eine Täuschung, wie die nächste Phase zeigt.

Wenn bei fliegerischen Veränderungen nun der Vorsatz des Handelns vorhanden ist, aber das Wetter einen Strich durch die Rechnung macht, ist das natürlich sehr bitter. Wer konsequent und zielstrebig ist – plant gleich neue Termine, um am Veränderungsziel dran zu bleiben. Wird kein neuer Termin gesetzt, ist die Gefahr groß, dass das Ziel wieder aus den Augen verloren wird.

Im Flugsport kommt die Wetterkomponente hinzu, die teilweise längere Flugpausen erzwingt und so das Handeln zeitlich verzögert. Dann heißt es dranbleiben und zumindest auch mental sich mit dem Thema intensiv zu befassen, um nicht unnötig Zeit zu verlieren.

Phase 5: Durchhalten

Jetzt trennt sich die Spreu vom Weizen. Es geht ums Durchhalten (Maintenance). Der Alltag macht sich im Veränderungsprozess breit. Der Veränderungswillige ahnt: Langfristig am Ball zu bleiben ist doch schwieriger, als die ersten paar Schritte zu bewältigen. Fliegerische Unarten, Ungenauigkeiten schleichen sich wieder ein. Routineprozesse bergen hier immer wieder die Gefahr, dass man alte Gewohnheiten wieder aufgreift. Jetzt können folgende Hindernisse auftreten: ein unrealistisches Veränderungsverständnis und besondere Belastungen beruflicher oder privater Natur. Beispielsweise können Terminprobleme auftreten – man hat ja noch tausenderlei andere Verpflichtungen – oder man fühlt sich einfach nicht gut.

Weil unter Stress altgewohnte Verhaltens- und Denkmuster besonders schnell wieder einrasten, ist es wichtig, die eigene Einstellung zu Disziplin und Anstrengungsbereitschaft zu überprüfen – und sie zu revidieren, falls man der Ansicht ist, Veränderung sei wie im Schlaf möglich. Wirklich weiter kommt man erst mit der festen Überzeugung, dass Disziplin und Anstrengung zentrale Bestandteile des Lebens und die Voraussetzung für Weiterentwicklung und Wachstum sind.

Wichtig ist, nicht an sich zu zweifeln. Auch wenn der Vorsatz z.B. „nur" darin besteht, konsequenter den Vorflugcheck durchzuführen, ist es mit einem einmaligen akkuraten Check eben nicht getan. Wer nicht dran bleibt, ist in zwei Monaten wieder der gleiche Chaot bei der Vorflugkontrolle. Jetzt gilt es, sich die Vorteile des Vorhabens vor Augen zu führen, die man bereits in Phase drei ausgemacht hat. Es kommt darauf an, noch einmal zu überprüfen, ob man wirklich davon überzeugt ist, dass sich der Einsatz lohnt. Zudem gilt es, an der Überzeugung zu arbeiten, dass man es schafft, sein Vorhaben umzusetzen. Denn wer jetzt noch an sich zweifelt, der wird beim ersten oder zweiten echten Hindernis straucheln.

Entwicklung verlangt nun einmal, dass man Hindernisse überwindet. Und das gelingt am besten, wenn man bereits heute mental Lösungen für die Herausforderungen von morgen entwirft: Jeder kann eine Liste potenzieller Hindernisse erstellen, die ihn auf seinem Weg nach vorn eventuell aus dem Tritt bringen könnten.

Anhand solch einer Liste ist es möglich, sich – am besten in entspanntem Zustand – Strategien zur effektiven Überwindung der jeweiligen Hindernisse zurechtzulegen.

Kurze Übung:

- Welche Hindernisse stehen Ihnen auf dem Weg zur Veränderung im Weg?
- Wie können Sie diese Hindernisse jeweils beseitigen oder überwinden?

Rückschritte sollten von Anfang an mit eingeplant werden. Auch bei der besten mentalen Vorbereitung gilt: Rückschritte sind im Veränderungsprozess die Regel, nicht die Ausnahme. Der Umgang mit Rückschlägen ist daher von großer Bedeutung. Wie der Veränderungswillige etwaige Rückschläge kognitiv bewertet, entscheidet darüber, ob er an ihnen scheitert oder wächst. Wichtigste Faustregel: Ausrutscher dürfen nicht als persönliches Versagen gewertet werden. Sie sollten vielmehr als Ursache eines zumindest im Moment sehr anspruchsvollen, vielleicht sogar zu anspruchsvollen Ziels beurteilt werden. Das bedeutet auch, einen Rückfall grundsätzlich nicht als Katastrophe zu etikettieren, sondern als verzeihlichen oder gar normalen Ausrutscher, der zum Veränderungsprozess dazugehört.

6. Phase: Abschluss

Mit einer derart entspannten Haltung fällt es dem Veränderungswilligen leichter, sein Engagement nach einem Ausrutscher am nächsten Tag mit ungebrochener Energie fortzusetzen – und die Abschluss-Phase (Termination) des Prozesses zu erreichen. In dieser Phase muss man nicht mehr morgens an seinen Vorsatz denken, man braucht keine besondere Energie mehr aufzuwenden, um diesen zu verwirklichen, sondern kann die Früchte seiner Bemühungen ernten.

Wer beispielsweise zur Verbesserung seiner Stresskompetenz beim Fliegen mit Entspannungstraining oder Sport begonnen hat, spürt jetzt die wohltuende Wirkung dieser Trainings.

Illusionen sollte man sich allerdings nicht hingeben: Die sechste Stufe wird eher selten erreicht. Meist ist schon viel gewonnen, wenn die fünfte Phase, also die Phase der bewussten, manchmal auch anstrengenden Umsetzung, immer besser gelingt.

Veränderungen in Schallgeschwindigkeit - das ist Illusion

Dies bedeutet auch, dass man sich von der Vorstellung verabschieden muss, Veränderung sei von heute auf morgen möglich. Wer beim Fliegen oder in Englisch besser werden möchte, wird dies kaum an einem Tag erreichen. Ein Veränderungsprozess kann Monate oder gar Jahre in Anspruch nehmen.

Kurzfristige Methoden können Veränderungsprozesse tatsächlich anstoßen und kurzfristig viel Energie in sie hineinpumpen – oft aber wird übersehen: Egal, ob es sich um Verände-

rungen auf der persönlichen oder auf der organisationalen Ebene handelt – immer geht es darum, eingeschliffene Denk- und Verhaltensmuster zu ändern. Wenn ein Pilot beispielsweise seine Vorflugkontrolle verbessern möchte, muss er dies nicht nur mit Lippenbekenntnissen bestätigen, was einfach ist, sondern es langfristig im fliegerischen Alltag umsetzen – bei aller Flugvorfreude oder Zeitknappheit etc. Und das ist schwierig.
Mit anderen Worten: Wer schnelle Veränderung verspricht, macht Hoffnung und klingt attraktiv. Aber unrealistische Versprechungen setzen den Veränderungswilligen enorm unter Druck, wenn er die angeblich so leicht und schnell erreichbaren Ziele nicht erreicht. Hingegen führt die Sichtweise, dass Wandel an erster Stelle Energie und Ausdauer braucht, eine realistischere und damit Erfolg versprechendere Perspektive ein.

Für Piloten heißt dies, dass der Weg zu einem veränderten fliegerischen Verhalten nicht leicht ist und der Prozess nicht schnell geht – speziell, wenn sich Fehler oder andere Angewohnheiten über Jahre hinweg eingeschlichen haben. Dann gilt es am besten mit Pilotenkollegen an diesen Themen gemeinsam zu arbeiten.

Visionen von der Zielerreichung sind alleine nicht ausreichend

Den Beleg dafür liefert eine Studie, die die Amerikanerin Shelley Taylor, Psychologieprofessorin an der University of California, durchgeführt hat.[148]

Taylor arbeitete mit Studenten, die ihr Lernverhalten verbessern wollten. Sie bildete drei Gruppen. Die Teilnehmer der *„Visionen-Gruppe"* instruierte sie dahingehend, innerlich ihr *Ziel* zu imaginisieren. Die Teilnehmer sollten sich vorstellen, wie sie nach einer guten Examensnote die Glückwünsche ihrer Eltern, Freunde und Bekannten entgegennehmen und mit sich selbst zufrieden sein würden.

In der *„Hindernisse-bewältigen-Gruppe"* hingegen sollten sich die Studenten auf das konzentrieren, was sie vom Lernen *abhalten* könnte: eine Party, schönes Wetter, eine durchzechte Nacht, eine Verabredung usw. Sie sollten sich dann vorstellen, wie sie trotzdem vor ihren Büchern bleiben und sich nicht durch derartige Hindernisse vom Lernen abbringen lassen. Die dritte Gruppe erhielt *keine Instruktion*.
Am erfolgreichsten war die zweite Gruppe. Deren Mitglieder waren sogar auf schlechte Noten vorbereitet – mit der Strategie: „Bei schlechten Noten lerne ich einfach weiter". Deshalb wurden diese Studenten immer besser. Da konnten die Angehörigen der „Visionen-Gruppe" nicht mithalten. Nachdem sie die Realität in Form schlechter Noten eingeholt hatte, war ihr Lerneifer wie ein Strohfeuer erloschen.
Mittlerweile liegen Studien vor, die zeigen, dass tagträumerisches Schwelgen in schönen Fantasien zwar angenehm und entspannend sein kann, aber vor allem dann kontraproduktiv ist, wenn es uns vom Wichtigsten überhaupt abhält, nämlich selbst aktiv zu werden. Wir müssen innere Bilder so gestalten, dass sie den Prozess des Aktivwerdens und des Handelns unterstützen. Amerikanische Experten unterscheiden deshalb auch zwischen outcome-simulation (Ziel-Gedanken) und process-simulation (Ablauf-Gedanken) und streichen die Vorteile der process-simulation heraus. Der Glaube an Visionen mag zwar kurzfristig Energien freisetzen. Langfristig aber gilt es, Visionen mit Strategien zu unterfüttern. Nur so gelangt man Schritt für Schritt ans Ziel.

Für uns Flieger heißt dies, dass wir nicht nur versuchen mit schönen Zielbildern zum Erfolg zu kommen, sondern diese auch in der Planung und Vorbereitung mit potentiellen Hindernissen und Rückschlägen koppeln und analysieren sollten, um so das langfristige fliegerische Ziel zu erreichen.

15. Das Innere Team - jede Menge Co-Piloten!

Zwei Seelen wohnen, ach! in meiner Brust,
Die eine will sich von der andern trennen;
Die eine hält, in derber Liebeslust,
Sich an die Welt mit klammernden Organen;
Die andere hebt gewaltsam sich vom Dust (= Staub);
Zu den Gefilden hoher Ahnen.
(Goethes Faust I, Vers 1112 1117)

Nahezu jeder Pilot kennt diese Situation. Man befindet sich in einer Begebenheit, die nicht ganz entspannt ist und schon tauchen mehrere Charaktere auf, die sich - wie in Goethes Faust - in der Seele zur Diskussion versammeln.
Um stets als Pilot souverän handeln und entscheiden zu können ist es unabdingbar, sich mit dem eigenen inneren Team auseinanderzusetzen, die Charaktere oder Teamplaner zu kennen und vor allem deren Bedürfnisse zu kennen und zu schätzen.
Dazu dient das Modell des Inneren Teams.

Inneres Team nach Friedemann Schulz von Thun

Das psychologische Modell des Inneren Teams stammt vom Hamburger Psychologie-Professor Friedemann Schulz von Thun, der das Modell 1998 publizierte. Seitdem findet es in zahlreichen praktischen Anwendungen immer mehr Anhänger, weil es die Pluralität und Vielschichtigkeit der eigenen Persönlichkeit auf spielerische und anschauliche Weise greifbar und damit steuerbar macht. Das Modell eignet sich auch ohne eine weitere Person (Coach) zur Selbstreflexion. Gerade in verzwickten Situationen oder schwierigen Lebenssituationen - und allen Herausforderungen, denen man sich stellt.
Die zitierten Seelen in der eigenen Brust kennen nahezu alle Menschen aus diversen Situationen des Lebens. Ob dies der Rollenkonflikt innerhalb einer Familie ist oder in beruflichen Situationen, in denen mehrerer Persönlichkeitsteile unterschiedliche Beweggründe und Motive haben.

In seiner Praxis machte Friedemann Schulz von Thun immer wieder eine frappierende Beobachtung: In der menschlichen Seele herrscht eine rege innere Gruppendynamik, die eine erstaunliche Analogie zu realen Gruppen und Teams aufweist.

Der Mensch, so seine Schlussfolgerung, besitzt nicht nur eine Persönlichkeit, sondern viele verschiedene Persönlichkeitsanteile, die sich in ihren unterschiedlichen Normen und Werthaltungen nicht selten gegenseitig im Wege stehen. Deshalb tut der Mensch, was er ‚eigentlich' nicht will, sagt etwas, was er später bitterlich bereut oder verliert aus scheinbar nichtigem Anlass die Nerven, obwohl er ansonsten ‚die Ruhe in Person' ist.

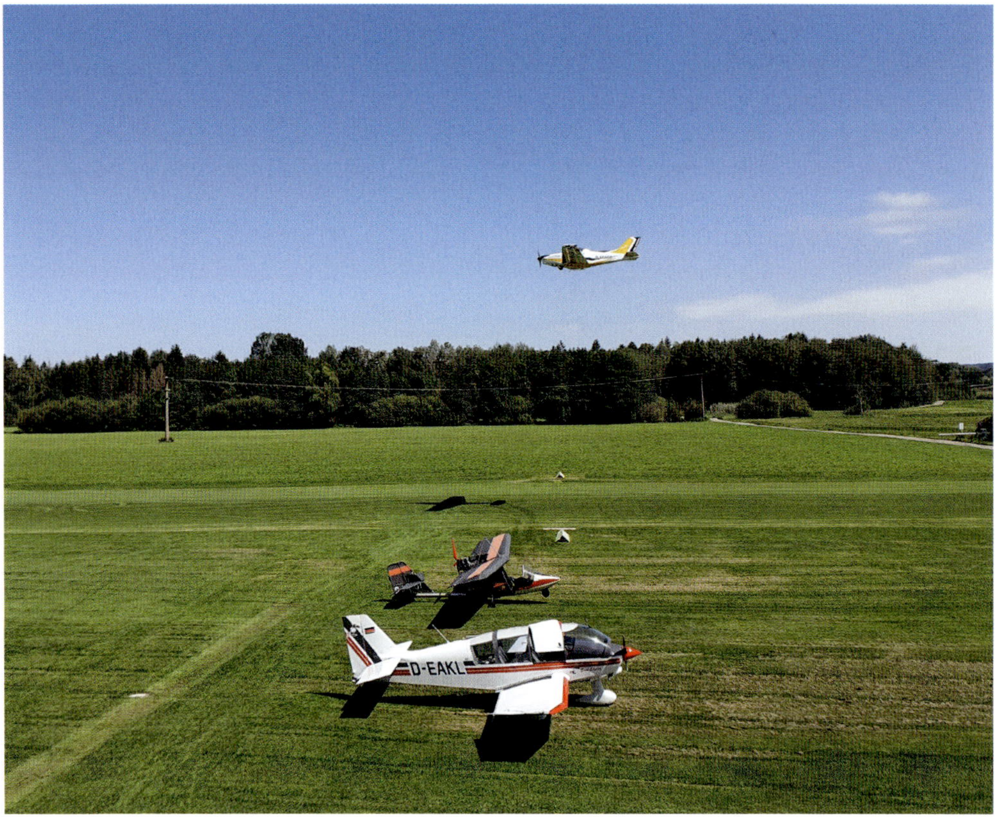

Fliegen mit mehreren Fluggeräten am Platz ruft das innere Team hervor. (Foto: Rainer Krumm)

Diese verschiedenen Persönlichkeitsanteile bezeichnet Schulz von Thun als ‚Inneres Team'. Die Anteile stehen in einem ständigen inneren Dialog miteinander - meist ohne, dass man sich dessen bewusst ist. Der Dialog dieser Anteile untereinander ist das, was unser alltägliches Denken und Handeln ausmacht. Die Mitglieder des Inneren Teams sitzen quasi als Vertreter bestimmter Rollen, Erfahrungen und Anschauungen um einen runden Tisch, unterhalten sich über ihre Wünsche und Ängste und versuchen, ihre Ziele durchzusetzen. Einige sind laut und dominant, andere leise und zögerlich. Einige Anteile kooperieren, während andere in Konkurrenz zueinanderstehen. Und bisweilen scheint es ihnen unmöglich, zu einer tragfähigen gemeinsamen Entscheidung zu kommen.

Wird der innere Kampf zwischen den Persönlichkeitsanteilen zu heftig, führt das unweigerlich zu Problemen in der konsequenten Handlungsweise, die gerade im Flugsport und Wettkampf entscheidend sind.

Im Rahmen der Deutschen Meisterschaft im Segelfliegen (Offene Klasse und 18-Meter Klasse) 2009 in Mengen führte ich eine Untersuchung durch, die das Innere Team bei leistungsstarken Piloten analysieren sollte. Das Ergebnis ist spannend: von den 14 Piloten, die sich daran beteiligten kennen 12 Piloten dieses Phänomen des Inneren Teams (85,7%). Die gleiche Untersuchung führte ich über Internetbefragungen noch in anderen Flugdisziplinen durch.

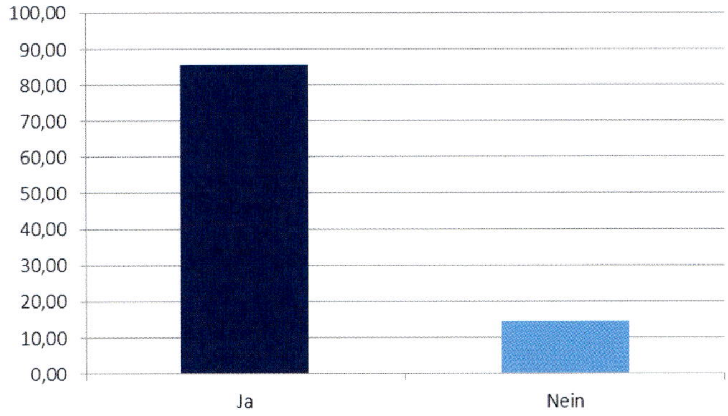

Untersuchung im Rahmen der Deutschen Segelfliegermeisterschaft, ob die Piloten das Innere Team beim Fliegen erleben, bzw. kennen.

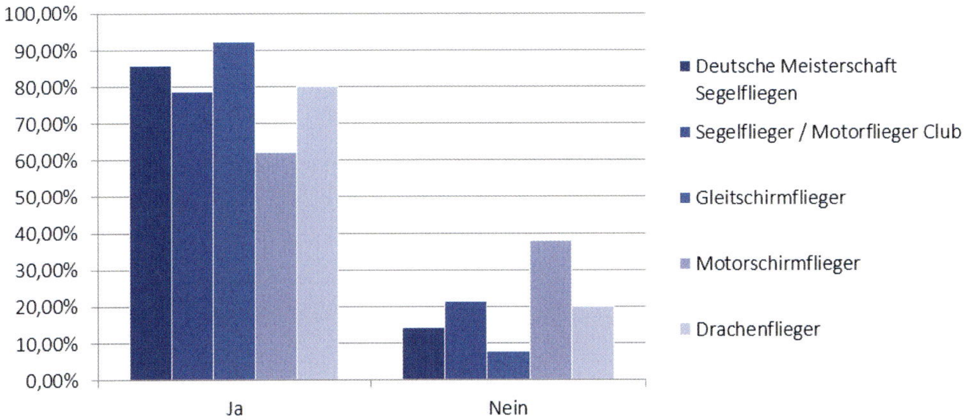

Vergleich verschiedener Flugdisziplinen auf die Frage „Kennst Du das Innere Team beim Fliegen?"

Ergebnis der Umfrage: Kennen Sie das Innere Team beim Fliegen?

Kennen Sie das Innere Team beim Fliegen?	Ja	Nein
Deutsche Meisterschaft Segelfliegen	85,71%	14,29%
Segelflieger / Motorflieger Club	78,57%	21,43%
Gleitschirmflieger	92,31%	7,69%
Motorschirmflieger	62,07%	37,93%
Drachenflieger	80,00%	20,00%

Die Untersuchungsergebnisse zeigen, wie gegenwärtig das Erlebnis des Inneren Team in der Fliegerszene ist – die meisten konnten die Teammitglieder zwar benennen, aber der souveräne Umgang mit den Teammitgliedern ist vielen schwer machbar. Dazu soll dieses Buch unterstützen. Interessant an der Untersuchung ist ebenso, dass die einzige motorisierte Flugsportart (Motorschirm), die befragt wurde deutlich weniger mit dem Inneren Team zu kämpfen hat. Dies ist auch leicht zu erklären – im Zweifelsfall gibt man nochmals Gas und fliegt den Landeplatz nochmals an – bei Thermiksportarten ist man von der Richtigkeit der Entscheidung abhängiger.

Bevor nun das Modell des Inneren Teams genau erläutert wird, werden zunächst einige Kommentare und Statements der Segelflieger aufgeführt. Dadurch wird das Modell für Piloten leichter greifbar.

Auf die Frage, wie die Piloten diese inneren Teamplayer benennen würden, welche Namen diese Teamplayer am besten beschreiben würden, kamen folgende Bemerkungen.

Segelflieger Nr.	Anzahl der Teamplayer	Namen der Teamplayer
1	3	Hektiker, Abenteurer, Cooler Calculator
2	10	Dirigent, Stratege, Analyst, Spieler, kühler Rechner, Zauderer, Draufgänger, Beobachter, Nachahmer (Kopist), Psychologe
3	3	Sicherheitsinspektor, Draufgänger, Rationalist
4	2	Der Ungeduldige und der Überlegte
5	3	Zweifler, Überlegter, Gelassener
6	2	Zweifler und Mutiger/Selbstbewusster
7	5	Zweifelnder, Ängstlicher, Mutiger, Statistiker, Spontaner
8	3	Vernunft, Selbstzweifel, Ehrgeiz
9	6	Der Egoistische, der Teamfähige, der Ruhige, der Aggressive, der Waghalsige, der Besonnene
10	5	Der Aggressor, der Vernünftige der die Außenwirkung zeigt, Ying, Yang, Der spontane Unüberlegte
11	5	Unternehmer, Beamter, Großvater, Jugendlicher, Wissenschaftler
12	3	Risikopilot, Sicherheitspilot, Zweifler

Auch die Anzahl der verschiedenen Teamplayer im Inneren Team ist bemerkenswert. Die Anzahl schwankt stark – von kleinen Teams bis zu großen Teams, die sicherlich auch komplexer in der Handhabung sind. Im Schnitt berichtet jedoch jeder Pilot von ca. vier verschiedenen Teammitgliedern.

Ein sehr erfolgreicher Teilnehmer der Deutschen Meisterschaft (Segelflieger Nr. 2) fasste zusammen, wie sich dieser Innere Dialog mit diesen Teammitgliedern äußert:
„Die ‚Teammitglieder' beurteilen Entscheidungssituationen unterschiedlich (z.T. sogar diametral). Jeder hat eine realistische Chan-

ce, Recht zu haben. Der Dirigent wählt aus und macht aus dem Chaos ein hoffentlich gutes und mit der notwendigen Fortune sogar exzellentes Ergebnis. Dazu braucht es sowohl Konsequenz, aber auch die Fähigkeit, eine nicht erfolgreiche Strategie notfalls in Frage zu stellen und radikal zu ändern."

Segelflieger Nr. 4 beschrieb den Dialog: „Oft als barscher, direkter Ton. Wenn mein Dialog beendet ist, möchte ich ihn unbedingt auch bei den Teammitgliedern durchsetzen."

Segelflieger Nr. 8 sagt, dass dieser Innere Dialog sich äußert, indem er nervös und unkonzentriert werde.

Segelflieger Nr. 10 dokumentiert den Inneren Dialog wie folgt: „Der spontan Unüberlegte trifft manchmal Entscheidungen, die sich im Nachhinein als falsch herausstellen. Der Vernünftige zögert oft, schnell nach vorne zu fliegen, da er lieber ausreichend Sicherheitshöhe hat. Der Aggressor versucht den optimalen Flugweg unter der Wolke zu finden und ärgert sich wenn dies nicht gelingt."

Segelflieger Nr. 11 beschreibt genauer und charakterisiert seine Teammitglieder: „Gedanklich versetze ich mich in die verschiedenen Teammitglieder und versuche die Denkweise zu verarbeiten."

- Unternehmer: er unternimmt etwas, er vermeidet Unterlassungen
- Beamter: er ist froh, keine Entscheidungen treffen zu müssen
- Großvater: hat reiche Lebenserfahrung
- Jugendlicher: Spontanität, emotionale Intelligenz
- Wissenschaftler: Analyse von Fakten

Wie erfolgshemmend diese Vielschichtigkeit der Person sein kann beschreibt Segelflieger Nr. 12 plastisch:

- „Risikopilot: schnell voraus fliegen, andere abhängen, tief runterfliegen
- Sicherheitspilot: aufsitzen, abwarten, andere machen lassen
- Zweifler: ist das Eine oder das Andere gerade richtig? Planlosigkeit!

„Der Sicherheitspilot ist am wenigsten dominant, der Risikopilot will den eigenen Weg fliegen - ist phasenweise deutlich besser als die Anderen, aber in Summe immer wesentlich schlechter. Entweder mit zu viel Risiko verbohrt oder irgendwann planlos, wenn der Zweifler überhand gewinnt."

Pluralistisches Verständnis der eigenen Persönlichkeit

Ein pluralistisches Verständnis der eigenen Persönlichkeit kann uns helfen, mit uns selbst und den Dingen des Lebens besser zurechtzukommen, so Schulz von Thun. Was ist nun dieses Modell vom Inneren Team? Das Modell macht das menschliche Seelenleben in verschiedener Weise sichtbar und greifbar. So können Methoden entwickelt werden, die potentielle Not des internen Widerspruches zu managen und die Tugend zu nutzen, die inneren Stimmen zu hören und die Weisheiten der einzelnen Teammitgliedern für das Fliegen und die eigene Persönlichkeit zu nutzen. Es ist möglich, aus dem vermeintlich zerstrittenen Haufen ein Inneres Team zu machen - unter der Leitung eines Chef-Piloten, der einen guten Draht zu seinen Co-Piloten und dem Bodenpersonal hat und sich der Kunst der kooperativen Führung versteht. Ein kleines fiktives Beispiel soll zunächst das Innere Team im Flieger-Umfeld greifbar machen, bevor das Modell detailliert vorgestellt wird und auf eigene Übungen eingegangen werden soll.

Der dreifache Familienvater und mittelprächtig-erfahrene Gleitschirmflieger Namens Paul befindet sich mit der ganzen Familie in Südtirol im Frühherbsturlaub. Seinen kleinen Handwerksbetrieb mit 10 Mitarbeitern leitet in der Zwischenzeit sein langjähriger Meister. Mit der Familie hat er vereinbart, dass er den Gleitschirm mit in den Urlaub nehmen darf, aber das Gleitschirmfliegen soll nicht oberste Priorität haben. Es soll ein Familienurlaub werden, denn er hatte in den letzten Monaten aufgrund der guten Auftragslage wenig Zeit für seine Frau und die Kinder. Ebenso kam die Fliegerei deshalb und aufgrund von schlechten Wetterverhältnissen zu kurz. So sind die Erwartungen an den Urlaub von allen Seiten recht hoch. Die Wetterlage ist zu Beginn des Urlaubs fantastisch, die Thermik in Südtirol ist der Jahreszeit entsprechend gut und teilweise auch sehr anspruchsvoll. Kaum ist die Familie in Südtirol angekommen, beginnt das innere Team von Paul sich intensiv zu Wort zu melden. Die Teammitglieder sind: Leo Luftikus, Papa Prima, Günther Gatte, Uwe Unternehmer, Egon Erholung, Sigi Sorgsam, und noch einige andere.

Der Innere Dialog der Teammitglieder beginnt:

- Leo Luftikus: „Hey, Hammer-Wetter, schau dass Du gleich in die Luft kommst, wer weiß, wie das Wetter wird!"
- Papa Prima: „Endlich mal Zeit mit den Kindern ausgedehnt zu spielen und was gemeinsam zu unternehmen."
- Günther Gatte: „Mensch, achte auch mal auf Deine Frau, die hat die ganze Zeit die Kinder am Bein, Du bist nie da und dann verdrückst Du dich auch noch im Urlaub zum Fliegen."
- Uwe Unternehmer: „Wichtig ist, dass Du Dich gut erholst und wieder fit und gesund zur Firma zurückkommst."
- Egon Erholung: „Ja, genau Erholung heißt den Kopf durchs Fliegen freibekommen – das relaxed am meisten – da freut sich auch die ganze Familie auf den entspannten Papa – geh fliegen!"
- Sigi Sorgsam: „Die Bedingungen erscheinen zwar sehr gut zu sein, aber du warst schon länger nicht mehr beim Fliegen, geschweige denn in so einer starren Thermik. Kannst Du das überhaupt? Willst Du nicht lieber nur einen kleinen Abgleiter am Abend machen und auf Deine Gesundheit achten?"
- Uwe Unternehmer stimmt ein: „Stimmt – Du bist für die Existenz von Deinen 10 Mitarbeitern mitverantwortlich – Du musst auf Dich aufpassen."
- Leo Luftikus: „Ach quatsch, das geht schon, Du hast ja schon öfters Thermik geflogen – das ist wie Fahrrad fahren, das verlernt man nicht."
- Papa Prima und Günther Gatte im Duett: „Es soll ein Familienurlaub sein, also wird nicht gleich am ersten Tag geflogen!"
- Leo Luftikus: „Ja, aber das Wetter könnte ja umschlagen und dann kommst Du gar nicht mehr zum Fliegen!"
- Papa Prima ergänzt: „Allerdings würde es den Kindern schon gefallen, wenn sie den Papa auch mal wieder fliegen sehen."
- … Fortsetzung folgt.

Und so geht Paul nicht gleich am ersten Tag zum Fliegen, sondern unternimmt mit der Familie eine schöne ausgedehnte ganztägige Wanderung mit einer abschließenden Einkehr in einem urigen Südtiroler Berghof. Von weitem sieht er einige Drachen und Gleitschirme, die ordentlich in der Thermik aufdrehen können. Immer wieder meldet sich das Innere Team im Laufe der Wanderung zu Wort:

- Papa Prima: „Es war die richtige Entscheidung und ein wichtiges Signal für die Familie, heute nicht zu fliegen."
- Leo Luftikus: „Ja prima – aber vielleicht kippt das Wetter und Du kommst dann nicht mehr zum Fliegen – schau mal wie die da drüben aufdrehen. Bockig sieht das nicht aus – da hast Du schön was verpasst!"
- Günther Gatte: „Sieh doch wie es Deine Frau genießt – die ganze Familie ist beisammen und Du kümmerst Dich um die Kinder."
- Uwe Unternehmer: „Bei den langen Wanderungen kommst Du doch immer auf so tolle Gedanken – gute Idee, erst mal den Kopf kreativ freiwandern."

- Egon Erholung: „Den Kopf hättest Du schneller beim Zentrieren der Thermik freibekommen."
- ... und so weiter und so fort.

Das Modell

Vom Inneren Team[149] wird in zweifachem Sinne gesprochen:
Zum einen ist das Modell gemeint, welches die Pluralität des menschlichen Seelenlebens als Analogie zu einer Arbeitsgruppe darzustellen versucht. Es ist phänomenologisch – nicht theoriegeleitet, d.h. es nimmt Wortmeldungen der Teammitglieder auf, wie diese erscheinen. Ebenso markant für das Modell ist die Personalisierung, d.h. seelische Kräfte, Rollen, Befindlichkeiten, Gefühle etc. werden zu Personen gemacht, die optimaler Weise noch treffende Namen erhalten. Sie werden dann Botschafter mit kognitiven, emotionalen und motivationalen Anteilen. Die Visualisierung ist ein unverzichtbarer Bestandteil des Konzeptes, bei der die Seelen als personale Einheiten in die Brust gemalt werden. Dieses Vorgehen erlaubt die bei dieser Methode so wichtige Disidentifikation, das heißt, das Heraustreten aus dem aufgewühlten Geschehen und das Schauen von außen auf das Getümmel im Inneren. Dies ermöglicht auch eine mögliche Inszenierung mit den Teammitgliedern.
Zum anderen wird vom Inneren Team als das konkret erhobene Team gesprochen. In dem genannten Beispiel des Gleitschirmfliegers Paul wären dies die Teammitglieder: Leo Luftikus, Papa Prima, Günther Gatte, Uwe Unternehmer, Egon Erholung, Sigi Sorgsam. In der Regel wird ein zerstrittener – oder sich zumindest uneiniger Haufen gefunden, der sich in einem Durcheinander, Gegeneinander oder Nebeneinander bewegen und auch Allianzen knüpft.
So könnte sich Leo Luftikus als Komplize Egon Erholung suchen, um das Projekt „Erholung durch Fliegen" zu verwirklichen. Dabei könnten Sie auf die Koalition Papa Prima und Günther Gatte treffen, wobei Papa Prima sich noch nicht ganz klar entschieden hat, ob er nun durch Präsenz oder Tollkühnheit bei den Kindern punkten will und kann.
Das konkret erhobene Team wird durch zweierlei definiert: Einerseits durch die Besetzung (wer hat sich eingefunden, mit welcher Botschaft und welchem Namen?) und durch die Beziehung der Mitglieder untereinander und zum Oberhaupt. Die Art und Weise, wie die Teammitglieder miteinander umgehen ist sehr entscheidend für das innere Betriebsklima. Dabei gilt es nicht nur die Inhaltsebene, sondern auch die Beziehungsebene zu beachten, denn dies ist für den Erfolg der Teamentwicklung sehr erfolgsentscheidend.
So macht es einen Unterscheid, ob Leo Luftikus sagt „Ja prima – aber vielleicht kippt das Wetter und Du kommst dann nicht mehr zum Fliegen – schau mal wie die da drüben aufdrehen. Bockig sieht das nicht aus – da hast Du schön was verpasst!" oder „Mensch Papa Prima, du Waschlappen, die Familie wird schon nicht stinkig sein, schau dass du in die Luft kommst – und hör nicht auf diesen Uwe, den alten Bedenkenträger!"

Viele Piloten kommen gerade in hektischen, ungeplanten oder riskanten Situationen in den heftigen inneren Dialog, der zur Streitdiskussion wird. Nun heißt es den Ausweg zu finden, um handlungsfähig zu sein und zu bleiben: den inneren Dialog bewusst machen bzw. ihn bewusst führen, damit aus dem zerstrittenen Haufen tatsächlich ein Inneres Team wird. Nur dann ist der Mensch ‚mit sich selbst im Reinen' und kann nach außen hin klar, authentisch und situationsgemäß reagieren.

Ein Teilnehmer eines Vortrages von mir bei einem Segelfliegerverein in Baden-Württemberg beschrieb sein Inneres Team als zwei-Personen-Team: die zurückhaltende

Person und die stärkende Person. Die stärkende Person sagt: ‚Du kannst diese Figur, bist doch schon so oft geflogen!' Die zurückhaltende Person sagt dann: ‚komm flieg lieber nicht die Figur, da könnte dies und jenes schief gehen.' Oft nehme er die stärkende Person wahr, aber meist erst durch seinen Flugpartner, der ihn darin bestärke – er selbst sei eher zurückhaltend und traue sich nicht so viel zu. Er lagert den Teamleiter hier wohl an den Flugpartner aus.

Wilhelm Busch schrieb einmal: „Willst Du ein guter Leiter sein, dann schau auch in Dich selbst hinein." Dies gilt umso mehr für den Leiter/Lenker eines Luftfahrzeugs – also für Piloten.

Wie nähert man sich nun seinem eigenen Inneren Team?

Dazu sind in einem ersten Schritt, alle Gedanken, Aussagen und spontanen Äußerungen zu einem gegebenen Problem (z.B. ein möglicher Arbeitsplatzwechsel) zu Papier zu bringen. Welche Bedürfnisse und Anliegen hört man da in sich? Was wird da gewünscht? Was wird eingefordert?

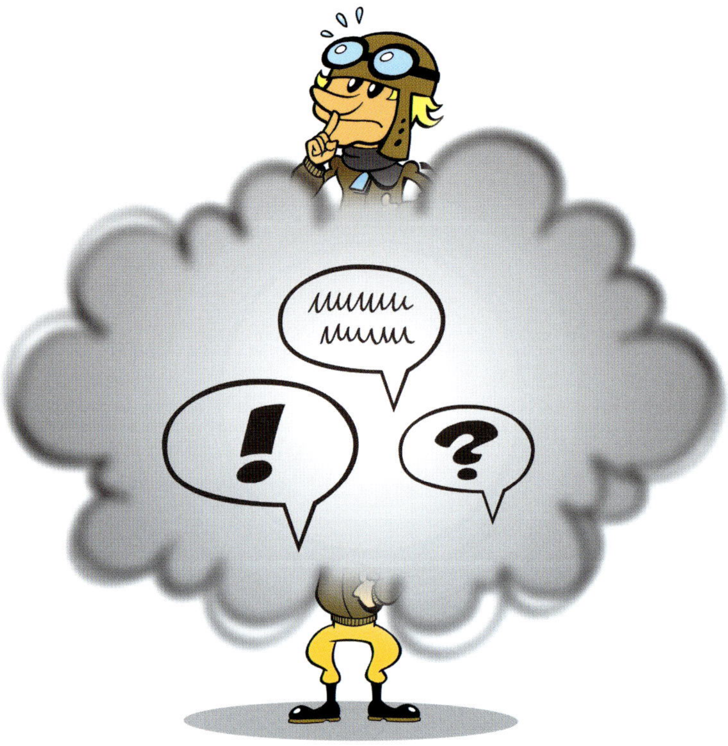

Anschließend überlegt man sich, welche Persönlichkeitsanteile hinter diesen Gedanken und Äußerungen stecken. Den Persönlichkeitsanteilen seines Inneren Teams ordnet man nunmehr möglichst anschauliche Namen zu.

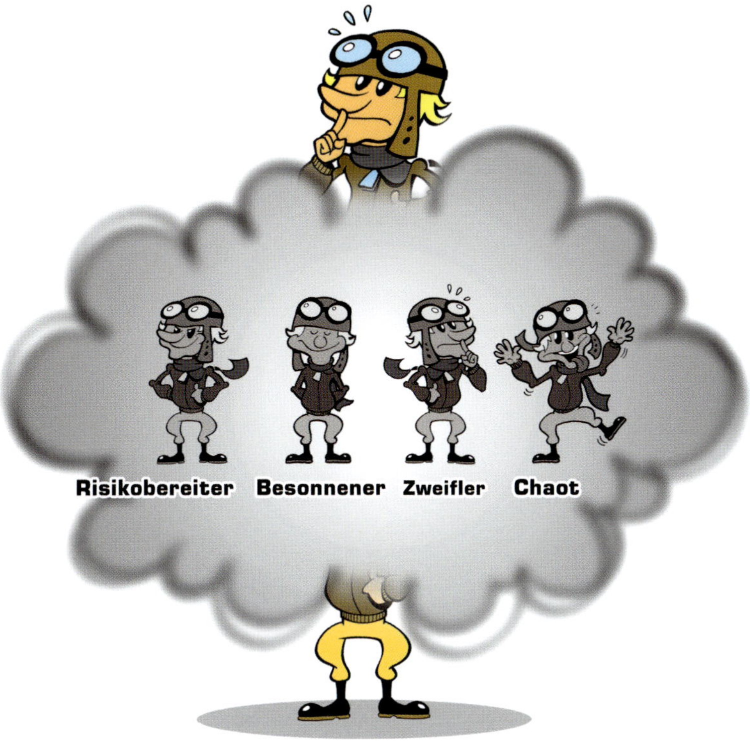

Typische Co-Piloten und deren Bedürfnisse können beispielsweise sein:

- der innere Antreiber: ‚Da gibt es jetzt kein Zurück mehr!'
- der kühle Kopf: ‚Bleib bei den Fakten und wäge die Vor- und Nachteile ab.'
- der Selbstzweifler: ‚Ist das nicht eine Nummer zu groß für Dich?'
- der Vorsichtige: ‚Lass' es lieber so, wie es ist.'
- der Kommunikative: ‚Ich brauche erst einmal den Austausch mit anderen.'
- der kreative Kopf: ‚Da eröffnet sich ja eine Unmenge an neuen Möglichkeiten.'
- der Abenteurer: ‚Ich bin gespannt, was da alles auf mich zukommt.'
- der Bequeme: ‚Ich will mich nicht schon wieder entscheiden müssen.'

Sind diese Persönlichkeitsanteile bewusst gemacht, gilt es in der weiteren Analyse herauszufinden, wie diese zusammenwirken, in welchen Situationen welche Anteile die Oberhand gewinnen, warum sie dies tun, wann sie sich als nützlich erweisen und wann als hinderlich. Stehen die Teammitglieder im Konflikt zueinander, harmonisieren sie gut, gibt es Koalitionen, oder haben manche gar nichts miteinander zu tun?

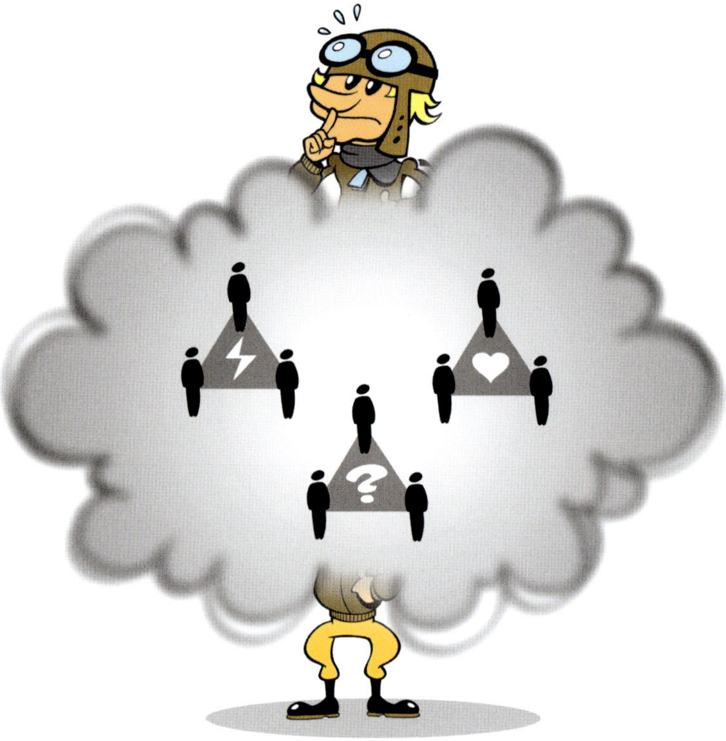

Ein hilfreiches Analyseinstrument kann dabei die Aufstellung der inneren Teammitgliedern mittels Spielfiguren sein. Dadurch lässt sich visualisieren, welche Anteile nahe beieinanderstehen. Also auf welche Koalitionen, Abhängigkeiten, Loyalitäten sie hinweisen und welche eher ein Außenseiterdasein führen und entsprechend wenig beliebt sind - aber gleichwohl präsent. Nun kann der bewusste Innere Dialog mit den einzelnen Anteilen beginnen.

Übung: Fragen an die Teammitglieder können beispielsweise sein:

- Welche positive Absicht hast Du? Was möchtest Du erreichen? Kennst du die anderen Anteile und deren positive Absicht?
- Was sollte ich von Dir wissen, von Deinen Erfahrungen, von Deiner Geschichte? Wie bist Du zu Deinen Überzeugungen gekommen?
- Was würde passieren, wenn Du nicht so stark/schwach ausgeprägt wärst?
- Worin möchtest Du von mir verstanden werden?
- Welche Lösungsvorschläge hast Du für das aktuelle Problem?
- Welche Einwände hast Du gegen eine mögliche Lösung? Womit kannst Du gut leben?
- Was benötigst Du von mir an Unterstützung? Wie kann ich Dir helfen etc.?

Dieses Interview mit den einzelnen Persönlichkeitsanteilen wird nun solange geführt, bis für das Problem eine Lösung gefunden ist, die für alle Persönlichkeitsanteile akzeptabel ist und sie als ‚Inneres Team` gut harmonieren lässt.

Die Arbeit mit dem Inneren Team ist mit etwas Übung und Fähigkeit zur Selbstreflexion in der Selbstanalyse möglich. Bei tiefer gehenden Interventionen - wenn es beispielsweise um die (Re-)Integration ungeliebter oder abgespaltener Persönlichkeitsanteile, emotionale Dilemmata oder das Abstreifen hinderlicher Verhaltensmuster geht, wird allerdings die Unterstützung durch einen Coach erforderlich.

Das Aushalten von innerer Pluralität und Uneinigkeit wird sowohl professionell als auch menschlich mehr und mehr als moderne Schlüsselqualifikation erkennbar. Im Modell des Inneren Teams steckt die Verheißung, dass es für den Modell-Anwender möglich wird, aus der Not eine Tugend zu machen. Indem er alle beisammen hat, kann er die Teilwahrheiten der Einzelnen zu einer integrierten Weisheit versammeln, der Welt mit vereinten Kräften begegnen und innere Harmonie als Ergebnis einer geglückten inneren Teamentwicklung genießen – bis zur nächsten Herausforderung.

Folgend ein berühmt- berüchtigtes Beispiel für einen solchen Inneren Dialog: Der Kreml-Flieger Mathias Rust berichtet[150] von einem langen und ausführlichen inneren Dialog, bevor er im Alter von 18 Jahren von Helsinki aus am 28. Mai 1987 mit seiner Chessna F 172 P Skyhawk II zum fünfstündigen Flug nach Moskau startet. In Finnland habe er drei Tage lang nachgedacht, ob er das Richtige tue, doch zehn Minuten nach dem Start sei er sich sicher gewesen, dass er es tun müsse. Diese fliegerische Meisterleistung kostete damals einigen Generälen den Job und sicherte ihm selbst eine vier Jahre lange Haft in der damaligen UdSSR. Als Kamikaze-Pilot sieht er sich selbst nicht und er wäre auch nach eigenen Angaben gelandet, hätte man ihn dazu aufgefordert. Da der Rote Platz damals zu sehr mit Menschen bevölkert war, ist er dreimal darüber weggeflogen und auf der Brücke über die Moskwa gelandet. Wohl in jeder Zeitung der Welt wurde darüber seiner Zeit berichtet.

Immer wichtiger wird das Modell vom „Inneren Team", sowohl zur Selbst- und Rollenklärung als auch für die ideale „Mannschaftsaufstellung" bei schwierigen Herausforderungen.
Mit dem Modell des Inneren Teams betrachten wir die „Innenseite" der Kommunikation genauer. Denn ein Miteinander und Gegeneinander finden wir nicht nur zwischen den Menschen, sondern auch innerhalb des Menschen. Meistens haben wir mehrere Seelen in unserer Brust.

Wenn wir in uns hineinhorchen, finden wir Lautgebungen dieser Seelen vor: In Form von inneren Stimmen, die sich zu einem bestimmten Vorfall oder Thema zu Wort melden, die sich miteinander selten einig sind und die alles daran setzen, auf unsere Kommunikation und unser Handeln Einfluss zu nehmen. Obwohl ein zerstrittener Haufen in mir überaus lästig und quälend sein und bis zur Verhaltenslähmung führen kann, handelt es sich dennoch nicht um eine seelische Störung, sondern um eine ganz normale menschliche und letztlich auch wünschenswerte „Innere Pluralität". Wenn es nämlich gelingt, aus dem zerstrittenen Haufen ein Inneres Team zu machen, dann können innere Synergieeffekte dazu führen, dass ich der Welt mit vereinten Kräften begegne und dass mein Verhalten angemessener ausfällt, als wenn nur eine Stimme ihre Weisheit beigetragen und allein das Sagen gehabt hätte.
Somit bekommen wir es in der Kommunikation nicht nur mit dem Team zu tun, dem wir angehören oder das wir zu leiten haben, sondern auch mit unserem „Inneren Team".

Für die Gesprächssituation bedeutet das, dass ich, wenn ich nach außen hin klar, authentisch und situationsgemäß reagieren will, innerlich „alle beisammen haben" und eine Einigung all jener inneren Stimmen erreicht haben muss, die sich in mir zu Wort melden. Die entsprechende Herausforderung besteht darin, die inneren Mitarbeiter zu einem gegebenen Problem zu identifizieren, zu benennen und sodann zu einem Reflecting Team (oder zu einer „Inneren Ratsversammlung") zusammenzuführen.

Verschiedene Situationen stellen auch verschiedenen Teammannschaften auf. So kann sich ein Inneres Team in einer Wettkampfsituation anders formieren als bei einem Freizeitflug oder Spaßflug. So könnte es sein, dass der Risikofreudige beim Spaßflug gar nicht mit an Bord ist. Beim Wettkampfflug spielt er womöglich aber eine große Rolle.

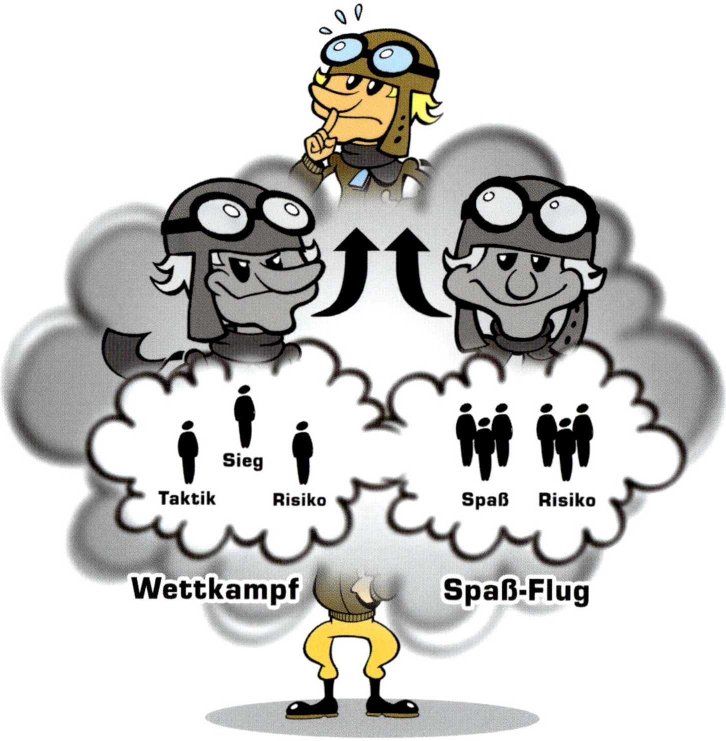

Eine 30-jährige Gleitschirmfliegerin und Mutter, deren Mann ebenso fliegt, berichtete von 2 Teammitgliedern:

1. Madame Übervorsichtig („kannst du das mit deinem Mama-Dasein vereinbaren???")
2. Schneller-Höher-Weiter (erklärt sich von selbst)

Auf die Frage, wie sich der Innere Dialog äußert, berichtet die Fliegerin:
Er äußert sich vor allem in Zwie-, bisweilen fast schon Streitgesprächen der beiden Beteiligten (s.o.) und läuft oft so ab:
„Schau mal, da hinten bei den anderen steigt´s. Hinfliegen oder nicht?"
1: „Hier gibt´s eh nur Thermikblasen. Bis ich da bin, ist die Blase weg und ich sitz in dem blöden Taleinschnitt fest und komm nicht mehr bis zum Landeplatz. Und da gibt´s doch nur noch Bäume."

2: „Nichts wie hin. Ich wollte doch unbedingt mal in die Richtung abfliegen."
Es klingt manchmal wie im Film mit Engelchen und Teufelchen auf der Schulter, und der Ausgang dieses Gesprächs ist sehr abhängig davon, wie meine Tagesform und mein Umfeld am Tag des Fluges beschaffen sind. An einem Tag, der gut begonnen hat, steigt natürlich das Selbstvertrauen und damit sicher auch die Risikobereitschaft – allerdings bleibt Madame Übervorsichtig nie völlig stumm.

Sie beschreibt hier eine sehr typische Situation, wie die Verantwortung aus anderen Lebensrollen – hier die Rolle und Verantwortung als Mutter – in die fliegerischen Aktivitäten eingreifen. Je klarer man sich nun dieser Rollen, Bedürfnisse und Teammitglieder ist, desto besser kann man sie steuern und managen. Wie diese Teammitglieder-Sitzungen gemacht werden, wird später beschrieben. Es ist sehr wichtig zu wissen, welche aktuellen Probleme beschäftigen mich zurzeit und welche Probleme nehme ich ggf. unwillkürlich mit an Bord – und kann mich dann nicht ordentlich konzentrieren.

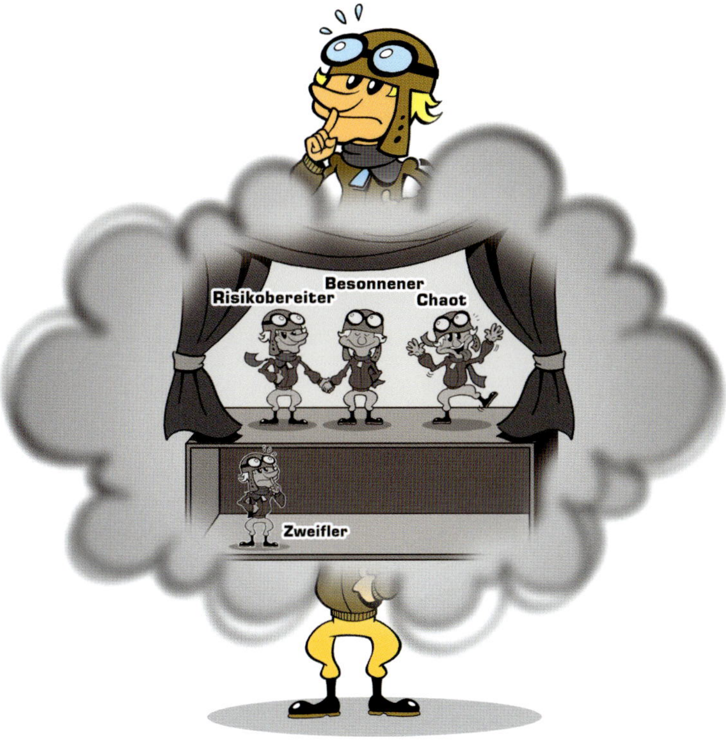

Das innere Teammitglied

Das Innere Team stellt ausdrücklich keine von Neurologen bestätigte Realität dar – es handelt sich um eine Metapher, die sich in der Selbstklärung als nützlich erwiesen hat. Das innere Teammitglied soll dabei den eindimensionalen Antrieb eines Menschen darstellen. Es ist weder im Sinne multipler Persönlichkeiten eine wiederum plurale Teilpersönlichkeit, noch ist es mit Gefühlen oder Verhaltensweisen zu verwechseln. Sie sind eine der Wirkungen eines oder mehrerer Teammitglieder, können also nur selten in einen dauerhaften und zwangsläufigen Zusammenhang mit einem Teammitglied gebracht werden.

Teammitglieder unterscheiden sich auf vielfältige Weise – sie sind laut oder leise, melden sich schnell oder langsam, sind dominant im Außenkontakt oder zeigen sich nur nach innen, wo sie als Gedanke, Gefühl, Impuls, Stimmung oder Körpersignal auftreten. Zwischen Teammitgliedern herrscht eine ähnliche Gruppendynamik wie im wirklichen Leben auch. In ihrer Gesamtheit spiegeln sie die Lebenserfahrungen eines Menschen wider, darunter die Meinung von Eltern, Freunden und Lebenspartnern oder die Werte von Gemeinschaften, denen man sich zugehörig fühlt.

Ein 40-jähriger Gleitschirmflieger nannte seine Teammitglieder: Draufgänger, Held, Angsthase, Professor, Clown und Bruder Leichtfuß. Der Innere Dialog zeichnet sich bei ihm so aus, dass die Teammitglieder miteinander ‚reden' – so komme ein Entschluss zustande, ob geflogen wird oder nicht, wie geflogen wird und wie oft und mit welchem Gerät (Tandem, Solo und welche Klasse).

Ein 28-jähriger Schweizer Gleitschirmflieger beschrieb seine Teammitglieder als: der Zweifelnde, der Euphorische, der Selbstsichere, der Behutsame. Der euphorische und der selbstsichere Part versuchen, den zweifelnden und den behutsamen zu überstimmen. Gelegentlich gelingt es jedoch auch dem behutsamen Persönlichkeitsanteil, die euphorischen und selbstsicheren Anteile dazu zu bringen, Entscheidungen (fliegen oder nicht, soaren oder vom Hang weg) zu korrigieren und ihre Stimmen etwas leiser zu spielen.

Eine weitere interessante koalierende Verbindung von Teammitgliedern beschreibt ein 46-jähriger Gleitschirmflieger. Seine Teammitglieder benennt er: Abenteurer, Macho, Techniker, Romantiker, Fürsorglicher, Politiker. Die Dynamik formuliert er wie folgt: Macho und Techniker verbünden sich mit dem Abenteurer und würden bei jedem Wetter fliegen soweit es der Techniker unterschreiben kann. Der Fürsorgliche legt Veto ein und möchte das Fliegen sein lassen. Nur weil er dem Romantiker nahesteht und der Politiker zwischen beiden Parteien vermittelt, behält die fliegende Fraktion (Gott sei Dank!) die Oberhand. Er stellt sich die Frage: Habe schon daran gedacht, den Fürsorglichen rauszuschmeißen? Würde sich halt leider auf alle anderen zwischenmenschlichen Beziehungen außerhalb der Fliegergemeinde auswirken.?

Der Teamleiter – Chefpilot

Als Teamleiter bezeichnet Schulz von Thun das übergeordnete „Ich", die zusammenhaltende Instanz, die entweder dem Dialog seiner Teammitglieder passiv folgt oder aber aktiv eingreift, in jedem Fall aber bei außenwirksamen Entscheidungen das letzte Wort hat. Es können viele Aspekte der wirklichen Teamführung auf den inneren Teamleiter übertragen werden.

Die innere Teamsitzung

Steht ein Mensch vor einer schwierigen Entscheidung, führt er mehr oder weniger bewusst eine innere Teamsitzung durch. Durcheinander, uneinheitliche Äußerungen (z.B. ungutes Bauchgefühl gegen rationales Argument) und eine Dominanz der lauten, schnellen und beliebten Teammitglieder prägen in der Realität oft die nicht bewusst kontrollierten Teamsitzungen. Trotzdem gelingt es dem Teamleiter dank seiner Übung, in vielen Fällen eine zufriedenstellende Entscheidung herbeizuführen. Bei besonders schwierigen oder ungewohnten Entscheidungen muss das aber nicht der Fall sein. Dann empfiehlt Schulz von Thun eine Teamsitzung nach den Regeln der Kunst.

Dazu müssen zunächst die Teammitglieder, die sich zu der Frage äußern wollen, identifiziert werden. Oft gelingt das erstaunlich gut, wenn man sich ein wenig Zeit nimmt, in sich hinein zuhören. Anschließend sollte jedes Teammitglied das Recht bekommen, seine Botschaft unkritisiert vorzubringen. Eine freie Diskussion gibt allen die Möglichkeit, gehörig aneinanderzugeraten. Der Teamleiter sollte dabei gut aufpassen, um danach die strittigen Fragen und die jeweiligen Positionen zusammenfassen zu können. Hierbei ist Führungstalent besonders wichtig – der Teamleiter sollte neutral bleiben und alle Positionen wertschätzen. Auf dieser Basis kann dann auch – wie in wirklichen Teams – über einen Kompromiss nachgedacht werden. Zum Abschluss kann man das Ergebnis zusammenfassen und noch einmal die Zustimmung aller Teilnehmer einholen.

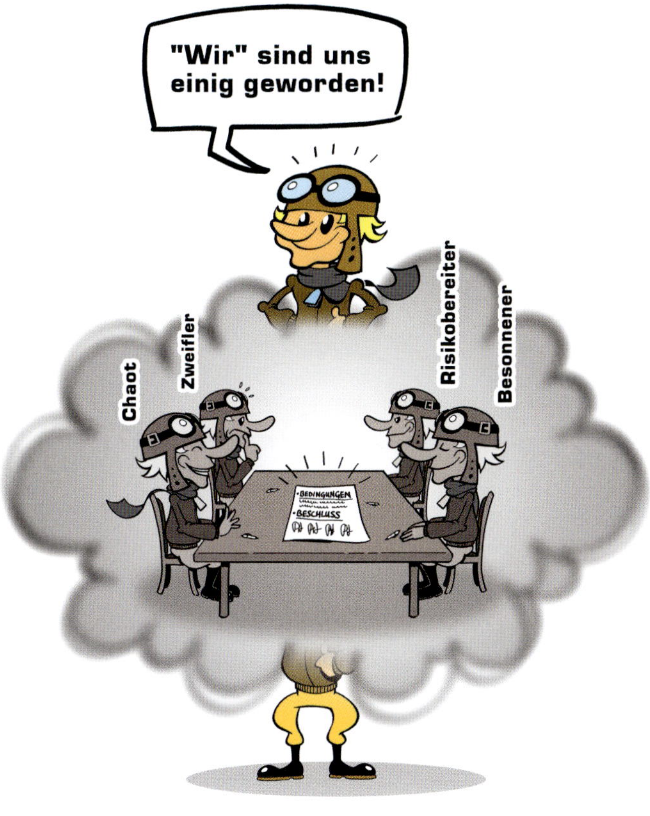

Dieses Vorgehen hat mehrere Vorteile. Weil man sich in seiner Pluralität akzeptiert, ist es nicht nötig ist, wichtige Bedürfnisse zu vernachlässigen, um schnell eine einheitliche Meinung hervorzubringen. Ein authentischeres Ergebnis führt häufig zu höherer Selbstzufriedenheit – und schließlich hilft die Selbstklärung, späteres Unwohlsein in dieser Fragestellung schnell zu verstehen und damit umzugehen.

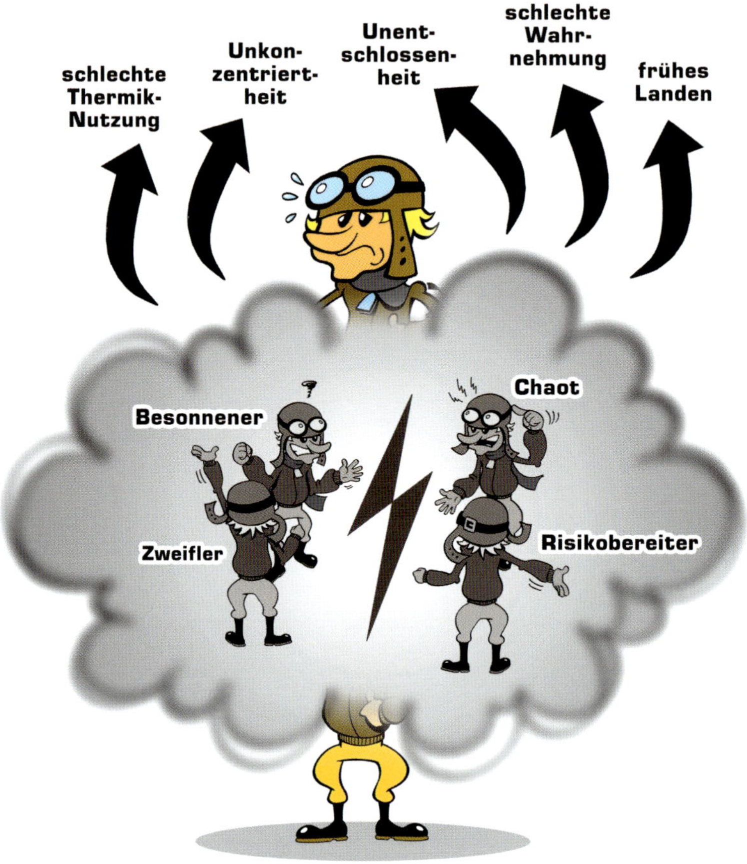

Welche Teammitglieder drängen sich immer wieder ins Theaterensemble, welche spielen Haupt- und welche Nebenrollen? Welche Teammitglieder werden auch einmal bewusst aus einem Stück verbannt und müssen unter der Bühne auf ihren nächsten Einsatz warten?

Ein Teilnehmer (Segelflieger) eines Workshops, in dem wir das Innere Team bearbeiteten, berichtete klar und eindeutig: „Job und Probleme bleiben am Boden!" Bei ihm sind die folgende Teammitglieder mit an Bord: der Vernünftige, der Zögerliche, der Draufgänger und der Zielorientierte. Der Vernünftige bringe ihn meist dazu kritische Situationen hinter sich zu lassen und sich auf den Moment zu konzentrieren – dies gelinge ihm aber leider nicht immer.

Ein anderer Hobby-Segelflieger, der im Segelfliegerverein fliegt, nannte seine drei Teammitglieder:

- Der Sportler, er sucht die Steigerung
- Der Pilot, der die Erwartungen des Mitfliegers erfüllen will
- Der Kumpel, der zurück an den Platz will, denn die anderen wollen ja auch fliegen

Man kann sich bei einem schönen Thermiktag vorstellen, wie freudig das Team innen diskutiert und keine vernünftige Entscheidung zulassen will. Geht man auf Streckenflug, sind die Vereinskollegen vielleicht sauer, geht man zurück an den Platz, ärgert man sich vielleicht über den nicht optimal genutzten Tag – und der Pilot hat die Erwartungen des Mitfliegers vielleicht auch nicht erfüllt. So geht ein toller Flugtag vielleicht unzufrieden zu Ende. Schade!

Ewa Wisnierska reflektierte ihren Unfall während eines Weltcups 2005 in der Schweiz intensiv und nutze die Zwangspause, um ihren Platz im Leben zu definieren. Sie nahm die Chance an, bei einem Gleitschirmhersteller zu arbeiten und wieder sesshaft zu werden. Felix Wölk sprach mit ihr nach den Unfällen. „Doch es blieb der ‚kleine Teufel', wie Ewa es beschreibt, in ihr am Leben. Die Sucht nach Erfolg, war es, die ihr wenig später fast das Leben kostete, als sie von Gewitterzellen umzingelt in Australien keinen Ausweg mehr fand. Sie hatte das Schicksal einmal mehr herausgefordert, als sie im Wettkampf das Letzte herauskitzeln wollte, und entging knapp einer Tragödie. Ein chinesischer Pilot starb. Sie spielte mit dem Gedanken, den Wettkampfsport nun aufzugeben, da sie ihren eigenen Ehrgeiz nicht im Griff zu haben schien. Doch dies kam ihr feige vor, unreif und bequem. Sie wollte nicht davonlaufen vor dieser Situation und stellte sich der Aufgabe, daran zu arbeiten. Ewa musste eine neue Einstellung zu Wettbewerben finden. Eine, die sie ihre Gesundheit nicht aufs Spiel setzen ließ und sie dennoch erfüllte."[151]

Der beschriebene „kleine Teufel" ist Mitglied im Inneren Team. Schon das Bewusstsein und die Erkenntnis, dass es diesen kleinen Teufel gibt, sind der Schlüssel, um mit dem kleinen Teufel besser umgehen zu können. Nun gilt es andere Teammitglieder zu erkennen und zu benennen, um dann das Team proaktiv so aufzustellen, dass es die eigenen Ziele und Wünsche optimal bedienen kann. Wölk weiter: „Ewa Wisnierska ist gewachsen – an Höhen und Tiefen, die sie durchlief, und an Grenzen, die sie überschritt. Sie blickte durch einen Spiegel, den ihr ihre Leidenschaft gab, in die Winkel ihrer eigenen Seele hinein, und sie sieht heute viele Dinge distanzierter und weitsichtiger: ‚Ich weiß wie schön die Erfolge sind, in ein paar Tagen, Wochen, Jahren, weiß kein Mensch mehr darüber. Was bleibt sind die Erinnerungen an die unzähligen, schönen Flugerlebnisse, die mir keiner nehmen kann.' Trotz ihrer Worte glaubt man in den Augen der charmanten Pilotin den Schalk stets ein bisschen aufblitzen zu sehen ... jenen verborgenen, der Unfug zu treiben im Sinn hat. Doch das ist das Privileg der Größten im Gleitschirmfliegen, die alle tief im Herzen ein Kind geblieben sind."[152] Vielleicht hat der Schalk gegenüber dem kleinen Teufel dominiert und konnte sich so durchsetzen. Von Felix Wölk beschrieben „tief im Herz ein Kind gebliebenen" zeichnet eine gemeinsame Identität aus, wie sie zum Beginn des Buches in den psychologischen Ebenen beschrieben wurde. Dieses kleine Kind im Herzen leitet wiederum Strategien, Fertigkeiten und Handlungen ab.

Teamsitzungen können blockieren

Teamsitzungen sollten schnell geleitet oder abgebrochen werden, um handlungsbereit zu sein. Im fliegerischen Alltag gibt es zahlreiche Situationen, in denen schnelle und intuitive Verhaltensweisen gefragt sein können, um sicher starten, fliegen oder landen zu können. In der Luftfahrt gilt der Leitsatz „safety first!“ oder auch die Prioritätenregel im Cockpit „fly the plane“ – also fliege das Flugzeug. Was lange Diskussionen zwischen Co-Pilot und Pilot an wichtiger Reaktions- und Handlungszeit kosten kann, ist der innere Dialog ggf. auch identisch mit den inneren Co-Piloten.

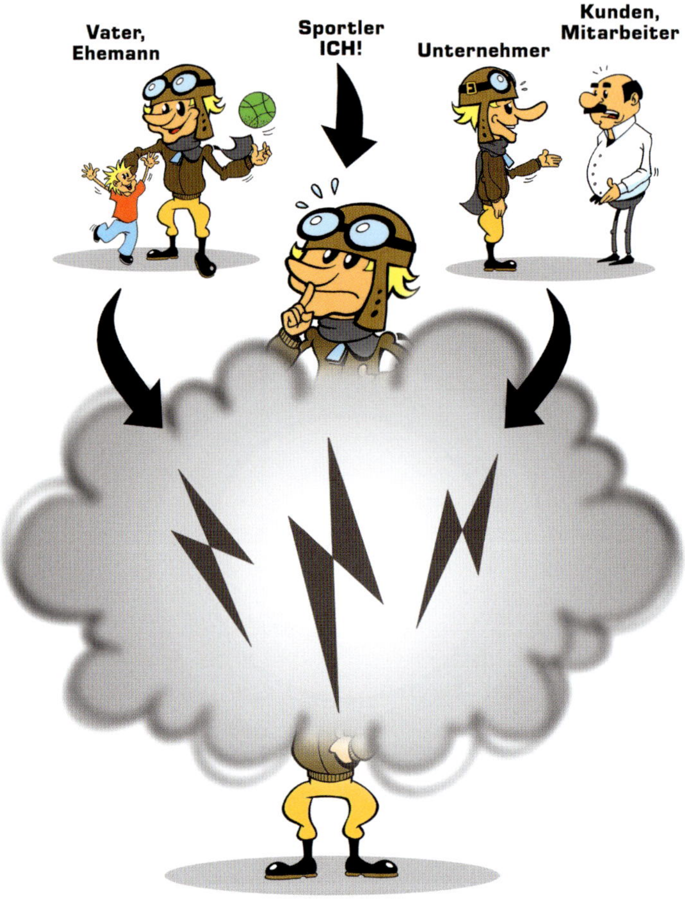

So gilt es in kritischen Situationen, solche Dialoge oder innere Teamsitzungen zu verschieben und abzubrechen, um handlungsbereit zu sein. Fluglehrer und Südtirol-Kenner Michael Nesler berichtet von Landungen unter Extrembedingungen, die eben auch eine schnelle Handlungsfähigkeit voraussetzen. „Manch ein Streckenpilot musste schon mehr als einmal eine Landung hinlegen, nach welcher er mehr als erstaunt war, unbeschadet überlebt zu haben. Andere hatten weniger Glück: So kam es erst vor kurzem im Fassatal zu einem spektakulären Unfall: Fünf Piloten wurden vom starken, extrem turbulenten Talwind überrascht. Vier von ihnen versuchten dennoch den Landeplatz zu erreichen und wurden ins Lee der Häuser und Bäume gespült und stürzten ab. Nur einer war in der Wahl des Landeplatzes

vorsichtiger und setzte die richtige Technik ein: Er hielt sich mit riesigen angelegten Ohren und durchgedrücktem Beschleunigungssystem bis kurz vor der Landung am Rande einer frei angeströmten, am Hang liegenden Wiese über den Büschen und konnte so sicher landen. Zum offiziellen Landeplatz waren es dann einige Minuten Fußmarsch, die er mit Freude in Kauf nahm. Unter Extrembedingungen sicher zu landen ist eine Frage der Intelligenz, der psychischen Stärke und der Kenntnis der richtigen Techniken."[153]
Solche überlegten Verhaltensweisen sind nur möglich, wenn der Kopf frei ist und nicht blockiert wird. Die Intuition ist nur in einem gewissen Entspannungszustand voll funktionsfähig. Die von Nesler angeführten Techniken müssen auch abgerufen werden können. Daher ist in extremen Situationen der Stopp der inneren Teamsitzung wichtig.

Ein Hobbysegelflieger, der sein Inneres Team als Vorbild und Mahner-Duo charakterisierte, nannte Wetterereignisse als Auslösepunkte für Teamdiskussionen. Tauche eine unvorhergesehene Wettersituation auf, so wolle der Mahner (sei vorsichtig, überfordere dich nicht') den Flug absagen und das Vorbild (der kann das, dann wird dir das auch gelingen) meint ‚das geht bestimmt'. So meinte er, dass sich dieser Dialog immer einstelle, sobald sich die Wettervorhersage vom wirklichen Wetter unterscheide.

Inneres Team bei Profi-Piloten

Red Bull Air Race Pilot Matthias Dolderer versucht alles auszublenden was ablenkt: "In welcher Stadt ich bin, wer ist um mich, was für Leute, wie viel Leute, das ist mir alles Wurst." Der Kopf hat wichtigere Jobs: Im Sinkflug geht es auf Rennlevel - zwischen 10 und 20 Meter über Wasser mit maximal 370 Stundenkilometern durchs Startgate. „Jetzt Vollgas um die erste Kurve, das ist eins. Dann musst du aber schon umschalten und beim zweiten Gate sein. Du bist immer ein bis zwei Gates voraus." Konzentrieren, antizipieren, alles andere passiert im Unterbewusstsein. Das ist wie Einparken in die Garage mit Tempo 370.[154] Wenn man sich nun vorstellt, dass sich während dieser Meisterleistung noch das Innere Team zu Wort meldet - kann es schnell gefährlich werden. So könnte sich das Innere Team Mitglied „Sponsorenbeglücker" vordrängeln und sagen: „Schau dass Du gewinnst, der Geschäftsführer deines Sponors ist heute da." Oder der „Ich-bin-ein-toller-Hecht" Teamer könnte ermuntern: „Geh über die Grenze, zeig ihnen, dass du der Tollste von allen bist." Ein solcher innerer Dialog, der dann noch vom Sicherheitsapostel angefacht wird und sich einmischt: „Safety first - das ist auch schlecht fürs Image, wenn was passiert." Eine solche Teamsitzung in diesen 1:20 Minuten während des Rennens wäre fatal und unverantwortlich. In so einem Falle muss die Innere Teamsitzung abgeschlossen sein und der Profi-Pilot muss alleine ins Cockpit steigen, um erfolgreich und sicher fliegen zu können.

Der langjährige erfolgreiche Teamchef der deutschen Gleitschirm-Nationalmannschaft Stefan Mast beschreibt diese Teamsitzung etwas anders: „Den Piloten der Nationalmannschaft empfehle ich immer die Übung mit dem imaginären Schreibtisch, um sich vor und während eines Wettkampfes voll konzentrieren zu können. In dieser Übung setzt man sich in Gedanken an einen Schreibtisch und verteilt Aufgaben und Themen, die einen beschäftigen in „to do - Ablagefächer" mit zeitlichen Fristen. So kann beispielsweise das Gespräch mit der Bank oder dem Chef in das Fach „Ende des Monats" gelegt werden. Das heißt, alle Themen werden so zeitlich zugeordnet, dass die volle Konzentration auf den Wettkampf gerichtet werden kann. Damit können Störsignale aus dem Unterbewusstsein vermieden werden. Dies ermöglicht zudem einen ruhigen Schlaf, der wiederum wichtig für die geistige Verfassung des Piloten ist. Wichtig ist jedoch, dass die Zeitzu-

ordnung eingehalten wird, ansonsten meldet sich sofort der „Autopilot" und zeigt die rote Karte. Diese Übung funktioniert auch perfekt in allen anderen Lebensbereichen."
Letztlich geht es aber auch hier um die volle Fokussierung auf den Flug, und die anderen, auch wichtigen Teammitglieder, werden geparkt.

Wenn jede Landung ein Unikat ist...

..., dann ist ein klarer Kopf und 100% Konzentration die Lebensversicherung. Davon wissen Ballonfahrer ein Lied zu singen. Durch die begrenzte Steuerungsfähigkeit und das Spiel mit den Windströmungen sind Ballonfahrer quasi definitionsbedingt drauf angewiesen, bei jeder Landung die Situation, eine komplett neue Landesituation, zu meistern. Man denke nur an das eigene Fluggebiet oder den eigenen Flugplatz, auf dem man vielleicht auch mit viel Routine fast schon im Schlafe souverän einlanden kann. Die sogenannten schnellen Landungen, also Landungen bei stärkerem Wind sind hier eine besondere Herausforderung für den Piloten. Sowohl für Mensch als auch für das Material entstehen hier schnell hohe Risiken.
Sind Passagiere beim Ballonfahren im Korb, so muss man deren Gefühle und Ängste bei Landemanövern ebenso managen wie das eigene Innere Team. Dann heißt es Konzentration, Konzentration, Konzentration.

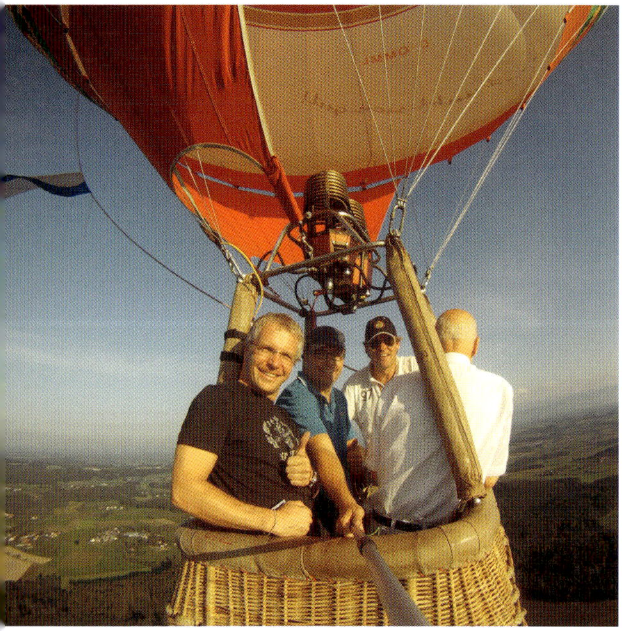

Begeisterte Passagiere im Ballon von Michael Leibinger. (Foto: Rainer Krumm)

Wenn der Angsthase mit dem Draufgänger spricht[155]

Und so funktioniert es: Vielleicht kennen Sie das - eine innere Stimme sagt Ihnen eindringlich „Mach das nicht, viel zu gefährlich! Das ist Dir noch nie gelungen." Gewiss bemerken Sie auch andere Impulse. Beispielsweise: „Aber es wäre schön... stell Dir vor, wie sich das anfühlt, wenn es klappt!" Oder auch: „Los jetzt! Augen zu und durch!" Damit sind Sie bereits mit Ihrem Inneren Team in Kontakt gekommen.
Sie können diese Methode recht gut alleine anwenden. Horchen Sie auf alle Ihre inneren Stimmen. Was sagen diese? Stellen Sie sich jetzt vor, Sie hätten ein Team vor sich, das gemeinsam im Meeting sitzt und Ideen sammelt. Der Vergleich ist nicht weit hergeholt: Gute Arbeitsgruppen bilden sich aus Vertretern mit unterschiedlichen Fähigkeiten und Meinungen. Und nun konstituieren Sie Ihr Team: Schaffen Sie jeder Stimme eine entsprechende Position und belegen dieses Teammitglied mit dem passenden Namen.

Ein anderes Inneres Team kann zum Beispiel folgende acht Positionen umfassen:

- Der Sensor spürt feine Strömungen und fängt Impulse auf. Er sagt zum Beispiel: „Ich hab da ein ambivalentes Gefühl". Oder auch: „Sieht gut aus - aber will ich nicht!" Oder: „Das ist's genau!"
- Der Turbo gibt dagegen Kraft; ungeachtet der Inhalte oder Richtungen powert er los: „Abflug! Volle Kraft voraus! Vorwärts, wir müssen zurück!"
- Der Spieler macht Experimente und freut

sich wie ein Kind: „Funktioniert die Flugfigur? Das probieren wir aus!"

- Die Zuversicht muss gepflegt werden und verwendet positive Formulierungen: „Du kannst das schaffen!"
- Das Herz meldet sich gerne - meist nonverbal – bei z.B. anrührenden Filmszenen und im nahen Kontakt mit liebgewonnenen Menschen und sorgt für Gefühl und Mitgefühl.
- Der Traum beschreibt das Ziel: „Das ist unsere Vision. Stellt euch vor, wie es sein wird, wenn alles klappt!"
- Der Öffentlichkeitsarbeiter sendet die Botschaften nach außen, teilt sie anderen mit: „Seht nur, wir haben ein neues Fluggerät! Wir sind die Besten!"
- Der Risiko-Experte sieht Gefahren und warnt: „Bedenkt, dass wir dieses Ergebnis nicht verkraften könnten." Oder: „Vorsicht, genau hier gibt es ein Risiko!"

Neid, Missgunst und Erschöpfung haben im Team nichts zu suchen

Manche Menschen stellen fest, dass sich Neid, Missgunst und Erschöpfung im Team fest etabliert haben. In einer echten Gruppe würden Sie versuchen, diese unangenehmen Zeitgenossen loszuwerden – das können Sie in Ihrem Inneren Team genauso handhaben, indem Sie diesen Diskutanten kein Rederecht einräumen.

Und dann schauen Sie wie eine Führungskraft nach unbesetzten Positionen, nach Lücken. Gibt es jemanden, der all diesen Wirrwarr koordiniert? Und sind auch Vertreter für menschliche Werte an Bord? Wer steht für Herz, Liebe, Vertrauen, Wärme, Nähe? Sie haben diese innere Botschaft nicht gehört bei Ihrer Sammlung? Dann aber umgehend eine passende Stelle einrichten! Was ist ein Team ohne Herz?

Auch mal Redeverbot erteilen

Mit ein wenig Fantasie lässt sich nun ausmalen, was geschieht, wenn sich einzelne Teammitglieder zusammentun. Beispielsweise Spieler und Turbo. Die können echtes Unheil anrichten...
Möglicherweise dominiert eine Stimme. Ist das die Angst? Dann probieren Sie doch ein Instrument aus dem Selbstsicherheitstraining: „Hallo Angst. Ich hab Dich gesehen. Gut, dass Du mich warnst. Aber ich gehorche Dir nicht." Sie schweigt noch immer nicht? „Du hattest Deine Chance. Und jetzt für eine Stunde Redeverbot, denn jetzt spricht der Träumer!"

Jeder sollte zu Wort kommen

Es gilt: Alle Ihre Team-Mitglieder sollen zu Wort kommen und gehört werden. Am Schluss muss die Mischung, die Einflussnahme, ausgewogen sein. Da darf niemand dominieren. Das heißt: Bitte so lange reihum Fragen stellen, bis niemand mehr etwas Neues sagt - und dann zu einer Konsensentscheidung oder mindestens zu einer Kompromisslösung gelangen. Die Ergebnisse können Sie schriftlich festhalten, wenn nötig den Diskussionsverlauf ebenso. So haben Sie die wichtigsten Punkte immer im Blick.
Sie können Ihre Truppe auch grafisch, mit Puppen oder Figuren darstellen. Doch bitte Vorsicht: Besetzen Sie die Positionen nicht mit lebenden Personen: Weil hier auch sehr heftige Reaktionen auftreten können, überlassen Sie dies bitte professionellen Beratern, die versiert sind, mit einer solchen Dynamik umzugehen.

Das Innere Team regelmäßig fragen

Das Schöne an diesem Instrument: Sie können es häufig nutzen. Es öffnet Perspektiven, gibt differenzierte Betrachtungsweisen und Handlungsmöglichkeiten. Und berücksichtigt Gefühle ebenso wie Widersprüche. Die Anwendungsmöglichkeiten sind schier unbegrenzt:
Sie sind beispielsweise auf Jobsuche? Fragen Sie Ihr Team in der Orientierungsphase, wie

der Job Ihrer Zukunft aussehen soll. Sie haben eine Absage bekommen? Auch dann sollten Sie Ihre inneren Komponenten zu Wort kommen lassen. Sie werden von „Ich hab's gewusst!" bis „Komm, weiter geht's!" Vielfältiges zu hören bekommen. Hoffentlich auch „Was machen wir ab heute anders?" und „Ich weiß, dass es klappen kann!"

Engerl und Teuferl fliegen gemeinsam

Ein weiterer österreichischer Gleitschirmflieger (29 Jahre alt und 6 Jahre Flugerfahrung) beschreibt mit dem österreichischen Dialekt ebenso sehr schön die Bedeutung des Inneren Teams.
Seine Teammitglieder heißen:

- Scheisser (der mich vor evtl. gefährlichen Situationen warnt/bewahrt! (Engerl)
- Haudrauf (derjenige der alles zerreißen will! Was aber durchaus ins Auge gehen kann! (Teuferl)
- „wurscht is eh geilfaktor" (eigentlich sehr leichtsinnig, aber wer kennt es nicht, wennst dich super fühlst, alles passt, dann geht auch alles auf! Wenn's laft, dann lafts!)

Er beschreibt eine Situation bei einem Streckenflug:
„Wenn ich mich nicht 100%ig gut fühle, hat meistens es Engerl die lauteste Stimme!
Wenn ich dann am Boden steh, hämmert das Teuferl: siehst,des hast davon wär sicher gut gangen(z.b.:Leebärte)
5. August 2009 Streckenflug vom Speikboden ins Ridnauntal/Sterzing.nach der Querung über Sterzing der Hammerleebart am Rosskopf. Ca,8,5m/sec steigen und das nicht gemütlich! 2 Retterabgänge neben/über mir! Beim Ausfliegen aus dem Ridnauntal dann ein Rettungshubschrauber; sicherheitshalber landen gegangen! Quintessenz: ich (Engerl) hab mir eingeredet, dass ich den Hubschrauber nicht behindern will. Teuferl sagt: du hast dich nicht ein 2.mal in diesen Leebock getraut! Ich habe meine Schuld abgeschoben! Ein paar Stunden nach der Landung hab ich mich schon verflucht! Hättst nur 200m mehr im Bart g'macht, wärst über Gratniveau g'wesn und a grosse Aufgabe wär fällig g'wesn! Im Endeffekt bin i froh,dass ich am Boden war und bin bestätigt worden, dass es an diesem Tag mit speziell meiner Konstitution für mich nicht möglich war, SICHER weiter zu fliegen! Wäre die Konstitution besser g'wesn hätte wahrscheinlich der ehwurschtfaktor gezogen!"

Das Ergebnis

Am Ende der Übung steht die Erkenntnis, dass alle Rollen, Meinungen und Beweggründe wichtig sind und ihre Existenzberechtigung haben. Doch handlungsfähig sind Sie nur, wenn ein Kräftegleichgewicht vorliegt – also muss jedes Mitglied etwas sagen dürfen und schließlich eine Einigung erzielt werden.
Verläuft Ihr innerer Dialog positiv, kommen Sie zu fundierten Entscheidungen. Sie gehen gut vorbereitet in Gespräche, fühlen sich gelassen und wirken authentisch. Dann können Sie aufgeschlossen und überzeugend auftreten. Sie werden staunen, wie viel entsteht: Klarheit, Ideen und Ausgeglichenheit. Versuchen Sie es, die Arbeit mit dem Inneren Team macht sogar Spaß.

Der Franzose Greg Blondeau (Gleitschirm Europameister 2008 in Nis) beschreibt das Thema Konzentration als einen wichtigen Faktor, um in langen Wettbewerben erfolgreich zu fliegen, speziell vor dem letzten Durchgang, wenn man in Führung liegt: „In vergangenen Wettbewerben war es mir oft nicht gelungen, meine Ziele zu verwirklichen. Also sagte ich mir, dass ich schon viele Durchgänge vermasselt hatte, diesen hier aber auf gar keinen Fall vermasseln würde. Man muss sich gedanklich von den Auswirkungen eines solchen Durchgangs schnell frei machen, nicht an Ergebnisse denken und mit äußerster Konzentration an die Sache herangehen. Das ist wirklich nicht leicht."[156] Er beschreibt damit klar den Dialog mit sich selbst. Das Innere Team gilt es dann richtig aufzustellen, um negative Themen nicht aufkommen zu lassen, sondern voll auf der Erfolgswelle zu fliegen.

Spontanreaktionen führen zu negativen Wechselwirkungen

Der eigene Gemütszustand ist ausschlaggebend, wie stark meine Schwankungen auch im Inneren Team sind. Je ausgeprägter die eigene Empfindsamkeit, der eigene innere Druck und der Auslöser, desto heftiger überfällt einen die emotionale Reaktion und desto schwieriger ist der Zugriff zum „besseren Wissen". Die Automatik ist schon abgelaufen, bevor man sie überhaupt bemerkt. Das Fatale: Häufig münden Spontanreaktionen in negativen Wechselwirkungen.

Man weiß, wie man sich besser verhalten sollte – und doch ist es, als wäre man den Automatismen und ihren Wechselwirkungen ausgeliefert. Was man in solchen Situationen kaum glauben mag: Die Automatismen lassen sich durchbrechen. Genau da, wo sich habituelles Verhalten limitierend und negativ auswirkt, setzt bewusste Selbstführung an: Wir können uns steuern und unsere Automatismen in den Griff bekommen, wenn wir uns besser beobachten und unserem Verhalten nachspüren.

Automatik stoppen: Körpersymptome dienen als Bremshilfen

Oft hilft es bereits, den Ablauf der eigenen Automatik genau zu analysieren und her-auszufinden, mit welchen Merkmalen sie einhergeht. So hat man die Chance, die Automatik, sobald sie wieder einsetzt, so frühzeitig zu erkennen, dass man sie noch stoppen kann – und es entsteht die Freiheit, in der Situation angemessenere Handlungs¬alternativen in Erwägung zu ziehen. Ein guter Orientierungspunkt sind die körperlichen Signale, die eine automatische Reaktion begleiten und die relativ konstant sind. Hirnphysiologisch sind die Veränderungen im Körper das Erste, was

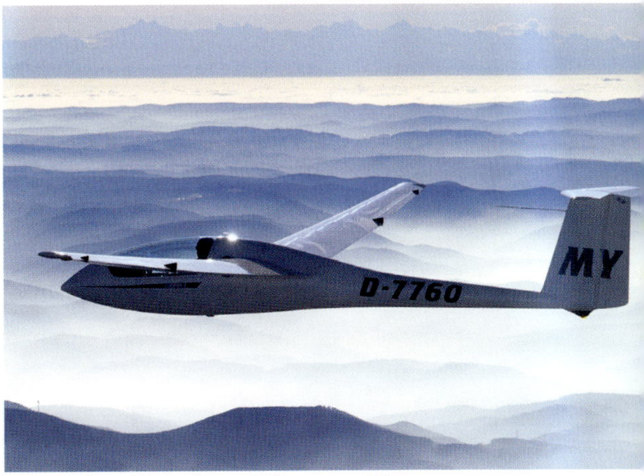

Wellenflug über dem Schwarzwald. (Foto: Tobias Lohner)

bewusst wahrgenommen werden kann – deshalb können sie als Frühwarnsystem dienen. Beobachten Sie also: Stockt Ihr Atem, wenn sich ein Automatismus anbahnt? Beißen Sie die Kiefer zusammen? Oder überkommt Sie eine innere Hitze? Derartige Signale sollten Sie veranlassen, für ein paar Sekunden innezuhalten. Denn um die Eigendynamik einer Automatik zu stoppen und um Einfluss nehmen zu können, müssen Sie diese Reaktion verlangsamen. Es ist wie bei einer Fahrt auf der Autobahn: Wer mit 180 km/h über die Piste rast, verpasst eher eine Ausfahrt als der, der langsamer fährt.

Als Nächstes können Sie mit körperlichen Stressregulierungsformen gegensteuern. Oft reicht es schon, bewusst durchzuatmen oder die Füße zu erden, um wieder „zu sich zu finden" und „auf den Teppich zu kommen". Auch mentale Vorstellungen wie das Denken an ein Vorbild oder ein gutes Sich-Zureden können einen Ausstieg aus dem Automatismus bewirken.

10-Stufen-Plan: So besiegen Sie Automatismen[157]

Der nachfolgende Plan ist eher für fortgeschrittene Personen gedacht, die schon mit Selbst-coaching Erfahrungen gesammelt haben. Er eignet sich aber auch sehr gut, um ihn gemeinsam mit einem Fliegerkollegen durchzuarbeiten. Auch hier empfiehlt sich wieder die Schriftlichkeit – also machen Sie sich Notizen.

1. Führen Sie sich eine kritische Situation vor Augen.
Lassen Sie eine Situation aus Ihrem Fliegerleben auftauchen, in der Sie automatisch reagieren und in der ein für Sie unbefriedigendes Muster abläuft. Auch eine hinderliche Gewohnheit kann Ausgangspunkt sein, z.B. zu schnelles Nachgeben oder rechthaberisches Verhalten.

2. Ermitteln Sie die Reizpunkte.
Überlegen Sie, was die Auslöser für Ihre Reaktionen sind. Was sind typische Verhaltensweisen, Einstellungen oder Gefühle anderer, die spontan stärkere Reaktionen in Ihnen auslösen? Vielleicht wirken auch äußere Bedingungen, Reizthemen oder bestimmte Sätze, ein spezieller Tonfall oder eine bestimmte Person als Anlass.

3. Leben Sie die schwierige Situation nach.
Lassen Sie die schwierige Situation in Zeitlupe vor sich ablaufen und beobachten Sie, wie sich durch die Auslöser Ihr körperlicher Zustand verändert, was für Gefühle als Erstes auf¬tauchen, welche Gedanken Ihnen spontan durch den Kopf schießen. Verweilen Sie einen Moment lang dabei und untersuchen Sie, was noch alles mitschwingt.

4. Prägen Sie sich Ihre Körpersignale ein.
Prägen Sie sich diesen Zustand möglichst genau ein. Welche körperlichen Anzeichen (Körperhaltung, Stimme, Druck, Wärme...) gehen damit einher? An welchen körperlichen Merkmalen können Sie die Automatik in Zukunft früher erkennen?

5. Beobachten Sie Ihr Inneres Team.
Spüren Sie nach, welche Teile Ihrer Persönlichkeit reagieren. Können Sie dem, was innerlich ausgelöst wird, einen Namen geben? Welcher Teil Ihrer Persönlichkeit wird empfindsam getroffen. Und welcher Teil wird in diesem Zustand aktiv? Gibt es einen Teil, der besonders destruktiv reagiert?

6. Gewinnen Sie Distanz zu den Beobachtungen.
Wenn Sie Ihren Zustand genauer erforschen und die Teile, die in Führung sind, identifiziert haben, versuchen Sie, etwas Abstand zu gewinnen. Sie können zum Beispiel etwas bewusster und tiefer atmen – das wirkt unterstützend.

7. Lassen Sie Ihren dominanten Teil zurücktreten.
Bitten Sie den dominanten, destruktiven Teil Ihrer Persönlichkeit, sich zurückzuhalten und Sie als Gesamtpersönlichkeit mehr in Führung sein zu lassen. Sie können sich vorstellen, dass der Teil Ihnen zur Seite oder weiter hinter Ihnen steht – oder sich auf eine Art „Beobachterbank" setzt.

8. Holen Sie Ihre zurückgedrängten Facetten nach vorn.
Besinnen Sie sich darauf, welche anderen Teile Ihrer Persönlichkeit oder welche Qualitäten Ihnen zur Verfügung stehen. Holen Sie sich eine solche unterstützende Qualität (z.B. Neugier, Offenheit, Ruhe) oder einen Teil, der hier positiv wirken könnte, innerlich her. Stellen Sie sich vor, dass Sie diese Aspekte in sich verkörpern.

9. Spielen Sie die Situation erneut durch.
Stellen Sie sich vor, wie sich Ihr Zustand und Verhalten in der Situation verändern. Was tun Sie jetzt? Wie fühlen Sie sich dabei? Spielen Sie diese Seinsqualität und das neue Verhalten in der Fantasie durch. Wie zufrieden sind Sie jetzt? Wo möchten Sie weiter ansetzen?

10. Prägen Sie sich neu entdeckte Körpersignale ein.
Prägen Sie sich die körperlichen Merkmale dieses wünschenswerten Zustandes ein. Wel-

che Körperempfindungen gehen damit einher? Welche körperlichen Signale könnten Ihnen helfen, sich in Zukunft bewusst an diesen neuen Zustand zu erinnern und Sie dorthin zu steuern?

Dauerlösung: Das Problem bei der psychologischen Wurzel packen

Lässt sich das Verhalten trotz erhöhter Achtsamkeit gegenüber den eigenen Körpersignalen nicht in den Griff bekommen, ist eine Form der Selbstführung gefragt, die die psychodynamischen Ursachen berücksichtigt: Es gilt, das Problem bei der psychologischen Wurzel zu packen.

Oft fragen wir uns ohnehin: „Warum regt mich das so auf? Wieso trifft mich das überhaupt? Warum kann ich damit nicht gelassener umgehen?" Solche Fragen zeigen, dass die tiefen liegenden Hintergründe eines emotionalen Zustandes noch nicht erkannt sind. Selbst wenn man Manches vielleicht rational einordnen kann oder zu verstehen glaubt, führt es selten wirklich weiter. Die wahren Zusammenhänge erschließen sich erst, wenn wir Zugang zu den an der Automatik beteiligten verschiedenen Teammitgliedern der eigenen Persönlichkeit finden.

16. Interviews mit Matthias Dolderer - Smoke on!

Zur Person: Matthias Dolderer; geboren am 15. September 1970 in Ochsenhausen; wohnhaft in Tannheim; Pilot; absolvierte mit 14 Jahren seinen ersten Solo-Flug; erhielt mit 17 Jahren die Segelflieger- und Ultraleichtflug-Lizenz; 1991 Deutscher Meister im Ultraleichtflug; übernahm mit seiner Schwester Verena den Flugplatz Tannheim; Gründer von Tannkosh, dem größten Fly-In Europas; seit 2009 Pilot bei der Red Bull Air Race Weltmeisterschaft.

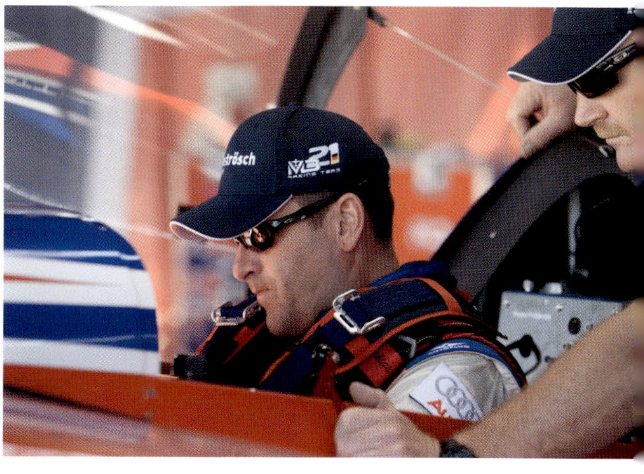

Matthias Dolderer im Cockpit. (Foto: Russel Cheyne)

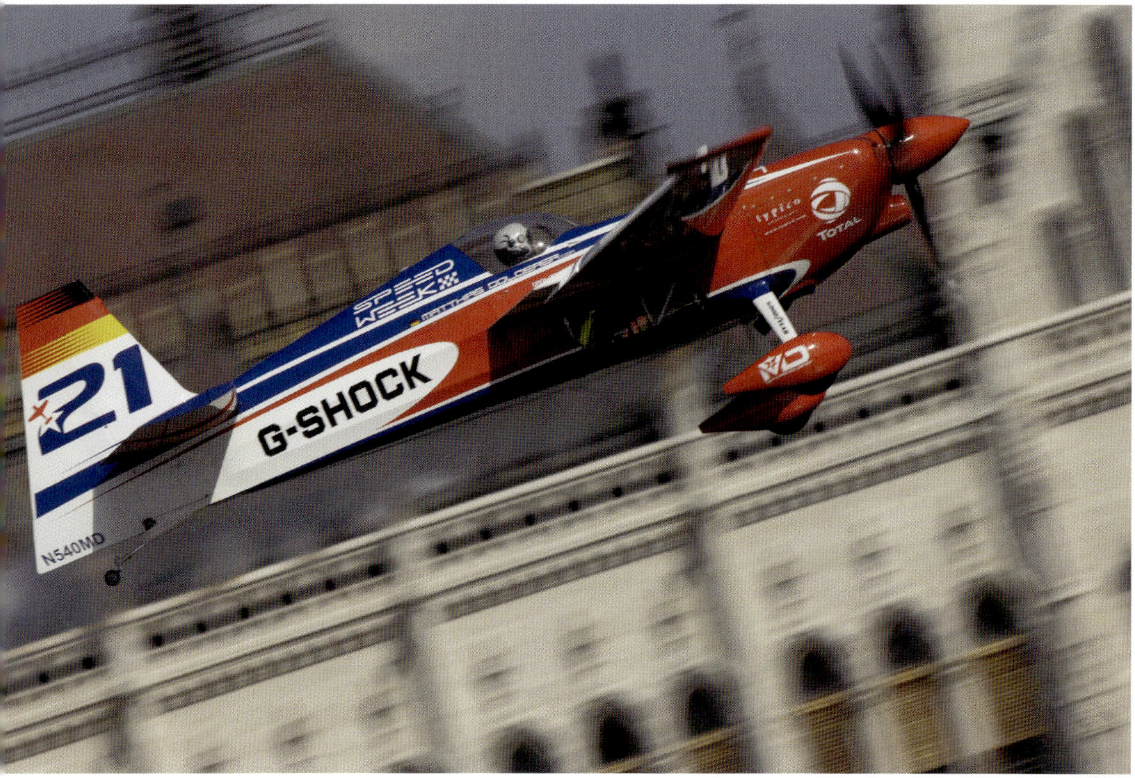

Matthias Dolderer in Aktion beim Red Bull Air Race in Budapest. (Foto: Tom Lovelock)

Rainer Krumm: Wie wird man überhaupt so ein Ausnahmepilot? Was waren die wichtigsten Meilensteine in Deiner fliegerischen Karriere?

Matthias Dolderer: Wichtig ist zunächst, dass man überhaupt mit dem Fliegen anfängt. Viele Menschen haben diesen Traum. Bei mir geschah dies eigentlich automatisch, da ich auf dem Flugplatz meiner Eltern aufgewachsen bin. Meilensteine gab es viele. Zum Beispiel mein erster Solo-Segelflug mit 14. Mit 17 Jahren habe ich angefangen Motor zu fliegen und als jüngster Deutscher meinen Ultraleichtflugschein bekommen. Kurz danach habe ich mit dem Kunstflug begonnen. Im Laufe der Zeit kamen viele weitere Lizenzen für unterschiedliche Flugzeugtypen hinzu. Extrem weitergebracht hat mich zudem die Teilnahme an unzähligen Wettbewerben und das damit verbundene Training. Meine absoluten Highlights waren der Deutsche Meistertitel im unlimited Kunstflug 2008 und der dritte Platz beim Red Bull Air Race Barcelona im letzten Jahr.

R.K.: Was hat für dich den fliegerischen Hauptunterschied gemacht zwischen Segelfliegen und Motorfliegen?

M.D.: Beide Flugsportarten haben ihren eigenen Reiz. Das Segelfliegen hat diese Naturbelassenheit. Wenn allerdings keine Thermik vorhanden ist, muss man in der Nähe des Flugplatzes bleiben und wieder landen. Mit dem Motorflugzeug dagegen ist man ein gutes Stück weit unabhängiger. Man kann einfach von A nach B fliegen, benötigt keine Helfer und ist nicht so stark vom Wetter eingeschränkt. Zudem kann man viel höhere Geschwindigkeiten erzielen. Das hat mich einfach mehr in den Bann gezogen.

R.K: Was macht neben dem Material für dich den Erfolg aus, dass du schnell ganz vorne mit dabei warst?

M.D.: Zum Einen der Wille und zum anderen der Glaube an sich selbst. Wichtig ist es, seine Ziele beständig zu verfolgen und nicht aus den Augen zu lassen, selbst wenn es einmal nicht auf Anhieb funktionieren sollte.

R.K.: Gab es auch Tiefschläge, richtig kritische Flugsituationen, die auch richtig brenzlig waren?

M.D.: Natürlich gab es auch in meiner Fliegerkarriere grenzwertige Situationen. Dies ist auch gut für die fliegerische Entwicklung. Allerdings sollte man sich langsam an die eigenen Grenzen herantasten, immer mit einem gewissen Sicherheitspuffer, und den nötigen Respekt nie verlieren. Ich habe meinen Flugschülern gerne gesagt: „Lieber einmal feige sein, als ein Leben lang tot."

R.K.: Ja, das ist ein guter Leitgedanke.

M.D.: Dies bringt es auf den Punkt. Dennoch erlebt man Sachen, die man hinterher vielleicht nicht wiederholen möchte. In meinem Fall war dies zum Beispiel ein stundenlanger Flug mit einem einmotorigen Kolben über den Atlantik.

R.K.: Zählt für dich, um Erfahrungen zu machen, das bewusste Reflektieren dazu?

M.D.: Definitiv. Gewisse Erlebnisse im Nachhinein bewusst zu verarbeiten und zu analysieren, ist ebenfalls ein wichtiger Lernfaktor.

R.K.: Wie bereitest du dich auf das Air Race vor? Wie wird man solchen psychischen und physischen Belastungen gerecht?

M.D.: Das Red Bull Air Race ist ein Hochleistungssport. Mit 370 km/h und nur wenigen Metern über dem Boden durch den Kurs zu fliegen, ist ein unbeschreibliches Gefühl, gleichzeitig aber auch höchste Belastung für Körper, Geist und Maschine. Mentale Stärke, akribische Vorbereitungen und eine hervorragende Physis sind hier Grundvoraussetzungen. Das gilt auch in der allgemeinen Fliegerei. Was Konzentration und Präzision angeht, so habe ich viel im Kunstflugtraining mit Patrick Paris gelernt.

R.K.: Was machst du an sportlichen Tätigkeiten, um den körperlichen oder physischen Themen gerecht zu werden?

M.D.: Konditions- und Krafttraining, besonders intensiv in den Monaten vor der nächsten Saison. Neben dem allgemeinen Fitnesstraining ist es auch sehr wichtig, viel unter hohen Belastungen zu fliegen. Nach einer längeren Pause muss sich der Körper erst wieder an die hohen G's gewöhnen.

R.K.: Wenn du aus deiner Erfahrung als Pilot und auch als Fluglehrer sprichst; was würdest du Piloten raten, die sagen: „Ich möchte besser werden, ich möchte vielleicht auch mal Richtung Kunstflug." Was ist aus deiner Sicht das Wichtigste, damit die Piloten einfach auch langfristig Spaß haben am Fliegen und auch sicher fliegen.

M.D.: Möglichst viel Zeit in der Luft zu verbringen, ist das A und O. Das macht zum einen Spaß, zum anderen ist jeder Flug anders und man sammelt so neue Erfahrungen. Denjenigen zuhören, die über mehr Erfahrung verfügen, ist auch ein wichtiger Punkt. Zusätzlich kann ich nur jedem Piloten empfehlen, ein Kunstflugtraining zu absolvieren, selbst wenn derjenige keine Wettbewerbsambitionen hat. Man lernt das Fluggerät in allen Lagen besser kennen und wird immer sicherer.

R.K.: Wenn du bei einem Red Bull Air Race z.B. in San Diego bist und da sind sehr spektakuläre Kulissen, da ist die Hölle los, da ist riesen Medienrummel, die Erwartungen sind groß, die Sponsoren sind da. Wie gehst du mit dem gesamten Thema um, dass du dich da trotzdem konzentrieren kannst?

M.D.: Wir gehen unseren Flug zigmal mental durch. Wenn es losgeht, gibt es keine Nervosität mehr und man nimmt auch nichts anderes mehr wahr. Es rückt komplett in den Hintergrund, über welche Stadt man fliegt oder wie viele Leute unten stehen. Da ist nur noch der Pilot und der Kurs. Du bist total fokussiert.

R.K.: Also voll konzentriert im Rennen und im Flugzeug.

M.D.: Absolut. Sobald ich im Cockpit sitze,

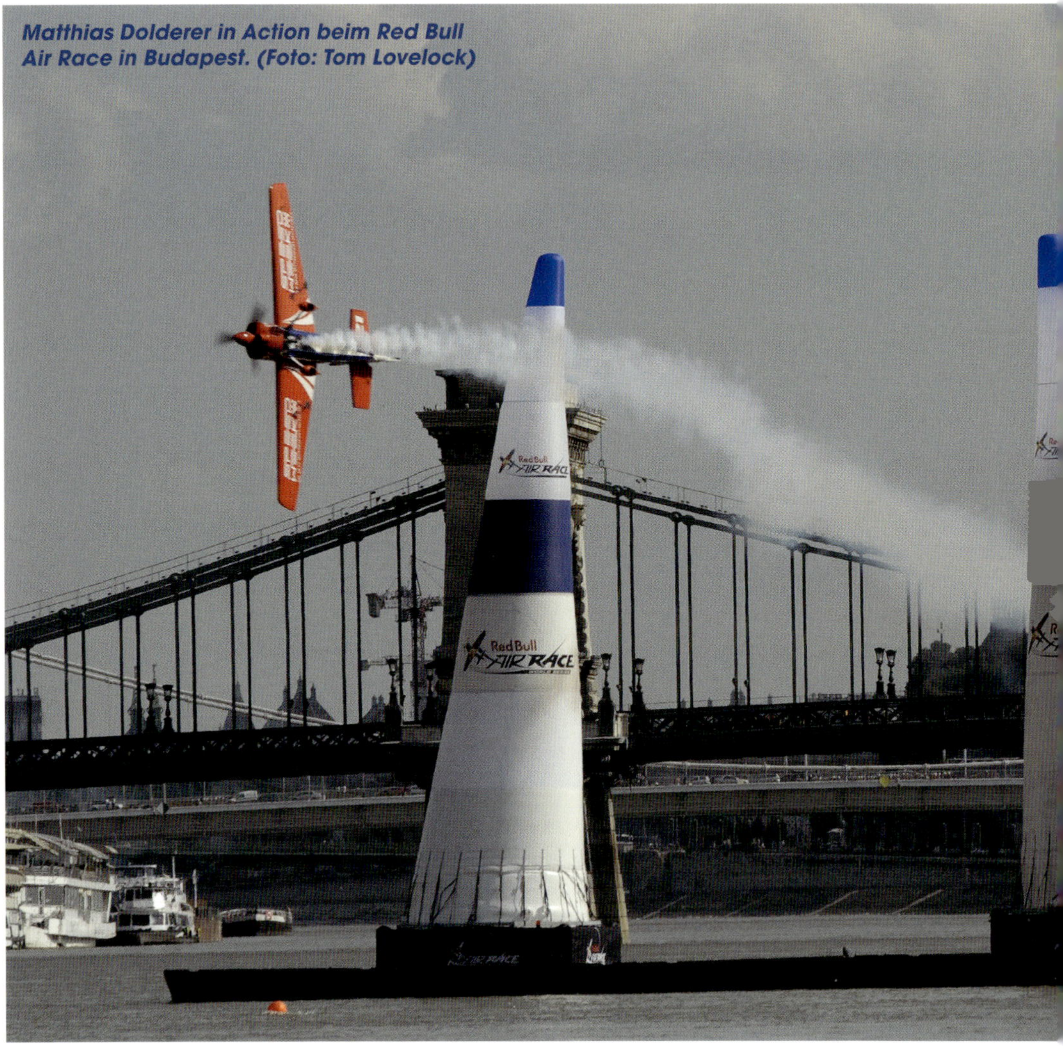

Matthias Dolderer in Action beim Red Bull Air Race in Budapest. (Foto: Tom Lovelock)

zählen nur noch die eineinhalb Minuten „Race" die vor mir liegen.

R.K.: Fällt dann nach dem Rennen, also wenn dann alles durch ist, irgendwann die Anspannung ab.

M.D.: Beim Red Bull Air Race selbst besteht kaum Zeit, um völlig zu relaxen. Nach dem Rennen geht es sofort weiter mit Medien-, Sponsoren- und Fanterminen. Die erste Anspannung verschwindet bei mir aber zum Glück direkt nach meinem letzten Lauf durch den Rennkurs.

R.K.: Was unterscheidet für Dich sehr gute Piloten mit erfolgreichen Piloten?

M.D.: Es kommt immer darauf an, welches Ziel der einzelne Pilot verfolgt, unabhängig davon ob spektakulär oder nicht. Wenn Du ein Flugzeug von A nach B fliegen möchtest und dies funktioniert, hast Du bereits Erfolg. Wenn Du Meisterschaften fliegst und diese gewinnst, dann bist Du ebenfalls erfolgreich. Erfolg bedeutet, die gesetzten Ziele zu erreichen.

R.K.: In meinen Vorträgen und Seminaren immer die erste Frage: „Warum fliegt ihr über-

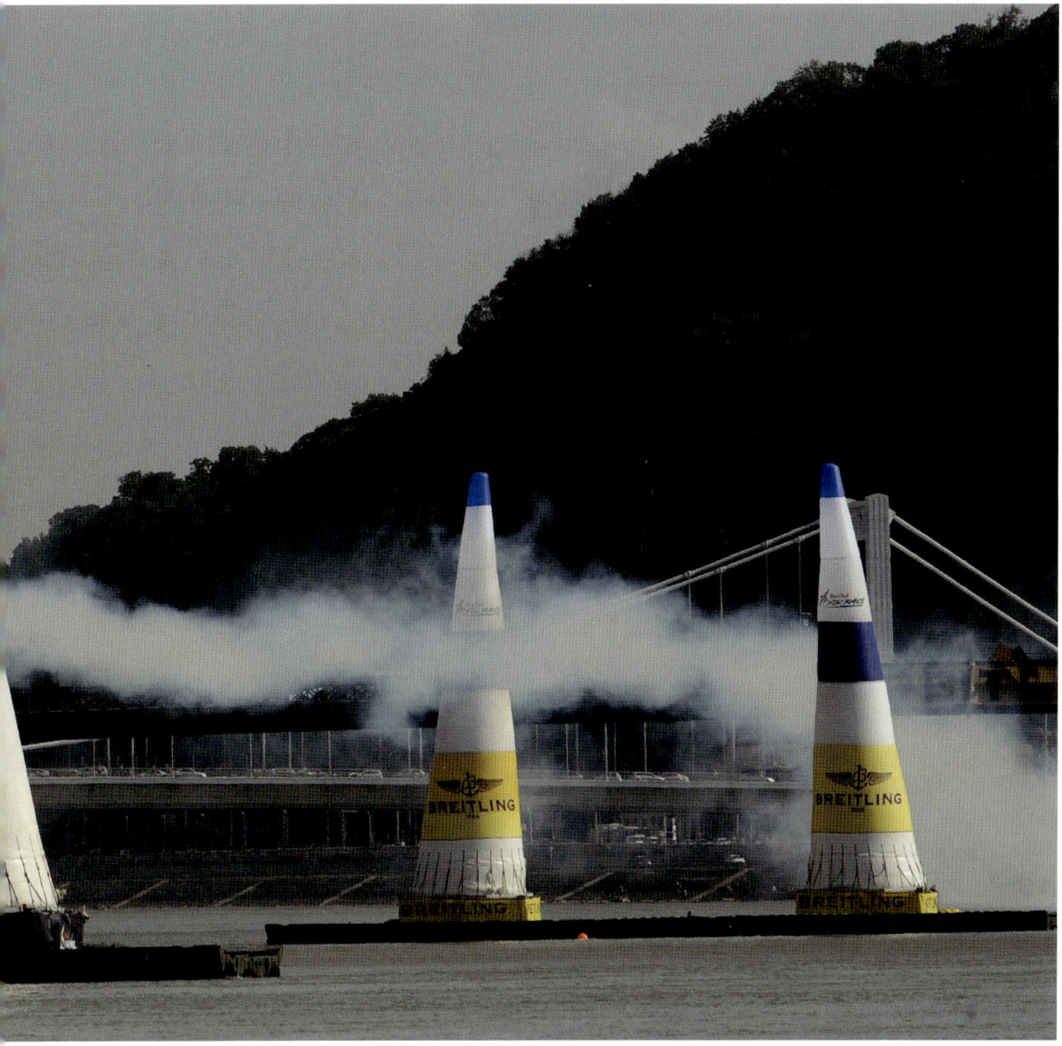

haupt, was wollt ihr da?" Und es sind erstaunlich, denn viele Piloten sind komplett überfordert mit dieser Frage, sprich sie wissen teilweise nicht, warum fliegen sie überhaupt fliegen.

M.D.: Dazu gibt es verschiedene Antworten. Ich würde sofort sagen, dass es unglaublich viel Spaß macht. Es ist das Tollste auf der Welt und die Momente, die Du beim Fliegen erlebst, sind mit nichts zu vergleichen.

R.K.: Sehr spannend. Da sind sehr viele Anregungen und Erfahrungen dabei, die man als Pilot für sich auch gut reflektieren kann und sollte. Was heißt, das für mich als Nicht-Red-Bull-Air-Race-Pilot, was heißt das für mich als Gleitschirmflieger, Drachenflieger, Segelflieger oder Linienpilot, wenn ich zukünftig sicherer fliegen möchte?

M.D.: Die eigenen Limits kennen, sich langsam rantasten und auf sein Inneres hören. Immer wachsam sein und den nötigen Respekt nie verlieren. Über das Thema könnten wir tagelang reden, weil es hochinteressant ist.

Karriere Highlights

- DHL Fastest Lap Award 2018
- Red Bull Air Race Weltmeister 2016
- DHL Fastest Lap Award 2016
- Platz Red Bull Air Race World Championship 2015
- Platz RBAR Chiba und Las Vegas 2015
- Platz Red Bull Air Race World Championship 2014
- Mitwirkung und Synchronisation der Stimme von "Jet Echo" n Disney's Animations-Kinohit "Planes" 2013
- Autor des Buches "Kunstflugzeuge" seit 1957, veröffentlicht 2013
- Platz Red Bull Air Race World Championship 2010
- Platz Red Bull Air Race Spanien 2009 / Best Rookie of the year
- Platz, Deutsche Meisterschaft im Motorkunstflug, Kategorie "Unlimited" 2008
- Platz, World Aerobatics Cup, Kategorie "Unlimited" 2008
- Nationalmannschaft Unlimited Aerobatic 2007/08
- Initiator von Tannkosh seit 1993 - inzwischen Europas größte Fly-In Veranstaltung
- Platz, Deutsche Meisterschaft im Ultraleichtflug 1991
- Meisterschaften im Ultraleichtflug 1988-1991

Matthias Dolderer im Messerflug in Tannheim. (Foto: Rainer Krumm)

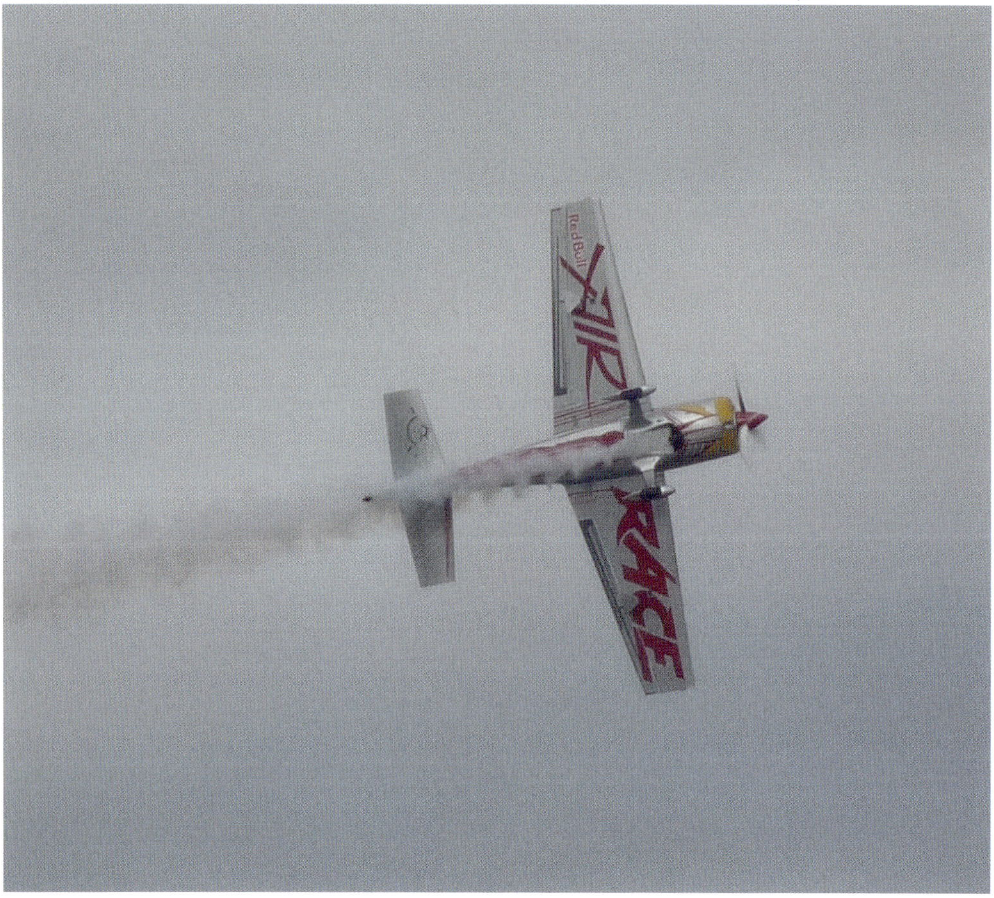

17. Interview mit Regina Glas: Einblick in die Drachenszene

R.K.: Vielen Dank, Regina, dass du dir die Zeit nimmst für das Interview. Möchtest du kurz erzählen, was deine aktuelle Funktion ist, was du fliegst, wie du zum Fliegen gekommen bist, damit die Leser wissen, mit wem sie es hier zu tun haben?

R.G.: Ich bin Fluglehrerin und beim DHV (Deutscher Gleitschirm- und Drachenflugverband e.V.) für den gesamten Drachensport zuständig. Als Teamchefin der Nationalmannschaft der Drachenflieger ist es meine Aufgabe, junge Piloten in das internationale Wettbewerbsgeschehen einzuführen, die Nationalmannschaft zu nominieren und die Piloten bei Europa- und Weltmeisterschaften zu betreuen und nach vorne zu führen.

R.K.: Wie würdest du im Moment die Drachenszene beschrieben? Sie ist ja nun nicht mehr so groß wie früher…

R.G.: Die Drachenszene ist klein aber fein. Es geht ein bisschen in die Richtung jeder kennt jeden. Die Kameradschaft untereinander ist groß. Die wenigen Flugschulen in Deutschland melden wieder höhere Nachfragen für die Drachenflugschulung. Auch in der Wettbewerbsszene kommen immer wieder junge Leute hinzu.

R.K.: Was macht für dich die Faszination am Drachenfliegen aus?

R.G.: Das Fliegen mit dem Drachen kommt dem Vogelflug am nächsten. Auf dem Bauch liegend, mit dem Kopf nach vorne und der Flügel direkt darüber. Ich fliege wie ein Adler.

R.K.: Ja, das kann ich bestätigen. Ich habe mal einen Tandemflug mit einem Drachen an der Gerlitzen gemacht. Das war für mich als

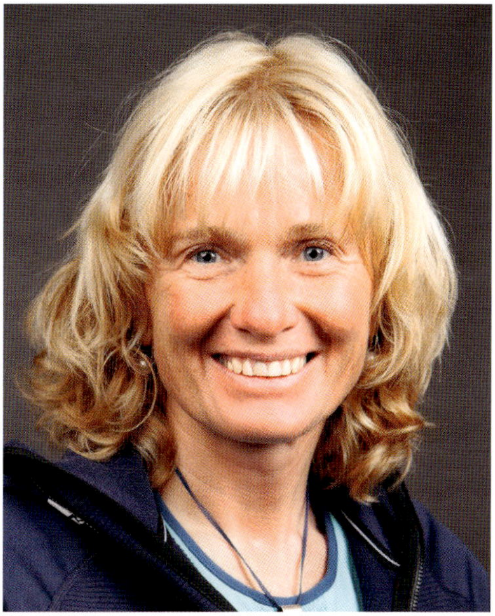

Regina Glas (Foto: DHV)

Gleitschirmflieger eine Bereicherung diese Perspektive zu sehen. Es war sehr spannend, welchen Blickwinkel ein Drachenflieger im Vergleich zu einem Gleitschirmflieger hat.

R.G.: Es ist vor allem die Dynamik und Geschwindigkeit die fasziniert. Der Drachen kann auf über 100 km/h beschleunigt werden.

R.K.: Mich würde noch interessieren, wie du grundsätzlich zum Fliegen gekommen bist?

R.G.: Ich habe bereits als Kind vom Fliegen geträumt. Einfach die Arme spreizen und abheben. Mein Vater hat mit uns Kindern alle möglichen Flugdrachen gebastelt. Einmal waren wir zusammen Skifahren im Zillertal

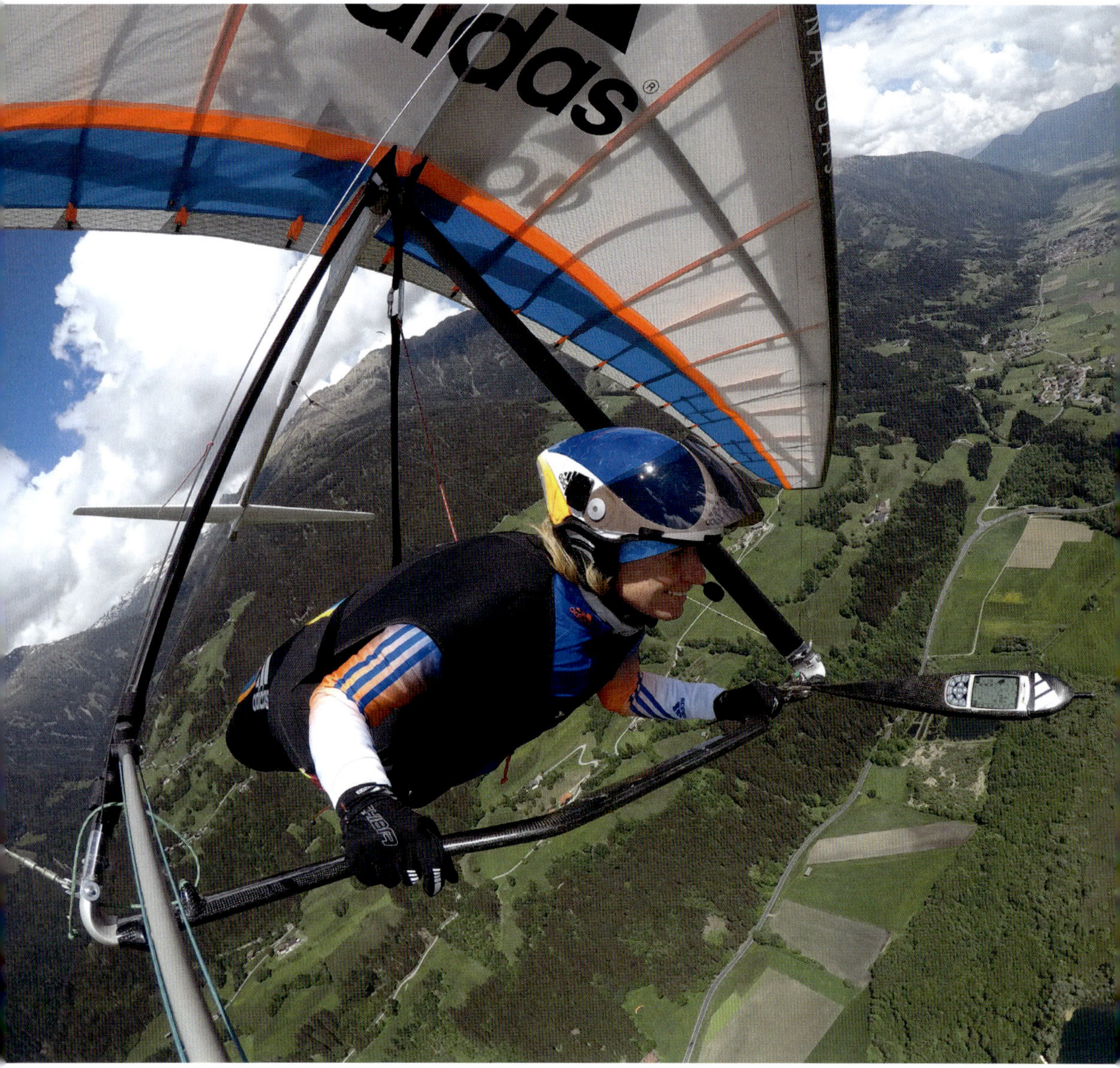

Regina Glas mit Ihrem Drachen. (Foto: Regina Glas)

und wir haben einen Drachen starten sehen. Ich war damals 12 Jahre alt und von dem Moment an wusste ich, dass will ich lernen. Mit 18 Jahren habe ich mich in einer Flugschule angemeldet und seitdem bin ich dem Flugvirus verfallen.

R.K.: Das ist wirklich sehr spannend. Ich finde es immer interessant, wie die Leute zum Fliegen gekommen sind, da es oft ein Kindheitstraum ist, der sich dann durch das gesamte Leben hindurchzieht.

R.G.: Das stimmt, Fliegen ist seither ein Teil meines Lebens. Ohne kann ich mir nicht vorstellen. Ich habe auch das Gleitschirmfliegen ausprobiert aber hier fehlt mir der feste Flügel und die Geschwindigkeit. Trotzdem gehe ich in thermikarmen Zeiten gerne damit auf den Berg um lautlos abzugleiten.

R.K.: Was würdest du jemanden empfehlen, der das Drachenfliegen lernen möchte? Wie geht man das Ganze am besten an?

R.G.: Man benötigt in erster Linie Entschlossenheit, Sportlichkeit und Kondition, Geduld, Durchhaltevermögen und Respekt vor der Natur.

Ein Schnupperkurs bei einer Flugschule ist eine gute Sache, um es zu probieren. Drachenfliegen ist kein Sport für Jedermann, es ist harte Arbeit. Beim ersten kleinen Abheber am Übungshang kommt bei den meisten Flugschülern ein unheimliches Glücksgefühl auf, das Lust auf mehr macht. Das erlebe ich als Fluglehrerin immer wieder.

R.K.: Wenn jemand nun einen Flugschein und eine eigene Ausrüstung hat, was würdest du ihm empfehlen, wenn er seine Leistung verbessern und sicherer werden möchte?

R.G.: Es ist wichtig, so viel wie möglich in verschiedenen Fluggeländen zu fliegen. Am besten in guter Gemeinschaft, um von anderen zu lernen. Auf keinen Fall zu früh auf leistungsorientierte Drachen umsteigen. Moderne Einsteigerdrachen fliegen wirklich gut. Sie machen Spaß, sind einfach zu starten und zu landen. Auch ein Thermik- und Streckenflugseminar macht Sinn. Der nächste Schritt wäre eine Teilnahme an der DHV-Hanggliding Challenge. Hier wird die Start-, Flug- und Landetechnik verbessert, es gibt Tipps zum Streckenfliegen, Wettbewerbstaktik, uvm.

R.K.: Wenn jemand Interesse am Streckenfliegen oder Wettbewerbsfliegen hat, wie wird man aus deiner Sicht zu einem guten Wettbewerbspiloten?

R.G.: Eine gute Sache ist die deutsche Drachenflugliga. Hier kann jeder ambitionierte Pilot mitmachen: Fliegen in einer Gruppe Gleichgesinnter, die gemeinsam Erfahrungen sammelt und austauscht, die sich selbst die passenden Ziele steckt, die sich gegenseitig hilft aber auch anspornt und die zusammen die tausend Kleinigkeiten organisiert, die notwendig sind, um entspannt auch mal eine Außenlandung zu riskieren. Hier geht es um Lernen, Austausch und vor allem um Spaß am Fliegen. Hat ein Pilot die Überlandberechtigung und viel an Flugerfahrung gesammelt, kann er an internationalen Wettbewerben auf der ganzen Welt teilnehmen. Hier helfen die erfahrenen Piloten, Nationalteampiloten und auch ich bei allen Fragen gerne weiter.

R.K.: Als Chefin der Nationalmannschaft hast du viel Kontakt zu internationalen Top Piloten. Was macht einen Weltmeister aus und was trennt hier die Spreu vom Weizen, sprich was unterscheidet die guten von den sehr guten Piloten?

R.G.: Ein sehr guter Pilot reflektiert jeden Flug bzw. jeden Wettbewerbsdurchgang, meist anhand der GPS-Tracks und dies oft mit anderen Kollegen. Was war gut? Was kann ich noch besser machen? Wo habe ich Zeit verloren? Habe ich falsch taktiert? War meine Wettereinschätzung richtig? Passt meine Ausrüstung? Habe ich meine Konkurrenz immer im Blick (Gutes Sehen ist eine Grundvoraussetzung). Es gibt Piloten, die fliegen viele Wettbewerb mit, werden aber nie besser. Sie messen sich nur an ihren Platzierungen. Das ist falsch. Beim Fliegen lernt man nie aus, es gibt immer was zu verbessern. Das macht den feinen Unterschied.

R.K.: Welche Rolle spielt für dich die mentale Stärke der Piloten in der Fliegerei, gerade in Bezug auf Wettkämpfe?

R.G.: Der Kopf bzw. der mentale Zustand spielt eine sehr große Rolle in der Fliegerei. Extrem wichtig ist, dass der Pilot Spaß am Wettbewerbsfliegen hat, dass er sich auf jeden Flug freut, dass er die Flugaufgabe visualisiert, dass er begangene Fehler oder eine schlechte Platzierung im Kopf abhaken kann, positiv bleibt und die Motivation nicht verliert, etc.,

R.K.: Welche Rolle spielen für dich Werte, wie Sicherheit, Freude und Spaß generell und welche in der Fliegerei?

R.G.: Diese Werte spielen eigentlich die wichtigste Rolle. Nur wenn ich die Sicherheit habe, kann ich Spaß am Fliegen haben. Sicher kann ich mich nur fühlen, wenn ich ausreichend trainiert habe. Ich weiß ich kann gut starten und überall sicher landen und kann schwierige Bedingungen meistern. Ich werde Spaß haben und der Spaß ist wichtig, um überhaupt erfolgreich zu sein.

R.K.: Wenn du einen großen Wunsch für die Drachenszene hättest, was für ein Wunsch wäre das?

R.G.: Mein größter Wunsch wäre, dass national und international wieder mehr Drachenfluglehrer ausgebildet und neue Drachenschulen eröffnet würden. Drachenfliegen ist ein wunderschöner Sport. Wenn es mehr Flugschulen gäbe, könnten mehr Piloten ausgebildet werden. Nachfrage wäre da, viele werden deshalb umgepolt zum Gleitschirmfliegen.

R.K.: Liebe Regina, vielen Dank für das Interview und die vielen spannenden Einblicke, vor allem auch zum Thema Werte wie Sicherheit oder das Reflektieren und Abhaken.

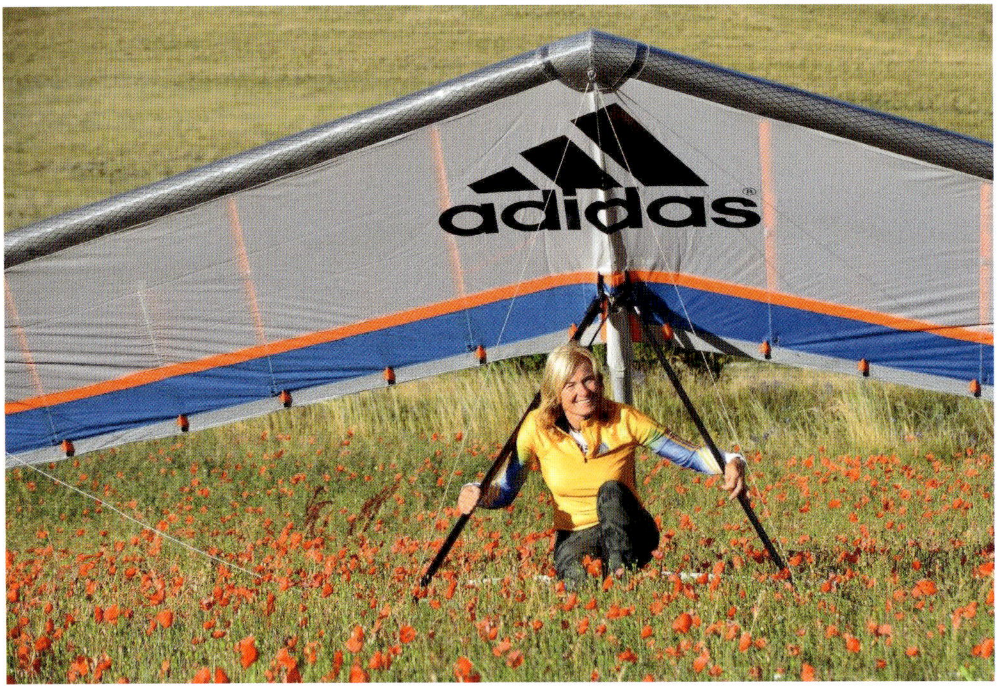

Regina Glas, freudestrahlend nach der Landung. (Foto: Tobias Bauer)

18. Interview mit Xandi Meschuh: Wie man Acro-Pilot wird

R.K.: Schön, dass du dir die Zeit nimmst für unser Interview. Magst du uns berichten, wie du zum Fliegen gekommen bist und wie bei dir alles begonnen hat?

X.M.: Es liegt bei mir in Familie, also sozusagen der klassische Weg. Mein Papa war Pilot bei der Bundeswehr, ein großer Flieger aus Leidenschaft, er hat schon als Kind gerne Modellflugzeuge gebaut, war Ausbilder bei der Bundeswehr. Er hatte dann aber mit einem Flugschüler einen Unfall und hat sich schwer verletzt und konnte seine Fliegerkarriere bei der Bundeswehr nicht mehr fortführen. Er war allerdings immer noch ein begeisterter Flieger. Als ich klein war, hatte mein Papa einen großen Bastelkeller mit Flugzeugen drin. Das war für mich der Einstieg. Ich habe tausende Papierflieger gebaut als Kind. Die Schule war eher uninteressant für mich. Ich wollte immer draußen sein und habe mich nur mit dem Fliegen beschäftigt. Als mein Papa ein Modellflugzeug gelandet hat, habe ich als Erstes die Fläche angegriffen und geprüft, wie sich die jetzt wohl anfühlt. Für mich war es so etwas Besonderes, dass die jetzt in der Luft war. Mein Papa hat meine riesige Faszination gefördert. Als Siebenjähriger wusste ich schon über sehr vieles Bescheid, was das Fliegen betrifft.

Mein Papa hat dann den Beruf gewechselt, er wurde Gerichtsvollzieher. Eines Tages hat ihm einer seiner Kunden einen Gleitschirm mitgegeben. Er hat ihn mit nach Hause genommen und da wir wussten, wie das mit dem Fliegen funktioniert, sind wir sofort den Hügel damit rauf und haben erst ohne, und nach ein paar Tagen, mit Gurtzeug geübt. Ich war Feuer und Flamme. Bis mir dann eines Tages meine Mutter mit etwa 15 Jahren alles weitere mit dem Fluggerät verboten hatte. Sie hat sich natürlich Sorgen gemacht. Ich besaß damals ein Mofa und habe den Gleitschirm mit Gurtzeug im Wald versteckt. Zuhause habe ich immer erzählt, dass ich zum Mofa fahren gehe, dabei war ich im Wald und habe heimlich weiter geübt.

Mit 16 konnte ich dann schon sehr viel, nur der Schein fehlte mir noch. Um mir das finanziell leisten zu können, habe ich Modellflieger verkauft. Ich habe für die Theorieprüfung gelernt und mit nur einem Prüfungsflug war die Prüfung bestanden. Viele Schwarzflieger sind damals so zum Schein gekommen. Da war ich 17 Jahre alt. Von da an bekam das Paragliden immer mehr Bedeutung für mich. Im Modellbau war ich zwar noch aktiv und habe weiterhin Modellflugzeuge gebaut, um mir mein damaliges Grundschulstudium leisten zu können. Das ist aber irgendwann weiter in den Hintergrund gerückt und ich wollte nur noch fliegen, sobald Zeit dafür war.

R.K.: Wann bist du dann ins Wettkampfgeschehen eingestiegen?

X.M.: Der erste Wettkampf war 2002, da wurden Acro Wettkämpfe modern. In Slowenien gab es einen Weltcup. Dort habe ich gleich mitgemacht. Viele Basics habe ich vorher schon gewusst oder gesehen. Aber es gab zu dieser Zeit noch kein YouTube, es gab VHS Video-Kassetten. Auf diesen Kassetten habe ich die Jungs gesehen und wusste so, was ich üben musste. Sonst konnte es mir keiner zei-

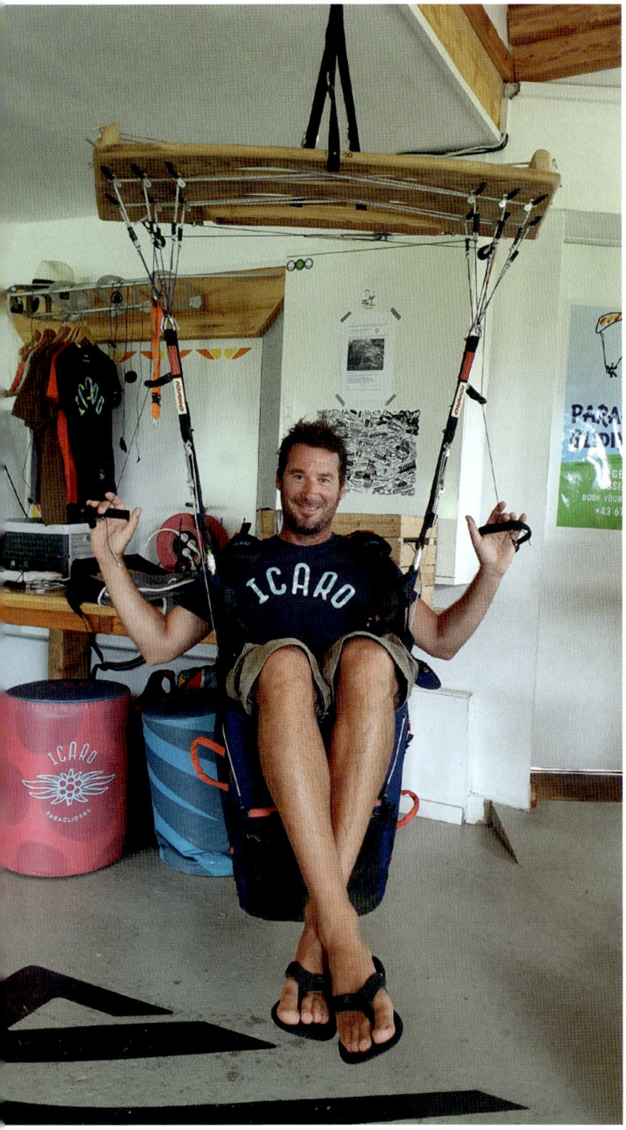

Xandi Meschuh in seiner Fliegerbase am Ossiacher See. (Foto: Rainer Krumm)

gen und all diejenigen, die es wussten, wollten das Geheimnis für sich behalten und gaben falsche Tipps, was natürlich nicht so wirklich sportlich war. 2003 hatte ich dann schon meinen Plan, was ich tun muss, wie viel Tandemflüge ich brauche, wie viele Sicherheitstrainings ich machen muss, damit ich mit diesem finanziellen Package gut über das Jahr komme. Mein großes Ziel war es, bei den Weltcups Podiumsplätze einzufliegen, damit es dann auch mit Sponsorings klappt. Ab 2003 hatte ich dann die ersten Podiumsplätze eingeflogen und dann hat alles seinen Lauf genommen, so wie ich es mir gewünscht hatte.

R.K.: Das heißt, du hast dir wirklich ein Ziel gesetzt, einen Plan gemacht, was du erreichen willst, damit es dann am Ende alles gut funktionieren kann?

X.M.: Für 2002 war mein Ziel, ich will im Weltcup vorne sein, will mir dadurch einen Namen machen und dann volle Sicherheitstrainings haben.

R.K.: Jetzt verdienst du dein Geld hauptsächlich über Sicherheitstrainings und Akrobatiktrainings?

X.M.: Das ist ein Teil. Die Sicherheitstrainings laufen von Juni bis September. Ich mache maximal 8 Kurse pro Jahr. Mehr sollten es nicht sein, denn so habe im 8. Kurs immer noch die volle Energie für die Leute und kann das auch ehrlich rüber transportieren. Nach den Sicherheitstrainings teste ich die Prototypen. Im Dezember und Januar sind eher die ruhigeren Monate, da bin ich viel daheim an den Nähmaschinen und konstruiere die Prototypen für die Gurtzeuge. Im Februar bis Mai wird viel getestet und entwickelt mit den Gleitschirmen.

R.K.: Du hast ja nun viel Kontakt mit Piloten von jeglichem Niveau. Was würdest du denn empfehlen, wenn ein Gleitschirmpilot besser und sicherer fliegen will?

X.M.: Ich werde oft von Teilnehmern angesprochen, die im Juni zum Sicherheitstraining angemeldet sind, was sie denn vorher schon üben könnten. Ich gebe ihnen grundsätzlich den Tipp, groundhandeln zu gehen. (Anmerkung: Groundhandling bezeichnet das Spielen und Aufziehen mit dem Gleitschirm in der Ebene, ohne wirklich zu fliegen, mit dem Ziel, die Schirmbeherrschung zu verbessern.) Wenn man bei viel Wind sicher starten kann, wird man erstens mehr Flüge durchführen können und zudem lernt man beim groudhandeln so viel über die Schirmbeherrschung. Wenn jemand gut groudhandeln kann, sehe ich im Kurs schneller ein Erfolgserlebnis beim Piloten als bei den Leuten, die sich beim Starten schwertun.

R.K.: Und welche Rolle spielt das Mentale, also das was im Kopf beim Piloten stattfindet?

X.M.: Also, was ich aus meiner Erfahrung heraus sagen kann und so wie ich es im Wettkampf miterlebt habe, war die mentale Stärke zu 95% ausschlaggebend über Sieg oder Niederlage. Immer wenn ich vom technischen her wirklich gut trainiert war und viele Flugstunden ins aktive Training investiert habe, bin ich dann bei den Meisterschaften völlig übertrainiert und verkrampft gewesen und es ist am Ende keine gute Platzierung dabei herausgekommen. Andererseits bin ich bei den größten Weltcupsiegen, die ich gemacht habe, oft mit einer leichten Verletzung oder mit schlechten Wetterbedingungen ins Rennen gestartet und ging mit der Vorstellung hinein, dass es um nichts geht. In meinem Kopf war es dann kein Wettkampf, sondern nur eine Trainingscompetition. Und an solchen Tagen erreichte ich am Ende den 1.Platz.

R.K.: Das heißt, du bist ohne Druck hingefahren, entspannt geflogen und dann hat es funktioniert?

X.M.: Richtig, dann hat es funktioniert. Immer wenn ich einfach im Flow war. Somit habe ich versucht, mich immer in dieses Gefühl hineinzuversetzen, wenn es mit den Flugmanövern so locker geklappt hat. Das hat natürlich mal besser funktioniert, mal weniger gut. Aber die Jungs, die heute die Weltcups gewinnen von Platz 1 bis Platz 10, können alle gleich gut fliegen. Schlussendlich kommt es nur darauf an, wer kann den Druck standhalten und diese konstante Leistung bis zum Schluss abrufen. Ich selbst bin dann jahrelang beim Einschlafen in Gedanken die Manöver durchgeflogen. Das machte mich ruhig und entspannt. Ich habe dann irgendwann mal diesen (Gurtzeug)-Silmulator und habe da während der Wettkampf- Zeit stundenlang darin verbracht und bin mit geschlossenen Augen meine Manöverabläufe durchgegangen. Dies in Kombination mit den Gedanken hat mir am Ende sehr geholfen, was das mentale Training betrifft.

R.K.: Erlebst du auch, dass Piloten die falschen Geräte fliegen?

X.M.: Ja. Fast die Hälfte. Heutzutage ist alles da, was man braucht, vom Know-how über das Material. Man muss sich nur noch das Material besorgen. Dann glauben die Leute, dass es funktioniert. In diesem Glauben gehen sie los und kaufen sich ein Acro-Gurtzeug. Das macht Sinn, denn das Acro-Gurtzeug hat zwei Rettungen und es funktioniert wie ein ganz normales Gurtzeug. Was die Schirmwahl betrifft, liegen die Piloten aber oft falsch. Sie können häufig die Basics noch nicht, holen sich aber schon einen Freestyle Schirm, in der Hoffnung, wenn sie diesen Schirm haben, wird alles leichter funktionieren. Das tut es aber leider nicht. Aus der Praxis sehe ich das viele Leute den Wunsch haben, schwierigere Manöver zu fliegen, sie kriegen aber im ersten Wingover schon einen heftigen Einklapper. Wichtig dabei ist es, zuvor erstmal die Basics zu trainieren. Das Problem ist auch, dass sich die Leute zu viel vornehmen und es oft zu eilig haben. Sie buchen sich bis zu 6 Sicherheitstrainings pro Saison und müssen dann aber hier erfahren, dass das Ganze richtig viel Zeit braucht. Nimmt man sich diese Zeit nicht, hat man mehr Negativ-Erlebnisse mit Klappern und Verhängen.

R.K.: Welche Werte sind dir beim Fliegen wichtig?

X.M.: Ich würde zum 5 Punkte-Check noch den 6. Punkt mit dazu nehmen, nämlich den Kopf. Damals als ich 27 war, war das alles für mich kein Thema. Ich brachte jeden Tag 100% Leistung, egal ob ich auch mal länger gefeiert habe. Jetzt mit 43 Jahren schaut das alles etwas anders aus, ich bringe vielleicht noch 60% der Woche meine 100%ige Leistung. Das merke ich dann schon beim Startplatz und das versuche ich auch den Leuten aus meinen Kursen mitzugeben. Sie sollen ihren Flug und ihre Manöver danach planen, wie sie sich fühlen. An Tagen, an denen man nicht zu 100% fit ist, hat man auch nicht die volle Konzentration. Die Gefahr für einen heftigen Klapper ist an diesen Tagen viel größer und man ist wesentlich schneller eingetwistet. Deshalb ist der Selbstcheck vor dem Flug enorm wichtig und Leute, die das gut können, werden immer gut fliegen. Alle anderen jedoch können immer eine Gefahr für sich und andere darstellen.

R.K.: Und wenn jemand im Acro Bereich richtig gut werden will, was ist der Schlüssel zum Erfolg dazu?

X.M.: Viel Zeit und Geld.

R.K.: Warum Geld? Weil du viel fliegen musst oder auch weil du viel Material verschleißt?

X.M.: Wenn man Acro trainiert, verbraucht man einfach Geld bis man gut genug ist, um Geld damit zu verdienen. Man muss so viel Airtime wie möglich sammeln, Sommer wie Winter. Dabei geht es nicht immer nur um das Manövern. Man ist man das ganze Jahr weltweit auf Achse und sucht sich die besten Spots, die jeden Tag zuverlässig viel Höhe versprechen. Wenn man keinen Sponsor hat, muss man über das Jahr verteilt mit etwa 20 - 30.000 € rechnen. Aber es gibt viele junge Leute mit Talent. Ich habe zum Beispiel aktuell bei mir einen Piloten, den ersten Nachwuchskärtner Acro-Pilot. Er ist jetzt 17 Jahre alt und in der Weltrangliste belegt er den 8. Platz, nach 2 Jahren Training! Wenn man mal über 40 Jahre alt ist, wird man das nicht mehr erreichen, denn umso älter man ist, umso schwieriger ist es, zu lernen und auch die Blockaden sind mittlerweile viel größer durch das zuvor erlebte. Wenn man älter ist, sollte man sich sowieso seine Ziele nie viel zu hochstecken. Körper und Geist können ab einem gewissen Alter nicht mehr so mitmachen wie es noch bei einem jungen Menschen funktioniert.

R.K.: Lieber Xandi, ich danke dir für das Interview. Wir haben viele spannende Einblicke bekommen und drücken dir die Daumen, dass die Flugsaison gut und unfallfrei verlaufen wird und du dich auch weiterhin gut weiter entwickeln kannst.

19. Interview mit Armin Appel: Weltrekord!

Armin Appel ist amtierender Weltrekordinhaber. Er hat am 28. September 2009 mit seinem Dudek ReAction 29, ausgestattet mit einem Simo 122 Motor einen Dreiecksflug über 343,6 km ohne Zwischenlandung geschafft. Damit hat er den bestehenden Weltrekord um mehr als 100km überboten.

Rainer Krumm: Wie gehst Du mit der Monotonie oder Langeweile um, bei so langen Flügen – oder kommt die gar nie auf?

Armin Appel: Die Monotonie kommt ca. nach einer halben Stunde, es vergeht eine weitere halbe Stunde, dann hast du dich darauf eingestellt. Du hast dann deinen Rhythmus wie du die Landschaft beobachtest, wie du deine Geräte beobachtest und die Wolken. Du versuchst zu beobachten, ob du optimal in Windrichtung bist. Mit den heutigen Navigationsgeräten ist das kein Problem. Aber trotzdem versuchst du am Boden irgendwie die Windräder zuzuordnen, ob es nicht sinnvoller ist, ein bisschen höher bzw. tiefer zu gehen, ob da mehr Wind in deiner Flugrichtung ist oder ob man auf dieser Höhe, in dieser Windströmung bleibt. Das ist sehr, sehr wichtig bei den großen Streckenflügen, dass du den Höhenwind nutzt. Fast so wie bei der Ballonfahrerei. Bei den Dreiecksflügen ist es auch noch extrem wichtig, dass du die Winddrehung über den Tagesverlauf mitnimmst. Also grade explizit bei einem 5 ½ stündigen Flug im Winter bei -4°C mit dem ich den weltweiten Paramotor XC Contest letztendlich gewinnen konnte, habe ich die Winddrehung super gut erwischt.

R.K.: D.h. du berechnest oder überlegst dir vorher wie sich der Wind verändert und entsprechend legst du das Dreieck an?

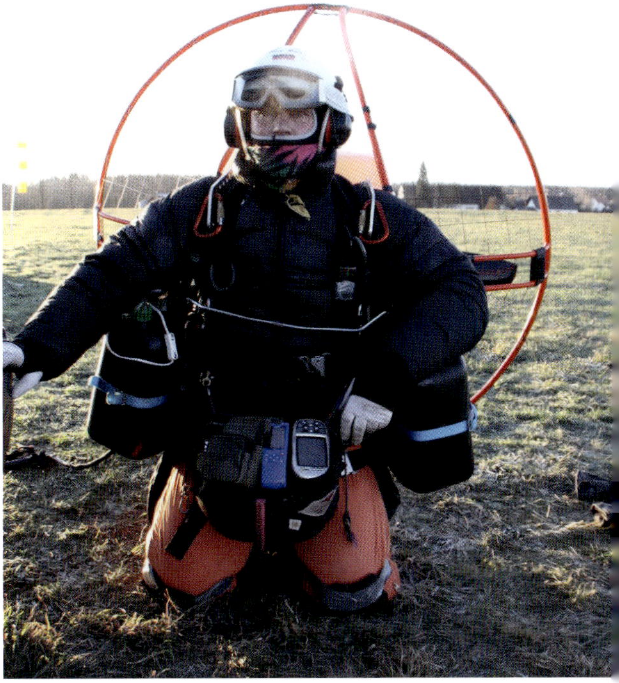

Armin Appel beim Schultern des Motors und der Treibstofftanks zum Weltrekordflug. (Foto: Martin Guffler)

A.A.: Ja, genau. Ganz wichtig, ob du linksrum oder rechtsrum fliegst, das ist eigentlich das Entscheidende.

R.K.: Und die Informationen holst du vorher aus dem Wetterbericht oder aus dem Internet.

A.A.: Ich nutze die Wetterberichte im Internet, wobei die oft unpräzise sind. Die regionale Erfahrung bringt viel mehr. Wenn du in einem fremden Gebiet fliegst, kann ich nur empfehlen, dass man einfach einen alten Segelflieger zur Seite nimmt und den fragt.

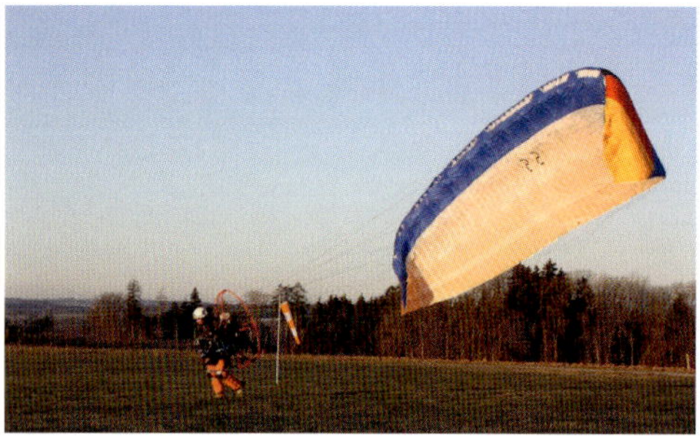

Armin Appel beim Start zum Weltrekord. (Foto: Martin Guffler)

Das hatten wir schon mal auf der deutschen Meisterschaft durchgespielt, dort hatten wir ein tolles Erlebnis. Mein Freund und Nationalmannschaftskollege Joerg Torsten Maaß, seines Zeichens eher Mathematiker und Rechner. Dann, der dreifache deutsche Meister, Peter Schulz mit dem ich auch befreundet bin. Joerg und ich hatten bei der deutschen Meisterschaft eine Strecke berechnet. Wir rechnen fast immer zusammen. Peter lässt sich beim Kalkulieren nur ungerne in die Karten schauen, er rechnet mit seiner Frau Kathi zusammen. Wir diskutieren aber alle zusammen darüber. Joerg und ich machen aus unseren Berechnungen nie ein besonders großes Geheimnis. „Wir, haben mit einer Windgeschwindigkeit von 26 km/h aus 290° Grad gerechnet". Peter ist ganz blass geworden. Wir hatten unsere Informationen aus dem Internet und er hatte Information von einem alten Segelflieger am Platz. Blöderweise hat er unsere Berechnung übernommen und ist prompt danebengelegen. Man, war der auf sich sauer. Also eher die Erfahrung nehmen als die technischen Informationen, die man kriegt. Und das war bei dem großen Dreieck genauso. Laut dem DWD Wetterbericht und auf Windfinder hätte der Wind im Tagesverlauf von Nordwest auf Südwest und dann auf Ost drehen sollen. Also links herum. In dem Gebiet, wo ich starte, kann ich in 20 km Entfernung den sehr hohen Fabrikschlot der Ehinger Papierfabrik sehen und der hatte reinen Westwind drin, da sagte ich, nee, wenn der Kamin reinen Westwind hat und von der Erfahrung her, ist es besser, dass ich das Dreieck rechts rum fliege wie ich es bisher geflogen bin. Ich hatte Recht, ich habe komplett die Winddrehung mitgenommen, ich hatte fast immer Rückenwind nur ein kurzes Stück Gegenwind, beide Wetterberichte lagen mit der Winddrehung im Tagesverlauf völlig daneben.

R.K.: Du hattest neulich für Deinen Weltrekord das Ann Welch Diploma bekommen. Ann Welch war eine führende britische Segelfliegerin und spielte eine entscheidende Rolle in der Entwicklung des Drachen- und UL-Fliegens. Das Diploma wird an Piloten vergeben, die im jeweiligen Jahr außerordentliche Flüge absolviert haben, die als Weltrekord anerkannt wurden.

A.A.: Ich habe das Zertifikat für meinem 343,6 km Dreieck Weltrekord von der FAI schon bekommen. Eine Untergruppe der FAI ist die CIMA. Sie ist für Microlight, also Ultraleicht zuständig. Die Delegierten aus aller Welt kommen einmal im Jahr zusammen und diskutieren über verschiedene Dinge in diesem Bereich. Unter anderem, wer das Ann Welch-Diploma bekommt. Ann Welch hat 1934, im Alter von 17 Jahren, ihre Pilotenlizenz gemacht. Sie ist unter anderem Spitfires und Hurricanes geflogen. Sie war eine ausgezeichnete Segelfliegerin und engagierte sich sehr stark in der FAI. Sie ist maßgeblich an der Erstellung des FAI Regelwerks für Ultraleichtfliegen beteiligt. Dieses Ann-Welch-Diplom gibt's seit 2006. Das Diplom hat bisher der Spanier Ramon Morillas 2006 und 2007 für seine Weltrekorde bekommen, 2008 ein Englisches Team. Ich bin der erste Deutsche, der es bekommt. Ich habe den alten Weltrekord mit weit über 100km überbieten können, außerdem waren die Delegierten der FAI offensichtlich von der Leistung als Fußstarter angetan. Das hat mich sehr überrascht und ich freue mich außerordentlich darüber.

R.K.: Erzähle doch ein wenig, wie Dein Weltrekord-Flug ablief.

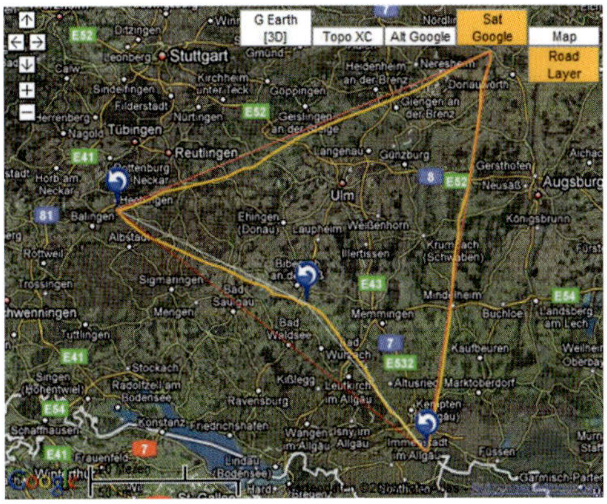

A.A.: Der Weltrekord startete auf dem Flugplatz in Bad Saulgau. Es wird dein komplettes Abfluggewicht gewogen. Es lag bei 185 kg, da ich ein Eigengewicht von 88 kg auf die Waage bringe, ziehen wir die 7 kg vom Schirm ab, habe ich 90 kg !!! am Körper. Da kannst du dir vorstellen, wie so ein Start aus der Ebene aussieht. Am Hang zu starten ist nicht erlaubt. Das Startgelände darf maximal 1 % Gefälle haben. So steht es im Regelwerk. Die von der FAI sind ja auch nicht blöde.

Das ist schon eine körperliche Leistung, die man da erbringen muss und das ist auch eine ziemliche Kopfsache, weil ab dem Moment, wo du das Gewicht trägst, ab dem Moment, in dem du aufstehst, hast du nicht mehr viel Zeit bis zum Start. Du hast nur eine einzige Möglichkeit zu starten. Ein 2. Versuch ist fast nicht möglich, da ein Start mit diesem Gewicht unglaublich anstrengend ist, so dass man sich danach mindestens eine halbe Stunde erholen muss um wieder einigermaßen gerade laufen zu können. Da musst du einfach straight sein und musst deiner Sache ganz sicher sein. Das muss einfach funktionieren und du musst alles dafür tun und alles dafür geben, dass jetzt der Start funktioniert und wenn der Start funktioniert hat, dann muss nur noch deinen Motor durchhalten und, sag ich mal, deine Langeweile besiegen und dann war's das.

R.K.: Wie besiegst du die Langeweile?

A.A.: Durch die Navigation, durch das Schauen und Beobachten, du musst ja die ideale Linie fliegen. Die ideale Linie hast du programmiert und durch diese Vielzahl von Parameter, die du abtastest, du kontrollierst den Luftraum, du guckst die Gegend an, du hast dann auch deine eigenen Gedanken, siehst auch Gefahrenpotenziale, wie z.B. Seitentäler. Wenn du auf der Schwäbischen Alp herumfliegst, denkst du, wenn jetzt der Motor aus geht, auch wenn du hoch genug bist aber da möchte ich jetzt nicht reinlanden und man weiß genau, diese engen Täler haben ein eigenes Windsystem. Ab ca. 10 Uhr wird es unruhig in der Luft. Die Thermik setzt ein und es bockelt halt. Ich meine, im Geradeausflug und das ist ein sehr unangenehmes Rauf und Runter. Als Thermikflieger kennst du das ja, du fliegst in die Thermik ein, das ist schon unangenehm, aber in der Thermik machst du deine Kreise und fühlst dich in der Thermik sicher. Wenn du an den Randbereich kommst und wieder aus der Thermik rausfliegst, weißt du genau, jetzt wird's wieder wackelig. Genau dieses Reinfliegen und Rausfliegen hast du bei einem längeren Streckenflug ca. 2/3 des Fluges. Du fliegst immer nur geradeaus rein in die Turbulenzen und geradeaus raus aus den Turbulenzen. Du machst keinen einzigen Kreis in der Thermik, das würde nur Zeit kosten, du willst ja vorankommen und da kann es manchmal schon ganz schön spannend werden den Kurs zu halten. Große Flüge werden vom Tageslicht begrenzt. Bei meinem Weltrekordflug mit 343,6 km war ich 7 Stunden und 28 Minuten in der Luft, ich fliege fast nur Trimmspeed. Ständig den Beschleuniger zu drücken würde auf die Dauer einfach zu viel Kraft und Sprit kosten. Trotzdem hatte ich bei diesem Flug eine Durchschnittsgeschwindigkeit von 47 km/h.

R.K.: Gibt's irgendwelche klassischen, mentalen Vorbereitungstechniken, die du machst, einen Tag vor dem Flug und Wochen schon vor solchen Flügen?

A.A.: Ja, die Flüge sind sehr genau vorbereitet. Die Flüge exakt durchgeplant. Die Wendepunkte, d.h. die komplette Flugplanung steht meistens schon Wochen vorher. Am Vorabend bereite ich meine Ausrüstung und mein Material vor. Dabei ist es wichtig, nur vertraute Sachen mit denen man Erfahrung hat, zu verwenden. Bei einem großen Streckenflug oder im Wettkampf werde ich niemals mit irgendwelchen ungetesteten Materialien an den Start gehen. Ein Beispiel: Um bei Minusgraden lange Flüge zu machen habe ich 2-3 Jahre trainiert. Ich habe verschiedene Arten von Kleidung ausprobiert. Um an den Füßen nicht zu frieren, habe ich vor drei Jahren Wärmepacks in die Schuhe getan. Ich bin anschließend 2 ½ Stunden bei -8°C geflogen. Alles war klasse, ich habe kein bisschen gefroren. Bei der Landung meinte ich, ich sei ein bisschen hart aufgekommen. Später habe ich bemerkt, dass mir die Ferse eingefroren ist. Ich hab heute noch Probleme mit dieser Ferse. Nun fliege ich mit fünf Paar Socken und extra großen Lammfellschuhen im Winter und bewege zwischendurch meine Zehen. Ähnlich verhält es sich mit den Zusatztanks. Erst habe ich einen 5 Litertank auf dem Schoss mitgenommen, das war unbequem und gefährlich. Dann habe ich zwei 10 Liter Tanks am Rahmen befestigt, das war gut. Nun habe ich zwei 20 Liter Tanks am Rahmen, das passt, ich kann mich immer noch sehr gut bewegen mit dieser Last. Wenn du dann einen großen Flug machst, dann hast du diese einzelnen Komponenten und die Erfahrung von diesen Komponenten. Am Vorabend bereite ich meine Ausrüstung vor, dabei spiele ich meine Flugvorbereitung und das Anlegen der Ausrüstung gedanklich mehrmals durch (2-3mal). Meistens bin ich sehr nervös dabei. Wenn ich dann Schlafen gehe, schlafe ich sehr schlecht. Aber wenn ich aufstehe, dann läuft alles ab wie am Schnürchen. Ich funktioniere wie eine Maschine. Ich bin kein bisschen nervös und man kann mich auch nicht aus der Ruhe bringen, da sitzt alles, ich muss kein Stück denken. Das ist auch sehr wichtig für mich, denn ich brauche alle meine „geistig Kraft" für den Start. Unmittelbar vor dem Start lasse ich ein inniges, nicht allzu lautes „Hua" von mir, um mir selber bewusst zu machen, das ist es jetzt, ich habe nur einen Versuch um in die Luft zu kommen. Ein zweiter Startversuch wäre ziemlich aufwendig, um nicht zu sagen nahezu unmöglich. Bisher haben alle meine Starts mit Zusatztanks auf Anhieb geklappt.

R.K.: Also, was so vermeintlich nach „da muss man halt stark sein für den Start" und der Rest ist einfach Gas geben, ist in der Praxis viel Erfahrung und Können.

A.A.: Ja, es ist leider nicht der einfache Gewichtheber wie das immer wieder beschrieben wird. Und genau das hat mich ziemlich aufgeregt. Da steckt nämlich wesentlich mehr dahinter

R.K.: Inwiefern nutzt dir die lange Gleitschirmerfahrung für solche Weltrekorde und lange Flüge? - also auch Thermikerfahrung und Ligaerfahrung.

A.A.: Es bringt mir in den Gefahrenpotenzialen etwas. Und zwar ist es so, ich meine, das normale thermische Wettkampffliegen ist gefährlicher als Motorschirmwettkampffliegen. Darf man ja gar nicht sagen, aber ich habe heute Morgen das „Thermik-Magazin" mal wieder in die Hand genommen, da war vom Christian Maurer die Rede, der hat auch davon geschrieben, dass Freunde tot oder schwer verunfallt sind. Und genau dieselbe Erfahrung habe ich auch beim Ligafliegen oder Wettkampffliegen gemacht. Du wirst vorsichtiger, du kennst das Gefahrenpotenzial und das hilft mir beim Motorschirmfliegen. Du kennst die Gefahr von einem Lee, du kennst das Gefahrenpotenzial einer Landung, du bist vorsichtiger und du hast die Möglichkeit das Lee zu umfliegen oder bei der Landung durch zu starten, dadurch wird Motorschirmfliegen sicherer. Wer hat schon beim Gleitschirmfliegen die Möglichkeit zweimal seinen Landeplatz anzufliegen? „Oh, das hat jetzt doch nicht gepasst, da ist ein Graben im Weg da starten wir noch einmal durch." Ich meine, die Möglichkeit hast du nicht, deswegen meine ich, ist Motorschirmfliegen sicherer.

R.K.: Du hast mir einmal erzählt, dass du zwei Grundprinzipien hast, wenn Gefahr für Leib oder Gerät besteht, startest du nicht oder hörst auch Flüge auf.

A.A.: Es gibt bei mir eine Parametrierung. Wenn ich normal fliege, bewerte ich die Situation nach dem Spaßfaktor. Ich fliege nur, wenn ich Spaß daran habe. Wenn ich mit der Nationalmannschaft unterwegs bin, dann fliege ich nach dem Gefahrenfaktor. Wenn Gefahr für mein Material, Leib und Leben droht, starte ich nicht bzw. gehe ich Landen. Ich habe das schon öfters praktiziert, es ist gar nicht so leicht sich an seine eigenen Regeln zu halten. An der Belgischen Meisterschaft bin ich an einem Durchgang nicht gestartet, weil mir der Spaßfaktor zu klein war. Ich war im Urlaub und nicht als Nationalmannschaftspilot da. Es war eine kleine Kicking-Sticks Aufgabe bei ca. 15km/h Wind hinter den Hangars im Lee. Das bedeutet, in Bodennähe möglichst schnell 2 Meter hohe Stangen in einer bestimmten Reihenfolge umtreten. Ich habe mir das lange angeschaut und diese Situation für mich als machbar und gefahrlos eingestuft. Es war mit meinem Material und Können durchaus machbar. Allerdings habe ich keinen Sinn darin gesehen. Der Spaßfaktor war einfach zu gering. Ich habe meinen Schirm erst ausgelegt, dann eingepackt, dann habe ich den Schirm nochmals ausgelegt und dann endgültig eingepackt. Fast die gesamte französische Nationalmannschaft war anwesend, aber auch die waren sich nicht richtig einig. Sie haben irgendetwas von Hinhaltetaktik gesprochen. Das ging so lange gut, bis der erste gestartet ist. Letztendlich sind nur zwei Piloten nicht geflogen. Eine französische Einsteigerin, die erst seit zwei Jahren ihren Schein hat und ich. Bin dann zum Duschen gegangen. Ich bin wir wirklich blöde vor gekommen, ganz ehrlich, ich hätte heulen können.

R.K.: Das heißt dann auch die Konsequenz zu haben, auch wenn andere fliegen, nicht dem Lemmingeffekt zu unterliegen, sondern sagen: „Ok, ich ziehe meine Prinzipien durch."

A.A.: Ja, genau. Gerade an dem Beispiel in Belgien, die anderen sehen dich als Nationalmannschaftspilot und du bist einer von Deutschlands besten Motorschirmpiloten und klemmst den Schwanz ein bei einer Situation, die für dich und viele andere machbar ist. So ein Pilot mit dem Niveau. Ich habe mich wirklich oft fragen lassen müssen, warum?: „Armin, warum bist du nicht gestartet?" Haben mich die Belgier gefragt, haben mich die Franzosen gefragt, hat mich der Wettkampfsleiter gefragt. Am Anfang habe ich erst gesagt: „Ihr Franzosen habt ein viel höheres Niveau." Sag' mal, natürlich haben die ein höheres Niveau, aber ich bin einmal Deutscher Meister, dreifacher Deutscher Vizemeister und sechs Jahre Nationalmannschaft geflogen. Das Niveau konnte ich schon halten, daran lag es nicht und das wussten die Franzosen und die Belgier auch. Schon beim zweiten der mich gefragt hat, hab ich ehrlich geantwortet „Es ist einfach der Spaßfaktor gewesen, mir war der Spaßfaktor einfach zu gering" Das hat Bewunderung bei den Franzosen und Belgiern ausgelöst. Die sind am nächsten Tag richtig kuschelig geworden. Das haben die sehr schwer bewundert, dass einer einfach sage: „Ich hab's nicht nötig, ich bin hier zum Urlaub machen da, ich muss jetzt nicht fliegen. Aber wie vorher erwähnt, das ist verdammt schwer.

R.K.: Du hast ja auch bei der Umfrage mitgemacht mit dem inneren Team.

A.A.: Da bin ich noch nie drauf gekommen auf diese Idee.

R.K.: Ich krieg' ganz, ganz spannende Rückmeldungen. Ganz viele kennen das innere Team, ohne dass sie es hätten benennen können, dass es so was gibt. Aber die meisten erkennen solche Situationen, auch je nachdem, welche Lebenssituationen sie haben, welche Rollen sie haben umso unterschiedlicher nehmen sie das natürlich auch wahr, umso mehr beeinflusst sie das. Was hier ganz spannend ist, ich nehme eine Unterscheidung zwischen Motorpiloten und Thermikpiloten wahr. Ich habe bei den Segelfliegern die Umfrage auch gemacht und da ist eine deutlich höhere Quote dabei, die das kennen, ähnlich wie bei den Gleitschirmfliegern, im Vergleich zu den Motorschirmfliegern.

Ich fand das interessant, dass du geschrieben hast von gelbem, grünen und roten Licht quasi die Ampelphasen, und dass der zurückhaltende Selbstschutz im Hintergrund immer mitläuft wie so ein Virenscanner.

A.A.: Das ist auch so, definitiv. Beim Wettkampf ist es wirklich so, dass du, ein Ziel vorgesetzt bekommst. Z.B. eine Strecke zum Fliegen. Gehen wir mal von einer Speedaufgabe aus. Du fliegst voll beschleunigt in 200 Meter Höhe durch die Landschaft. Im Kopf ist immer eine Ampel mit grünem, gelbem und rotem Licht, die ist aber weitgehend unabhängig von den Teams. Es ist ein reiner Gefahrenanzeiger. Wenn du Vollgas dahinbretterst und die Luft ruhig zu sein scheint, ist das grüne Licht an und das „zielstrebige" Team ist am Machen. Du schaust nach deiner Route, nach dem Wind, der Konkurrenz, Motordrehzahl evtl. nach dem Sprit, schlichtweg nach den Parametern, die du zum Gewinnen brauchst. Dann gibt es noch das Team „Selbstschutz". Dieses Team arbeitet bei grünem Licht eher im Hintergrund ähnlich einem Virenscanner mit und scannt andere Parameter, wie z.B. läuft der Motor rund und gleichmäßig, wo sind Notlandeplätze, wie stark sind die Turbulenzen. Wenn nun eine Situation eintritt, die mit der Wettkampfaufgabe, dem eigentlichem Ziel nichts zu tun hat, z.B. der Motor hat einen kurzen Aussetzer, dann meldet sich das Team „Selbstschutz" und tritt mit dem Team „Zielstrebig" in einen Dialog. Dabei ist die Ampel immer noch grün. Sagen wir mal, der Motor fängt an zu Stottern dann wird dieser Dialog immer stärker evtl. beginnt das gelbe Licht zu leuchten. Der Übergang ist meistens eher fließend. Das grüne wird schwächer das gelbe heller. Der Dialog wird immer stärker als Konsequenz geht man aus dem Speedsystem heraus und hält Ausschau nach landbarem Gelände. Der Dialog ist jetzt voll im Gange. Das „zielstrebige" Team ist nun bereit, Kompromisse ein zu gehen, es wird nicht mehr Vollgas geflogen, man wählt eine sicherere Route für eine evtl. Außenlandung. Man versucht zu steigen, um mehr Höhe für eine sichere Landung heraus zu holen. Gleichzeitig meckert das „zielstrebige" Team immer rum, die Route weiter zu fliegen, weiterhin die Aufgabe zu fliegen, um sein Ziel trotzdem zu erreichen. Sollte nun der Motor seinen Dienst völlig versagen, übernimmt das „Selbstschutz" Team völlig die Vorherrschaft. Die Ampel wird nun entweder gelb oder bei gefährlichem, schlecht landbarem Gelände eventuell auch rot sein. Diese Übergänge können auch sehr schlagartig geschehen, z.B. im Falle eines Einklappers springt die Ampel von grün auf rot und das Team „Selbstschutz" übernimmt schlagartig die Führung das Team „Zielstrebig" ist in diesem Moment völlig abgemeldet.

R.K.: Was würdest du denn Wettkampfeinsteigern empfehlen, die sagen: „Mensch, ich möchte da mal bei einem deutschen Pokal mitmachen." Was wären so die wichtigsten Tipps, die du ihnen mit auf den Weg geben würdest?

A.A.: Grundsätzlich muss der Start klappen. Ich kann nur empfehlen, den Start ausgiebig zu üben. Das erst einmal grundsätzlich. Zweitens, wenn man Wettkampfeinsteiger ist, am besten erst am Schluss auf die Ergebnislisten schauen, wo man gelandet ist. Wenn man unbedingt schauen will, wo man steht, bitte nicht hochrechnen wie viel Punkte man noch braucht um diesen Wettkampf zu gewinnen. Ich erlebe das immer wieder, das Piloten, die ich noch nie auf einem Wettkampf gesehen habe, schon nach dem 2.

Durchgang hochrechnen wie viel Punkte sie brauchen, um den ersten noch einzuholen. Leute, wenn man im Wettkampf einsteigt ist es erst mal wichtig, seine Aufgabe bestmöglich zu meistern. Man muss mit sich und seiner Leistung zufrieden sein. Punkte gibt es gratis dazu und steigert sich mit der Erfahrung.

R.K.: Wie wichtig ist die Leistung von einem Schirm, vom Material aus deiner Sicht??

A.A.: Die ist schon auch wichtig, aber die Frage ist, was ist Leistung. Leistung beim thermischem Gleitschirmfliegen ist an und für sich, dass du eine gute Gleitzahl hast. Er sollte schnell sein, klappresistent und in der Thermik gut steigen. Das sind die Grundparameter, aber beim Motorschirmfliegen sind es viel, viel mehr Parameter, das wissen die wenigsten. Es ist einerseits die Geschwindigkeit, dass du sehr schnell fliegen kannst, aber auch, dass man sehr langsam fliegen kann. Bei uns gibt es die Aufgabe Fast Slow. Erst flieg man eine Strecke von 200 Metern in 2 Meter Höhe sehr schnell und dann durchfliegt man dieselbe Strecke sehr langsam. Umso größer diese Differenz ist desto mehr Punkte gibt es. Bei uns wird der Start bewertet, er nennt sich Präzisionsstart. Auch bei 32°C auf 800 Meter MSL muss ein Start mit 30 kg Gepäck auf dem Rücken aus der Ebene auf Anhieb klappen. Bei Economy Aufgaben muss man mit einer begrenzten Spritmenge auskommen. Flugzeiten von 5 Stunden und mehr mit nur 2 Liter Sprit sind keine Seltenheit. Also muss der Schirm gut in der Thermik steigen. Wir fliegen Kickings Sicks, dabei fliegt man um 2 Meter hohe, im Boden steckende, Stangen herum. Die Kurven werden so eng geflogen, dass nur der Körper außen um die Stange herum geht. Dazu muss man extrem enge und präzise Kurven fliegen können. Wenn du bei dieser Aktion 3-4 Meter daneben liegst, dann war's das. Es muss die Summe aller Eigenschaften stimmen. Nur Leistung im Sinne von „Streckenfliegen" reicht nicht aus. Es ist auch eine ganz gravierende Trendwende in unserm Bereich zu verzeichnen. Vor einigen Jahren war der Plasma von Dudek einer der meistgeflogenen Wettkampfmotorschirme. Ein Schirm mit einem sehr hohen Leistungspotential im Geschwindigkeitsbereich. Dieser Schirm ist ein 3er bzw. ein Competition Schirm. Letztes Jahr auf der WM sind nur noch wenige Piloten mit einem Plasma geflogen. Viele Piloten sind mit einem Nucleon, einem 2er Performance Schirm gestartet und wir reden hier von der Weltelite im Motorschirmfliegen. Der Weltmeister bei den Fußstartern und auch der Trikeweltmeister haben mit so einem Nucleon gewonnen. Leistung ist bei uns also der Kompromiss aller Eigenschaften. Bei den Motoren gewinnen die sparsamen Motoren. Es ist sehr auffällig, das nur leichte Piloten oder Piloten mit Viertaktmotoren gewinnen. Der Spritverbrauch ist immer noch sehr entscheidend und da können wir Deutsche momentan nicht mithalten. Ich kann meinen Motor auf 3,7 l/h Verbrauch abmagern. Michele Carnet fliegt seinen Viertakter mit 1,7l/h. Ramon Morillas fliegt seinen 80ccm Zweitakter mit 2,0 l/h, Mathieu Rouanet 125ccm Zweitakter 2,2 l/h. Allesamt waren oder sind sie Europa/Weltmeister. Wir Deutschen haben in der Economy absolut keine Chance.

R.K.: Viel Informationen und viel Know How, was du da hast – wie können Piloten von Dir lernen?

A.A.: Das will ich ja auch weitergeben, ich mache kostenlose Lehrgänge, ich sitz' da nicht auf dem hohen Ross, sondern ich sehe auch, dass hier große Defizite im deutschen Bereich sind. Ich möchte das Niveau unter den Motorschirmpiloten ein bisschen anheben. Deswegen habe ich in Bad Windsheim einen Lehrgang abgehalten, da waren zwar nur fünf Piloten da, aber es war ganz gut.

Mit meinem Wissen bereite ich jetzt weitere Lehrgänge vor, lass' die Piloten Karten basteln, lass' sie nach Karten fliegen. Ich habe das offizielle GPS Auswerteprogramme der FAI. Es kann nur den Tracklog auswerten, aber

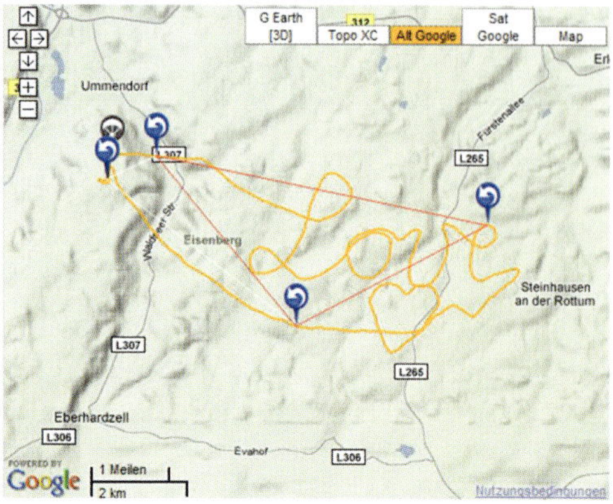

das reicht. Ich lasse die Piloten nach Karte in der Gegend rumfliegen und gemeinsam schauen wir uns die geflogenen Routen an. Es ist superinteressant solche Aufgaben zu fliegen. Wenn man gut fliegt, kann man z.B. einen Batman oder einen Love fliegen.
So etwas fliegst du nach Karte, das kann man kaum in sein GPS programmieren. Du malst deine Route auf eine Karte und dann fliegst du nach dieser Karte. Es ist anspruchsvoll aber macht richtig Spaß. Auch wenn du in deinem Fluggebiet schon hundertmal geflogen bist, bei so einer Navigationsaufgabe nimmst du die Landschaft anders wahr, der Flug gewinnt deutlich an Qualität.

R.K.: Ja, ich denke die Weiterbildungslust ist vorhanden, nur das Angebot ist im Moment noch zu wenig.

A.A.: Es ist momentan keines da. Ich meine, offizielle Flugschulen, die können dir starten, steuern, landen beibringen, aber die haben noch nicht einmal eine Ahnung wie man eine richtige Präzision Navigation rechnet. Die können dir ihre Ausbildungsnavigation beibringen aber von Wettkampfnavigationen, wie wir sie praktizieren, haben die leider noch keine Ahnung.

R.K.: Das ist der Hauptpunkt wahrscheinlich, oder?

A.A.: Ja, es ist schade, dass die meisten deutschen Motorschirmpiloten nur noch mit GPS Navigation und „irgendwie" herumfliegen.

R.K.: Armin, ganz herzlichen Dank für die vielen Informationen und Dein Engagement für die Motorschirm-Szene in Deutschland – viel Erfolg weiterhin!

20. Interview mit Uli Dembinski: 333 Loopings

Rainer Krumm: Uli, du bist der aktuelle Weltrekordinhaber im Loopingfliegen mit 333 Loopings hintereinander. Worauf kommt es denn im Kunstflug allgemein an?

Uli Dembinski: Ja, da hol' ich ein bisschen aus. Es geht um die Wettbewerbsfliegerei. Flugshow-Fliegerei ist Show, da muss man sich zwar auch drauf vorbereiten, aber da ist mehr Freiraum für unpräzise Dinge. Also wenn du eine Airshow anschaust, da ist ja viel Bewegung drin z.B. im Rauch. Bei einem Wettbewerb ist das natürlich alles präzise Wissenschaft, also man versucht da wirklich vergleichbare Werte zu bekommen, deswegen gibt's da Bewertungskriterien und diese Bewertungskriterien werden also auch aufgeschrieben, Und die Richter werden in diesen Bewertungskriterien ausgebildet und auch bewertet. Bei jedem Wettbewerb wird auch bewertet, wie die Richter im Vergleich bewertet haben. Also wenn du jetzt z.B. ein perfekter Flieger wärst, dann würde der eine schätzen: genau senkrecht, der andere sieht einen halben Punkt weniger als senkrecht und der dritte schätzt einen halben Punkt mehr als senkrecht. Dann vergleichen die Richter gegeneinander. In diesem Fall wird man sogar sagen, dass die, die einen halben Punkt weniger gewertet haben, die Mehrzahl sind und deswegen auch wahrscheinlich recht haben. Dass du in einem Wettbewerbsflug natürlich möglichst präzise fliegen willst, ist klar, zumindestens den Richtern den Eindruck des präzisen Fliegens gibst. Das ist das Entscheidende. So ein Wettbewerb besteht aus verschiedenen Typen

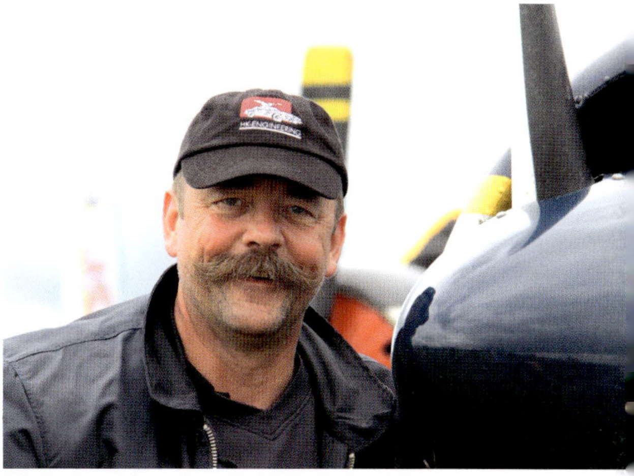

Weltrekord-Loopingpilot Uli „Cobra" Dembinski. (Foto: Andrea Mattheis)

von Programmen. Der eine Typ ist die bekannte Pflicht. Da kriegst du Wochen, Monate vorher das Qualifikationsprogramm. Da musst du dieses Programm mit einer Bewertung von besser als 65% fliegen. Sonst wirst du gar nicht zum Wettbewerb zugelassen. Das ist so wie bei der Formel 1, die ihre Runden im Qualifying fahren und dann nur die besten 15 – oder was auch immer – ins Rennen kommen. Die anderen werden gleich ausgefiltert. So ist das gemacht, damit du nicht überschwemmte Wettbewerbe hast mit tausenden von Leuten, wo man keine Ahnung hat, was für ein Niveau die Piloten haben. Das heißt vom Niveau wird gleich an einer bestimmten Stelle angesetzt. Dann gibt's die Kür, die denkst du dir selber aus, du musst bestimmte Kriterien erfüllen. Die selbstgeschriebene Kür führst du dann als Wettbewerbsprogramm vor und dann kommt der Knackpunkt, das sind die unbekannten Programme. Es gibt einen Katalog, der ist ziemlich dick, ich würd´ mal sagen so DIN A5, ungefähr einen Zentimeter dick, beide Seiten bedruckt, und diese Figuren können drankommen. Und jetzt ist es so, dass du dann spätestens zwei Stunden vor dem Wettbewerb diese unbekannte Kür vorgelegt bekommst und dann musst du sie ohne sie in der Luft trainieren zu können fliegen. Also die einzige Möglichkeit, die für dich existiert, das Ding zu trainieren, ist mental.

R.K.: Du hast einen Baukasten an Flugfiguren, die dann hintereinander gepuzzelt werden und diese Flugfiguren bist du aber vorher in der Reihenfolge wahrscheinlich noch nie geflogen?

U.B.: Genau. Und da sind dann natürlich alle möglichen Tricks und Dinge, wie in Geschwindigkeiten, die nicht zusammenpassen, eine Figur hört schnell auf und die andere musst du einfach anfangen. Teilweise musst du sogar soweit vordenken im Programm, also du musst an einer bestimmten Stelle eine bestimmte Geschwindigkeit haben, die sich dann drei Figuren oder gar zehn Figuren später auswirkt. Und wenn du an der Stelle einen Fehler machst, hast du in der zehnten Figur danach ein Problem. Nicht gleich, sondern erst einige Figuren später. Das einzige was du da machen kannst, jetzt mal abgesehen davon, dass du die bekannten Programme auch jeweils unmittelbar vor dem Vorführen noch mal mental durchgehst. Du musst dich ja auf das Programm konzentrieren. Aber der intensive Teil ist die Unbekannte, wo du dieses Programm vor deinem geistigen Auge ablaufen lässt, als würdest du im Flugzeug sitzen. Da arbeitest du dann eben mit bestimmten Techniken. Wenn du z.B. Klavier gelernt hast oder ein Instrument, da übst du komplizierte Abfolgen mit den Fingern. Das ist übrigens wie mit Kunstflug beim Klavier, du kannst mit dem Klavier etwas machen, das erst fünf oder zehn Takte später zum Problem wird, weil du dann z.B. mit dem Finger die Spanne nicht hast, dann müsstest du mit der anderen Hand rübergreifen. Du lernst Klavierspielen immer erstmal mit z.B. dem Vierteltakt bis der Ablauf in den Fingern drin ist und dann erhöhst du den Takt. Irgendwann bist du gut genug, um es schnell zu machen. Und diese Technik z.B. wendet man da an, dass man sich das Programm ganz langsam Schritt für Schritt durchdenkt. Also ich liege dabei auf dem Rücken mit dem Programm in der Hand und »fliege« möglichst ohne Ablenkung von außen dieses Programm geistig durch.

R.K.: Wieso liegst du dabei? Um ganz entspannt zu sein, oder?

U.B.: Ja, um möglichst keine Ablenkung zu haben. Wenn ich z.B. rumlaufen würde, habe ich nicht die volle Konzentration, denn ich muss ja laufen. Auch wenn man das nicht so bewusst wahrnimmt, aber du könntest ja deswegen über einen Maulwurfhaufen nicht drüber, weil du den dann tatsächlich siehst und dann deinen Fuß drüberhebst. Und da will ich halt möglichst nicht so viel um mich herum haben. Ich kann das am besten liegend, mit der richtigen Temperatur und ohne Hunger und Durst. Das sind natürlich alles Belastungen, die du im natürlichen Leben, im normalen Leben immer hast. Je besser du bist, umso weniger Probleme, hast du um dich trotzdem zu konzentrieren. Bei mir ist es z.B. so, um mir akustische Ablenkungen auszuschließen, gibt's bestimmte Musik, die ich praktisch als Wand in den Hintergrund lege, mit einem MP3-Spieler. Dann habe ich sozusagen akustische Grundlagen und kann außergewöhnlichen Dinge, wie z.B. Kindergeschrei nicht durchdringen lassen. Das ist aber individuell. Manche Leute, die mögen das überhaupt nicht, noch irgendwelche Musik dabei zu hören. Manche Leute laufen auch rum, für die ist das die Ablenkung, die sie zum Konzentrieren bringt. Es ist alles individuell, aber im Wesentlichen ist es so, dass du möglichst keine Unterbrechungen haben willst. Unterbrechungen in deiner Denke. Das ist dann Gift für die ganze Angelegenheit. Und wie du das eben erreichst, ist individuell verschieden. Dann, wie gesagt, fängst du an dieses Programm vor deinem geistigen Auge mit Vorstellungskraft zu durchfliegen, dabei machst du dir Notizen und versuchst also auch die Figuren an sich zu speichern. Ich habe mir z.B. nicht die Reihenfolge von Figuren gemerkt, sondern die Positionen auf dem Blatt, weil ich Figuren einfach vergessen habe und gar nicht gemerkt habe, dass ich sie vergessen habe, und plötzlich hat nichts mehr zusammengepasst. Und dann bist du so durcheinander, da suchst du ewig auf dem Blatt und bis du dich da eingefädelt hast, ist der halbe Wettbewerb rum. Und deswegen habe ich mir nur gemerkt welche Figuren es gibt und hab die sozusagen wie ein Foto eingeprägt. Ich wusste dann immer, so jetzt kommt eine senkrechte Linie mit drei viertel Rollen nach oben, gedrückter Humptibump, eine dreiviertel Rolle nach unten und rauspushen. Und da habe ich nur hingucken müssen an die Figur und hab mich daran erinnert. So habe ich mir das eingeprägt, also praktisch bildlich die Figur vorgestellt.

R.K.: Gehst du körperlich, also mit der Hand am imaginären Steuerknüppel die Flugfiguren auch durch oder liegst du einfach normal da und hast das Blatt Papier?

U.B.: Mein Grundhandwerk war oder ist, dass ich Steuerbewegungen abhängig mach von dem was ich draußen sehe. Also, was ich mir vorstelle, ist, was ich sehe. Und dann mache ich im Flugzeug das, was ich sehe. Also du kannst dir eine Rolle sehr gut vorstellen, wie die aussieht. Aber dir zu merken, welche detaillierten Handbewegungen du da machst, ist einfach Blödsinn, das kannst du zwar steuertechnisch machen, aber das gehört zum Training dazu, dass du dich so trainierst, dass du das Flugzeug zu diesem Bild hinbewegen kannst, was du dir vorstellst. Weil dann wird es entkoppelt.

R.K.: Das heißt, dass du dann nicht nachdenken musst, was du machst, sondern das muss automatisch passieren.

U.D.: Ja, wenn du dich da entsprechend trainierst, dann ist es tatsächlich auch so, dass du unter Einsatz aller Ruder dann dieses Bild einstellst. Wenn du dabei natürlich Grenzen verletzt, das geht natürlich nicht. Also im schlimmsten Fall überlastest du das Flugzeug dabei. Da musst du genügend trainiert sein, um das auch zu spüren. Da gehört schon viel Handwerk dazu, aber das Mentale ist, dir tatsächlich die Abfolge von den Bildern zu überlegen und einzuprägen.

R.K.: Wie schaffst du es, im Flugzeug dann die volle Konzentration hinzubekommen? Man trägt ja doch immer noch Gedanken mit, ob man Probleme in der Arbeit hat, schwierige Gespräche mit der Bank oder private Dinge anstehen.

Solche Themen des Inneren Teams schleppt man ja meistens auch mit.

U.D.: Da musst du möglichst viel davon vorher ausräumen. Ich gehe eine bestimmte Routine durch, die ich vorbereite und im Verlauf von dieser Routine, schalte ich die Probleme ab. Weil ich habe ja eine überschaubare Zeit – sagen wir mal 30 Minuten, die jetzt kommen. In den 30 Minuten werde ich jetzt nicht entlassen oder die Banken drehen durch. Soweit muss ich die Probleme natürlich im Griff haben. Wenn irgendwas Dramatisches z.B. im Privaten anliegt, dann würde ich nicht antreten. Ich könnte gar nicht den Kopf freikriegen für diese halbe Stunde. Es kommt ein bisschen auf den Problemlevel an.

R.K.: Was würdest du Flugschülern oder Personen, die jetzt mit dem Fliegen anfangen, die vielleicht auch mal Richtung Kunstflug denken, ins Flugbuch schreiben? Was sollen sie machen, damit sie sicherer und erfolgreich werden können?

U.B.: Das Wichtigste ist das Handwerk. Und dann eben eine ordentliche mentale Vorbereitung auf alles was du so im Beruf als auch im Privatleben vorhast. Die mentale Vorbereitung ist, sich zu überlegen, sich vorzustellen, was denn da kommt.

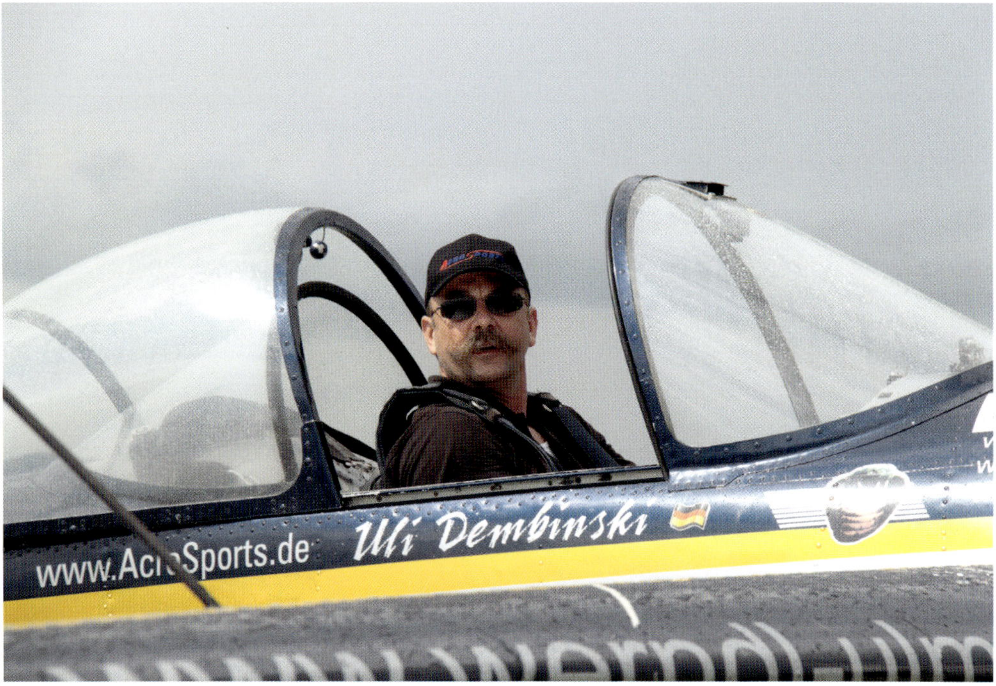

Uli Dembinski im Cockpit. (Foto: Andrea Mattheis)

R.K.: Wie schaffst Du es, bei einem Weltrekord über 333 Loopings, der zwei Stunden dauert, die ständige Konzentration aufrecht zu erhalten?

U.D.: Zunächst mal war eine ziemliche Vorbereitungszeit, in der ich Probleme bearbeitet habe. Also welche Probleme können da auftreten? Wie kannst du dich aus den Problemen rausmanövrieren? Die alte Regel, die ich habe ist, dass man aus jeder Situation wenigstens zwei Auswege wissen muss. Dann überlege ich mir bei meinem Flug: »Was kann da jetzt passieren?« So kann z.B. beim Start der Motor stehenbleiben. Daher überlege ich mir vor dem Start: »Motor kann stehenbleiben.« Dann schaue ich da, dort, jenes, dann bleib ich da. Bin also schon vorbereitet, was ich dann machen werde. Wenn nichts passiert, ist es gut. Dann brauche ich mir keine Gedanken mehr machen. Ich hatte einen Fall in Friedrichshafen – beim Start mache ich ja schon Kunstflug – und da bleib tatsächlich der Motor praktisch in 50 m Höhe – ich war auf dem Rücken in der Rotation drin – stehen. Aber ich war vorbereitet. Immer wenn ich auf dem Rücken bin, muss ich mich erst drehen und dann landen. Das habe ich auch an der Stelle gemacht. Auf dem Flugplatz in Friedrichshafen, wo ich dann auch Riesenbahnen vor mir hatte, da war es kein Problem. Ich bin einfach gelandet. Das war also so ein typischer Fall, wo ich das praktisch vorgedacht hatte, wo ich lang will. Und man muss halt eben zwei Auswege haben, weil, wenn ein Ausweg nicht geht, den anderen nehmen.

R.K.: Und dann schnell umschalten.

U.D.: Ja, genau und den aber durchziehen. Also es ist auch entscheidend, dass man dann dabeibleibt und es ist eine unheimliche Beruhigung, wenn man dies vorher überlegt hat – also mental durchgeführt hat – weil man weiß, das wird klappen. Und wenn es nicht klappt, dann hast du halt Pech gehabt, du hast falsch überlegt und da kannst du dann nichts mehr machen. Du kannst nicht ohne Weiteres locker reparieren. Das ist halt die Erfahrung, die man dafür braucht. Wichtig ist, dass man es wirklich immer macht. Die Routine ist der Killer dafür. Weil die Leute, die sozusagen routiniert sind, machen den Fehler, dass sie Dinge weglassen. Das ist eine Art Arroganz für meine Begriffe. Es gibt so ein gewisses Erfahrungspotenzial oder Erfahrungslevel, ab dem das gefährlich wird, dass man Auslassungen macht, die halt dann, wenn ein Problem dazu kommt, zum Verhängnis werden kann.

R.K.: Beim Kunstflug ist ja auch eine starke körperliche Belastung vorhanden – gerade bei einem zweistündigen Weltrekord mit 333 Loopings. Betreibst du intensiv Sport und wie sieht dann in den zwei Stunden deine Ernährung aus, trinkt man da was oder hört man Musik oder was macht man da?

U.D.: Beim Loopingrekord sieht es so aus, da habe ich mich ernährt mit Müsliriegeln und mit Kohlehydraten, die im Getränk waren. Das Getränk habe ich so getrunken, also auch kontrolliert, bewusst, dass es so verschwindet, bevor es in der Blase ankommen kann. Das heißt, man trinkt so wie man schwitzt. Schwitzt man viel, ein bisschen mehr, schwitzt man weniger, ein bisschen weniger. Man muss sich da also auch körperlich beobachten. Wichtig ist, dass ich nicht auf einmal pinkeln gehen muss, weil das würde mich ja auch beträchtlich ablenken. Jedes Mal, wenn du 4 G ziehst, dann drückt das kräftig auf die Blase. Das nervt dann schon. Zwei Stunden kann man ja mal aushalten, das kriegt man dann schon wahrscheinlich hin, aber das ist halt eine richtige Ablenkung.

R.K.: Betreibst du viel Sport, um die körperliche Anstrengung auszuhalten oder ist das einfach viel Flugerfahrung?

U.D.: Also ich betreibe Sport: Kraft- und Ausdauertraining. Es ist sowohl die körperliche wie auch die geistige Fitness gefragt, und Lebenserfahrung, um ein Problem abschalten zu können. Also für diese Zeit gibt's dann ganz einfach keine Probleme. Da muss ich alles soweit geregelt haben, dass in der Zeit nichts passieren kann.

R.K.: Gibt's für dich noch weitere fliegerische Ziele oder sagst du dir: »Mit dem Weltrekord und mit dem was ich bisher erreicht habe, gehe ich es jetzt ein bisschen ruhiger an.« Was sind so die nächsten Ziele?

U.D.: Also da gibt es schon noch Gier. Das ist Neuland – aerodynamisches und flughandwerkliches Neuland. Eine Figur oder ähnliches. Was die Figuren betrifft, bin ich ja ständig am Arbeiten und eventuell überraschende Dinge zu machen und da ist es natürlich auch nötig, dass man sich überlegt, was passieren kann und dass du am Anfang natürlich nicht in 30 m Höhe das Flachtrudeln einleitest. Auch nicht aus Versehen, das musst du halt ausschließen können. Ich habe kürzlich einen Überflug gemacht mit niedriger Geschwindigkeit bei relativ hoher Lufttemperatur und dann habe ich praktisch am Limit hochgezogen um Fläche zu zeigen und dabei ist die Strömung abgerissen. Ein normaler Pilot, also Standardpilot, hätte da einen Unfall gehabt. Erstens Mal eine Yak wieder einzufangen ist nicht so einfach und zweitens die Überraschung, die dabei passiert. Und das ist halt bei mir handwerklich soweit, ich merke das in dem Moment bevor es passiert und ich kann das Ding grad noch einfangen. Das sind die Sachen, wo du mit viel Übung und Überlegung weiterkommst. Aber das liegt auch daran, dass es immer wieder mal die Möglichkeit gibt, wo man Mist baut. Und deswegen gehört auch Disziplin zu allem dazu.

R.K.: Ich würde sagen, Disziplin ist eine der Grundvoraussetzungen, um langfristig überhaupt sicher fliegen zu können.

U.D.: Je tiefer, desto disziplinierter, ja.

21. Das Buch im Endanflug: Der Kopf fliegt mit!

In kaum einem anderen Sport spielen kognitive und mentale Aspekte eine solch große Rolle wie im Flugsport. Es wird Zeit, dass dieser Aspekt verstärkt Einzug in die Aus- und Weiterbildung von Piloten findet. Ein höheres fliegerisches Niveau wird die Folge sein, gepaart mit mehr Sicherheit und mehr Leistungsfähigkeit.

Mentale Vorstellungen zu erzeugen und diese zu kontrollieren, ist eine Fähigkeit. Sie muss trainiert und benutzt werden. Jeder Pilot sollte sich bewusst sein, dass Mentales Training keine Sache ist, die von heute auf morgen passiert, sondern ein langwieriger, aber wirklich spannender Prozess sein kann. Kleine Erfolge stellen sich jedoch schnell ein. Mentales Training sollte kontinuierlich genutzt werden. Motivation und Unterstützung durch Fliegerfreunde oder Fluglehrer sind dabei hilfreich und teilweise unersetzlich.

Clubs und Vereine sind aufgefordert, das Thema „Mentales Training" zu diskutieren und grundsätzlich mehr Austausch zu fördern. Fachmagazine und Verbände sollten sich diesem Thema mehr widmen – zur Begeisterung ihrer Leser und Mitglieder. Auf meine eigenen Artikel in Fachmagazinen habe ich stets positives Feedback erhalten – das Interesse ist da.

Mentales Training ist nicht nur ein Teil der Ausbildung, sondern ein fortwährender Bestandteil des Fliegens. Sicherheit und Leistungszuwächse sind die Ergebnisse des konsequenten Mentalen Trainings. Führt man das Mentale Training mit Fliegerkollegen durch, wird es an Spaß nicht mangeln.

Allen Piloten wünsche ich viel Spaß, tolle Erfahrungen und viel Erfolg beim Mentalen Training und beim Fliegen. Mögen die gesteckten Ziele erreicht werden und einzigartige, erlebnisreiche und unvergessliche Flüge das Ergebnis des Mentalen Trainings sein.

Allzeit gute Landung!

Rainer Krumm

„Ich lief langsam gegen den Wind, plötzlich fühlte ich die hebende Kraft, im nächsten Augenblick verlor ich den Boden unter den Füßen und glitt durch die Luft sanft bergab. Das Gefühl beim Fliegen ist höchst beglückend und ganz unbeschreiblich!"

Irvin Wood, erster Flugschüler der Menschheitsgeschichte, 1896

Über den Autor

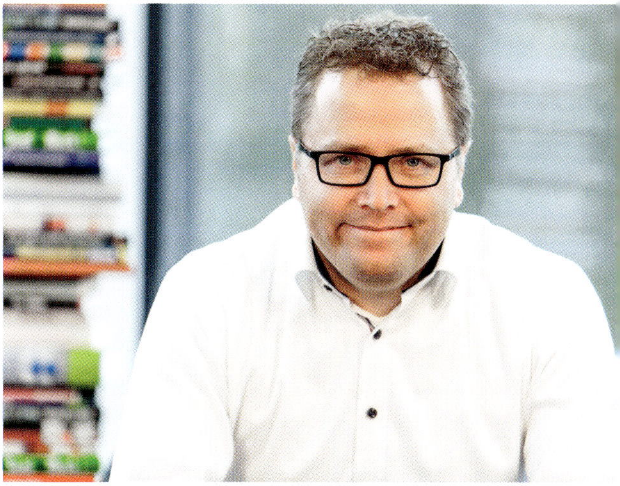

Rainer Krumm; Foto: Ben Schulz

Rainer Krumm

Rainer Krumm ist seit 1997 Unternehmensberater und Managementtrainer, und Autor von 15 Fachbüchern. Dabei begleitet er Top-Führungskräfte in deren Entwicklung und unterstützt Unternehmen in Veränderungsprozessen. Er hat in 23 Ländern Workshops durchgeführt.

Rainer Krumm ist selbst seit 1990 aktiver Gleitschirm- und Motorschirmflieger, sowie Ultraleicht-Pilot. Er trainierte bereits die Deutschen Nationalmannschaften der Drachen- und Gleitschirmflieger, und bereitete die Damen Nationalmannschaft im Segelfliegen auf die Weltmeisterschaft im Bereich „Erfolg durch zielorientiertes Denken und Handeln" vor.

Er ist Mitglied im Sport- und Segelflieger-Club Bad Waldsee-Reute e.V., und Mitglied im Arbeitskreis Flugsicherheit des BWLV.

Kontakt:
info@rainerkrumm.de
www.mentalpilot.de

Rainer Krumm bei seinem ersten Gleitschirm-Flug 1990.
Foto: Olaf Schmid

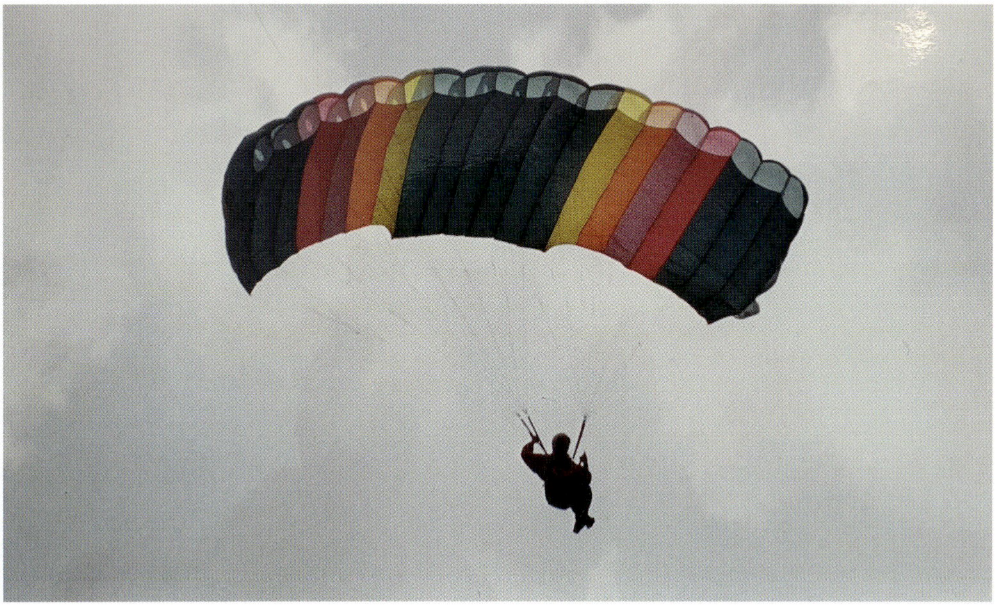

22. Literaturverzeichnis

Apel, K-H., Die Unverbesserlichen; Sichtflug bei Schlechtwetter; in: aerokurier 10/2006, S. 33-34
Apel, K-H., Hinterhalt am Himmel; in: aerokurier 6/2009, S. 47-49
Aufmuth, U.; Zur Psychologie des Bergsteigens; Frankfurt/M., 1992
Bach, D., Die Möwe Jonathan; 4. Auflage, Frankfurt a.M., 1991
Baranowski, U.; Mentales Training im Streckenflug, in: www.flachkurbler.de, 2004
Baumann, S.; Psychologie im Sport, Aachen, 2. Auflage, 1998
Bender, T.; Janssen, P.; Tänzler, K.; Gleitschirmsegeln für Meister, München, 2. Auflage, 1990
Berger, S.; Bender, T.; Nova-Umfrage: "Sicher in die Zukunft"; in DHV-Info Nr. 96 & 97, 1998
Berwanger, G.; Sehen will gelernt sein; Teil 1; in: aerokurier 04/1996
Blanchard, K., Shula, D.; The little Book of Coaching, London, 2001
Bussmann, A.; Studer, A.; Interview: Zwischen Jazz, Ehe und XC; in: Schlechtflieger Magazin, Nr. 8/2005; S. 37-41
Ciskszentmihaly, M.; Beyond boredom and anxiety, San Francisco, 1975
Ciskszentmihaly, M.; Flow, Stuttgart, 1992
Croy, A.v.; Abenteurer der Lüfte; Die besten Geschichten über das Fliegen, München, 2006
D'Arrigo, A.; Das Geheimnis der Adler; Wie ich lernte die Lüfte zu beherrschen, München, 2005
Damasio, A.R.; Ich fühle, also bin ich, München, 2001
Dietrich, T., Slippen – Ganz schön schräg; Seitenanflug; in: aerokurier 10/2006, S. 37-38
Dietz; T. & I.; Mit Selbstführung zur Souveränität; in: ManagerSeminare 01/2008; S. 44-51
Dietz; T.; Zugang zur Innenwelt – Persönlichkeitsorientiertes Coaching. managerSeminare, 09/2002, S. 70-77
Dilts, R.; Die Veränderung von Glaubenssystemen, 3. Aufl., Paderborn, 2002
Dury; B.; Zen and the Art of Circles; in: Cross Country Magazine 103/2006
Earhart, A.; 20 Std., 40 Min., München, 2004
Eberspächer, H.; Gut sein, wenn's drauf ankommt, München, 2004c
Eberspächer, H.; Interview: Den Kopf genauso knallhart trainieren wie die Muskeln. In: Wirtschaft & Weiterbildung, Oktober 2004b; S. 12
Eberspächer, H.; Mentales Training; ein Handbuch für Trainer und Sportler, 6. Auflage, München, 2004a
Eichhorn, Ch.; Der Weg der Veränderung; in ManagerSeminare; 03/2004; S. 42-47
Enkelmann, N. B.; Mentales Training; Sieg über die Angst; in DHV-Info, Nr. 102/1999, S. 84-86
Feltz, D.L.; Landers, D.M.; The effects of mental practice on motor skill learning and performance: An meta-analysis; Journal of Sport Psychology, 5; S. 25-27
Fischer, K.; Furchtbar schön, ZEIT-Wissen online 04/2005
Fischer-Epe, M.; Epe, C.; Selbstcoaching; Hintergrundwissen, Anregungen und Übungen zur persönlichen Entwicklung; Hamburg, 2007
Forster, K.; Ein Mann im Aufwind; in Süddeutsche Zeitung, 28.11.2003, S. 50
Fosset, S.; Rekordjagd – die Abenteuer meines Lebens, München, 2008
Freemann, J.; Überwinde Deine Ängste, in: DHV-Info; Nr. 103/1999; S. 110-112,
Frenz, R.; Botschafter in Sachen Segelflug, in: Segelfliegen-Magazin 04/2004; S. 17-19
Fuchs, K.-U.; Mentale Startvorbereitung, in: Segelfliegen Magazin, 02/2006
Gabler, H.; Motive und Motivation im Sport; in: Sport; Ommo Gruppe (Hrsg.), Schorndorf, 1980

Gantenbrink, B.; Safety comes first; aerokurier, 02/1993
Gehrmann, G.; Die mentale Einstellung eines Weltmeisters, in: DHV-Info 102/1999; S. 87
Goleman, D.; EQ; Emotionale Intelligenz; 10. Auflage, München, 1999
Grill, U., free, ‚Der freie Flug', Gnas, 1997
Gusenleitner, M.; Erfolgsstrategien / Motivation; Protokoll einer Gesprächsrunde von Streckenfliegern vom 11. Jan. 2002
Haberkorn, G.; Mentale Überlandflug-/Wettbewerbsvorbereitung; o.J.
Hahne, T., Was brauch ich? In DHV-Info, 158/2009, S. 26
Hinkelbein, J.; Dambier, M.; Flugmedizin und Flugpsychologie für die Pilotenausbildung, Hördt, 2007
Hird, J.S., Landers, D.M.; et al. Physical practice is superior to mental practice in enhacing cognitive and motor task performance; in: Journal of Sport and Excercise Psychology; 13; 1991; S. 281-293;
Hirth, W.; Zwölf Gebote für Segelflieger, Reutlingen, 1951
Hofbauer, H.; Kauer, A.; Einstieg in die Führungsrolle; München, 2008
Hoppenrath, D.; Der Sprung zum Alpenstreckenflug, 2003
Irschnik, K., Human Factors – Tabuthema Unfälle; in Thermik-Magazin 11/12/2009, S. 52 - 56
Irschnik, K., Muffensausen; Flugangst: Was sie mit uns macht, wie wir damit klarkommen; in: Fly & Glide, 07/2005, S. 14-18
Irschnik, K.; Antikörper; Auf Klapper richtig reagieren zu können; in: Fly & Glide, 06/2006, S. 16-21
Irschnik, K.; Risikofaktor Pilot; in: DHV-Info Nr. 140/2006, S. 36-41
Janssen, P.; Kirsch, Ch.; Tänzler, K.; Gleitschirmsegeln; Theorie und Praxis, München, 10. Auflage, 1998
Johnen, W.; Muskelentspannung nach Jacobson, München, 1995
Kalckreuth, A. v., Das stille Abenteuer; Erlebnisse und Begegnungen eines Alpenfliegers, Spezialausgabe, Stuttgart, 2002
Karlson, P.; Segler durch Wind und Wolken, Berlin, 1933
Katzenbach, Smith, TEAMS, der Schlüssel zur Hochleistungsorganisation, Heyne, 2000
Kirchberger, F.; Ohne Netz und doppelten Boden, in: Schlechtflieger Magazin 09/2005; S. 67 - 72
Kohn, A.; Entscheidungsfindung beim Fliegen; in: Schlechtflieger Magazin 09/2005; S. 62 – 67
Kreipl, M.; Das Thermik Handbuch, Stuttgart, 3. Auflage, 1993
Krumm, R.; Geissler, C. Die Typologie des Läufers, in: KommEnt Nr. 13, 2006, S. 33-39
Krumm, R.; Mentales Training als Schlüssel zum Erfolg, in: Fly & Glide 02/2000, S. 61 – 63
Krumm, R.; Mentales Training für Piloten, Stuttgart, 2. Aufl. 2009
Krumm, R.; Mentales Training, Was zeichnet einen erfolgreichen Piloten aus?, in: Fly & Glide 01/2001, S. 42 – 44
Krumm, R.; Selbstmotivation, in: Fly & Glide 04/2000, S. 70 – 71
Krumm, R.; Stress: Ent-Spannung nach spannenden Flügen; Umgang mit stressigen Situationen für Piloten, in: Segelfliegen 03/2006, S. 23-25
Krumm, R.; Stressmanagement für Piloten, in: DULV-Info Nr. 01/2006, S. 30-32
Krumm, R.; Teams im Individualsport, in: Gleitschirm Magazin, 08/2003, S. 66
Krumm, R.; Tins, A. Ent-Spannung nach spannenden Flügen, in: DHV-Info Nr. 127/2004, S. 80-82
Krumm, R.; Umgang mit stressigen Situationen für Piloten, in: IZA; Zeitschrift für Gesundheit und Sicherheit am Arbeitsplatz, 03/2006, S. 31-35
Krumm, R.; Verantwortung akzeptieren und übernehmen, in: Fly & Glide 03/2000, S. 52 – 53
Krzyzewski, M.; Leading with the heart; Coach K´s strategies, Grant Hill, 2000

Kupzok, J., Human Factors: Saisoneröffnung 2006, in: Segelfliegen Magazin, 02/2006
Landsberg, M., The Tao of Coaching, London, 2002
Landwehr, B., Die Thermik und sich selbst im Griff, in: Süddeutsche Zeitung, 05.08.2000, S. 47
Lauber, R., Mental in Form; Skript zur Management Tagung der Hochschule für Wirtschaft Olten, 1999
Lehmann, E.; Streckenfliegen beginnt im Kopf...; in: DHV-Info Nr. 139/2006, S. 34-38
Lehn; B.v.; Mentale Stärke kann wundersame Kräfte freisetzen; welt-online am 16.02.2009
Lindinger, J., Konzentrieren, antizipieren, einparken, in: Schwäbische Zeitung, 17.10.2009
Loehr, J. E.; Die neue mentale Stärke; 2. Auflage, München, 1998
Löhr, J.; Pramann, U.; So haben Sie Erfolg; Südwest Kursbuch 1999
Luft, J.; Einführung in die Gruppendynamik, Frankfurt, 1989
Maeder; V.; In Pursuit of the Tao of Gliding, o.O., 2003
Martens, B.; Das Thermikbuch für Gleitschirm- und Drachenflieger, Gaißach, 2005
Martens, B.; Planspiel - Streckenfliegen, in Fly&Glide, 1-2/2007, S. 38-40
Martin, D., Carl, K., Lehnertz, K.: Handbuch Trainingslehre, Schorndorf 1993
Messner, R., Berge versetzen: Das Credo eines Grenzgängers, München, 1993
Nesler, M.; Öchsl-Nesler, G.; Nestflucht, München, 2007
Nesler, M.; Verhalten in Notsituationen; in DHV-Info, 160/2009, S. 28-31
O`Connor, J; Lages, A.; Coaching with NLP; How to be a Master Coach, Hammersmith, 2004
O`Connor, P.; Der freie Flug des Adlers; Eine Reise zum eigenen Glück, München, 2003
Orley, F.; Doppelt hält besser - Erfahrungsbericht; in: Schlechtfliegermagazin 25/2008, S. 54-55
Orley, F.; Wing Over; in Thermik-Magazin, 07/2009, S. 71-74
Pagen, D.; Ruhmer, M.; Geheimnisse des Champions Manfred Ruhmer, in: DHV-Info Nr. 137/2005; S. 38 - 141
Pagen, D.; The Secrets of Champions, Spring Mills PA, 2003
Piccard, B., Spuren am Himmel; Mein Lebenstraum, München, 1998
Pramann, U., Der Abenteuer Guide, München, 1998
Radatz, S.; Einführung in das systemische Coaching, Heidelberg, 2006
Rauchenberger, E.; Stand up and fight, Portrait über Helmut Eichholzer, in: Gleitschirmmagazin11-12/2006, S. 52-54
Refisch, H.; Entscheidungshilfe Inneres Team, 2006
Reichmann; H.; Taktik und Risikobereitschaft im Wettbewerb; Vortrag vom 10. Okt. 1980
Rentel, K. Gewonnen wird im Kopf - verloren auch; in: MultiMind, 05/2001, S. 10-16
Robbins, A.; Grenzenlose Energie - Das Power Prinzip; 16. Auflage, München, 1991
Saladini, R.; Weltrekord zu Dritt; in Schlechtfliegermagazin 25/2008, S. 34-41
Scheele, P.R.; Das Gesetz der Natürlichen Brillanz - ein schöpferisches Modell für Lernprozesse und Persönlichkeitsentwicklung, Paderborn, 1999
Schiefele, U. Schreyer, I.; Intrinsische Lernmotivation und Lernen; Zeitschrift für pädagogische Psychologie, 8, S. 1-13; 1994
Schmidt, F. Ultraleichtfliegen, München, 7. Auflage, 2005
Schmidt-Tanger, M.; Veränderungscoaching, Paderborn, 1999
Schori, B.; Mentale Stärke ist trainierbar; in: Sportpsychologie 4, 5 - 10; 1998
Schröter, E.; Glas, R.; Fit an den Start: Wie bereiten sich Profis auf die Flugsaison vor? Teil 1, in: DHV-Info Nr. 136/2005, S. 88 - 89
Schulz von Thun, F., Stegemann, W.; (Hrsg.); Das Innere Team in Aktion, Hamburg, 3. Auflage ,2008

Schwartz; R.; Systemische Therapie mit der inneren Familie. Klett-Cotta, Stuttgart 2004,
Schwertfeger, B.; Was taugt Mentaltraining?; in: Wirtschaft & Weiterbildung, Oktober 2004; S. 6 - 15
Seiwert, L.; Tracy, B.; Life-Leadership, Offenbach, 2. Auflage, 2007
Semler, G.; Die Lust an der Angst; München, 1994
Slezak, K.; Gleitschirm-Unfallstatistik 2005, in: DHV-Info Nr. 141/2006, S. 51-57
Spiegel, B.; Die obere Hälfte des Motorrads; Über die Einheit von Fahrer und Maschine, 4, Aufl., Stuttgart, 2003
Sprenger, R. K.; Das Prinzip Selbstverantwortung, Frankfurt/Main 1996
Sprenger, R. K.; Die Entscheidung liegt bei Dir, Franfurt/Main 2001
Stöger, G; Vogl, M., Gewonnen wird im Kopf, gestolpert auch, Zürich, 1999
Straub, D.; Cloudsuck - the life and death struggle for the hang gliding world record, Pensacola, Florida, 2003
Stroot, G.; Zen and the Art of Hang Gliding; in: Skysailor, o.O. June 2005
Taylor u.a.: Harnessing the imagination. Mental Simulation, Self-Regulation and Coping. In: American Psychologist, Vol. 53, 4, 1998
Tönnies, S., Mentales Training für die geistig-seelische Fitness; Heidelberg, 1998
Vahlenkamp, J., Motivation im Extremsport, unveröffentlichte Hausarbeit, Universität Münster, 2003
Wagner-Link; A.; Verhaltenstraining zur Stressbewältigung; Stuttgart, 1. Auflage, 1998
Walther, P.; Werden Sie ihr eigener Coach; in: ManagerSeminare 07/2006; S. 40-46
Weber, B., Weltrekordflug Klaus Ohlmann – Interview, o.O., Februar 2003
Weißenberger, T., One Stepp ahead, in: Schlechtflieger Magazin Nr.10/2005; S. 73
Weißenberger, T.; X-Alps – Das Rennen; in: Thermik, 05/2009; S. 60-63
Wiesmeier, U., Wing Over, München, 1993
Wilken, B., Methoden der kognitiven Umstrukturierung, 2. Aufl., Stuttgart, 2003
Willis, C., Praxismodell; Das Tiroler Modell der Sportpsychologie – die zweite Projektphase; in: asp 02/2002
Willis, C., Sportpsychologie; in: Metha (Hrsg.), Die Praxis der Psychologie; 2004, S. 257-263
Withmore, J.; Coaching für die Praxis; Freiburg, 2006
Wölk; F. Ewa Wisnierska – Werdegang einer Wettkampfpilotin; in: Gleitschirm Magazin, 09/2008. S. 12-19
Yerkes, R.; Dodson, J.; The relation of strength of stimulus to rapidity of habitformation; in: Journal of Comparative Neurology and Psychology 18, S. 459-482; 1908
Zimmermann, K.W.; Die Psychomotorik – von der Entwicklungspsychologie vernachlässigt; o.O.; o.J.
Zweifel, J.; Judiths Tagebuch –unterwegs in der Acroszene, in: Gleitschirmmagazin 11-12/2006, S. 56-57

„Wittgenstein als Metapher für das individuelle Leiden am Sein zu instrumentalisieren ist zwar existenzphilosophisch ein adäquater Kunstgriff. Fliegen ist aber auf alle Fälle geiler."

Irgendwo aus einem Flieger-Internet-Forum

23. Anmerkungen

1 vgl. Tönnies (1998)
2 Eberspächer in Schwertfeger (2004), S. 6
3 Zimmermann (o.J.), S. 4
4 Willis (2004), S. 259
5 vgl. Fletz; Landers (1983) und Hird, Landers et al (1991)
6 vgl. Fletz; Landers (1983)
7 Martin et al. (1993), S. 66
8 Vgl. Lehn; B.v. (2009)
9 Nesler (2007), S. 39
10 Eberspächer (2004a), S. 71
11 Fossett, S. (2008), S. 168
12 Nesler (2007), S. 63
13 Interview mit T. Hahne in Thermik-Magazin, 1/2/2010, S. 25
14 vgl. Ommo Gruppe (1980), S. 181 ff
15 vgl. Berger/Bender (1998)
16 Wilken (2003) S. 45
17 vgl. Dilts (2003)
18 D'Arrigo (2005), S. 35
19 vgl. Pagen (2003), S. 151, 153
20 Rainer Krumm: ‚9 Levels of Value Systems', werdewelt Verlags- und Medienhaus GmbH, 2012
21 Schwäbische Zeitung, 13.12.2019, S. 26
22 https://www.aerokurier.de/unfallanalyse-blackout-im-motorraum/ (abgerufen am 23.02.2020)
23 Weißenberger (2005), S. 73
24 Eberspächer (2004b), S. 12
25 vgl. Pagen/Ruhmer (2005), S. 40
26 Irschnik (2006), S. 19
27 Fly & Glide, 06/2006, S. 21
28 vgl. Pagen/Ruhmer (2005), S. 39
29 vgl. Pagen/Ruhmer (2005), S. 39
30 Gantenbrink (o.J.), S. 2
31 vgl. Apel (2006), S. 24
32 vgl. Kupzok (2006)
33 vgl. Irschnik (2006b), S. 36 ff
34 vgl. Croy (2006), S. 57
35 Karlson (1933), zit. nach Hirth (1951), S. 59
36 D'Arrigo (2005), S. 312
37 Apel (2006), S. 24
38 vgl. Reichmann (1980), S. 6
39 vgl. Reichmann (1980), S. 6
40 vgl. Pagen (2003), S. 44
41 vgl. Pagen (2003), S. 191
42 vgl. Pagen (2003), S. 114
43 D'Arrigo (2005), S. 38-39
44 vgl. Berwanger (1996)
45 Aerokurier 10/2006, S. 40 – Die richtige Antwort ist c) 2 Meter
46 vgl. Pagen (2003), S. 177
47 Scheele (1999), S. 87 f
48 Lehmann (2006), S. 37
49 OLC ist die Abkürzung für Online Contest, einem Streckenflug-Wettbewerb, der international ausgetragen wird. Die Piloten dokumentieren ihre Flüge mittels GPS (global positioning system). Alle Flüge

und deren Verläufe sind online im Internet einzusehen.
50 Interview von Bussmann/Studer (2005), S. 40
51 Straub (2003), S. 200
52 vgl. Pagen (2003), S. 94
53 vgl. Landwehr (2000), S. 47
54 Lehmann (2006), S. 38
55 vgl. Pagen (2003), S. 163
56 vgl. Weißenberger (2009), S. 62
57 vgl. Hinkelbein/Dambier (2007), S. 174
58 vgl. Gehrmann (1999), S. 87
59 Slezak (2006), S. 53
60 vgl. Croy (2006), S. 84
61 vgl. Pagen (2003), S. 126; Übersetzung durch den Autor
62 Kalckreuth (2002), S. 101 f
63 Segelfliegen-Magazin 03/2006, S. 24
64 D'Arrigo (2005), S. 47
65 Martens (2007), S. 40
66 Zit. nach Eberspächer (2004c), S. 164 f
67 In Anlehnung an Eberspächer (2004a), S. 70 ff
68 Zit. nach Forster (2003), S. 50
69 vgl. Lehmann (2006), S. 36
70 Straub (2003), S. 135; Übersetzung durch den Autor
71 vgl. Pagen (2003), S. 105
72 vgl. Hoppenrath (2003)
73 vgl. Eberspächer (2004a)
74 Schwenk zit. nach Frenz (2004), S. 19
75 vgl. Pagen (2003), S. 105
76 Zit. nach Eberspächer (2004c), S. 37 f
77 Vahlenkamp (2003), S. 63 – zit. nach Grill (1997)
78 vgl. Ciskszentmihaly (1975, 1992)
79 Vahlenkamp (2003), S. 58
80 vgl. Straub (2003), S. 205
81 Schwenk zit. nach Frenz (2004), S. 19
82 vgl. Zweifel (2006), S. 57
83 vgl. Stroot (2005)
84 vgl. Straub (2003), S. 13
85 vgl. Croy (2006), S. 264 ff
86 Bach (1991)
87 Schröter/Glas (2005), S. 88
88 vgl. Pagen (2003), S. 95, 104, 183
89 Landwehr (2000), S. 47
90 Weber (2003), S. 1
91 vgl. Haberkern (o.J.), S. 3
92 vgl. Lehmann (2006), S. 36
93 Zit. nach Rauchenberger (2006), S. 53
94 vgl. Pagen (2003), S. 65
95 Pagen (2003), S. 123; Übersetzung durch den Autor
96 Zit. nach Croy (2006), S. 101
97 vgl. Pagen (2003), S. 178
98 vgl. Fuchs (2006)
99 vgl. Wagner-Link (1998), S. 76 ff
100 Croy (2006), S. 269
101 Pagen (2003), S. 145
102 Maeder (2003), S. 4; Übersetzung durch den Autor
103 vgl. Schori (1998)
104 Zit. nach Freemann (2000), S. 112

105 Wiesmeier (1993), S. 131
106 D'Arrigo (2005), S. 235
107 Johnen (1995), S. 10
108 Beim Kauf solcher CDs auf den Zusatz „nach Jacobson" achten. Z.B. von Arnd Stein und Hildegard Kos.
109 vgl. Tönnies (1998), S. 57
110 vgl. Semler (1994)
111 Suggestions-CD zum Beispiel von Dr. Arnd Stein „Mentales Training für Sportler"
112 Fly&Glide, 07/2005, S. 19
113 vgl. Fischer (2005)
114 vgl. Freemann (1999), S. 110 ff
115 vgl. Yorkes, Dodson (1908)
116 vgl. Irschnik (2005)
117 Semler (1998), S. 146
118 Aufmuth (1992), S. 68
119 Semler (1998), S. 155
120 Interview im DHV-Info Nr. 136; 2005, S. 90
121 D'Arrigo (2005), S. 115
122 Loehr (1998), S. 20
123 vgl. www.chrigelmaurer.ch
124 Persönlich im Dialog
125 vgl. Interview mit Torsten Siegel im Gleitschirm Magazin 09/2005, S. 36 ff
126 vgl. Pagen (2003), S. 45
127 Interview im aerokurier 08/2006, S. 77
128 Lehmann, (2006), S. 36
129 vgl. Pagen (2003), S. 131; Übersetzung durch den Autor
130 Zit. nach Rauchenberger (2006), S. 54
131 Orley, F. (2008) S. 54
132 Interview mit A. Hediger in Gleitschirmmagazin 11/12/208, S. 25
133 Bender, T. im NOVA-Newsletter Nr. 5/2009 (September)
134 Hahne, T. (2009), S. 26
135 Nesler, M. (2009), S. 31
136 Irschik, K., (2009), S. 53
137 Apel, K-H.; (2009), S. 49
138 Interview mit M. Rouanet in Schlechtflieger Magazin Nr. 27/2008, S. 49
139 Judith Zweifel im Interview: DHV-Info 158/2009, S. 62
140 Fossett, S. (2008), S. 11
141 Fossett, S. (2008), S. 17
142 Interview mit T. Welsch in Aerokurier 8/2009, S. 80-81
143 Interview mit E. Wisnierska in Thermik 04/09, S. 20
144 http://nachrichten.t-online.de/bruchlandung-auf-autobahn-pilot-muss-150-000-euro-zahlen/id_21360598/index; am 14.01.2010
145 vgl. Fischer-Epe/Epe (2007), S. 26 ff
146 vgl. Damasio (2001), S. 55 ff
147 vgl. Eichholz (2004)
148 vgl. Taylor (1998)
149 vgl. Schulz von Thun et al. (2008), S. 15 ff
150 vgl. Interview mit M. Rust in Bild am Sonntag, 7. Juni 2009, S. 58
151 Wölk, F. (2008), S. 18
152 Wölk, F. (2008), S. 19
153 Nesler (2007), S. 60
154 vgl. Lindinger, 2009
155 vgl. Refisch (2006)
156 Interview mit G. Blondeau in: Gleitschirm Magazin; 03/2009; S. 47
157 Dietz; T. & I.; (2008) S. 46

Die Zwölf Gebote für Segelflieger von Wolf Hirth

Segelflug- und Thermikpionier Wolf Hirth gilt als Entdecker des Thermikfluges. Er beobachtete 1930 zwei Greifvögel beim so genannten Steilkreisen. Diese Beobachtung übersetzte er in den Segelflugsport und so gelang ihm bei wolkenlosen Bedingungen der erste wirkliche Streckenflug auf Thermik basierend. Er fasste seine Erlebnisse und sein Wissen als Segelflieger von den mentalen und menschlichen Aspekten in seinem schön illustrierten Buch „Die Zwölf Gebote für Segelflieger" zusammen. Ein wirklich lesenswertes Buch, auf das mich Uli Schwenk aufmerksam machte. Die zwölf Gebote sind hier aufgelistet und zeigen etliche Aspekte, die vorne beschrieben sind, nochmals in ihrer zeitlosen Bedeutung.

Erstes Gebot
Wer Segelflieger werden will, der muss das reine und starke Verlangen danach haben, sich den Himmel zu seiner zweiten Heimat zu machen - so wie der Seemann das Meer.

Zweites Gebot
Und wie der Seemann das Element des Wassers kennen und lieben muss, so muss der Segelflieger das Element der Luft kennen und lieben mit allem, was in ihm ist, seinen Winden, Wolken, Stürmen und Gefahren.

Drittes Gebot
Er muss fliegen um des Fliegens willen.

Viertes Gebot
Aber er muss auch Augen und Herz für die Schönheiten haben, die ihm das Fliegen durch die blauen Weiten des Himmels mit seinen strahlenden Wolkengebirgen und über eine für den Fliegerblick neue, seltsam veränderte Erde öffnet, sonst bliebe sein Herz leer und er wäre mit sehenden Augen blind.

Fünftes Gebot
Und er muss das Element der Luft immer besser kennen lernen wollen, er muss auch ein Wissbegieriger und ein Forscher sein, damit sein Flug zu immer größeren Leistungen führt und sich ihm alle Möglichkeiten des Luftmeeres erschließen.

Sechstes Gebot
Er muss den Kampf mit den Gewalten der Natur lieben, und es muss ein Trotz in ihm sein, stärker sein zu wollen als Sturm und Gewitter.

Siebentes Gebot
Niemals aber soll er mehr riskieren, als er leisten kann.

Achtes Gebot
Dem reinen Element der Luft soll er auch einen reinen Menschen anbieten. Er muss, wenn er in sein Flugzeug steigt, körperlich, geistig und seelisch in Form sein.

Neuntes Gebot
Wie der Seemann sein Schiff und wie der Reiter sein Pferd, so muss der Segelflieger sein Flugzeug genau kennen und beherrschen, muss er um dessen Flugeigenschaften und Leistungsgrenzen und um dessen besondere Neigungen und Abneigungen wissen.

Zehntes Gebot
Und wie der Seemann sein Schiff und wie der Reiter sein Pferd sorgfältig pflegt und instand hält, muss das gleiche der Segelflieger auch mit seinem Flugzeug tun. Er muss es hegen und pflegen, und er muss es liebhaben wie ein lebendiges Wesen.

Elftes Gebot
Er muss allmählich mit seinem Flugzeug so eins werden, als seien dessen Flügel seine eigenen.

Zwölftes Gebot
Man muss euch Segelflieger nicht nur an den weißen Möwen auf blauem Grunde erkennen, sondern an dem helleren, freieren Blick, der immer hilfsbereiten Kameradschaft, dem völligen Mangel an Eitelkeit und kleinlicher Gesinnung. Dann werdet ihr euch überall unter den Völkern finden und verbinden, werdet ihr der Anfang eines neuen Adels sein und zugleich die ersten Bürger einer freien, friedlich vereinigten Welt.[a]

[a] Vgl. Hirth (1951)

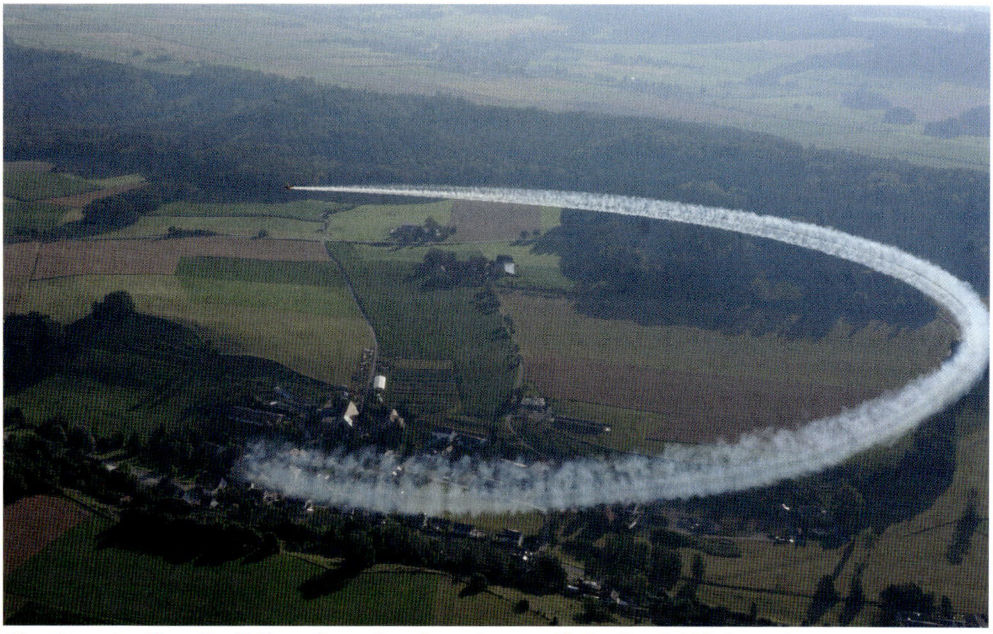

Die „boppbrothers" mit ihrer Comet und smoke on. (Foto: Daniel Naleppa)

WEITERE INTERESSANTE BÜCHER ZUM THEMA

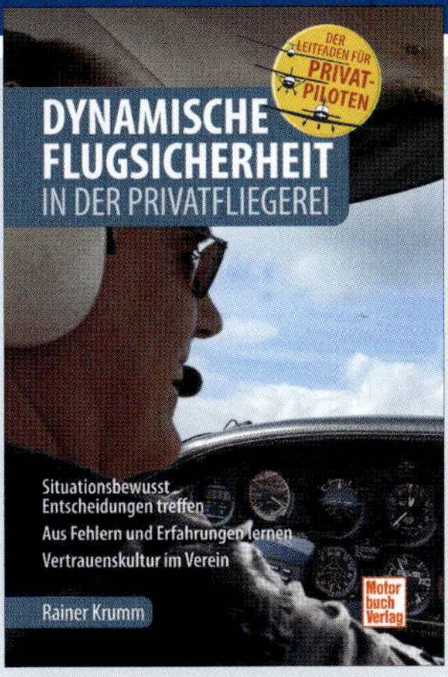

Dynamische Flugsicherheit wird in der Privatfliegerei immer wichtiger. Rainer Krumm geht auf die unterschiedlichsten Faktoren intensiv ein und erläutert eine Vielzahl von realen Fallbeispielen. Ein wichtiger Leitfaden für Privatpiloten, Fluglehrer und Flugsportvereine.
272 Seiten, 105 Abb., 140x205 mm
ISBN 978-3-613-04629-0
€ 29,90 | € (A) 30,80

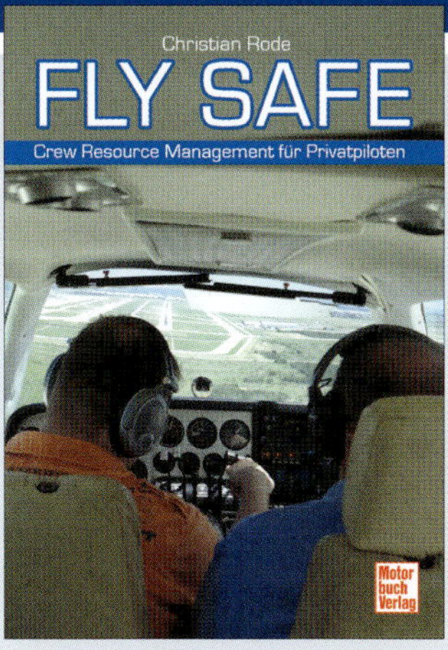

Das Buch befasst sich intensiv mit der Arbeitsbelastungsproblematik eines Single Pilot bzw. von Kleincrews sowie der Anwendung von Hilfen und Techniken, um potenzielle Gefahren zu meistern.
288 Seiten, 82 Abb., 170x240 mm
ISBN 978-3-613-03656-7
€ 24,90 | € (A) 25,60

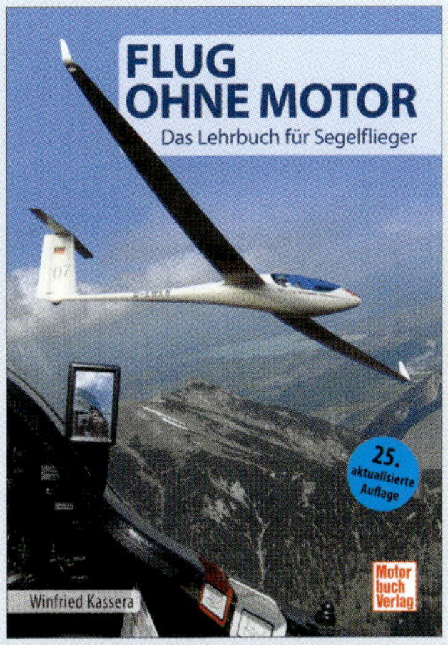

In dieser aktualisierten Neuauflage eines absoluten Klassikers gibt Winfried Kassera dem Segelflieger - und zwar vom Flugschüler bis hin zum Fluglehrer - eine umfassende Einführung in die Grundlagen und Feinheiten des Segelfluges an die Hand.
336 Seiten, 330 Abb., 170x240 mm
ISBN 978-3-613-04567-5
€ 39,90 | € (A) 41,10

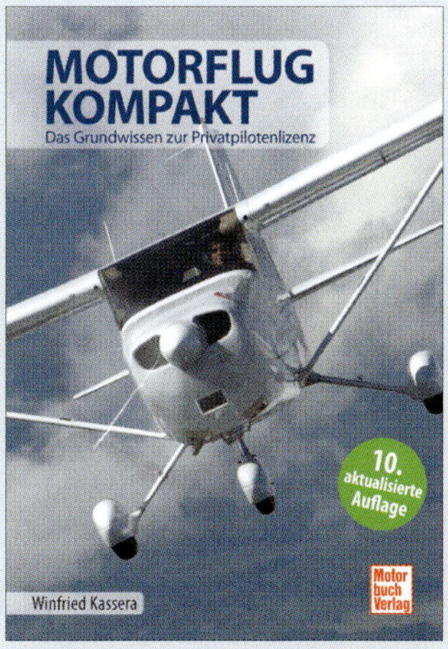

Dieser Lehrwerk-Klassiker vermittelt das komplette Wissen zum Erwerb der Privatpilotenlizenz in nur einem Band. Mit vielen Tipps, Beispielen und Merkhilfen ist dieses Buch die ideale Vorbereitung auf die Prüfung.
404 Seiten, 380 Abb., 170x240 mm
ISBN 978-3-613-04628-3
€ 39,90 | € (A) 41,10

Leseproben zu allen Titeln auf unserer Internetseite

Motor buch Verlag

Überall, wo es Bücher gibt, oder unter
WWW.MOTORBUCH-VERSAND.DE
Service-Hotline: 0711 / 78 99 21 51
www.facebook.com/MotorbuchVerlag

Stand Februar 2025
Änderungen in Preis und Lieferfähigkeit vorbehalten.